伊丽莎白·拉卡姆（Elizabeth Larkam）编著

敖焱博　主译

金辰怡　金子惜　李春姬　敖焱博　译

序：

玛丽-若泽·布洛姆（Marie-josé Blom）

罗伯特·施莱普（Robert Schleip）

卡拉·斯泰科（Carla Stecco）

托马斯·W. 迈尔斯（Thomas W. Myers）

U0139529

筋膜导向的普拉提

河南科学技术出版社

·郑州·

声 明

在开始任何一项运动或进行健康养生之前，请咨询有资质的医生或健康专家。

本书的内容仅是说明，而非处方，不能替代任何有资质的专业健康顾问的建议和医疗护理。

英国Handspring Publishing Limited 授权河南科学技术出版社独家发行本书中文简体字版本。

备案号：豫著许可备字2020-A-0120

图书在版编目（CIP）数据

筋膜导向的普拉提/（美）伊丽莎白·拉卡姆（Elizabeth Larkam）编著；敖焱博主译. —郑州：河南科学技术出版社，2021.11
ISBN 978-7-5725-0413-6

Ⅰ.①筋… Ⅱ.①伊… ②敖… Ⅲ.①健身运动 Ⅳ.①G883

中国版本图书馆CIP数据核字（2021）第083111号

出版发行：河南科学技术出版社
　　　　　地址：郑州市郑东新区祥盛街27号　　邮编：450016
　　　　　电话：（0371）65788629　　65788613
　　　　　网址：www.hnstp.cn
策划编辑：李　林
责任编辑：张　翼
责任校对：崔春娟
封面设计：张　伟
责任印制：张艳芳
印　　刷：河南博雅彩印有限公司
经　　销：全国新华书店
开　　本：889 mm×1194 mm　1/12　印张：25　字数：587千字
版　　次：2021年11月第1版　　2021年11月第1次印刷
定　　价：198.00元

如发现印、装质量问题，影响阅读，请与出版社联系并调换。

目录

献词

　　谨以此书献给我最爱的妹妹达夫妮·斯图尔特·拉卡姆（Daphne Stewart Larkam），是她给予我灵感、勇气以及无条件的爱，我永远对她心存感激。

　　《致敬达夫妮》拍摄于2013年洛杉矶普拉提巡回年会（Balanced Body's Pilates on Tour）。该视频出现在Pilates Anytime网站主办的《听JOE说》节目中，时长5分钟。

献词

序

玛丽-若泽·布洛姆（Marie-José Blom）

能为这本书写序我感到很荣幸。《筋膜导向的普拉提》是伊丽莎白·拉卡姆的著作，主要关注筋膜运动在普拉提中的运用。"筋膜导向的普拉提"不仅仅是本书的名字，而且也是在2007年第一届国际运动筋膜学研讨会上就深深吸引我的重要话题。作为普拉提运动的专业人士，我需要超越专业领域，用运动筋膜学的新发现验证普拉提运动除了健身意义还具治疗和健康价值。普拉提技术联盟（Pilates Method Alliance, PMA）开创了"运动英雄"计划，伊丽莎白作为引领该计划的先驱者，对于如何运用普拉提运动实现康复目的具有十分丰富的实践经验。

伊丽莎白和我对筋膜运动一直都很感兴趣，然而，她并不是简单地把普拉提运动模式附加在筋膜运动上，而是将筋膜研究与普拉提技术真正结合起来。将这本书命名为《筋膜导向的普拉提》，是因为它实现了曾经缺失但又被证实存在的筋膜与健康之间的联系。

伊丽莎白在本书中使用的方法很全面。这本书从普拉提的起源开始，用一系列珍贵罕见的照片和约瑟夫·H. 普拉提（Joseph H. Pilates）的原话阐述了普拉提先生的经历、观点和哲学理念。因而为我们提供了必要的历史背景知识，而这部分知识通常被新一代的教练所忽视。

从过去为先锋战士到现在为受伤的战士提供康复运动，普拉提的效用和广泛应用性是显而易见的。健康包括生理健康和心理健康。以伊丽莎白担任顾问的"丹麦伤兵项目"为例，这是一个功能性的健身计划，采用了"完整的身体"训练方法，即便身体某部分缺失也适用。这为多学科方法的发展和整合打开了大门，融合了各种健身领域对筋膜运动全新的认知。

促成这一变革的部分原因是从普遍适用的健身理念转变为更加关注核心能力和身体中心，也就是呼吸和专注力上。伊丽莎白根据筋膜发出信号和承担负荷的功能，以及筋膜纤维和筋膜层的特点实现了这一转变。实践和事实则有助于读者加深对于更深层知识的理解。

凭借这些知识，伊丽莎白巧妙地将普拉提模式运用在与筋膜相关的整体健康上。先是改变整个垫上普拉提的动作系统，系统性地运用到普拉提床、普拉提椅、秋千床和其他辅助设备中。然后在每个类别中，筋膜导向的标准与普拉提的运动原则息息相关，如运动目的、运动属性及运动效果。本书还涉及在实际教学中遇到的难题。本书的相关章节还提到了骨骼健康，膝关节和髋关节的表面置换或全关节置换，以及步态。

本书的普拉提模式并不区分人的性别和年龄，能应对各种商业模式的变化。无论单一的健身还是整体健康，普拉提都能实现。这种健身方法也被那些见多识广的老年人所推崇，他们十分热衷于老年健康生活。正如书中所述，到2030年，美国会有1/5的人口达到65岁及以上，也许"老年人"这个词需要被重新定义。本书还解释了与年龄相关的筋膜变化，以及呼吸和肺功能如何影响健康与衰老。呼吸和肺功能对体态的敏感反应发人深思，本书第十章对这个问题进行了分析。

在本书中，大多数章节的结尾都是相关的案例研究，包括提出普拉提或筋膜导向的方案。这本书无须验证，已真正将普拉提运动模式置于筋膜领域之中。

在我有幸认识伊丽莎白·拉卡姆的三十几年里，她提高了这个行业的门槛，总是用最独特的方法把有价值的知识引入我们的领域。在开拓和建立普拉提的新领域方面，没有人能比她做得更好、更多。我认为《筋膜导向的普拉提》是一部有价值的著作。如果你想努力追求卓越，并想以全新的视角认识普拉提，我强烈向你推荐本书。

再次感谢伊丽莎白。

玛丽–若泽·布洛姆

PMA认证私人教练

普拉提大师级导师、运动教育家

讲师兼国际演讲人/顾问

PMA金牌认证

智能脊柱系统的创建者/教育者

SomaSom公司首席执行官

2017年6月

罗伯特·施莱普（Robert Schleip）

1995年，在科罗拉多州博尔德的罗尔夫研究所进行首次教学之后，我去了旧金山的圣弗朗西斯纪念医院的运动医学中心，想上一周舞蹈医学普拉提的个人课程。作为一名舞蹈医学普拉提专家，伊丽莎白·拉卡姆是我的第一位普拉提老师。我对这种运动的练习形式和跨学科的临床环境很感兴趣，同时也被伊丽莎白敏捷的思维和她探索人类运动的热情所吸引。我在那些普拉提课程中初次体验到的科学与艺术的结合，也在这本《筋膜导向的普拉提》中体现得淋漓尽致。

在听她课的时候，我和伊丽莎白都未曾料想到大约15年后我会和托马斯·W.迈尔斯、吉尔·赫德利（Gil Hedley）、卡拉·斯泰科（Carla Stecco）和让-克洛德·甘博图（Jean-Claude Guimberteau）一起，成为她的筋膜学老师。伊丽莎白学习了我们的书籍和文章。她和各国的普拉提同仁一起参加了国际筋膜研究大会、在德国一年两次的筋膜研究暑期课程、英国筋膜专题研讨会，以及在波士顿哈佛医学院举办的筋膜、癌症与针灸大会。伊丽莎白还参加了我最初在加利福尼亚开设的筋膜健身课程。

伊丽莎白是一位专注而有才华的普拉提老师，她意识到筋膜研究对普拉提的功效，而且对神经筋膜系统的认识能指导和提高普拉提的实践和教学。她创造了"筋膜导向普拉提"这个术语，用来描述从约瑟夫·H.普拉提的运动演变而来的运动体系。进行这种运动的目的是为人们的身体带来毕生的益处，同时可以提高人的思维敏锐度，使人产生宁静内化的幸福感。

我和迪沃·吉塔·米勒（Divo Gitta Müeller）在《身体工作和运动治疗》（*Bodywork and Movement Therapy*）期刊上发表的一篇关于筋膜训练原则的文章（Schleip & Müller, 2013），成为伊丽莎白所写的关于筋膜导向训练的精彩章节的重要参考文献，该章节发表在我参与编写的书籍——《运动筋膜学》（*Fascia in Sport and Movement*）（Schleip & Baker, 2015）中。

我发现普拉提教师总是异常热爱学习，这点可以从Pilates Anytime网站（www.pilatesanytime.com）上体现出来。该网站是普拉提爱好者、从业者和专业人士的线上学习平台，我和伊丽莎白都在上面开设过课程和专题研讨会。本书中伊丽莎白的文字、图表及照片可以直接在Pilates Anytime网站上观看，以便进一步加深对本书的理解。

在本书中，伊丽莎白融合了她30多年的普拉提实践经验和15年的筋膜研究，讲述了人类运动与筋膜的故事。这个迅速发展的领域的未来篇章，将会由全球的运动教育工作者与康复治疗师和研究人员合作撰写。但你手中的这本书是首次从筋膜的视角深入探索普拉提运动的光辉里程碑。无论你是经验丰富的普拉提或瑜伽老师，还是国际知名的健身教练，或只是运动爱好者，这本精心编写的书会让你对伊丽莎白分享的海量知识和经验感到敬佩，本书还从运动的视角向你展示迷人的筋膜世界。

罗伯特·施莱普，人类生物学博士
乌尔姆大学筋膜研究中心负责人
欧洲罗尔夫协会（European Rolfing Association）研究主任
筋膜健身协会联合创始人
2017年6月

卡拉·斯泰科（Carla Stecco）

伊丽莎白·拉卡姆所著的《筋膜导向的普拉提》展示了她对人类运动的独特认识，该认识是建立在对最新的解剖学和生理学研究的全面解读上。这本书将运动科学与我们现在已知的人体结构联系在一起，因此，它是认识健身和人类运动的一个里程碑。作者在书中提出了一种新的、更全球化的方式来训练身体，这种方式超越了肌肉力量和抗阻的传统概念。作为一名筋膜解剖学的研究人员，我很高兴看到我的人类筋膜研究被如此清晰地应用到身体训练当中，使得人们可以通过运动提高幸福感。

请读者放心，本书的内容是多年临床经验的结果，这些经验源自对肌肉、筋膜和结缔组织的解剖学和生理学深刻的理解。本书内容丰富，包含详细的图片、表格等，让读者对如何锻炼筋膜有了清晰的概念理解，了解其重点是运动的协调和筋膜弹性。

作者解释了大肌群的运动机制：它们的活动是互相协调的——主要由包围它们的筋膜系统来完成。普拉提练习者将从中学习如何通过筋膜内部的力线移动身体，这种力线将每个细胞与人体肌肉骨骼系统的各个部分以近端到远端和远端到近端的方向连接在一起。

本书对"核心稳定"的经典概念进行了全新、全面的阐述。伊丽莎白了解筋膜网络的三维特性及其在三个空间层面中的作用。健康的筋膜能保证方向准确且在肌肉和筋膜表层之间滑动，而正是这种滑动支撑着正常的运动。基于这些概念，她提出慢速和快速变化的节奏运动和动态练习可以促进筋膜的功能健康，同时促进筋膜的水合和再生。她特别注重在增强式运动中发展弹性反冲和产生筋膜组织弹性。

筋膜被认为是人体的本体感觉器官，本书所阐述的方法，可以改善筋膜的本体感觉，提高动觉敏锐度。

就个人而言，我必须补充一点，那就是伊丽莎白·拉卡姆是我见过的对自己的领域最热情、最爱探索的人士之一。她鼓舞人心、不屈不挠的能量和能力令人惊奇。她有很强的专业直觉和不受制于固有思维模式的能力，这使她能够看到解剖学最新进展的实际潜力。她可以很容易地将她所知道的有关身体训练的知识与筋膜解剖学和生理学领域的最新信息结合起来。

正是这些原因，我认为本书是健身研究的转折点，是理解人类运动的里程碑。

卡拉·斯泰科，医学博士

帕多瓦大学解剖学教授

首部人类筋膜摄影图集《人类筋膜系统的功能图集》

（*Functional Atlas of the Human Fascial System*）

（Churchill Livingstone出版社，2015年）的作者

筋膜徒手治疗协会和筋膜研究协会创始成员

2017年6月

托马斯·W. 迈尔斯（Thomas W. Myers）

精通是一个难以界定的概念。许多声称达到这个程度的人实际上并不精通，而那些显然拥有这个头衔的人往往在他们明白还有很多东西要学的时候表现得既谦逊又兴奋。伊丽莎白·拉卡姆拥有的特质让我感到她是我最乐于共事的人。不要低估了一个女人的能力——她异常强大，也很善于表达，无论是某个理论还是实践，她都会一直探索，直到找到其中的真理，而且她会用一种你能理解的方式把它表达出来。

伊丽莎白完全投身于普拉提事业中，她掌握的知识远远超出了普通普拉提课程的内容，包括瑜伽、舞蹈、力量训练、本体感觉训练，以及最值得注意且令人感激的——残疾人士康复，比如她为"运动英雄"（Heroes in Motion®）计划所做的工作。

与许多试图整合新的筋膜认知的人不同，伊丽莎白既没有简单地将"筋膜"粘贴在她已经在做的事情上，也没有试图创造一个新的"筋膜"普拉提。她的成就建立在对本书每章末尾参考文献的学习和研究上，她谨慎地破除了许多随着"筋膜"概念兴起而出现的错误观念。通过使用图表和清晰的散文般的语句，伊丽莎白将新的研究成果提炼成了"生物力学自动调节"，并将筋膜网络整合到现代专业运动人士一直密切关注的方面。

当然，我也很高兴她使用了我的《解剖列车：徒手和运动治疗的肌筋膜经线》中的肌筋膜经线图，以此来明确整体考量全身运动时产生的关系和筋膜结构。这本书恰当地应用了该图，使从业者对身体的不同部位如何连接的理解更为透彻，以实现筋膜限制和肌肉张力的"超距作用"（action at a distance）（译者注：超距作用是指分别处于空间两个不毗邻区域的两个物体之间存在非局域相互作用，不需要任何媒质传递，也不需要任何传递时间）——这种现象在我们对单一肌肉动作的正常解剖学概念中难以做出合理解释。

伊丽莎白丰富且真实的实践经历都浓缩在这本篇幅有限的著作中。这本著作就像灯塔，指引着那些为新世纪发展体育教学的人们。接下来的几十年里，无论是在现实中还是在网络世界里，我们与环境的关系将发生深刻的变化。鉴于当前人们面临的"不运动危机"，在我们进入后工业时代之际，保持下一代人的运动健康将成为重要的议题和重大事业。

把这本书带回家吧，请相信你在书中所学的东西都已经过尝试和检验，具有长远的价值。

祝贺你，伊丽莎白！

托马斯·W. 迈尔斯

《解剖列车：徒手和运动治疗的肌筋膜经线》（第3版，Churchill Livingstone出版社，2014年）作者

美国缅因州克拉克斯湾

2017年6月

前言

我从小在美国得克萨斯州的奥斯汀市长大,童年时期最爱的运动是在我家后院跑步。从秋千上弹跳下来,穿旱冰鞋冲下车道,在滑板车上保持平衡,骑独轮车……这些事情能让我沉迷很长时间。我的父亲是得克萨斯大学的科学家,我的母亲是一位拥有社会工作硕士研究生学位的古典钢琴家。我的家庭充满了音乐,我的三个弟弟都会拉小提琴,我学习的是钢琴。在我7岁开始学习芭蕾之后,舞蹈房成了我最爱的新地点。在舞蹈房里伴随着纯净的音乐节拍跳舞,充满了活力,是种炼金术般的魔力体验。

我对学术环境心存敬畏(我的外婆和爷爷都是小学教师),在钢琴课上表现出色,喜欢芭蕾和户外活动。在所有这些幸运的童年快乐背后,我有个强烈的愿望,那就是我的小妹妹达夫妮能够康复(见"献词")。也许在我还是孩子的时候,我就立下誓言:如果我不能治好达夫妮,我将以我的能力通过教授运动来治好其他人。筹备与出版这本书与我的人生目标是一致的,那就是通过艺术与科学运动促进人体康复。《筋膜导向的普拉提》融合了我30多年的普拉提实践与15年的神经肌筋膜系统研究。

我第一次体验普拉提是在旧金山圣弗朗西斯纪念医院运动医学中心的舞蹈医学部。1986年,我去那里主动要求接受训练,以治疗我15岁时踢足球留下的膝关节严重损伤。那次的普拉提垫上练习和器械训练对我来说具有转折意义。那里的普拉提器械让我想起了成人的攀爬架,好像我童年时代操场上的健身器材一样,可以进行各种激动人心的运动,锻炼协调和运动控制。我为我热爱的运动找到了归属:运动经由科学的充实变成了一种治疗技术。这家致力于康复的医院乐于接受舞者。医学博士、运动医学中心主任兼骨科医生詹姆斯·G. 加里克首次将普拉提引入临床。他发现普拉提是很理想的方法,能够完善他所在的跨学科专家团队所创设的康复和训练计划。几个月以后我就被他们聘用了。在旧金山做舞蹈医学普拉提专员的15年职业生涯让我深刻地认识到,普拉提是一项有效地提高体能和康复的锻炼方法。一旦运动艺术与科学、物理医学、物理治疗、运动训练和专业手法治疗结合,我们的客户和患者将会变得更健康。

随着普拉提专业人员技能的日益增长,我们中心也吸引来了许多身体情况复杂的客户。为了通过运动技能和科学的跨学科方法提升我的普拉提知识储备,我报名参加了为期四年的公会认证的费尔德克斯方法(Guild-certified Feldenkrais®)从业者培训,然后学习了器械婵柔(Gyrotonic®)和垫上婵柔(Gyrokinesis®)。布伦特·安德森(Brent Anderson)、肯·根德尔曼和我一致相信基于科学的运动能为临床实践提供有价值的贡献,我们达成的这个共识驱使我们在1992年共同创立

了北极星(Polestar®)普拉提教育。这是首家专注临床且使用模块化时间表的普拉提教育机构。

2001年,我和创建旧金山海湾俱乐部身心中心的团队工作时,一位队员给了我一本托马斯·W.迈尔斯所著的《解剖列车:徒手和运动治疗的肌筋膜经线》。我学习了托马斯的书、DVD和课程。我想到也许筋膜研究能解释普拉提的功效,也许学习神经肌筋膜系统能启发和提升普拉提训练和教学。我将肌筋膜经线图应用到普拉提运动的编排中,并发展成为"步态的近端控制",使用普拉提器械的一系列动作帮助了很多罹患多发性创伤的军人,而这些创伤可能导致截肢并需要假肢(第二章)。

尽管对神经肌筋膜系统的研究一直在快速发展,但很少有信息将研究成果应用到运动中。从2012年开始我和我的一群同事周游各地,参加了国际筋膜研究大会、德国一年两次的筋膜研究暑期课程、英国筋膜专题研讨会、筋膜健身课程,以及筋膜、癌症与针灸大会。我有幸在《运动筋膜学》一书中贡献了一个章节——"筋膜导向的普拉提训练(Fascia-oriented training in Pilates)"。这个章节使我受邀向 Handspring 出版社提交一份图书出版提案。为了写这本书而做的研究使我对那个章节有了更新的认识。我书中最重要的几个参考文献直到2014年或2015年才出版。我提出了术语"筋膜导向的普拉提"(Fascia-focused Pilates)和"筋膜导向的运动"(Fascia-focused movement),用来描述一种贯穿人的整个生命周期的,既能产生身体益处,又能激发人的思维敏锐度,使人产生全身平和幸福感的新型运动形式。为了清晰表达筋膜导向运动的准则,我扩充了筋膜导向训练的原则。

这本书的呈现形式出于我曾经的承诺,要让教育工作者易于接受和理解复杂的信息内容。电脑绘图叠加的合成图片是为了在平面的纸上展现多维的动作。每个表格的设计都是为了将不同领域的信息整理成有意义的关联形式。很多合成照片与我为Pilates Anytime网站拍摄的课程中的视频片段是相匹配的。这些视频片段展现了运动的速度和节奏,以及辅助性的提示。

我深知这本书存在一些不足之处,也愿意为它们负责。尽管有一些不完美的地方,但我相信您将会沉迷于这本书所呈现的内容。如果足够幸运,我们将有很多机会一起探讨,您可以与我分享您的经验和发现。这些交流将帮助我们加深认识,发表更多成果,提高康复水平。

愿这本书能为您所用。

愿这本书能促进普拉提领域的发展。

伊丽莎白·拉卡姆

于美国加利福尼亚米尔谷

2017年7月

9

评论

这本书是所有普拉提和运动教师的必备之选。它将人体运动的理解扩展到更高和更深的层次，让我们从更高效、更智慧、更实用且更健康的视角去理解它。伊丽莎白·拉卡姆收集了大量关于筋膜的最新信息，这些炙手可热的研究正在彻底改变当今世界的运动概念，最重要的是，她把所有这些惊奇而复杂的信息都以更易于理解的语言解释，以便实际应用于我们的日常运动训练和教学中。有幸拜读如此珍贵的书籍，对所有运动和健康从业人员有着极大的帮助！

艾丽斯·贝克尔（Alice Becker）

理疗普拉提（PhysioPilates）的创始人

于巴西萨尔瓦多

伊丽莎白创造了一个具有开创性的知识库，这个知识库囊括了她数十年的研究成果，并成功地将其研究成果转化为普拉提的日常语言。这本书填补了普拉提长久以来的空白领域，即对身体最大的连接器官（筋膜）神秘身份的了解，并将其直接应用到实践中。

就在我以为自己在这个不断发展的领域里的工作已经足够令人信服的时候，伊丽莎白又一次成功地更上一层楼，其在普拉提领域激发了更深入的理解和更多的可能性。

约约·鲍曼（Jojo Bowman）

PMA认证私人教练

"丹麦伤兵项目"的创始人、项目负责人

于丹麦哥本哈根

我很荣幸能够表达我对这本首部关于筋膜导向的普拉提运动及其适用范围的著作的热情！虽然已经有许多关于筋膜与各种运动的书籍，但是唯独这本是每个人都应该拥有的，因为它内容丰富，有深度、有见地。这本书不仅结构清晰、内容专业，所配的精美图片也令人感到身心愉悦，阅读此书更像是在享受一段伊丽莎白的表达和写作艺术的旅程。非常感谢她创作了普拉提领域期待已久的著作，因为不了解筋膜已不可能在普拉提领域进行运动和教学。

布丽塔·布雷奇菲尔德（Britta Brechtefeld）

普拉提身体运动（PILATES Bodymotion）网站的拥有者和总监

罗尔夫疗法认证专家

于德国科隆

每个普拉提教师都必须拥有它！伊丽莎白强大的科学背景加上她的创造力，为普拉提和其他运动实践者打开了一个全新的世界。约瑟夫·H.普拉提一定会喜欢这本书！

克斯廷·布雷德霍恩（Kerstin Bredehorn）

普拉提健身中心（Pilates Zentrum）网站的拥有者

普拉提会友（Pilates and Friends）网站的创始人

第二代普拉提大师级教师

结构身体工作理疗师

筋膜拉伸治疗师

于德国多特蒙德

如果您对普拉提未来的发展感兴趣，那么这本书是必不可少的。这本书能使您以更深入、更具领悟力的方式来理解普拉提系统以及它与筋膜的关系。

尼基·克里索斯托鲁（Nikki Chrysostomou）

Tranquility Studios工作室的拥有者

Balanced Body普拉提大师级教练

器械婵柔Gyrotonic®认证教师和颅骶疗法治疗师

于英国伦敦

《筋膜导向的普拉提》将会扩充你对人体的理解。伊丽莎白创造了一套独特的、与筋膜相关的知识体系和研究方法，筋膜导向的普拉提运动能丰富每个人的日常生活，并能够帮助普拉提教练提升训练和教学水平。

比阿特丽斯·埃吉曼（Beatrice Eggimann）

普拉提认证教师

筋膜拉伸治疗师

于瑞士伯尔尼

我认为伊丽莎白·拉卡姆的著作极具价值，它总结了筋膜导向普拉提课程的重要发展。这本著作对于所有希望在这个不断发展的重要领域进一步扩充知识并加深理解的普拉提教练来说，是非常有用的工具。我发现本书有助于治疗受伤的退伍军人和一般患者的工作者了解创伤对整个筋膜网络的影响，可帮助他们制订多发伤训练方案。

杰西·李（Jessie Lee）

PMA认证私人教练

普拉提认证教练，器械婵柔Gyrotonic®认证教师

哥本哈根普拉提工作室的创始人和总监

"丹麦伤兵项目"的联合创始人，

普拉提技术联盟开创的"运动英雄"计划的先驱者

丹麦皇家芭蕾舞团普拉提老师

伊丽莎白·拉卡姆在本书中融合了她的宝贵经验和令人瞩目的筋膜普拉提研究，其中的理论为普拉提指出了新的发展方向。无论你是普拉提教练，还是其他运动练习者或只是个体育爱好者，这本书都绝对值得一读。它将帮助你获得大量的新知识和好想法。

李郅涵（Zhi Han Li）

运动医学外科医生

物理治疗师

Balanced Body普拉提大师级教练

智再普拉提训练中心创始人

于中国广州

通过深入研究，伊丽莎白·拉卡姆的书向普拉提领域清晰地展示了筋膜科学的知识如何影响运动和普拉提。这本书充满了深刻的指导方针且赏心悦目，而这位运动教学大师的研究视角也深得人心。

安·麦克米伦（Ann McMillan）

理学硕士

PMA认证私人教练

于加拿大蒙特利尔

伊丽莎白·拉卡姆是一位杰出的运动专家，她一直是普拉提领域的先行者。在研究普拉提的这些年，她为世界各地运动治疗师的知识和专业做出了巨大的贡献。这不是一本普通的关于筋膜和运动的书。伊丽莎白·拉卡姆花了很多年时间从筋膜视角去研究和探索运动。

对于所有运动专业人士来说，我相信这是一部颠覆之作。伊丽莎白将特定的动作与筋膜原理相结合的方式清晰、精确地表达了出来，且编排精美。

凯西·范·帕滕（Kathy Van Patten）

罗曼娜普拉提、斯多特普拉提、北极星普拉提、Power普拉提认证教练

器械婵柔Gyrotonic®所有扩展系统课程认证教师

20多年经验的器械婵柔Gyrotonic®、垫上婵柔Gyrokinesis®

及特殊设备教练、大师级导师

器械婵柔Gyrotonic®授权的认证导师资格

于美国加利福尼亚

致谢

各界人士与机构为《筋膜导向的普拉提》的创作慷慨地提供了必要的经验支持。我对他们所有人永远心存感激。

肯·恩尔曼（Ken Endelman）和Balanced Body团队的设备和场地，自1986年以来就一直是我的普拉提之家。Balanced Body的教育总监诺拉·圣约翰（Nora St John）和阿尔·哈里森（Al Harrison）一直给予我充分的专业发展机会。肯慷慨地将他的普拉提档案交给我研究，并允许这本书引用约瑟夫·H.普拉提在最早的普拉提器材上演示动作的照片。Balanced Body的总部于1976年在美国加利福尼亚州的萨克拉门托创建，该公司拥抱多元化、各种创新、绿色能源，得到美国制造业和慈善团体的支持。

我非常感谢詹姆斯·G.加里克（James G. Garrick）博士，以及旧金山圣弗朗西斯纪念医院运动医学中心的跨学科团队。1985年，加里克博士首次将普拉提引入临床，他先是创办了舞蹈医学部，然后聘请一些舞者并将其培训成普拉提教练。我作为舞蹈医学普拉提专员的那15年是我独特而又珍贵的经历。

西部运动俱乐部（Western Athletic Clubs）的创始人詹姆斯·格伯（James Gerber）和旧金山海湾俱乐部（San Francisco Bay Club）的总经理内斯特·费尔南德斯（Nestor Fernandez）建立了使普拉提蓬勃发展的机构。我很幸运地得到了这两个俱乐部的鼎力支持，在俱乐部的身心中心（Mind & Body Center）我开展了顶尖水准的综合性普拉提项目。

克里斯季·库珀（Kristi Cooper）和Pilates Anytime网站的团队全方位地宣传普拉提的所有好处，将普拉提爱好者与专业人士聚集到这个活跃的国际化平台。这本书中的信息通过视频片段生动地展现了我的筋膜导向运动理论，由Pilates Anytime网站负责发布。

让–克洛德·韦斯特（Jean-Claude West）是一位出色的人体运动学家、运动教练和教育家，他对运动分析目光敏锐，又拥有卓越的手法治疗技能，30年来我常常向他请教我遇到的结构问题。让–克洛德及妻子安娜和他们的女儿杨都是我难得的挚友。

直觉医学院（Academy of Intuition Medicine）（译者注：可以参考https://intuitionmedicineonline.org/）的联合创始人迈克尔·麦卡特尼（Michael McCartney）有天生的直觉能力，他在《筋膜导向的普拉提》的整个创作过程中一直给予我鼓励和专业的指导意见。令人遗憾的是迈克尔在本书出版前五个月逝世了，他没能看到这本书的印刷版。我每天都会充满感激地练习他教给我的动作。

Handspring出版社的编辑萨拉娜·沃尔法德（Sarena Wolfaard）和敬业的专家们运用他们独特的技术，把我本体感觉的肌肉动觉经验转换成文字的形式。从我们在伦敦第一次见面到2017年这本书在普拉提教育大会（Pilates education conferences）上初次亮相，历时近7年时间。萨拉娜总是耐心、持续、热忱地鼓励我。我十分敬重的Handspring出版社的工作人员还有莫文·迪安（Morven Dean）、苏珊·斯图尔特（Susan Stuart）、布鲁斯·霍格思（Bruce Hogarth）、斯特凡妮·皮克林（Stephanie Pickering）和希拉里·布朗（Hilary Brown）。

克里斯·巴特尔斯（Chris Bartels）是一位多才多艺的技术顾问，他用他的技术把我的筋膜导向运动经验和设想付诸出版。克里斯按照我的要求拍摄照片，整理合成照片和添加图形叠加。他提出使用表格，我才得以概念清晰地传达复杂的信息。从我最早提出写书构想直到最终校对书稿的整个过程中，克里斯始终勤勤恳恳、任劳任怨。我将一直感激他为《筋膜导向的普拉提》所做的贡献。

《筋膜导向的普拉提》这本书呈现了我30多年工作的所学所得。我的学生们是我最优秀的合作伙伴。他们带着热情与好奇心参加每一次培训课，并向我清晰而又深刻地反馈他们的体验。

我的母亲贝弗利·麦克莎姆·拉卡姆（Beverley McCosham Larkam）为了能给她的5个孩子提供关爱、养育，以及在教育、艺术和健康的生活中才能获得的丰富的精神财富，不辞辛劳地工作，做出了巨大的牺牲。我的母亲既是敬业的专业人士、社区领袖，更是鼓舞人心的榜样。谨以此书献给我的母亲，感谢她给了我生命。

本书使用指南

　　本书面向运动教育工作者、运动爱好者及临床专家,使用了约瑟夫·H.普拉提的动作序列专业术语,是基于最新研究,对普拉提器械与垫上训练的筋膜导向运动的综合指南。每个章节都通过电脑绘图增强的照片进行了详尽的图解。很多照片都配有相应的动作视频,所有125个视频都来自伊丽莎白·拉卡姆从2012~2016年拍摄的Pilates Anytime网站课程。

　　作者的125个视频片段以及两个附加视频均得到了让-克洛德·甘博图博士的友情授权,它们作为本书的配套指南能帮助您加深理解。获取视频的网址: www.pilatesanytime.com/fascia。

请以最适合自己学习风格、个人目标以及专业实践范围的方式使用本书。

1. 浏览各个章节,找出最吸引自己的部分。好奇心会给您指引。

2. 选择您最密切关注的章节,将其中的一些练习融入您的运动实践中。

3. 学习与您的专业实践最相关的章节,以及能为您排忧解难的章节。您可以将其中的一些练习融入您的训练计划。

4. 从头到尾学习所有章节。以推荐的顺序进行练习实践。

5. 下载或复印本书资源区中筋膜导向的普拉提规划指南。为自己或每个客户填写客户资料和训练表。根据筋膜导向的运动标准探索您的个人实践。

第一部分

理论与实践

第一章　神经肌筋膜系统——全身性的连通组织

简介

在拉丁语中，fasica（现指筋膜）是捆包、缠裹、用带子固定、联合、捆绑在一起的意思（Oschman，2016）。筋膜是身体内张力性的、相互连接的纤维网状组织，从皮肤下面延伸到细胞核。这个整体的筋膜网络是移动的、有适应性的、碎片式的、不规则的，它构成了人体的基础结构框架（Guimberteau & Armstrong，2015）。筋膜是心血管系统、呼吸系统、胃肠系统、肌肉骨骼系统、神经系统的一部分。筋膜作为一个整体对全身和各个器官的作用还没有被研究透彻。

表 1.1　构成全身神经肌筋膜系统的筋膜种类

筋膜类型	解剖	神经特性	深度	压力的传递
表层、浅层	松散堆积的、交织的胶原纤维和大量的弹性纤维混合	环层小体（pacini，也称帕奇尼小体）和鲁菲尼小体，游离的神经末梢	从皮肤下几毫米到真皮层中部	低效
深层	组织良好的、稠密的纤维层	环层小体和鲁菲尼小体，游离的神经末梢	真皮层以下到肌外膜以上	高效
腱膜	沿着四肢主要轴线排列，纵向和斜向的胶原纤维束	完全受游离神经末梢和包囊神经末梢支配（包括环层小体和鲁菲尼小体）	存在于胸腰筋膜中	功能上类似肌腱，利于力量在四肢传导，适应在收缩过程中下层肌肉的体积变化
肌外膜	包含I型、III型胶原纤维和弹性纤维的纤维层	与肌梭相关	通过多重纤维隔膜紧密地黏附于深层肌肉中。将肌外膜和肌肉的功能与特性区分开来是不可能的	与黏附的肌肉高效结合

筋膜是一个布满人体结缔组织的柔软组织（表1.1），它交融并环绕于肌肉、骨骼、器官、神经、血管和其他结构中，是不间断的三维网络组织，覆盖从头到脚、从前到后、从里到外的地方。它负责维持结构性整合，负责提供支持与保护，同时也有助于减震。筋膜在血液流动和体内生化过程中扮演着重要的角色，提供的细胞间质利于细胞间交换。筋膜是人体第一道防线，可阻断病原体感染。人体受伤后，筋膜很快就形成一个便于组织修复的环境。（Paoletti, 2006, Cited in Oschman, 2016）

表 1.2A　筋膜的特征

弹性（收缩、恢复或伸展的能力）：弹性是物体的一种属性，指当压力改变了物体的形状，移除压力后，物体能恢复原来的形状且没有能量损耗的能力。弹性意味着变形的逆反能力（Martin, 2016, p.52）。筋膜之所以有弹性特征，是因为筋膜组织有存储机械能的能力。当外力移除后，筋膜可以用存储的机械能恢复原来的形状和体积（Chaitow, 2014, p.8）

几个世纪以来，在解剖实验室里，人体筋膜都是被丢弃的，被认为是一种不重要的"包裹物质"。由于缺乏准确的测量工具，它没能引起科学的重视。例如，腰筋膜的厚度一般小于2毫米，在一般的成像技术上很难被看到。（Schleip & Baker, 2015, p.3）

超声波测量方法和组织学方面的进步使得筋膜研究有了显著的发展。（Chaitow et al, 2012）

重力和运动产生的力是身体状态和功能的主要调节器。老年人躯体功能障碍和姿势失衡较常见，它们改变了通过人体组织的力的传递过程。不平衡的组织张力会影响机械传递。除了年龄之外，使筋膜性能下降的因素还包括暴露于紫外线中、物理磨损、撕裂和炎症，这些因素降低了组织纤维的体积、数量和质量。正常情况下，细胞外基质处于张力下可刺激机械化学传导。人体成纤维细胞硬度的降低可能会影响细胞对机械刺激的反应。纤维对张力的对抗能力逐渐减弱。纤维内张力降低,使其失去了恢复的动态能力。液体的再吸收效率较低和血管容量减少,也会降低营养供应。促炎生理机制是与年龄相关疾病发展的基础——炎症促进病理组织的损伤和成纤维细胞的活化,从而使成纤维细胞在慢性炎症反应的持续过程中起积极的作用。由机械应力或炎症引起的功能障碍的结缔组织改变了许多因素,包括肌筋膜关系、肌肉平衡、本体感觉,以及血管和淋巴流动(Guimberteau & Armstrong, 2015, p.160; Scarr, 2014, p.14)。

1899年,整骨疗法的创始人安德鲁·泰勒·斯蒂尔(Andrew Taylor Still)在一篇文章中写道:处理筋膜就是在和大脑的分支机构"打交道",就像和大脑 "做生意"一样,"做生意"要遵守贸易规则,和大脑打交道也是一样的(Sergueef & Nel-son, 2014, p.15)。他还认为,所有的疾病都只是结果,而原因是神经部分或完全失能,不能正确地引导生命的液体(Sergueef & Nelson, 2014, p.17)。20世纪30年代,艾达·罗尔夫(Ida Rolf)开创了一种治疗体系,被称为罗尔夫按摩疗法(Rolfing),它将"凝胶-溶胶"的物理概念应用于筋膜反应(或行为)。施加能量(如热或机械压力)后,可以将基质从密度较大的胶状的凝胶转变成溶胶,即更具流动性的状态(Sergueef & Nelson, 2014, p.16)。整骨手法治疗被认为有助于恢复结缔组织的凝胶状特性,从而使其更健康、流畅,实现最佳的神经功能、血液流动和淋巴引流。筋膜导向的普拉提运动参考了一些文献,如阐释运动模型、筋膜结构、融合筋膜理念的手法治疗和筋膜理论在运动中的应用的出版物(表1.5)。

表 1.2B 筋膜的特征	
理想的属性	不太理想的属性
1. 水合,水化	脱水
2. 碱性	酸化
3. 有适度活动性的表层成纤维细胞和胶原蛋白	表层成纤维细胞和胶原蛋白因固化或老化而活性降低
4. 生成弹性蛋白	因固化或老化造成弹性蛋白产生减少
5. 胶原纤维呈晶格排列	胶原纤维的排列杂乱无序
6. 皱褶/卷曲 胶原纤维的微观结构呈波浪状,就像弹簧一样(Schleip & Baker, 2015, p.7)	缺乏皱褶/卷曲 缺乏适当刺激而固化或老化的胶原纤维失去了皱褶卷曲和弹性。在适当的负荷下,有规律地进行纤维练习能产生更年轻的胶原结构(Schleip & Baker, 2015, p.7)
7. 筋膜系统连续	筋膜系统不连续
8. 筋膜系统、筋膜层、筋膜表面可滑动	粘连,妨碍筋膜顺畅滑动
9. 弹性 向多轴受力的可伸展的力	僵化、生硬

表 1.3 关于筋膜的错误认识
错误认识1: 筋膜是类似于塑料(聚氯乙烯)包装的惰性填塞物质 近期的文献表明,结缔组织——筋膜的纤维网络实际上是一种构成性组织。它不再被视为身体主要器官之间的被动填充或连接组织。它是形成身体结构的组织,是身体各组成部分发育、生存和维持的框架(Guimberteau & Armstrong, 2015)
筋膜导向运动的意义 筋膜在大部分运动系统中负责协调,起桥梁的作用,通过关节和隔膜来连接肌肉,肌肉因为这些附着而协同工作。筋膜结构的一个功能是促进肌肉间的相对移动,筋膜造就了肌肉的形状,并给予它们一定的滑动量(Stecco, 2015)
错误认识2: 筋膜是连接身体部位的被动结构 近期的文献表明,肌梭是肌腹内的感觉器,主要感受肌肉长度的变化。大量肌梭直接附着于隔膜的结缔组织中。肌外膜在肌梭刺激中起重要作用。只有在肌束膜具有弹性和适应性时,肌梭才能缩短(Stecco et al, 2016)
筋膜导向运动的意义 整合了手法治疗和筋膜导向运动的方法可以促进神经肌筋膜系统的功能变化,改善运动控制
错误认识3: 筋膜的本体感觉敏感度没有肌肉强 近期的文献表明,支持带的组织学特征更多地暗示了一种感知功能,而肌腱和韧带具有机械作用。支持带是受神经支配最高的筋膜组织,它们不仅仅是被动稳定器,还是专门的本体感觉器官,可较好地感知关节运动(Stecco et al, 2016)
筋膜导向运动的意义 支持带及其内嵌的本体感受器损伤可能导致关节运动不协调。恢复正常筋膜张力可改善踝关节扭伤的治疗效果(Stecco et al, 2016)

表 1.3（续）

错误认识4： 筋膜只能沿着肌横纹线性传递力量

近期的文献表明，肌外膜的一个重要特点是它们通过多纤维的隔膜紧密附着在下面的肌肉上，这些纤维隔膜起于肌外膜的内侧并穿过肌肉。很多研究者已经证明，这些肌肉产生的30%~40%的力不是沿着肌腱传递的，而是通过肌肉周围的结缔组织传递的。力可以通过肌腱以外的途径传递。肌肉发出的力不仅取决于它的解剖结构，还取决于它的纤维组织与肌肉组织连接的角度。区分开肌外膜和其下面肌肉的功能及特性是不太可能的（Stecco et al, 2016）

筋膜导向运动的意义

小角度变化的多向运动可以将深层结构连接到表层结构，将表层结构连接到深层结构，从而促进整体的连续性

错误认识5： 喝水可对筋膜起水化作用

近期的文献表明，2/3的筋膜的基质是水，蛋白聚糖会吸收水——因为它们是亲水的。基质不能通过人体多喝水来增加供水，水是由渗透压的变化而被"压"到里面的（Schleip, 2016）

筋膜导向运动的意义

负重运动、拉伸运动或压迫性运动会把神经肌筋膜系统海绵状结缔组织中的水挤压出来。来自周围组织和局部血管网的新鲜液体会替代先前一起被挤出去的流体及累积的废物。健康状态下，筋膜细胞外的水是结合水（也叫束缚水）而不是体相水（也叫游离水）。当筋膜再次被挤压并流入结合水中时，可能发生部分再水化（Schelip & Baker, 2015, p.209）

错误认识6： 在泡沫轴上滚动，会使筋膜变长

近期的研究表明，髂胫束综合征（ITBS）是运动员大腿远端外侧疼痛的常见原因。治疗方法主要是拉伸髂胫束（ITB）（Falvey et al, 2010）

髂胫束在延长阔筋膜张肌/髂胫束组合中的作用有限

在泡沫轴上滚压髂胫束，会使脂肪垫不适并压迫股外侧肌。软组织松解重点应针对阔筋膜张肌和臀中肌，它们起直接张拉筋膜的作用（Franklyn-Miller, 2016）

紧急情况下，股四头肌自我筋膜松解是增强膝关节活动度而不影响肌肉表现的有效治疗方法（MacDonald et al, 2013）

筋膜导向运动的意义

托马斯·W. 迈尔斯（2015）提出可以采用滚动的办法来唤醒"感觉运动遗忘症"的区域，让平时不动的身体部位有运动感觉。

身体不再被认为像机器一样，是由结缔组织把各个分离的器官连接在一起……结缔组织实际上是构成性组织，它不仅将不同的部分连接在一起，而且是这些部分发育的外在构架。（Guimberteau & Armstrong, 2015, p.171-173）

内筋膜

卡拉·斯泰科在2016年英国筋膜研讨会上的演讲中表示，每个器官周围都有一层较薄的筋膜围绕（Stecco, 2016）。每个器官都有另一个连接到其他器官或躯干的肌肉筋膜。器官组织收缩以完成任务（器官运动），并在体腔内的空间移动（器官移动）。内筋膜负责管理、协调器官运动和器官移动。在器官有功能障碍时，移动特性改变，器官筋膜也会改变。筋膜导向运动指南——找到有最长肌筋膜链的身体运动（Müller & Schleip，2011）与普拉提全身运动原则是一致的。厄尔（Earls）和迈尔斯（Myers）（2010）曾提醒我们，从我们发育的第二周起，筋膜网络就是一个统一的整体，从出生到死亡都是一个单一的、统一的、沟通的网络。通过对筋膜特性和功能的研究形成的筋膜导向运动对肌肉训练的运动实践提出了挑战，并请人们在理解肌筋膜前深线后重新构建核心控制的内部（深层）单元（Myers，2014）。

在运动和稳定平衡中，筋膜是容易被忽视的。理解筋膜的弹性和反应性对于持久且根本地治疗疾病非常重要。（Earls & Myers, 2010）

对筋膜导向运动标准产生影响的出版物

2010年，菲利普·比奇（Phillip Beach）在Muscles and meridians: the manipulation of shape一书中提出了运动的可收缩区域模式。

把运动看作是沿着功能路径进化的整体性生物收缩区域，为我们评估和治疗运动中的躯体提供了新方法……核心的收缩模式与相似区域的动作结合，为理解人类运动提供了新的方法。（Beach, 2010）

表 1.4　是否融入筋膜理念的运动观念比较

未融入筋膜理念的观念	融入筋膜理念的观念
1. 争取拥有一个"健硕的身体"	练就一个高效的、舒适的、有弹性的身体
2. 争取拥有"钢铁般的腹肌"	柔软、反应积极的腹部组织有利于优雅、协调地运动
3. 争取拥有"钢铁般的臀部"	组织弹性能够产生弹性反冲能力,脚下有弹簧般的运动反应
4. 现在就做	耐心是一种美德;重塑神经肌筋膜系统至少需要7个月的时间(Schleip, 2016)
5. 没有痛苦就没有收获	疼痛抑制运动的流畅性
6. 战胜身体	每走一步都会受全身筋膜系统的影响
7. 同身体作战	培养一个反应灵敏、有弹性的身体,身体是自己唯一的"家"
8. 运动是个力气活	运动可以很愉快
9. 挑战身体极限	绝大多数的重复性劳损发生在还没充分做好挑战准备的胶原蛋白组织中
10. 耗尽全身力气,尽可能多地重复练习	尊重胶原蛋白降解和合成的时间。运动后24小时,胶原蛋白合成增加2倍, 然而,成纤维细胞受刺激后胶原蛋白降解率也会增加 在运动前1~2天,胶原蛋白降解超过胶原合成。而后,则相反(Schleip & Baker, 2015, p.9)
11. 我只需要加强我的核心力量	没有单独的核心训练 (Thomas W Myers, Oral Communication, 2015.1)
12. 一切都是关于核心的	一切都是关于全身神经肌筋膜系统的连续性的
13. 今天训练上半身,明天训练下半身	每天都做全身运动,让全身神经肌筋膜系统把近端和远端结构连成一体
14. 我应该有什么感觉	培养对感觉的意识,以熟悉本体感觉和内感受,建立和完善运动控制和身体意识的筋膜图
15. 这个练习锻炼哪块肌肉	肌筋膜如何在我的身体结构中分配传递的力和负荷
16. 我想锻炼一下我的_____(身体部位)	筋膜是全身的连通组织,它支持运动的连通性
17. 我不想锻炼我的大腿外侧,它们太笨重了	传统的把肌肉作为孤立单位进行研究的方法是理解筋膜功能发展的障碍(Stecco, 2015)
18. 如果我努力锻炼,就可以像受伤前那样重塑我的身体	受损的组织会被修复,但并不总是能够恢复到某个精确的形态或状态,通常瘢痕组织质量会发生一定的变化(Guimberteau & Armstrong, 2015)

表 1.5　充实筋膜导向普拉提运动理论的出版物

出版物	学科及疗法
I: 运动模式	
菲利普·比奇(Phillip Beach)著,Churchill Livingstone出版社于2010年出版的 *Muscle and meridlans: the manipulation of shape*。	整骨疗法,中医
达妮埃莱–克洛德·马丁(Danièle–Claude Martin)博士著,Keiner出版社于2016年出版的 *Living biotensegrity: interplay of tension and compression in the body*。	物理学,中国武术
格雷厄姆·斯卡尔(Graham Scarr)著,Handspring出版社于2018年出版的《张力平衡:基础人体结构》(第2版)(此书已由河南科学技术出版社引进,预计于2022年出版) 医学博士斯蒂芬·莱文(Stephen Levin)在1975年引入了"张力平衡(biotensigrity)"这一术语	整骨疗法
II: 筋膜结构和解剖	
医学博士让–克洛德·甘博图和科林·阿姆斯特朗(Colin Armstrong)著,Handspring出版社于2015年出版的 *Architecture of human living fascia: the extracellular matrix and cells revealed through endoscopy*。	普通内科,外科
医学博士卡拉·斯泰科著,Churchill Livingstone出版社于2015年出版的 *Functional atlas of the human fascia system*。	普通内科,骨科,人体解剖
医学博士安东尼奥·斯泰科(Antonio Stecco)等于2016年发表于 *American Academy of physical medicine & Rebahihitation Journal* 的 *Fascial disorders: implications for treatment*。	物理医学与康复学
医学博士姚普·范德瓦尔(Jaap Van der Wal)于2009年发表于 *International Journal of Therapeutic Massage & Bodywork* 的 *The architecture of the connective tissue in the musculoskeletal system*	普通内科,医学实验室的筋膜研究
III: 筋膜: 对手法治疗的影响	
莱昂·柴托(Leon chaitow)著,Handspring出版社于2014年出版的 *Fascial dysfunction: manual therapy approaches*	整骨疗法

表 1.5（续）

托马斯·W. 迈尔斯著，Handspring出版社于2014年出版的《解剖列车：徒手和运动治疗的肌筋膜经线》（第3版）	结构整合法
彼得·施温德（Peter Schwind）著，Handspring出版社于2006年出版的 *Fascial and membrance technique* 施温德师从于让-皮埃尔·巴拉尔（Jean-Pierre Barral）	罗尔夫按摩疗法
路易吉·斯泰科与卡拉·斯泰科著，Schattauer GmbH.于2014年出版的 *Fascial manipulation*	物理治疗，普通内科，人体解剖学
IV: 筋膜：对运动理论和应用的影响	
乔安妮·阿维森2015年出版的《瑜伽：筋膜、解剖和运动》（此书已由河南科学技术出版社引进，预计2022年出版）	瑜伽 结构整合法
罗伯特·施莱普和阿曼达·贝克（Amanda Baker）著，Handspring出版社于2015年出版的Fascia in sport and movement 罗伯特·施莱普和托马斯·W. 迈尔斯首先提出了筋膜健身®（Fascial Fithess®）	筋膜研究（乌尔姆大学，Ulm University），Rolfing®

《普拉提筋膜训练的实践》受托马斯·W.迈尔斯所著的《解剖列车：徒手和运动治疗的肌筋膜经线》一书的启发，该书第1版于2001年出版。普拉提教师力求通过跨学科的研究，把迈尔斯描述的7种肌筋膜经线（图1.1~1.8）应用到普拉提垫和器械训练上，并开始从"孤立肌肉理论"向"纵向解剖学"转变。（Myers，2014）

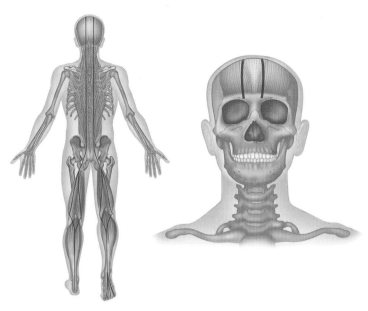

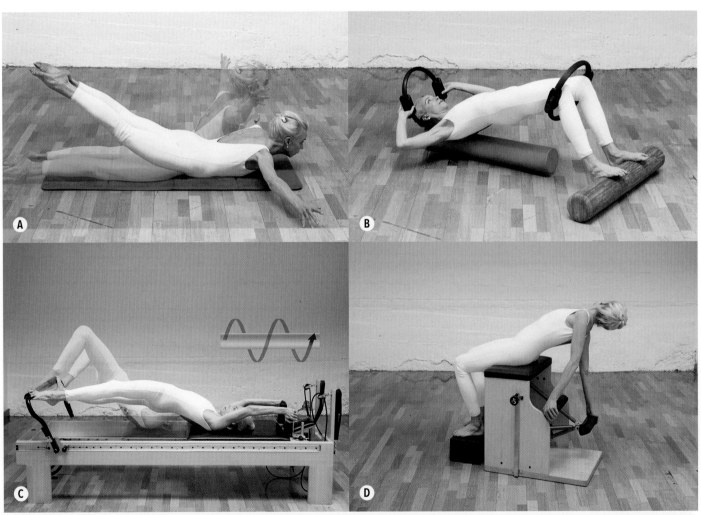

图1.1

后表线连接整个身体后表面，从脚底到眉毛——从脚趾连到膝关节，再从膝关节连到眉毛。当保持直腿站立时，后表线作为整体肌筋膜连续性的一个连接点，产生伸展和超伸的动作。展现后表线的动作包括：约瑟夫·H.普拉提的"天鹅潜水"（A）；筋膜导向的"两个泡沫轴、两个魔术圈桥式"（B）；筋膜导向的普拉提床"半圆式卷上、卷下加骨盆和腰椎旋转"（C）；"坐姿，脊柱后伸加旋转"（D）。（后表线图片来自《运动筋膜学》第六章，经Lotus出版社许可使用）

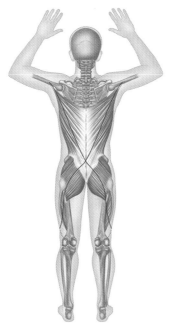

图1.2
后功能线除了稳定静止站姿外，还具有很强的姿势稳定功能。展现后功能线的动作包括：约瑟夫·H.普拉提的"仰撑抬腿"（A）；筋膜导向的"站姿，胸椎、颈椎后伸，单手抵墙，同侧腿后伸，对侧手抓脚"（B）；筋膜导向的普拉提床"四足式，髋关节伸展"（C）；筋膜导向的椅子"俯卧，有支撑的胸椎、颈椎旋转"（D）（后功能线图片来自《运动筋膜学》第六章，经Lotus出版公司许可使用）

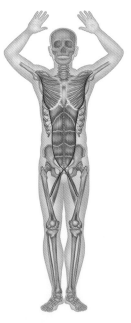

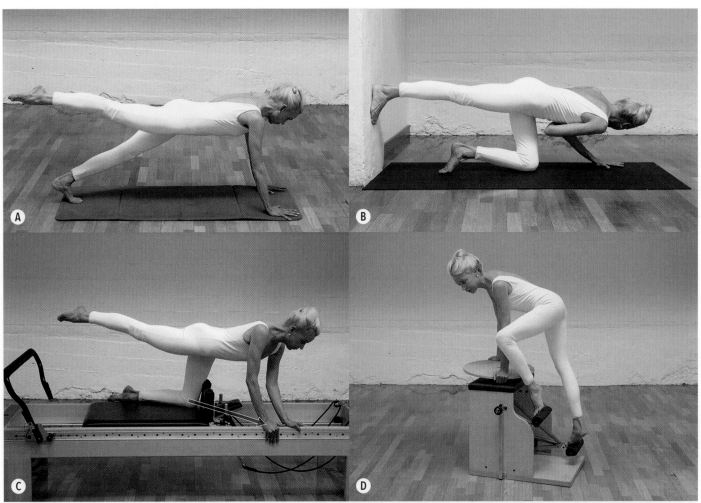

图1.3
前功能线除了稳定静止站姿外，还具有很强的姿势稳定功能。展现前功能线的动作包括：约瑟夫·H. 普拉提的俯撑抬腿（A）；筋膜导向的"四足式，单侧髋关节伸展"（B）；筋膜导向的普拉提床"四足式，单侧髋关节屈曲"（C）；筋膜导向的椅子加平衡板"倒V上拉/腘绳肌伸展3"（D）（前功能线图片来自《运动筋膜学》第六章，经Lotus出版公司许可使用）

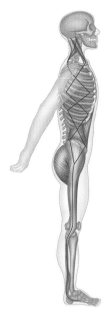

图1.4

体侧线参与躯干的侧屈、髋外展和足外翻。对躯干侧向和旋转动作有可控的"制动"功能。展现体侧线的动作包括：约瑟夫・H. 普拉提的跪姿侧踢（A）；筋膜导向的"双手扶墙站姿，侧踢"（B）；筋膜导向的普拉提床"跪姿，侧踢"（C）；筋膜导向的椅子"站姿，骨盆侧倾/腰部侧屈"（D）（体侧线图片来自《运动筋膜学》第六章，经Lotus出版公司许可使用）

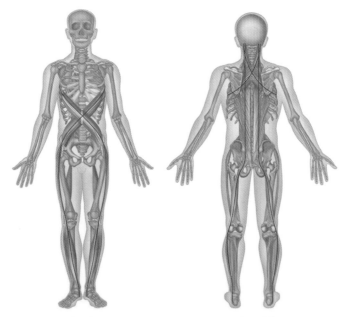

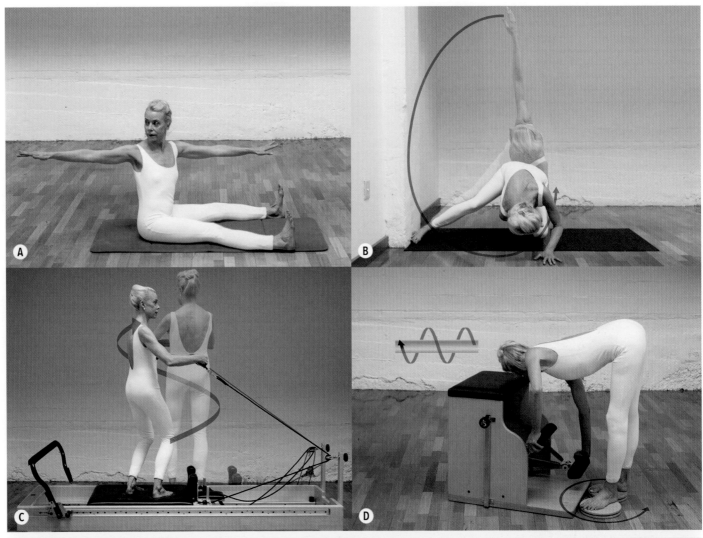

图1.5
螺旋线能形成和调整身体的螺旋动作和旋转。展现螺旋线的动作包括：约瑟夫·H.普拉提的"坐姿脊柱旋转"（A）；筋膜导向的"四足式，胸椎旋转单臂俯卧撑"（B）；筋膜导向的普拉提床"站姿，中轴旋转"（C）；筋膜导向的椅子加旋转盘"腘绳肌伸展1"（译者注：即洗衣/腘绳肌伸展动作）（D）（螺旋线图片来自《运动筋膜学》第六章，经Lotus出版公司许可使用）

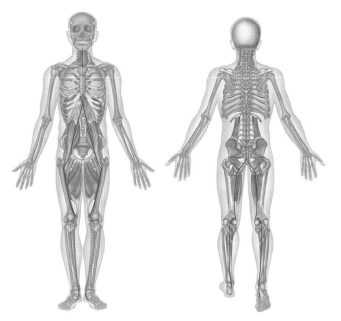

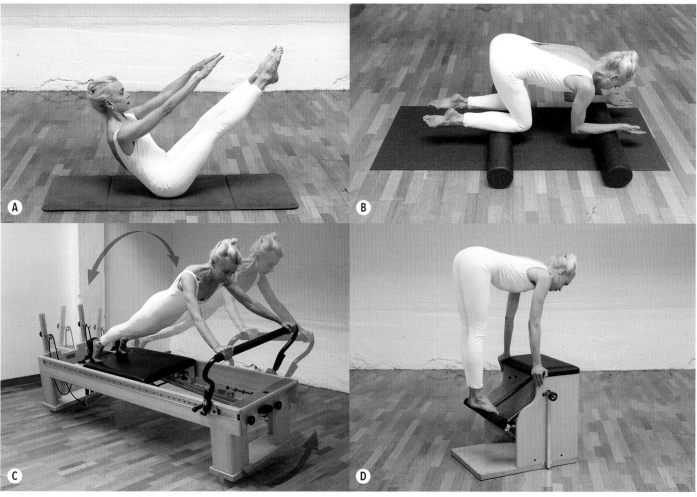

图1.6

前深线包括身体肌筋膜的核心部分，是一个三维空间，而不是一条线。在冠状面上，它位于左右两条体侧线之间；在矢状面上，它位于前表线和后表线之间，还被螺旋线和功能线围绕。前深线把呼吸运动和行走连接在一起。展现前深线的动作包括：约瑟夫·H. 普拉提的"V形悬体"（A）；筋膜导向的"双轴四足式，髋关节、肩关节屈曲和伸展"（B）；筋膜导向的摇摆普拉床（译者注：下端可以左右摇摆的普拉提床）"长（直体）伸展（前撑）"（C）；筋膜导向的椅子"倒V上拉/腘绳肌伸展3"（D）（前深线图片来自《运动筋膜学》第六章，经Lotus出版公司许可使用）

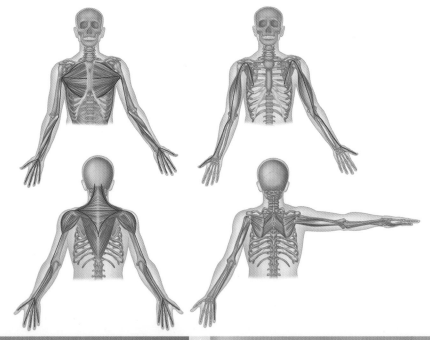

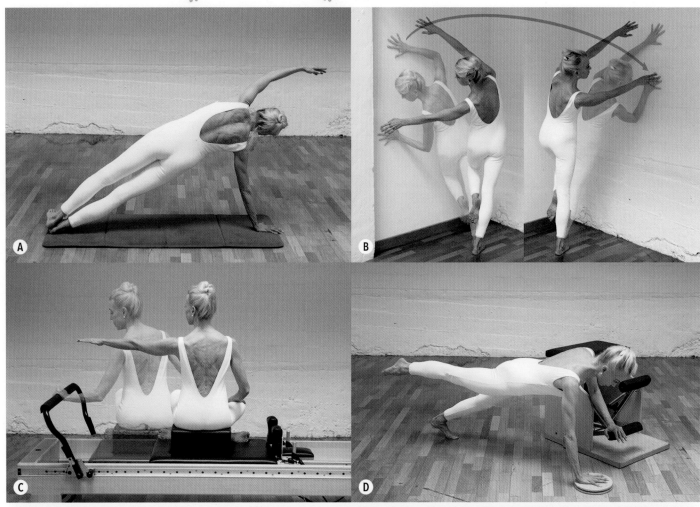

图1.7
手臂线跨越手臂的10个关节，功能是把物体拉向人体或推开它们，产生推拉的动作或稳定身体。手臂线与体侧线、螺旋线和功能线连接。展现手臂线的动作包括：约瑟夫·H. 普拉提的"侧伸展"（A）；筋膜导向的"墙边弹性反冲训练"（B）；筋膜导向的普拉提床"弹性反冲练习——手臂弹动"（C）；筋膜导向的椅子加旋转盘"单腿后伸，单臂俯卧撑"（D）（手臂线图片来自《运动筋膜学》第六章，经Lotus出版公司许可使用）

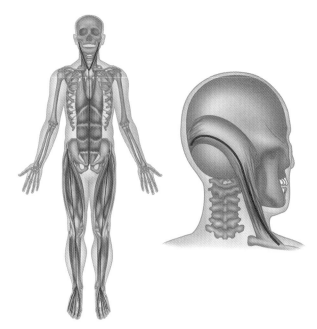

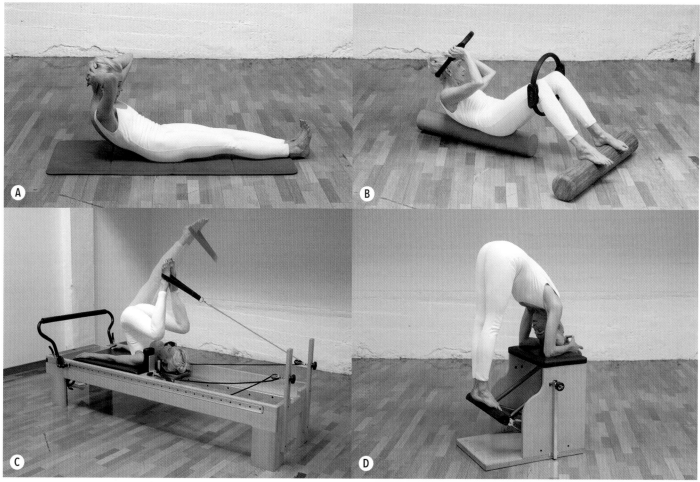

图1.8

前表线连接身体整个前表面,从脚尖到头颅侧面,可以分为两个部分:脚尖到骨盆、骨盆到头部。在髋伸展身体呈立位时,前表线形成一个连续的整体筋膜的连接。展现前表线的动作包括:约瑟夫·H.普拉提的"托颈卷上"(the neck pull)(A);筋膜导向的"双轴、双圈托颈卷上"(B);筋膜导向的普拉提床"单绳短脊柱按摩"(C);筋膜导向的椅子"前臂置于椅上的倒V上拉/腘绳肌伸展3"(D)(前表线图片来自《运动筋膜学》第六章,经Lotus出版公司许可使用)

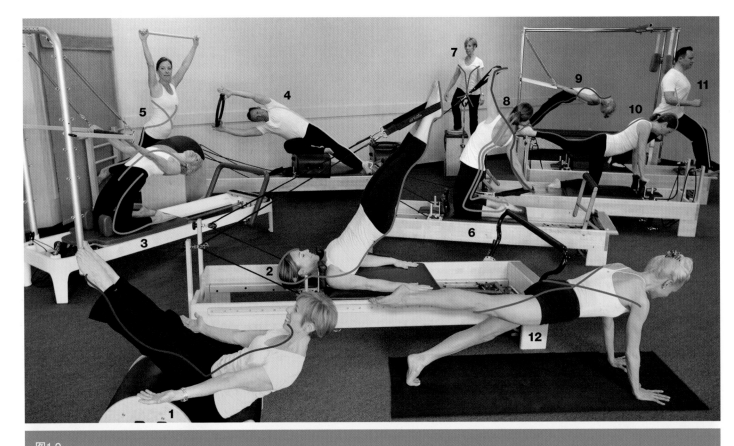

图1.9

在普拉提垫上和器械上绘制的肌筋膜连线展示了这一运动系统对筋膜导向运动的有效性。表1.6给每个肌筋膜连线、每项练习和基于约瑟夫·H.普拉提原创的器械都起了名字（版权归伊丽莎白·拉卡姆所有，2013）

表 1.6　图1.9的要素

肌筋膜连线* （为普拉提垫上和器械上练习者绘制）	普拉提练习	普拉提器械
1.肌筋膜前深线	反向V形悬体	克拉拉脊柱矫正器（阶桶）
2.肌筋膜后表线	长脊柱按摩（高阶）	配备长绳套的普拉提床
3.肌筋膜前表线	脊柱后伸并左旋的大腿前侧伸展	配备塔架推杆的普拉提床
4.肌筋膜体侧线	美人鱼（高阶）	配备短箱的普拉提床
5.肌筋膜螺旋线：前部	天鹅潜水–旋转	梯桶、手握卷杆
6.肌筋膜螺旋线：后部	脊柱后伸并右旋的大腿前侧伸展（高阶）	普拉提床，短绳套
7.肌筋膜前功能线	侧弓步伴重心转移（高阶）	组合椅、旋转盘（右足下）
8.肌筋膜手臂线 左臂–前深线 右臂–后表线	跪姿手臂训练和大腿前侧伸展（高阶），附加脊柱后伸并右旋	普拉提床，短绳套
9.肌筋膜前深线	桥式（高阶）	配备推杆的秋千床
10.肌筋膜后表线	四足式脚踏板弹跳	配备脚踏板的普拉提床（踏板被6号模特挡住了）
11.肌筋膜螺旋线：前部	站姿斜向分腿	配备站台的普拉提床
12.肌筋膜后功能线	俯撑抬腿–前撑	垫子

＊"连线"一词在此处与迈尔斯（2014）使用的术语"肌筋膜经线"是同义词。

《解剖列车：徒手和运动治疗的肌筋膜经线》肌筋膜链系统的综述

许多处理筋膜的治疗师和运动教育者都致力于描述筋膜链的概念。他们的认识都建立在人体的肌肉无法单独发挥功能的假定基础上。人体的肌肉被认为是类似张拉整体结构的全身性网络的一部分，筋膜结构作为全身性网络中的连接组件。由于筋膜可以传递张力并具有本体感觉和痛觉感受功能，肌筋膜经线可能会造成远端的解剖结构紊乱和疼痛。迈尔斯定义了通过肌肉和筋膜组织连接身体远端的7种肌筋膜经线。肌筋膜经线系统是将张拉整体结构原理转化为实践的一种很有发展前景的方式。

两条肌肉之间存在直接的线性连接是确定经线的关键点。肌筋膜经线来自于实践，虽然被广泛应用于运动疗法和整骨中，但无实物证据，从未得到证实，其科学基础还在争论之中。威尔克（wilke）等人（2016）的系统评论文章《关于肌筋膜链的可靠证据：系统化论述》为6条肌筋膜经线提供了根据尸体解剖研究得到的证据。广泛的结构性连线已经被证实为后表线、后功能线、前功能线。有一般证据可证实螺旋线和体侧线，而证实前表线的证据不足。这篇评论对于前表线是否存在提出了疑问：在股直肌和腹直肌间没有结构性的连接。文章表明人体大多数骨骼肌都是由结缔组织直接连接的，有62篇文章提出了3条肌筋膜经线存在的有力证据：后表线（3条连线都得以验证），后功能线（3条连线都得以验证），前功能线（2条连线都得以验证）。其他证据证明了部分螺旋线（9条连线中有5条得以验证）和部分体侧线（5条连线中有2条得以验证），但没有证据表明前表线的存在（Wilke et al., 2016）。

用对筋膜结构和功能的新认识重新定义普拉提的概念

腰盆稳定的概念和普拉提的肌肉均衡发展原则可以在理解张拉整体结构后得以明确，张拉整体结构（tensegrity）一词源自张力（tension）和整体性（integrity）。厄尔和迈尔斯（2010）提出，可以将身体看作是一个有张力的网状结构，在这个网状结构中"漂浮着"骨结构。内部张力和压力的平衡使身体具有内部完整性，无论它的空间方位如何，都能维持一定的形状。任何变形都会产生应力，均匀分布到全身。任何损伤都很快成为波及全身的损伤分配模式，需要全身评估和全身治疗。普拉提教师们面临的挑战是要根据张拉整体结构来观察整个身体，制订连贯的运动方案来处理紧密无缝的神经肌筋膜系统并发展功能性运动下的运动控制。

表 1.7　筋膜导向的运动标准

运动要求
1.运动可以持续地优化运动控制和重塑胶原
2.运动促进客户的张拉整体结构*意识和表现
*："张拉整体结构会对局部的机械压力做出整体反应，产生一个与重力无关的结果。如果没有张拉整体结构模式，我们的纤维结构会在引力作用下坍塌。有了张拉整体结构模式，我们的纤维结构通过在整个网络（包括外围结构）分散负荷来吸收和分散压缩力。"（Guimberteau & Armstrong, 2015）
"张拉整体结构模式的价值不在于该模式必然会改变某一特定的治疗方法，而在于它提供了更好的观察人体机械力学的方法，这种方法来源于对功能解剖学的新认识。"（Scarr, 2014）
3.根据客户情况以最佳练习顺序激活适合其需求的所有肌筋膜经线

运动目的
4.内感受——筋膜内的间质神经提供内感受功能，而不是本体感觉或痛觉功能。刺激这些游离的神经末梢能给大脑提供身体状况信息，维持体内的稳定，满足生理需求。内感受信号与感觉如温暖、恶心、饥饿、疼痛、费力、沉重或轻松有关。对内部躯体的感知与情感偏好和感觉有关（Schleip & Baker, 2015）
5.本体感觉的改善——本体感觉与位置、肌腱和肌肉感觉有关
6.运动敏感度——动觉（动态本体感觉），感知四肢、躯干的位置和运动的能力

运动属性
7.同时带动大面积神经肌筋膜系统的全身性运动
8.全身的连续性——将躯干连接到四肢，将四肢连接到躯干；将深层结构连接到表层结构，将表层结构连接到深层结构
9.运动的启动——将近端结构连接到远端结构，将远端结构连接到近端结构
10.流畅的运动序列
11.小角度变化的多向运动

表 1.7（续）

12.力/负荷的传递——通过神经肌筋膜系统分散力/负荷的运动
13.预备反向运动
14.动态伸展——慢和快的节奏变化
运动效果
15.促进组织水合作用
16.促进在三维神经肌筋膜系统内的滑动
17.形成规则的带有卷曲的晶格（网络）
18.促进弹性反冲
19.刺激组织再生
20.提升组织弹性

通过筋膜松解调整结构平衡，增强筋膜导向的普拉提运动

筋膜导向的普拉提运动可以与手法治疗或调整结构平衡的筋膜松解技术相结合，这样，当一名专业人士拥有两项技能时，客户不但能够受到筋膜导向的运动控制训练和教导，还能得到筋膜松解达到结构平衡。如果普拉提老师只会一项技能，那么客户就需要再找一位老师作为补充。准确来说，全身性的运动对于训练筋膜是有必要的，但是它对促进有效运动来说还不够。身体是个张拉整体结构系统，绕着所有基本轴收缩和回缩（Earls & Myers, 2010），并对损伤做出反应。当追求结构平衡的筋膜释放在一个维度上时，在其他维度上也都有反应。

2012年出版的《筋膜：人体的张力网络》启发普拉提老师加深了对筋膜性质和功能的跨学科研究，并把研究成果应用于运动教育中。卡拉·斯泰科和安东尼奥·斯泰科（Antonio Stecco）编写了这本书的1.4"肩膀和手臂的深层筋膜"和1.5"下肢的深层筋膜"，这两部分讲述了运动顺序的准确性和触觉提示的指导："当肌肉的骨性附着点启动它们的机械运动时，筋膜附着点可以起到本体感觉的作用，用于感受运动。"（Schleip et al., 2012）普拉提运动的原则如精细、控制、中心或核心、流畅和全身运动，与筋膜导向运动的本体感觉改善和运动敏感度的准则相关。姚普·范德瓦尔编写了这本书的"本体感觉"，这一部分会给想要寻求更清晰运动感受的普拉提教师以指导。

设计触觉提示，加强筋膜导向的普拉提运动

约瑟夫·H. 普拉提在他的影片《普拉提》（1932—1945）中示范的触觉提示表现出了有力接触，有时用力地将客户推到目标位置。筋膜导向的运动促进了对浅层筋膜的剪切、滑动和张拉运动的感知的精细化（Müller & Schleip, 2011）。这一理念受"浅筋膜层比更深层的组织有更密集的机械感受神经末梢"这一科学发现的启发（Stecco & Stecco, 2014, Cited in Schleip & Baker, 2015）。这种本体感觉改善在运动方面被广为推荐，把它应用在筋膜导向普拉提运动的触觉提示塑造上也是合理的。在浅筋膜层的深度上施加精确的向量，通过肌筋膜经线传送到骨性标志或器官，可以在空间上产生清晰的方向。例如，图1.9的第12个练习，必要的胸椎后凸消失了。教练可以将四根手指的指腹放在客户肩胛骨中间的胸椎后侧棘突上，以加强精确的脊柱组织工作，指导胸骨向脊柱的方向运动，使棘突向天花板凸起。这个提示可激活手臂的肌筋膜经线，并把它们与所有支持躯干的肌筋膜经线整合在一起。

另一个将触觉提示与筋膜导向运动相结合协同工作的例子是图1.9的第10个练习，胸腰结合处的支撑已经消失，导致第11、12胸椎和第1腰椎（T11、T12和L1）受到压迫。教练可将手掌（掌心朝向客户身体）放在客户肋骨下段的前外侧，引导客户肋骨收向胸腔后部，把下段肋骨向内收并朝向天花板。触觉提示应明智而谨慎地使用，要提前告知客户，不应强迫或强制客户。在筋膜导向的普拉提运动中，客户应积极主动地去负责动作的塑造，而不是被动地接受教练的指导。

想要理解筋膜在连接与传递压力时以及在本体感觉中发挥作用的机械和功能情况，就需要了解结缔组织和肌肉组织的结构，这比了解常规的解剖顺序或局部解剖更重要。（Schleip et al., 2012）

表 1.8 筋膜导向的普拉提运动计划指南——客户资料

客户的诊断和相关情况： 女，50岁，患莱姆病（由蜱传伯氏疏螺旋体引起的自然疫源性疾病），20多岁时发生伸展运动损伤造成胸中段不稳定，使其更偏好于胸椎中立位或屈曲位

短期目标	长期目标
1.治疗由于炎症引起的关节和软组织疼痛（莱姆病的一种症状），患者在筋膜导向普拉提治疗期间和之后告诉我们疼痛减少了 2.增加髋伸展以支持有效步态 3.增加跖趾关节背屈以支持有效步态 4.增加胸部活动度和稳定性，以支持有效呼吸（参见下面运动计划指南第4条"活动范围—禁忌"	1.散步时间从30分钟增加到45分钟，每周4次 2.增加耐力，承受以10分钟为一增量的全负重运动，以发展平衡能力 3.发展多变强度的间歇训练，结合固定自行车和筋膜导向普拉提垫上练习 4.和她十几岁的女儿打网球
筋膜导向的普拉提运动计划指南	**客户资料（由客户或教练完成）**
1.确定影响筋膜功能的因素	
遗传	未发现遗传病
相关疾病	莱姆病和混合感染5年
用药	服用治疗莱姆病的抗生素3年
外科手术	38岁时行剖宫产手术
•瘢痕	剖宫产瘢痕，对压力敏感
•粘连	剖宫产瘢痕粘连可能导致盆底肌疼痛和下腹疼痛
全身炎症	莱姆病带来的全身炎症使运动疼痛
相关的生活方式	积极参加瑜伽和普拉提练习，直到38岁时孩子出生
•营养	遵从她的自然理疗师的建议
•补剂	医生开具的治疗莱姆病症状的补剂
•吸烟情况	不吸烟
•饮酒情况	偶尔喝一点红酒
•坐的时间	慢性疲劳，需要坐卧休息
低可动性	莱姆病导致活动受限
高可动性	青春期和青年期的关节高可动史
温度和湿度偏好	喜欢21~22℃、湿度55%~75%的环境
2.增强筋膜功能的自用工具：球、泡沫轴、木棍、手动工具	
家庭练习	客户在家附近散步之前，用**第十三章图13-垫上1**所示的垫上练习和**图11.2最**下边所示的小球练习来刺激足部和脚踝的本体感觉
在工作室的计划	
时长	每天10分钟
3.强化筋膜功能的治疗方法： 针灸、整骨疗法、物理疗法、罗尔夫按摩疗法、结构整合法等	
预约时间表	客户每周做一次手法整骨治疗
合作治疗沟通	整骨治疗师做了推荐，所以运动计划是支持手法治疗的
4.活动范围	
部分	第2、4跖骨头水肿影响负重时踝关节跖屈
全部	髋关节屈曲、伸展、外展、旋转、环转能力逐渐增加，有助于功能恢复
禁忌	客户20多岁时伸展运动损伤造成胸中段不稳定，使之更偏好于胸椎中立位或屈曲位

表 1.8（续）

5.负重	
无负重	客户经常在家休息，采用仰卧位或侧卧位
部分负重	运动过程中通过仰卧、侧卧、俯卧、桥式、四足、坐姿、跪姿、弓步、站立负重等进行部分负重练习
完全负重	运动过程包括使用悬吊带支撑站立和完全承重序列（图14.2E~I）
6.运动链	
开链	客户告知在开链运动中感觉像"在空间中迷失"。这可能是因为她的全身炎症降低了精确的本体感觉
闭链	客户更喜欢用手心和脚底接触稳定的表面或与弹簧或绳子连接的带子
7.最适合客户的辅助或阻力类型	
自重	全身性的肌肉无力会在自重练习中影响精准的力线
带子	使用带子会加剧关节疼痛
弹簧	更喜欢弹簧辅助和轻到中等的弹簧阻力，这可能利于莱姆病导致的过缓的淋巴运动
自由重量	客户更喜欢普拉提器械弹簧和绳索提供的运动辅助。客户有失控感，自重练习有受伤风险
8.最佳强度，使收益最大化、伤害最小化	间歇训练——从轻到中等强度的抗阻运动，然后是不太费力相对轻松的序列
9.对既可激发神经系统又可降低风险的新事物的平衡能力	疲劳、全身虚弱和疼痛使其不愿意尝试新的练习。客户认为适合的运动是既可精确执行又对不适可控和将不适降至最低
10.适合客户的普拉提运动选项	
垫子、普拉提床、椅子、秋千床、梯桶	客户可以使用所有的普拉提设备
附加的设备	客户可以使用配有塔架的普拉提床
不稳定的平面：泡沫轴、小海豚、旋转盘、方形摇摆板、平衡板	客户可以使用这些不稳定平面的工具
11. 激活《解剖列车：徒手和运动治疗的肌筋膜经线》中描述的所有适合客户的肌筋膜经线	客户可以忍受沿着所有肌筋膜经线的运动 胸中段的后伸是有保护的
12. 提高筋膜弹性反冲性能的练习	客户不能忍受图6.12~6.15中详述的弹性反冲练习
时长：每天20~30分钟 频率：每周2~3次 胶原合成的恢复时间：2天	客户可以忍受图13.3A~D所示的仰卧位"开链的髋、膝关节屈曲和伸展"的节奏练习
13. 不含弹性反冲的筋膜导向运动	
时长：每天30~60分钟	每次60分钟
频率：每周2~6次	每周3次
至少每3周修订一次计划	计划根据每次症状不同而变化
14. 客户提示偏好	
接触深度	客户全身皮肤敏感，只能对其轻触以刺激本体感觉的精确性
外感受或内感受提示	客户更喜欢以与呼吸相关的内感受提示开始运动，再接受全身运动的外感受提示
15. 客户的音乐偏好有助于专注和进行有节奏的运动	客户偏好用没有人声的古典音乐作为背景音乐
16. 与其他形式训练的互动	
多变强度的间歇训练	客户在家里的蹦床上跟随DVD运动12~20分钟，每周2次
有氧运动：15~45分钟，每周3~4次	家附近步行，每周4次，每次30分钟
力量训练：15~30分钟，每周2次，1~2天的恢复时间	目前没有力量训练计划
身心运动：瑜伽、太极、气功、婵柔器械上婵柔、 垫上或椅子上婵柔（Gyrokinesis®）	每周2节艾扬格瑜伽课

表 1.9 筋膜导向的普拉提运动计划指南——练习精选

客户的诊断和相关情况： 女，50岁，患莱姆病，20多岁时发生伸展运动损伤造成胸中段不稳定，使其更偏好于胸椎中立位或屈曲位

运动效果

教练选择的练习	筋膜导向的运动标准 运动要求： 运动可以持续地优化运动控制和重塑胶原 运动促进客户的张拉整体结构*意识和表现 根据客户情况以最佳练习顺序激活适合其需求的所有肌筋膜经线	垫子	普拉提床	椅子	秋千床	梯桶	附加设备	促进组织水合作用	促进筋膜系统的滑动	刺激组织再生	提升筋膜弹性	形成规则的带有卷曲的晶格（网络）	促进弹性反冲

*："张拉整体结构会对局部的机械压力做出整体反应，产生一个与重力无关的结果。如果没有张拉整体结构模式，我们的纤维结构会在引力作用下坍塌。有了张拉整体结构模式，我们的纤维结构通过在整个网络（包括外围结构）分散负荷来吸收和分散压缩力。"（Guim-berteau & Armstrong, 2015）

	内感受——筋膜内的间质神经提供内感受功能，而不是本体感觉或痛觉功能。刺激这些游离的神经末梢能给大脑提供身体状况信息，维持体内的稳定，满足生理需求。内感受信号与感觉如温暖、恶心、饥饿、疼痛、费力、沉重或轻松有关。对内部躯体的感知与情感偏好和感觉有关（Schleip & Baker, 2015）												

家庭运动计划

筋膜导向的垫上练习

练习	标准	垫子	普拉提床	椅子	秋千床	梯桶	附加设备	促进组织水合作用	促进筋膜系统的滑动	刺激组织再生	提升筋膜弹性	形成规则的带有卷曲的晶格（网络）	促进弹性反冲
侧卧，双轴辅助，骨盆、胸椎反向旋转 图4.9A	预备反向运动	●										●	
仰卧纵向旋转 图4.1B、C	全身的连续性——将躯干连接到四肢，将四肢连接到躯干	●								●			
俯卧纵向旋转 图4.1D、E	全身的连续性——将深层结构连接到表层结构，将表层结构连接到深层结构	●								●			
俯卧，头、颈、上段胸椎横向平移 图4.4A、B	本体感觉的改善——本体感觉与位置、肌腱和肌肉感觉有关	●									●		
桥式加骨盆横向平移 图4.2D~H	运动敏感度——动觉（动态本体感觉），感知四肢、躯干的位置和运动的能力	●										●	
仰卧，保持脊柱中立位单腿画圈，不动的腿抵墙 图4.5A，B	小角度变化的多向运动	●										●	
侧对墙面，四足式，胸椎旋转 图4.3A	流畅的运动序列	●											

普拉提垫上练习

练习	标准	垫子	普拉提床	椅子	秋千床	梯桶	附加设备	促进组织水合作用	促进筋膜系统的滑动	刺激组织再生	提升筋膜弹性	形成规则的带有卷曲的晶格（网络）	促进弹性反冲
侧卧，踢腿 图3.5A、B	动态伸展——慢和快的节奏变化	●										●	
坐姿，脊柱扭转 图3.6C	运动的启动——将近端结构连接到远端结构，将远端结构连接到近端结构	●							●				
单腿画圈（双向） 图3.6E~H	小角度变化的多向运动	●										●	
单腿伸展 图3.2C	运动敏感度——动觉（动态本体感觉），感知四肢、躯干的位置和运动的能力	●											

表 1.9（续）

客户的诊断和相关情况： 女，50岁，患莱姆病，20多岁时发生伸展运动损伤造成胸中段不稳定，使其更偏好于胸椎中立位或屈曲位

教练选择的练习	筋膜导向的运动标准 运动要求： 运动可以持续地优化运动控制和重塑胶原 运动促进客户的张拉整体结构*意识和表现 根据客户情况以最佳练习顺序激活适合其需求的所有肌筋膜经线	垫子	普拉提床	椅子	秋千床	梯桶	附加设备	促进组织水合作用	促进筋膜系统的滑动	刺激组织再生	提升组织弹性	形成规则的带有卷曲的晶格（网络）	促进弹性反冲
工作室系列计划													
筋膜导向的秋千床练习													
从仰卧到侧卧，有辅助的躯干旋转 图8.6D	流畅的运动序列				●				●				
仰卧，有辅助的脊柱屈曲 图8.6E													
普拉提秋千床练习													
推杆（弹簧在上方） 表7.4，1	动态伸展——慢和快的节奏变化				●				●				
卷下 表7.4，25	流畅的运动序列				●				●				
仰卧，腿套弹簧 表7.4，34~38	小角度变化的多向运动	●			●				●				
侧卧，腿套弹簧 表7.4，39，40	运动敏感度——动觉（动态本体感觉），感知四肢、躯干的位置和运动的能力				●				●				
站在地面上：手臂套长弹簧 表7.4，14~24	带动大面积神经肌筋膜系统的全身性运动								●		●		
约瑟夫·H.普拉提床练习													
仰卧，足部运动：脚跟 图5.1	本体感觉的改善——本体感觉与位置、肌腱和肌肉感觉有关		●								●		
仰卧，足部运动：脚趾 图5.1			●								●		
肱二头肌 图5.3	运动敏感度——动觉（动态本体感觉），感知四肢、躯干的位置和运动的能力		●										
划船–绳套在后 图5.4	运动的启动——将近端结构连接到远端结构，将远端结构连接到近端结构		●						●				
脊柱按摩 图5.12	流畅的运动序列		●										
胸部扩张 图5.13	力/负荷的传递——通过神经肌筋膜系统分散力/负荷的运动		●										
控制伸展–侧屈 图5.16	动态伸展——慢和快的节奏变化		●							●	●		
筋膜导向的普拉提床练习													
仰卧，胸椎和骨盆横向平移 图6.1A、B	本体感觉的改善——本体感觉与位置、肌腱和肌肉感觉有关		●										
仰卧，股骨画圈；仰卧，单腿外展/内收 图6.2A~C	小角度变化的多向运动		●						●				
桥式加旋转 图6.3A、B	全身连续性——将深层结构连接到表层结构，将表层结构连接到深层结构		●						●				
侧卧，髋、膝关节屈曲和伸展 图6.7A	运动敏感度——动觉（动态本体感觉），感知四肢、躯干的位置和运动的能力		●										
跪姿，不同方向的脊柱旋转 图6.9A	运动的启动——将近端结构连接到远端结构，将远端结构连接到近端结构		●						●				
站姿，有辅助的深蹲 图6.11A	力/负荷的传递——通过神经肌筋膜系统分散力/负荷的运动		●								●		

表 1.9（续）

客户的诊断和相关情况：女，50岁，患莱姆病，20多岁时发生伸展运动损伤造成胸中段不稳定，使其更偏好于胸椎中立位或屈曲位		垫子	普拉提床	椅子	秋千床	梯桶	附加设备	运动效果					
筋膜导向的运动标准 运动要求： 　运动可以持续地优化运动控制和重塑胶原 　运动促进客户的张拉整体结构*意识和表现 　根据客户情况以最佳练习顺序激活适合其需求的所有肌筋膜经线								促进组织水合作用	促进筋膜系统的滑动	刺激组织再生	提升组织弹性	形成规则的带有卷曲的晶格（网络）	促进弹性反冲
教练选择的练习													
筋膜导向的椅子练习													
坐姿，脊柱侧屈加旋转 图8.1A~C	动态伸展——慢和快的节奏变化			•					•				
坐姿，侧对脚踏，单腿运动 图8.2E~H	本体感觉的改善——本体感觉与位置、肌腱和肌肉感觉有关			•									
面向椅子，踝关节跖屈/背屈 图8.3A~D	运动敏感度——动觉（动态本体感觉），感知四肢、躯干的位置和运动的能力			•					•				
普拉提万得椅练习													
站姿，单腿下压，面对椅子，侧对椅子，交叉腿 表7.1，46~48	预备反向运动			•							•		
筋膜导向的辅助设备练习													
在配备塔架的普拉提床上，做开链的髋关节、膝关节的屈曲和伸展 图13.3A~D	同时带动大面积神经肌筋膜系统的全身性运动							•	•				

筋膜导向的普拉提是一种正在快速发展的运动

筋膜导向的普拉提运动的实践自2001年才开始发展，筋膜导向的运动标准可以为普拉提计划的设计提供所有要素信息，包括使用所有的运动平面、运动序列、节奏、持续时间、频率、阻力的选择、口令提示、触觉提示，适合于因年龄、手术、外伤或创伤性脑损伤引起的高可动性、筋膜粘连的运动选择。

总结

尽管普拉提运动原则可以被认为是筋膜导向运动标准的一部分，但制订筋膜导向的普拉提运动计划需要对计划的所有元素进行新的考量。筋膜研究对运动序列、运动速度和节奏的选择，口头提示的不同表达，阐释触觉提示的能力和方向都提出了新的要求。

世界各地普拉提工作室里的普拉提老师正在发展筋膜导向的普拉提运动领域。在这些工作室中，普拉提老师们进行跨学科的调研，并与客户合作，以使该运动在日常生活和运动表现中展现出功能性和优雅性。

参考文献

出版物

AVISON J, 2015. Yoga: Fascia, anatomy and movement. Edinburgh: Handspring Publishing.

BEACH P, 2010. Muscles and meridians: The manipulation of shape. Edinburgh: Churchill Livingstone.

CHAITOW L, 2014. Fascial dysfunction: Manual therapy approaches. Edinburgh: Handspring Publishing.

CHAITOW L, FINDLEY, T W, SCHLEIP, R（Eds.），2012. Fascia research III: Basic science and implications for conventional and complementary health care. Munich: Kiener Press.

EARLS J, MYERS T, 2010. Fascial release for structural balance. Chichester: Lotus Publishing.

FALVEY E C, CLARK R A, FRANKLYN–MILLER, A, BRYANT, A L, BRIGGS, C, MCCRORY P. R, 2010. Iliotibial band syndrome: an examination of the evidence behind a number of treatment options. Scand J Med Sci Sports，（20）4，580‑587.

GUIMBERTEAU J C, ARMSTRONG, C, 2015. Architecture of human living fascia: The extracellular matrix and cells revealed through endoscopy. Edinburgh: Handspring Publishing.

MACDONALD G Z, PENNEY M D, MULLALEY, M E, CUCONATO A L, DRAKE C D, BEHM D G, BUTTON D C, 2013. An acute bout of self-myofascial release increases range of motion without a subsequent decrease in muscle activation or force. J Strength Cond Res, （27）3, 812-821.

MARTIN D-C, 2016. Living biotensegrity: Interplay of tension and compression in the body. Munich: Kiener.

MÜLLER M G, SCHLEIP R, 2011. Fascial fitness: Fascia oriented training for bodywork and movement therapies. IASI Yearbook 2011, 68-76.

MYERS T W, 2014. Anatomy Trains®: Myofascial meridians for manual and movement therapists（3rd ed.）. Edinburgh: Churchill Livingstone.

OSCHMAN J L, 2016. Energy medicine: The scientific basis （2nd ed.）. Edinburgh: Elsevier.

PAOLETTI S, 2006. The fasciae: Anatomy, dysfunction & treatment. Seattle, WA: Eastland Press.

SCARR G, 2014. Biotensegrity: The structural basis of life. Edinburgh: Handspring Publishing.

SCHLEIP R, BAKER, A（Eds.）, 2015. Fascia in sport and movement. Edinburgh: Handspring Publishing.

SCHLEIP R, FINDLEY T W, CHAITOW L, HUJING P A, 2012. Fascia: The tensional network of the human body. Edinburgh: Churchill Livingstone.

SCHWIND P, 2006. Examination of breathing function. Fascial and membrane technique （Y2K Translations Trans.） （pp.40-41）. Edinburgh: Churchill Livingstone.

SERGUEEF N, NELSON K, 2014. Osteopathy for the over 50s. Edinburgh: Handspring Publishing.

STECCO C, 2015. Functional atlas of the human fascial system. Edinburgh: Churchill Livingstone.

STECCO L, STECCO C, 2014. Fascial manipulation for internal dysfunctions. Stuttgart: Schattauer GmbH.

STECCO A, STERN R, FANTONI, I, DE CARO R, STECCO C, 2016. Fascial disorders: Implications for treatment. PM & R, （8）2, 161-168.

VAN DER WAL J, 2009. The architecture of the connective tissue in the musculoskeletal system — An often overlooked functional parameter as to proprioception in the locomotor apparatus. Int J Ther Massage Bodywork, （2）4, 9-23.

WILKE J, KRAUSE, F, VOGT L, BANZER W, 2016. What is evidence-based about myofascial chains: A Systematic Review. Arch Phys Med Rehabil, （97）3, 454-461.

电子资源

Franklyn-Miller, A.（2016, February 2）.Ilio-tibial band: Please do not use a foam roller! [Article]. Retrieved from https://www.linkedin.com/pulse/ilio-tibial-band-please-do-use-foam-roller-andrew-franklyn-miller

Myers, T. （2015, April 27）. Foam rolling and self-myofascial release [Article]. Retrieved from https://www.anatomytrains.com/news/2015/04/27/foam-rolling-and-self-myofascial-release/

Schleip, R. （2016, May 13）. Fascia and Davis's Law [Video]. Retrieved from http://www.pilatesanytime.com/workshop-view/2522/video/Pilates-Fascia-and-Davis-Law-by-Robert-Schleip-PhD

Stecco, C.（2016, June 26）. Internal Fasciae. British Fascia Symposium 2016. Worcester, UK [Conference recording]. Retrieved from http://wholebeingfilms.com/product/british-fascia-symposium-2016/

网络课程

www.pilatesanytime.com

第二章　约瑟夫·H. 普拉提：运动的创立者和运动器械的发明者

控制学可以使身体获得均衡的发展，纠正错误的姿势，恢复体力，激活思维，振奋精神。

——约瑟夫·H. 普拉提

普拉提方法的历史

自1926年约瑟夫·H. 普拉提（1883—1967）和他的伴侣也是搭档克拉拉（Clara）（他们未结婚）从德国移民到纽约以来，普拉提运动一直在美国开展。40多年里，约瑟夫·H. 普拉提创立并撰写了一个全面的运动系统，反映了他自己的体能训练和那个时代的体能文化。

从19世纪末到一战初期这段时间的时代特征是乐观主义、新技术和医学发现。在这一时期，尤其是在德国，关乎健康和幸福的文化发展起来。众多欧洲人将身体训练和专业学科相结合，约瑟夫·H. 普拉提身为一个欧洲人，也不例外。埃尔莎·金德勒（Elsa Gindler），鲁道夫·拉班（Rudolf laban）和贝丝·门森迪克（Bess Mensendieck）也致力于人体运动的新准则。约瑟

夫·H. 普拉提热衷于阅读哲学文章，在他的工作室里展出过一幅展现溪流流经高山草甸的叠层水彩画（Gallagher & Kryzanowska, 2000）。这幅画上书写了德文版的引自弗里德里希·冯·席勒（Friedrich von Schiller）的名言："精神创造身体。"普拉提和他的搭档克拉拉的工作主要是教导意识、正确呼吸、脊柱的排列和躯干肌肉的强化。芭蕾舞编导乔治·巴兰钦（George Balanchine）和现代舞蹈编导马莎·格雷厄姆（Martha Graham）派学生和专业舞蹈演员参加了普拉提的课程。普拉提运动使人从内在角度提升运动意识，从内而外地促进运动（Vleeming, 2014）。

约瑟夫·H. 普拉提在年轻时运用了各种物理疗法来治疗其儿童时期的慢性疾病，如佝偻病、哮喘、风湿热。他创建的运动系统受到了健身、体操、滑雪、潜水、武术和拳击等练习的影响。

控制学是身体、思想和精神的完全协调统一。通过控制学，你首先用意识获得对自己身体的完全控制，然后通过适当的重复练习，循序渐进地获得关乎你所有精神和潜意识活动的自然节奏和协调能力。

约瑟夫·H. 普拉提（Gallagher & Kryzanowska, 2000）

普拉提本人没有任何临床或医学资质，他是通过总结运动经验、观察和阅读，自学知识的。他关于脊柱排列的观点（Pilates, 1934/1998）明显不同于目前普遍接受的观点。现在的观点认为，理想的脊柱组织需要颈椎和腰椎前凸和胸椎后凸，而事实上，普拉提设计了整个运动体系来拉直脊柱曲度，这反映了他当时的观念：

正常的脊柱应是直的，在一般自然规律和重力定律下成功发挥作用，特别是……正确的脊柱姿势是唯一的预防腹部肥胖、呼吸短促、哮喘、高/低血压和其他各种心脏疾病的自然疗法。可以肯定地说，在脊柱曲线矫正之前，这里列举的任何疾病都不能被治愈。

约瑟夫·H. 普拉提（Pilates, 1934 / 1998）

身体健康是人幸福的首要条件。均衡发展的身体和健全的头脑，让我们完全有能力自然、轻松、愉快地完成繁杂的日常工作，并产生发自内心的热情和喜悦。

约瑟夫·H. 普拉提（Gallagher & Kryzanowska, 2000）

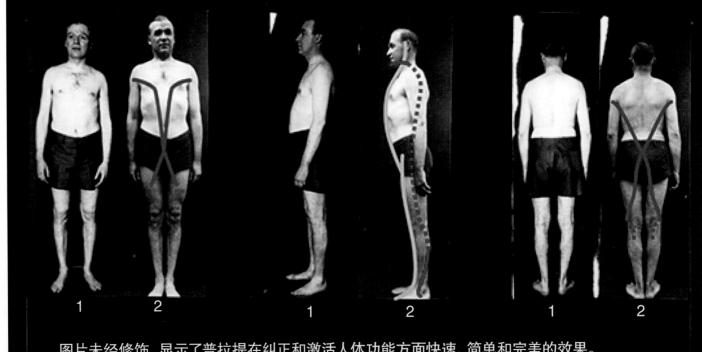

图片未经修饰，显示了普拉提在纠正和激活人体功能方面快速、简单和完美的效果。

在经历3个月36节普拉提课，实行渐进的拉紧和放松后，这个中年人的身体恢复到了正常体态，纠正了他的脊柱曲线，拉直了O型腿。

1是第一节课的状态　　2是12节课后的状态

图2.1
约瑟夫·H. 普拉提制作了这组"未经修饰的照片"以说明他的方法的有效性。这些客户在12节课后变得更健康。为了突出本书的筋膜导向视角，在原图上叠加了彩色的肌筋膜连线（图1.1~1.8）（经Balanced Body Inc.，www.pilates.com 许可使用）

多产的运动器械发明者

在"万能"工作室工作的40年间，约瑟夫·H. 普拉提持续发展了他的运动体系，发明了20多种运动器械（表2.1），为垫上运动所需的组织工作和运动策略提供了辅助、阻力和多样训练。设备的框架提供了很多供弹簧或绳带连接的地方，形成了支持多种向量的运动环境，使其能够满足表1.7中列出的所有筋膜导向运动的准则要求。约瑟夫·H. 普拉提为他的每项发明都设计了独特的运动指导表，并向医生们进行演示介绍，希望医生对他的普拉提方法感兴趣。

因此，体育文化应同时作为一门科学和一门艺术，在它可以应用的地方加以推广，直到它在公众心中赢得与它的重要性相称的尊重地位。

约瑟夫·H. 普拉提（Gallagher & Kryzanowska, 2000）

为了能够从日常活动中获得最大的益处和健康，人们至少要了解一些人体运动、休息和睡眠机制的基本原理。例如，了解骨骼框架的杠杆作用，适当肌张力和肌放松的范围与限制，平衡和重力定律，以及如何吸气和呼气（如何正确和正常呼吸）。如果我们想从锻炼中获益，这些知识是非常重要的。

约瑟夫·H. 普拉提（Gallagher & Kryzanowska, 2000）

表 2.1 约瑟夫·H.普拉提发明的运动器械

运动器械	图片来源
上肢椅	www.pilates.com
屈腕用沙袋	《PMA普拉提认证考试学习指南》第99页
长凳垫（也可用在沙发上）	Gallagher & Kryzanowska, 2000
德瓦纳™（一种集垫子、脊柱矫正器、梯桶、万能床和凯迪拉克为一体的组合器械）	Gallagher & Kryzanowska, 2000
手指矫正器	《PMA普拉提认证考试学习指南》第99页
足部矫正器	图9.1
高背椅	图7.1和图10.1（最后一排）
家用普拉提床	Gallagher & Kryzanowska, 2000
梯桶	《PMA普拉提认证考试学习指南》第96~98页
魔术圈	图4.9和图4.10
按摩台（改自凯迪拉克）	Gallagher & Kryzanowska, 2000
弹簧拉力架	图9.2和图10.4C
普拉提自动姿势纠正和复原床	Gallagher & Kryzanowska, 2000
风车呼吸控制器	《PMA普拉提认证考试学习指南》第100页
垫高的有脚带的练习垫	www.pilates.com
脊柱矫正器/阶桶	图7.3
早期版的魔术圈	Gallagher & Kryzanowska, 2000
脚趾矫正器	《PMA普拉提认证考试学习指南》第99页
塔架	Gallagher & Kryzanowska, 2000
秋千床/凯迪拉克床	图2.2, 7.2, 8.6, 8.7, 10.1（上）, 12.1
万能（多功能）普拉提床	图5.1~5.18
V形床	普拉提著《你的健康》
坐姿训练轮椅设备	Gallagher & Kryzanowska, 2000
万得椅	组合椅 图8.1~8.5

下面是约瑟夫·H.普拉提获得的证书：

兹授予

约瑟夫·H.普拉提

这一荣誉，以感谢他在

讲授脊柱治疗学会研究生课程时所做出的宝贵贡献。

——董事会颁布

_____

主席

_____

秘书长

_____

1958年3月2日

（Gallagher & Kryzanowska, 2000）

图2.2
1961年10月，约瑟夫·H.普拉提在秋千床上指导客户悬吊上拉，背后可见万能普拉提床。

下面是普拉提"万能"健身中心门口标志复制品。

普拉提"万能"
健身中心

总监：约瑟夫·胡贝图斯·普拉提

德国发明家和

健身

美体、减脂

强化、矫正、康复

的普拉提万能技法创立者

拥有25年历史

范·戴克工作室

第八大道939号，56大街，纽约

（Gallagher & Kryzanowska，2000）

Patented Mar. 15, 1927.

1,621,477

UNITED STATES PATENT OFFICE.

JOE PILATES, OF HAMBURG, GERMANY.

GYMNASTIC APPARATUS.

Application filed August 24, 1925. Serial No. 52,205, and in Germany August 27, 1924.

Gymnastic or remedial apparatus for physical exercise are well known and in general use. Such apparatus is often designed to enable the user to develop particular
5 muscles or remedy particular defects by simulating the effects obtained by partaking in various sports such as rowing, cycling and the like. Apparatus of this character however, is generally open to the objection
10 that it is not well adapted for use in restricted space such as living rooms, since a considerable amount of space has to be set apart for the use of such apparatus. A further objection to such apparatus is that
15 it is not generally adapted for use by those suffering from particular ailments or disabilities which necessitate their maintaining a recumbent position or which result in an enfeeblement of the legs, as for instance weak
20 foot arches or flat feet, or those having only one leg or only one capable of being normally used.

The present invention is particularly designed to be usable by such sufferers as well
25 as those in vigorous health and for that purpose the machine comprises a supporting member or carriage adapted to receive the user in a recumbent position. The apparatus is also fitted with an abutment or pres-
30 sure bar which may be employed by those suffering from weakened arches. The apparatus may also be used by those having one sound leg only.

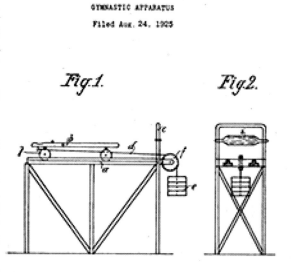

J. PILATES
GYMNASTIC APPARATUS
Filed Aug. 24, 1925

1,621,477

Fig.1.   Fig2.

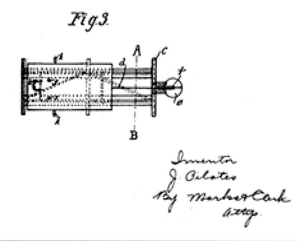

Fig3.

Inventor
J. Pilates
By Marker Clark
Atty.

图2.4

双腿截肢的丹麦士兵在普拉提床上训练以激活他的前斜悬吊系统（经"丹麦伤兵项目"许可使用，www.danishwoundedwarriors.com.）。截肢人士在普拉提设备上训练的其他案例可以在普拉提视频《运动英雄》中找到（Larkam, 2013）

1914年第一次世界大战爆发后，约瑟夫·H.普拉提在英格兰兰卡斯特的一个营地里教学，他创立的运动体系服务于卧床不起的伤员。从床上取下弹簧是他用于伤员康复的早期设备（PMA®, 2013a）。图7.2展示的是他在秋千床上的训练。现在，筋膜导向的普拉提能改善站立平衡、坐姿平衡，为因受伤而截肢的多创伤患者进行步态的近端控制（Moore, 2009）。这些运动也有利于治疗创伤后应激障碍、脑损伤和前庭功能障碍（Larkam, 2013）。在PMA网站的"运动英雄"主页上，展示有遵循肌筋膜经线的筋膜导向的普拉提训练（PMA, 2013b）。

刊登在《纽约时报》上的约瑟夫·H.普拉提的讣告

约瑟夫·H.普拉提于1967年10月9日去世。根据德国普拉提协会的调查，普拉提生于1883年，享年83岁。1929年，约瑟夫·H.普拉提在纽约开设了工作室，并将名片上的出生日期更改为1880年（Geweniger & Bohlander, 2014）。下面是1967年10月10日发表在《纽约时报》上的讣告。（注意这篇文章把克拉拉称为"遗孀"和"克莱尔"。）

约瑟夫·H.普拉提，健身教练，享年86岁。

控制术的首创者——在第八大道经营一家健身中心

约瑟夫·H.普拉提，体能教育者，研发了一种身体训练体系，该体系被称为控制学。他于昨天在莱诺克斯山医院去世，享年86岁，生前住在第八大道939号，他在那里经营健身中心/工作室达40年之久。

一位头发花白的名人，有着铁青色的眼睛，红褐色的皮肤。普拉提先生虽然80多岁，身体却像十几岁的青年一样灵活。他在最近一次采访中说，控制学通过重复100次练习可以获得对肌肉的完全控制。他发明了许多练习用的器械。

在谈论体能训练时，他说："就像骑马，如果一个人想参加骑马比赛，就会让马保持最佳状态。马可以保持最佳状态，为什么人不能保持最佳状态呢？"

他说："如果你想真正懂得放松肌肉，你必须学会如何收紧肌肉。"

追随他练习的有演员、舞蹈家、音乐家、作家和社会名人，如凯瑟琳·赫本、劳伦斯·奥利弗爵士、何塞·费雷尔、乔治·巴兰钦、杰罗姆·罗宾斯、罗伯特·彼得斯、玛丽亚·托尔奇夫、薇拉·佐里娜和吉安·卡洛·梅诺蒂等。

普拉提先生出生在德国杜塞尔多夫附近，希腊裔。他说他是从动物身上了解人体的。"当我还是个孩子时，"他说，"我会在树林里躺上几个小时，躲在树叶里，观察动物的移动。"

第一次世界大战爆发时，普拉提跟随一个德国巡回马戏团在英格兰巡演，与他的兄弟一起扮演希腊雕像。后来，他被羁押，在这段时间里，他教人们摔跤和自卫，开始创建他的训练体系。

他有一个遗孀，克莱尔·普拉提女士，一个兄弟弗雷德和一个姐妹海伦·门克女士。

葬礼将于明天晚上8点在列克星敦大道第52大街的通用葬礼教堂举行。

（《纽约时报》，1967）

刊登在《纽约时报》上的克拉拉·普拉提的讣告

控制学训练老师，克拉拉·普拉提的讣告被刊登在1977年5月14日的《纽约时报》上。

克拉拉·普拉提昨天在圣·克莱尔医院去世，享年95岁。她教授的训练方法深受电影明星、舞蹈家和音乐家的欢迎。

普拉提的控制学方法，是由她已故的丈夫约瑟夫·H. 普拉提创立的。1926年约瑟夫和他的妻子，一位来自德国的护士来到美国。他们共同创建了约瑟夫·H. 普拉提"万能"健身中心。

他们的客户有小提琴家耶胡迪·梅纽因，女演员劳伦·白考尔，现代舞先驱露丝·圣丹尼斯，等等。纽约芭蕾舞团的乔治·巴兰钦和杰罗姆·罗宾斯，以及许多舞蹈演员，如苏珊娜·法雷尔，都采用普拉提系统进行训练。

四年前，他们的工作室从原来的第八大道939号搬到了第56大街西29号。

圣丹尼斯小姐曾经谈及控制学："不仅让身体康复，意识和精神上也得以完全恢复。"

普拉提女士还有两个兄弟——弗里茨和奥托·措伊纳，以及一个妹妹——桑尼·弗罗伊登贝格。葬礼将于周一上午11:30在麦迪逊大道第81大街的弗兰克坎贝尔教堂举行。

（《纽约时报》，1977）

普拉提训练体系服务对象的多样性

从约瑟夫·H. 普拉提开始在纽约的拳击训练馆教导各类客户算起，到现在已经过了90多年的时间。随着普拉提技术应用范围的扩大，人们积累了大量关于诊断、体能和实施目的的（官方）案例记录。而对筋膜结构、性能和功能的研究使人们对筋膜导向的普拉提产生了兴趣。

当下普拉提运动体系的表现

根据美国体育用品制造商协会（Sporting Goods Manufacturers Association，SGMA）2010年3月发布的《体育、健身和娱乐参与度概览》显示，普拉提是美国发展最快的一项运动，2009年有860万美国人参与这项运动（SGMA，2010）。2000年至2009年，参与人数增加了456%（Rovell，2010），世界上有无数人从事普拉提运动。2015年，在美国6岁及以上参与普拉提运动的人数约为860万（Statista，2015）。

2015年，美国运动医学会（American College of Sports Medicine，ACSM）发布了一项全球健身趋势调查"什么在推动市场"。尽管普拉提在2010年的健身趋势中排名第9位，但在2010年以后，普拉提并没有进入健身趋势前20名。一些2015年的调查问卷显示，持续低迷的经济造成了这一结果。此外，培训需要昂贵的器械和技术指导，成本太高可能也是一个原因（Thompson，2014）。

普拉提健身活跃度与美国运动医学会的调查一致

目前，普拉提的表现与2015年的前20名大趋势相当，这可能表明普拉提原则和实践正在影响和融入各种健身领域。普拉提可能渗透到各种健身活动中，而不是作为一种独立的运动存在。

- 在2015年ACSM调查中排名第一的是"自重训练"，约瑟夫·H. 普拉提创编了34个自重训练（Pilatas & Miller，1945/2010）。使用设备最少的自重训练，是一种经济而有效的训练方式。大多数人认为自重训练无非是俯卧撑和引体向上，但实际上远不止于此。普拉提垫上练习包括俯卧撑、平板，以及各种空间方向和脊柱形态排列的核心训练。
- 在ACSM的调查中，"受过良好教育、获得认证和经验丰富的健身专业人员"的发展排名第3位。美国劳工统计局（U.S. Department of Labor）预测，"2010年至2020年期间，健身教练就业人数将增长24%"。由独立的第三方管理的专业认证是任何职业的基石。PMA认证项目创建了普拉提界唯一的心理测量学验证的第三方认证考试。要取得普拉提的教学认证，候选人必须符合资格要求，并通过有150个问题的考试。普拉提老师认证考试要在最少450小时的全部器械和所有级别垫上练习的培训基础上衡量技能和知识水平。其他要求包括有监督的教学时间和跟课。最近，提供国家授权认证机构认可的运动证书的组织成立了非营利性的运动专业人员注册联盟（Coalition for the Registration of Exercise Professionals, CREP），CREP保持着国际公认的美国运动专业人员注册（U.S. Registry of Exercise Professionals, USREPS），PMA认证的普拉提教师也包括在此注册中。

- "老年人健身计划"在ACSM的调查中排名第8位。积极参加运动的老年人（老年运动者）可以参加严格的普拉提训练计划，身体较弱的老年人通过普拉提功能性训练可以改善平衡和日常生活的能力（参见第十一章老年健康生活）。

- "功能训练"在ACSM的调查中排名第9位。功能性健身是指利用力量训练来模拟人们日常生活活动的实际身体活动，从而提升平衡、协调、力量、爆发力和耐力，增强人们日常的生活活动的能力。功能性训练也用于临床项目中，以模拟在家里进行的活动（参见第十三章；图13.1和13.7）。约瑟夫·H.普拉提参考家具发明的运动器械有椅子和床。他在高背椅上的锻炼演示了居家锻炼者的功能性训练（图7.1，约1945）。现在，普拉提老师们利用约瑟夫·H.普拉提发明的运动器械，可以为广大练习者定制功能性训练序列动作。

- "小团体私教"在ACSM的调查中排名第10位。私人教练仍然是给客户提供他们期望的私人服务，只是现在面对的是通常有2~4人的小团体，私人教练可以为小团体的每个成员提供潜在的较大的折扣。普拉提和他的合作伙伴克拉拉就是在纽约的工作室为客户提供私人指导。1939—1951年，普拉提还在马萨诸塞州伯克郡山区的Jauob's Pillow舞蹈中心为舞蹈演员讲授夏季垫上课程（Geweniger & Bohlander, 2014）。从20世纪90年代末起，普拉提老师们就开始使用垫上小工具、普拉提床、椅子和桶进行小团体授课。

- "循环训练"在ACSM的调查中排名第14位。循环训练类似高强度间歇训练（high-intensity interval training，简称HIIT），但是强度要低得多，是包括6~10个练习的组合练习，这些练习按照预定的顺序依次进行。每个练习都要重复一定的次数或练习到设定的时间，短暂休息后，再进行下一个练习。约瑟夫·H.普拉提在他位于纽约第8大道的工作室进行过一种循环训练。他在循环训练课堂上使用了万能普拉提床、秋千床、脊柱矫正器、梯桶、弹簧拉力架、高背椅、足部矫正器和其他器械。普拉提老师们现在也为私人或小团体提供循环训练指导。

- "核心训练"在ACSM的调查中排名第15位。核心训练强调腹部、胸部和背部负责稳定的结构的力量和体能训练。核心训练通常包括臀部、下背部和腹部的训练，这些结构为脊柱和胸部提供支撑。锻炼核心结构可提高躯干的整体稳定性，并将力量传递到四肢，使人能够从事日常活动和进行需要力量、速度和敏捷性的运动。约瑟夫·H.普拉提用能量中心"power-house"一词指代骨盆顶部至肋骨底部的圆柱状力量区域。他鼓励激活这个区域以启动所有普拉提练习。

从20世纪90年代中期开始，普拉提老师的教育受到来自澳大利亚昆士兰大学物理治疗系研究成果的影响。研究显示，腹横肌的功能对脊柱的稳定、脊柱的保护和腰椎功能障碍有着重要意义。普拉提教练们现在开设的垫上课、普拉提床课、椅子课和桶（梯桶、阶桶）课，都以核心训练为重点。他们用关于核心稳定结构的最新知识来强化约瑟夫·H.普拉提的力量中心，促进腹横肌、盆底肌、多裂肌、膈肌、腰大肌前束和腰方肌的协同激活。当人们做提拉、前屈、坐、扭转、行走、跑或跳跃的动作时，压力会施加到骨盆和腰椎上，稳定结构的肌肉会共同作用以保持二者的稳定。肌筋膜悬吊系统包括前斜悬吊系统、后斜悬吊系统、深纵系统和侧向系统，有助于腰部稳定性（参见第一章，图1.1~1.8）。核心控制的内部和外部单元在几乎每一个普拉提练习和功能运动中都发挥了一定作用（St. John，2013年）。

腰盆稳定和骶髂关节的外力闭合

约瑟夫·H.普拉提的垫上和器械训练都能促使腰椎前凸（过度屈曲或下压脊椎）变平。目前的生物力学研究表明，当骨盆处于中立位时，核心控制的"内部单元"作为脊柱稳定器发挥最大作用。人在站立或坐着时，髂前上棘和耻骨构成的平面垂直于地面，人在仰卧时二者构成的平面平行于地面，此即为骨盆中立位（St. John，2013）。腰椎前凸的顶点是第3腰椎。第3腰椎后路棘突平肚脐正后方。

保持中立位是自然状态下最佳的脊柱姿势，便于屈曲和伸展运动。腰椎独特的楔形形状构成了腰椎前凸（腰曲）。腰椎椎体前方的韧带（前纵韧带）最强壮，可防止腰椎向前滑脱。后纵韧带较小，不能承受屈曲时产生的持续负荷。腰椎的中立位置是最适合运动的。腰椎过度弯曲或伸展会锁定运动，使得其难以在其他方向上运动。过屈会拉长腰椎后纵韧带，对腰椎后纵韧带产生张力，产生"被动"的稳定性，拉长韧带可能导致疼痛。过伸会造成小平面关节的后部压缩（挤压），形成关节的被动稳定。压迫（挤压）会使关节退化，使椎骨处于罹患关节炎、骨折和腰椎滑脱（前移）的风险中，而这些情况可能会导致疼痛。当骶骨向前倾斜时，连接到骶骨的韧带变得紧张或适当拉紧并产生稳定，促进腰部在第4腰椎–第5腰椎–第1骶椎（L4–L5–S1）处的伸展。骶髂关节"不稳定"的人可能伴有腰椎平直和骶骨后倾（反屈）。肌肉在缩短或延长的状态不能产生正常的力量来控制脊柱。没有正常的肌肉控制，就不会有正常的稳定性或脊柱运动。过屈和过伸会降低正常的脊柱运动主动控制。背部肌肉靠近椎骨，受脊柱位置的影响很大：过屈拉长这些肌肉，过伸缩短这些肌肉。腰椎位置也会影响脊柱前面的表层和深层肌肉：过屈缩短这些肌肉，过伸拉长这些肌肉。由于腹部肌肉比背部肌肉远离脊柱，所以可以在不改变腹部肌肉长度的情况下移动脊椎（West & Hagins，2015）。

胸腰筋膜对腰椎的稳定性和骶髂关节的外力闭合至关重要

胸腰筋膜（the thoracolumbar fascia，简称TLF）是一个由几层腱膜和筋膜组成的三维环状结构，将椎旁肌与后侧腹肌的腹壁分开。一些肌肉附着在胸腰筋膜和胸腰筋膜的厚厚的复合结构上，这些复合结构附着在髂后上棘和骶结节韧带上，胸腰段复合结构有助于保持腰椎下段和骶髂关节的整体性。背阔肌、臀大肌和腹部肌肉（主要是腹横肌）附着在胸腰筋膜上。由这些肌肉，特别是腹横肌施加的张力可以通过胸腰筋膜传递，产生有益的腰椎收紧，形成稳定性，并增加骶髂关节的外力闭合。脊柱屈曲拉长了胸腰筋膜，减小了其横向维度。腹部肌肉对胸腰筋膜侧向回缩的阻力将使该组织变硬，并加大对腰部屈曲的阻力。椎旁肌（译者注：包括腰大肌、腰方肌、髂肋肌、最长肌、多裂肌）的收缩可增加腔内压力，利于产生液压放大器效应以支撑腰椎。腰椎段多裂肌张力的增加会使左、右髂后上棘之间的胸腰段复合结构产生的张力变大。这种增大的、指向中心的张力可导致骶髂关节的外力闭合，从而稳定骨盆（Willard et al.，2012）。

随着普拉提老师进行跨学科学习，他们将新学到的运动知识、神经科学和筋膜导向运动成果与普拉提的运动原则和实践相结合，这项由约瑟夫·H.普拉提创立的运动形式将继续吸引全世界的指导老师、教练等。

筋膜导向运动标准与普拉提运动原则的关系

PMA普拉提认证考试学习指南对普拉提运动原则的解释如下。

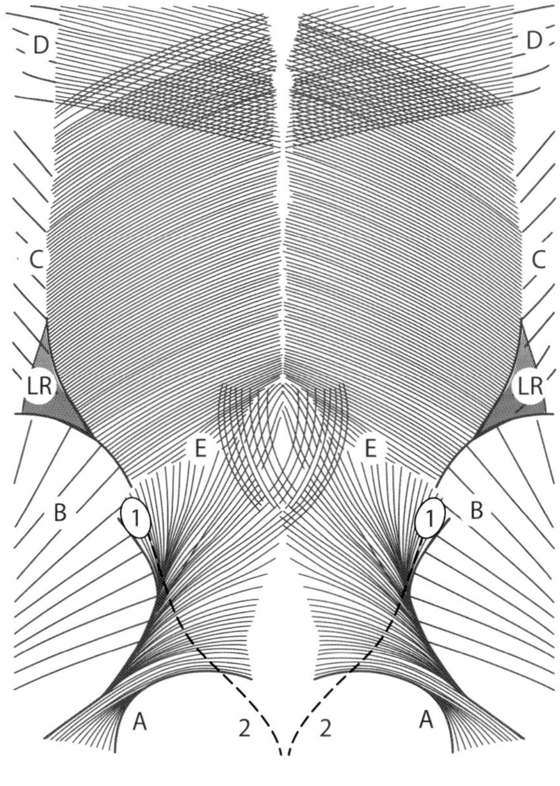

图2.5
胸腰筋膜深层及附着的不同纤维方向：连接到腘绳肌的骶结节韧带（A），臀中肌筋膜（B），腹内斜肌筋膜（C），下后锯肌（D），竖脊肌（E），髂后上棘（1），骶骨、（LR:左右）外侧缝（2）（Schleip & Baker, Fascia in Sport and Movement, 2015；经Handspring Publishing许可使用）

运动是由身体核心组织调配的。肌肉的平衡发展有利于高效的运动和正常的关节力学。要充分发展身体，必须持续地集中精神。精确，意味着准确地、明确地、特定地、有目的地运动，是正确执行运动的必要条件。每项练习只重复几次是恰当的，这样每次重复都可用最佳的控制来执行，对每个运动只需要动用必需的肌肉和进行必要的努力即可。呼吸促进自然运动和节奏，能够刺激肌肉更好地运动。普拉提运动的特点是始终进行全身性运动。

（Pilates Method Alliance®，2014）

筋膜导向的训练原则（Müller & Schleip，2011）和筋膜导向的运动标准都能与普拉提的8项运动原则相关联。2013年，笔者为《运动筋膜学》的第十三章制作了下表（表2.2），用来说明筋膜导向的训练原则与普拉提运动原则的相关性。表中的垫上和普拉提床练习都提供了相关的原则范例。每个垫上练习都可以在第三章找到对应的图示和描述。每个普拉提床练习在第五章都有图示和描述。这些练习在图书Pilates Instructor Training Manuals中有详细描述（见后面的参考资料）。2015年，笔者扩充了筋膜导向训练原则的清单，制定

了筋膜导向的运动标准（表1.7）。表2.3显示了筋膜导向的运动标准如何与普拉提原则相关联，约瑟夫·H.普拉提创建的运动体系符合很多筋膜导向运动的准则，可以在他创造的独特的运动序列和设备基础上制定个性化的筋膜导向运动。

将普拉提垫上练习转化为筋膜导向的普拉提床练习

约瑟夫·H.普拉提的垫上练习，俯撑抬腿–前撑（图1.9，练习12）为普拉提床弹性反冲练习提供了很好的基础。图6.14左下

表2.2 筋膜导向的训练原则与普拉提原则类似

筋膜导向的训练原则	普拉提原则	普拉提垫上练习	普拉提床练习
1.预备反向运动	节奏	伸膝单腿伸展［Pilates Anytime Mat Workout（2016）No.2507］	弹跳板弹性反冲训练（图6.14A~D 和 6.15A~E）
2.流畅的运动序列	呼吸	仰卧卷起（图3.2B）	侧立，分腿扭转（图6.10A、B）
3a. 动态伸展	节奏	锯式（图3.6B）	膝伸展系列，站姿/跪姿（图5.5）
3b. 动态伸展——慢和快的节奏变化	节奏	快：俯卧，单腿后踢（图3.4B）慢：直腿后卷（并腿和分腿）（图3.3A、B）	快：腹部按摩（图5.12）慢：侧伸展（图5.17）
3c. 同时带动大面积神经肌筋膜系统的全身性运动	全身性运动	侧伸展扭转［Pilates Anytime Mat Workout（2014）No.1498］	长（直体）伸展（图5.9）
3d. 小角度变化的多向运动	肌肉均衡发展（神经肌筋膜系统的完美激活）	开瓶器（图3.6A）	双脚套绳套系列动作（图5.12）
3e. 近端启动	核心	V形悬体（图3.2F）	短箱腹部动作（高阶）（图5.14）
4a. 本体感觉的改善	专注、控制	仰撑抬腿（图3.7B）	平衡控制3（图5.11）
4b. 运动敏感度	精确	坐姿直臂转髋（图3.6D）	前分腿–双手上举（PMA Study Guide，p.74）
5a.组织水合作用	这几个筋膜导向的训练原则与具体的普拉提原则并不相关，但是筋膜导向的普拉提运动可以带来这些益处	坐姿脊柱伸展（图3.2E）	脊柱按摩（图5.12）
5b.组织再生		坐姿脊柱扭转（图3.6C）	埃及艳后（PMA Study Guide，p.70）
6.持续胶原重塑		每周进行2次垫上练习，每次20分钟，持续7个月到2年	每周进行2次普拉提床练习，每次20分钟，持续7个月到2年

约瑟夫·H.普拉提说："如果你有规律地坚持进行控制学的练习，每周只要练习4次，3个月后，你会发现如《以普拉提重返生活》（Return to Life Through Contrology）所描述的一样，你的身体接近理想状态，思维更加活跃，精神状态得到提升。"（Pilates & Miller, 1945 / 2010）

方展示的"四足式髋关节伸展位单腿弹动"符合筋膜导向运动的所有准则。

可以将标示肌肉功能的普拉提垫上练习转化为激发筋膜组织的普拉提床动作序列，从而符合筋膜导向的运动标准。普拉提垫上练习需要整合所有的肌筋膜经线（图1.1~1.8）（Myers，2014）。然而，俯撑抬腿–前撑不满足筋膜导向的运动标准（表1.7）。这种高难度的运动促进组织水合和再生效果有限，因为其提供的如预备反向运动、流畅的运动序列、节奏变化、小角度变化的多向运动等的机会有限，俯撑抬腿–前撑没有涉及弹性反冲。把俯撑抬腿–前撑与筋膜导向的普拉提床动作"四足式髋关节伸展位单腿弹动"对比，后者需要整合俯撑抬腿–前撑中用到的所有肌筋膜经线。用一根蓝色弹簧连接普拉提床滑车和床架，除了满足筋膜导向运

动的肌筋膜经线需求外，"四足式髋关节伸展位单腿弹动"满足大部分筋膜导向的运动标准。舞蹈演员的半蹲或屈膝为每一次弹跳需要的踝关节跖屈和膝关节伸展做准备，这就是预备反向运动。每次从跳跃到着陆都包括经由整个下部动力链形成的减速和同时发生的连接脚与骨盆带、脊柱、胸部、肩带、手臂和手的长筋膜链的张力增强，这就形成了一个流畅的运动序列。弹跳可以是快而小幅度的，也可以是慢而大幅度的，这就是节奏的变化。弹跳腿可以是髋关节中立位旋转，也可以是外旋或内旋，这满足了小角度变化的多向运动条件。普拉提床上四足式弹动的弹性反冲特性对本体感觉的改善和动觉的敏感度提出了新的要求。组织的水合和再生则发生在"四足式髋关节伸展位单腿弹动"练习和相关的普拉提床弹性反冲运动序列（图6.14和6.15）之后。

表2.3　普拉提原则与筋膜导向的运动标准的相关性

普拉提原则	筋膜导向的运动标准
全身性运动	带动大面积神经肌筋膜系统的全身性运动 全身的连续性——将躯干连接到四肢，将四肢连接到躯干；将深层结构连接到表层结构，将表层结构连接到深层结构
核心	运动的启动——将近端结构连接到远端结构，将远端结构连接到近端结构
精确	运动敏感度——动觉（动态本体感觉），感知四肢、躯干的位置和运动的能力
控制	本体感觉的改善——本体感觉与位置、肌腱和肌肉感觉有关
专注	内感受——筋膜内的间质神经提供内感受功能，而不是本体感觉或痛觉功能。刺激这些游离的神经末梢能给大脑提供身体状况信息，维持体内的稳定，满足生理需求。内感受信号与感觉如温暖、恶心、饥饿、疼痛、费力、沉重或轻松有关。对内部躯体的感知与情感偏好和感觉有关（Schleip & Baker，2015）
呼吸	流畅的运动序列
肌肉的均衡发展（神经肌筋膜系统的完美激活）	小角度变化的多向运动
节奏	预备反向运动

这些筋膜导向的运动标准与具体的普拉提原则无关。然而，筋膜导向的普拉提却可能会产生与之相同的运动效果

在三维的神经肌筋膜系统内形成滑动

力/负荷的传递——通过神经肌筋膜系统分散力/负荷的运动

促进组织水合作用

形成规则的带有卷曲的晶格（网络）

促进弹性反冲

刺激组织再生

提升组织弹性

运动可以持续地优化运动控制和重塑胶原

根据客户状况以最佳练习顺序激活适合其需求的所有肌筋膜经线

运动促进客户的张拉整体结构意识和表现

参考资料

出版物

GALLAGHER S P, KRYZANOWSKA R, 2000. The Joseph H. Pilates archive collection. Philadelphia, PA: Trans-Atlantic Publications Inc.

GEWENIGER V, BOHLANDER A, 2014. Pilates——a teachers' manual: Exercises with mats and equipment for prevention and rehabilitation. Berlin: Springer.

MOORE J, 2009. Lower extremity amputation: Early management considerations. Workshop July 28-30, Naval Medical Center, San Diego. Military Amputees Advanced Skills Training (MAAST) conference. San Diego, CA: Comprehensive Combat and Complex Casualty Care Naval Medical Center.

MÜLLER M G, SCHLEIP R, 2011. Fascial fitness: Fascia oriented training for bodywork and movement therapies. IASI Yearbook 2011, 68-76.

MYERS T W, 2014. Anatomy Trains®: Myofascial meridians for manual and movement therapists (3rd ed.). Edinburgh: Churchill Livingstone.

PILATES J H, 1998. Your health. Incline, NV: Presentation Dynamics Inc. (Reprinted from Your health, 1934, Joseph H. Pilates.)

PILATES J H, MILLER W R, 2010. Return to life through contrology. Miami, FL: Pilates Method Alliance Inc. (Reprinted from Return to life through contrology, 1945, Joseph H. Pilates.)

Pilates Method Alliance®, 2014. The PMA® Pilates certification exam study guide (3rd ed.) Lessen, D., editor. Miami, FL: Pilates Method Alliance Inc.

SCHLEIP R, BAKER A(EDs), 2015. Fascia in sport and movement. Edinburgh: Handspring Publishing.

Sporting Goods Manufacturers Association , 2010. Single sport report-2010 Pilates.

ST. JOHN N, 2013. Pilates instructor training manual: Barrels. Cherry Hill, NJ: Balanced Body University.

THOMPSON W R, 2014. Worldwide survey of fitness trends for 2015: What's driving the market. ACSM's Health & Fitness Journal, (18)6, 8-17.

VLEEMING A, 2014. Foreword. In Geweniger, V. & Bohlander, A.(Eds.). Pilates-a teachers' manual: Exercises with mats and equipment for prevention and rehabilitation (pp.v-vii). Berlin: Springer.

WEST J C, Hagins M, 2015. How to see the spine: Finding asymmetry and providing corrections (pp.47-49). Publisher: Author.

WILLARD F H, VLEEMING A, SCHUENKE M D, DANNEELS L, SCHLEIP R, 2012. The thoracolumbar fascia: anatomy, function and clinical considerations. J Anat, 221, 507-563.

电子资源

Clara Pilates, Teacher of Contrology Exercise, obituary, New York Times, 14 May 1977; online index and digital image, TimesMachine (http://timesmachine.nytimes.com: accessed 25 February 2017), Newspaper Archives, 1851-2002.

Joseph H. Pilates, Body Builder, 86, obituary, New York Times, 10 October 1967; online index and digital image, TimesMachine (http://timesmachine.nytimes.com: accessed 25 February 2017), Newspaper Archives, 1851-2002.

Larkam, E. (2013). Heroes in Motion® [Video]. Retrieved from https://www.youtube.com/watch?v=YdsTMB61dBo

Pilates Method Alliance® (2013a). An Exercise in Balance: The Pilates Phenomenon [Website]. Retrieved from https://www.pilatesmethodalliance.org/i4a/pages/index.cfm?pageid=3277

Pilates Method Alliance® (2013b). Heroes In Motion® - Pilates Method Alliance [Website]. Retrieved from http://www.pilatesmethodalliance.org/i4a/pages/index.cfm?pageid=3401

Rovell, D. (2010, March 30). Survey: Pilates exploding, darts & billiards plummeting [Article]. Retrieved from http://www.cnbc.com/id/36103179

Statista (2015). Number of participants in Pilates training in the United States from 2006 to 2015 (in millions) [Article]. Retrieved from http://www.statista.com/statistics/191616/participants-in-pilates-training-in-the-us-since-2006/

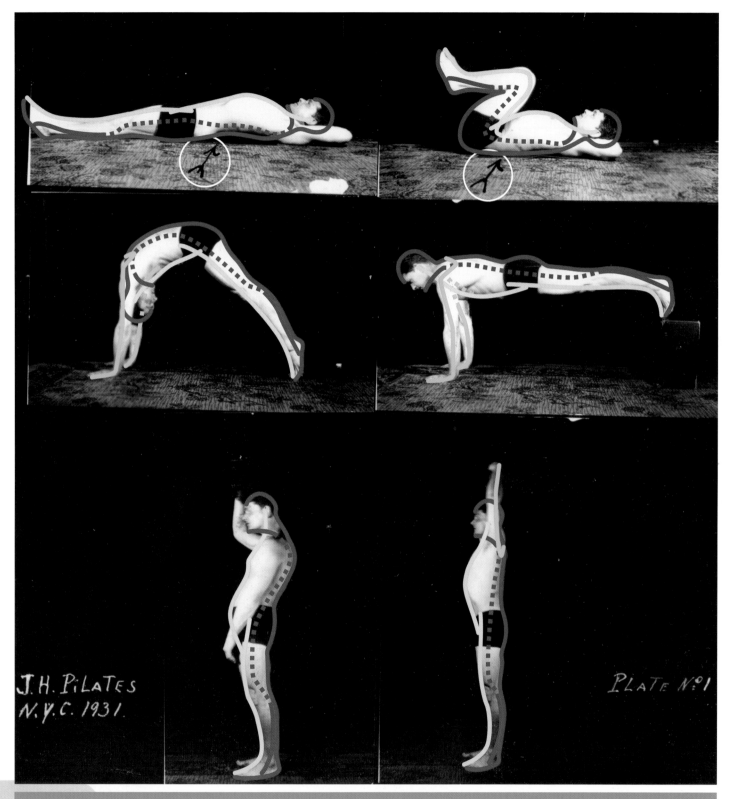

图3.1

约瑟夫·H. 普拉提制作了这组照片来说明其垫上运动的有效性。我们在原始图像上叠加了彩色肌筋膜线，以突出筋膜导向的视角（经Balanced Body Inc.，www.pilates.com许可使用）

控制学并非只能锻炼出健硕的肌肉而无其他作用。相反，它的理念是要正确而科学地去锻炼身体的每一块肌肉，以改善血液循环。顺畅的血液循环可以把更多、更好的血液输送到身体的每一根纤维和每一个组织中。

坚持进行控制学练习的直接效果是使人重新焕发活力。这些练习使心脏的跳动变得有力而稳定，使血液可以带走和排出较多的由疲劳产生的废物。

约瑟夫·H.普拉提（Gallagher & Kryzanowska，2000）

表 3.1　约瑟夫·H.普拉提垫上运动的主要脊柱方向

《以普拉提重返生活》 作者: 约瑟夫·H.普拉提，威廉·米勒（William Miller） 1945/2010 原始版权1945，约瑟夫·H.普拉提 **垫上运动的顺序**	图	矢状面屈曲	矢状面伸展	旋转	冠状面侧屈	旋转和屈曲
		18	10	2	3	2
1. 百次	3.2A	●				
2. 仰卧卷起	3.2B	●				
3. 直腿后卷（并腿和分腿）	3.3A	●				
4. 单腿画圈（双向）	3.6E~H	●				
5. 团身后滚	3.3E	●				
6. 单腿伸展	3.2C	●				
7. 双腿伸展	3.2D	●				
8. 坐姿脊柱伸展	3.2E	●				
9. 分腿滚动	3.3B	●				
10. 开瓶器	3.6A			●		
11. 锯式	3.6B					●
12. 天鹅潜水	3.4A		●			
13. 俯卧单腿后踢	3.4B		●			
14. 俯卧双腿后踢	3.4C		●			
15. 托颈卷上	3.2G、H	●				
16. 仰卧剪刀式	3.4D		●			
17. 仰卧蹬自行车	3.4E		●			
18. 肩桥	3.4F		●			
19. 坐姿脊柱扭转	3.6C			●		
20. 折刀	3.3C	●				
21. 侧卧踢腿	3.5A、B				●	
22. V形悬体	3.2F	●				
23. 坐姿直臂转髋	3.6D					●
24. 游泳	3.4G		●			
25. 俯撑抬腿–前撑	3.7A	●	●			
26. 仰撑抬腿	3.7B		●			
27. 跪姿侧踢	3.5C				●	

《以普拉提重返生活》 作者：约瑟夫·H. 普拉提，威廉姆·米勒（Willian Miller） 1945/2010 原始版权1945，约瑟夫·H. 普拉提		主要脊柱方向				
		矢状面屈曲	矢状面伸展	旋转	冠状面侧屈	旋转和屈曲
		数量（个）				
垫上运动的顺序	图	18	10	2	3	2
28. 侧伸展	3.7C				●	
29. 回力棒	3.3F	●				
30. 海豹式	3.3G	●				
31. 螃蟹式	3.3H	●				
32. 弓形摇摆	3.4H		●			
33. 平衡控制	3.3D	●				
34. 俯卧撑	3.7D	●				

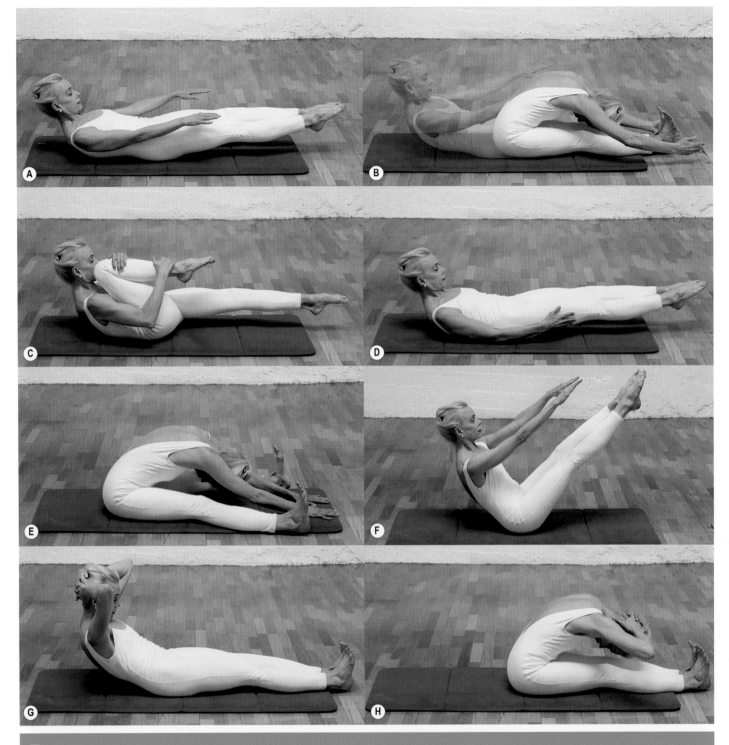

图3.2
这7个普拉提垫上动作演示了仰卧和坐姿的脊柱屈曲。这些练习强调对肌筋膜线的前深线（图1.6）和前表线（图1.8）的激活。A.百次；B.仰卧卷起；C.单腿伸展；D.双腿伸展；E.坐姿脊柱伸展；F.V形悬体；G、H. 托颈卷上

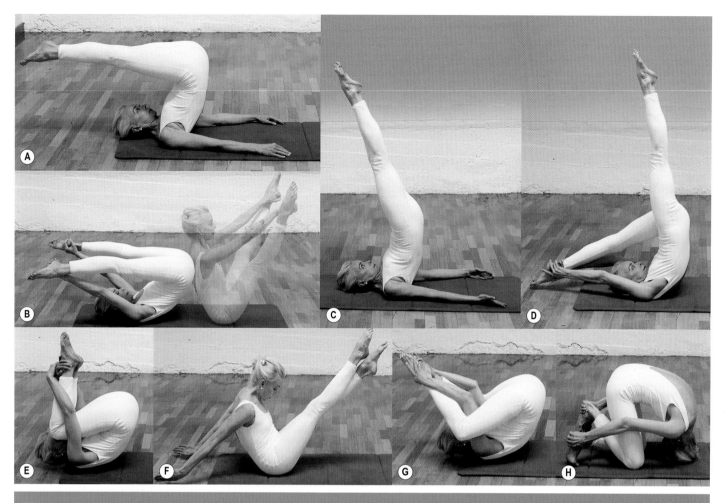

图3.3
这8个普拉提垫上动作演示了上部胸椎承重的脊柱屈曲。这些练习强调对肌筋膜线的前表线（图1.8）和后表线（图1.1）的协同激活。A.直腿后卷（并腿和分腿）；B.分腿滚动；C.折刀；D.平衡控制；E.团身后滚；F.回力棒；G.海豹式；H.螃蟹式

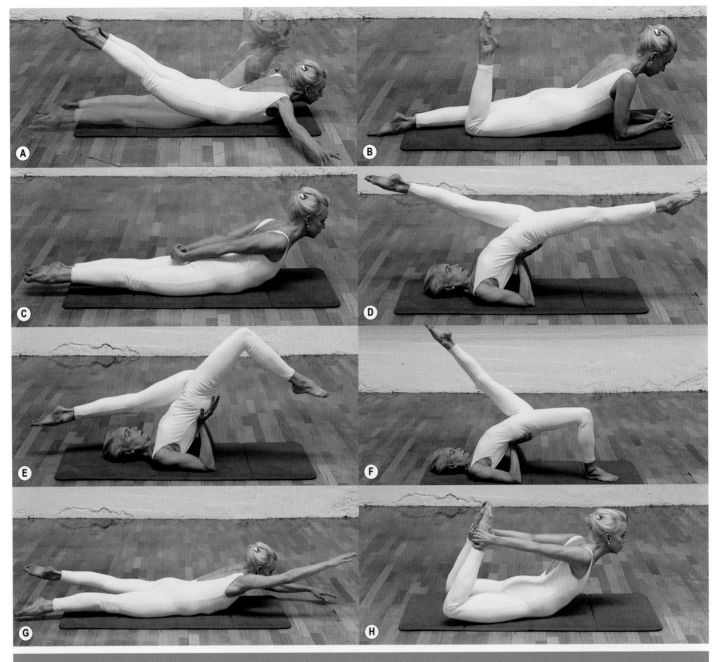

图3.4
这8个普拉提垫上动作演示的是脊柱伸展。这些练习强调的是对肌筋膜线的后表线（图1.1）和前深线（图1.6）的协同激活。A.天鹅潜水；B.俯卧单腿后踢；C.俯卧双腿后踢；D.仰卧剪刀式；E.仰卧蹬自行车；F.肩桥；G.游泳；H.弓形摇摆

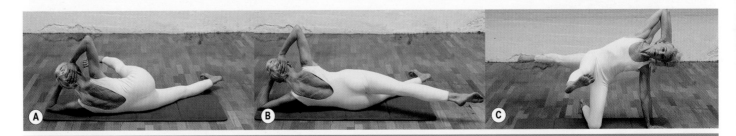

图3.5
这2个普拉提垫上动作演示的是脊柱的侧屈。这些练习强调的是对肌筋膜线的体侧线（图1.4）的激活。A、B.侧卧踢腿；C.跪姿侧踢

图3.6

这5个普拉提垫上动作演示了脊柱的旋转。这些练习强调对肌筋膜线的螺旋线（图1.5）的激活。A.开瓶器；B.锯式；C.坐姿脊柱扭转；D.坐姿直臂转髋；E~H.单腿画圈（双向）

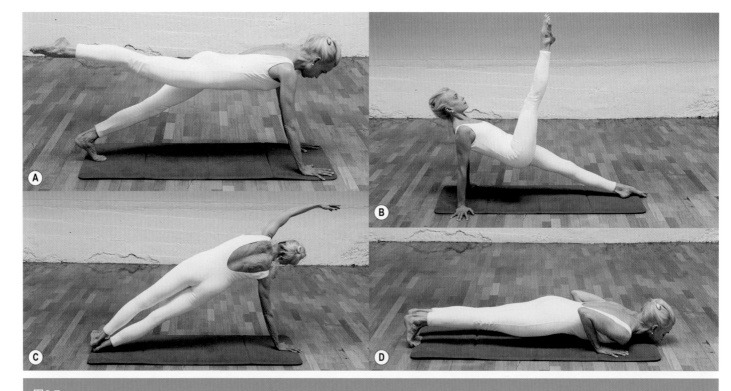

图3.7
这4个普拉提垫上动作演示的是手脚接触垫子的闭合运动链。这些动作可以激活全身的神经肌筋膜系统（图1.1~1.8）。A.俯撑抬腿−前撑；B.仰撑抬腿；C.侧伸展；D.俯卧撑

图3.8
筋膜导向的普拉提变式动作百次（A、B），展示了肩关节的外旋，利于肩胛骨下压。筋膜导向的普拉提变式动作团身后滚（C、D），展示了踝关节背屈，以促进肌筋膜前深线（图1.6）的激活

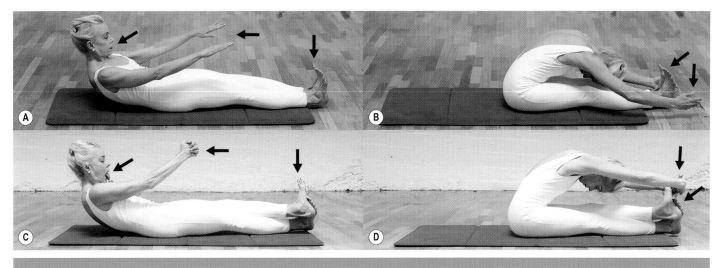

图3.9
筋膜导向的普拉提变式动作仰卧卷起（A~D），展示了伸舌、掌心紧握、踝关节背屈形成的闭合运动链，所有这些都有利于肌筋膜线的前深线（图1.6）的激活

图3.10
筋膜导向的普拉提变式动作双腿后卷（A~D），展示了手掌紧握、踝关节背屈，这两点有利于肌筋膜前深线（图1.6）的激活

表 3.2　筋膜导向的运动标准与约瑟夫·H. 普拉提垫上运动范例

筋膜导向的运动标准

运动要求	张拉整体结构模式
1.运动可以持续地优化运动控制和重塑胶原 2.运动促进客户的张拉整体结构模式*意识和表现	*："张拉整体结构会对局部的机械压力做出整体反应，产生一个与重力无关的结果。如果没有张拉整体结构模式，我们的纤维结构会在引力作用下坍塌。有了张拉整体结构模式，我们的纤维结构通过在整个网络（包括外围结构）分散负荷来吸收和分散压缩力。"（Guimberteau & Armstrong, 2015） "张拉整体结构模式的价值不在于该模式必然会改变某一特定的治疗方法，而在于它提供了更好的观察人体机械力学的方法，这种方法来源于对功能解剖学的新认识。"（Scarr, 2014）

	普拉提原则	约瑟夫·H. 普拉提垫上运动范例
3.根据客户情况以最佳练习顺序激活适合其需求的所有肌筋膜经线	全身性运动	俯卧撑（图3.7D）

运动目的

4.内感受——筋膜内的间质神经提供内感受功能，而不是本体感觉或痛觉功能。刺激这些游离的神经末梢能给大脑提供身体状况信息，维持体内的稳定，满足生理需求。内感受信号与感觉如温暖、恶心、饥饿、疼痛、费力、沉重或轻松有关。对内部躯体的感知与情感偏好和感觉有关（Schleip & Baker, 2015）	呼吸	每个人的内感受都是独一无二的
5.本体感觉的改善——本体感觉与位置、肌腱和肌肉感觉有关	专注 控制	仰撑抬腿（图3.7B）
6.运动敏感度——动觉（动态本体感觉），感知四肢、躯干的位置和运动的能力	精确	坐姿直臂转髋（图3.6D）

运动属性

7.同时带动大面积神经肌筋膜系统的全身性运动	全身性运动 呼吸	侧伸展 （图3.7C）
8.全身的连续性——将躯干连接到四肢，将四肢连接到躯干；将深层结构连接到表层结构，将表层结构连接到深层结构	全身性运动	天鹅潜水 （图3.4A）
9.运动的启动——将近端结构连接到远端结构，将远端结构连接到近端结构	核心 呼吸	弓形摇摆 （图3.4H）
10.流畅的运动序列	呼吸	回力棒 （图3.3F）
11.小角度变化的多向运动	肌肉的均衡发展（神经肌筋膜系统的完美激活）	开瓶器 （图3.6A）
12.力/负荷的传递——通过神经肌筋膜系统分散力/负荷的运动		分腿滚动（图3.3B） 俯撑抬腿-前撑（图3.7A）
13.预备反向运动	节奏	俯卧双腿后踢 （图3.4C）
14.动态伸展——慢和快的节奏变化	节奏	单腿画圈（双向）（图3.6E~H）

运动效果

15.促进组织水合作用

16.促进在三维神经肌筋膜系统内的滑动

17.形成规则的带有卷曲的晶格（网络）

18.促进弹性反冲

19.刺激组织再生

20.提升组织弹性

表 3.3　肌筋膜经线[a] 与约瑟夫·H. 普拉提垫上运动范例

筋膜导向的运动标准

运动要求	张拉整体结构模式						
1.运动可以持续地优化运动控制和重塑胶原 2.运动促进客户的张拉整体结构*意识和表现	*："张拉整体结构会对局部的机械压力做出整体反应，产生一个与重力无关的结果。如果没有张拉整体结构模式，我们的纤维结构会在引力作用下坍塌。有了张拉整体结构模式，我们的纤维结构通过在整个网络（包括外围结构）分散负荷来吸收和分散压缩力。"（Guimberteau＆Armstrong, 2015） "张拉整体结构模式的价值不在于该模式必然会改变某一特定的治疗方法，而在于它提供了更好的观察人体机械力学的方法，这种方法来源于对功能解剖学的新认识。"（Scarr, 2014）						

	肌筋膜经线						
	后表线	功能线	体侧线	螺旋线	前深线	手臂线	前表线
3.根据客户情况以最佳练习顺序激活适合其需求的所有肌筋膜经线	天鹅潜水（图 3.4A）	分腿滚动（图 3.3B）	侧伸展（图 3.7C）	坐姿脊柱扭转（图 3.6C）	团身后滚（图 3.3E）	仰撑抬腿（图 3.7B）	仰卧蹬自行车（图 3.4E）

运动目的

4.内感受——筋膜内的间质神经提供内感受功能，而不是本体感觉或痛觉功能。刺激这些游离的神经末梢能给大脑提供身体状况信息，维持体内的稳定，满足生理需求。内感受信号与感觉如温暖、恶心、饥饿、疼痛、费力、沉重或轻松有关。对内部躯体的感知与情感偏好和感觉有关（Schleip & Baker, 2015）

	后表线	功能线	体侧线	螺旋线	前深线	手臂线	前表线
5.本体感觉的改善——本体感觉与位置、肌腱和肌肉感觉有关	仰撑抬腿（图 3.7B）	折刀（图3.3C）	分腿滚动（图 3.3B）	开瓶器（图 3.6A）	V形悬体（图 3.2F）	俯撑抬腿–前撑（图 3.7A）	仰卧卷起（图 3.2B）
6.运动敏感度——动觉（动态本体感觉），感知四肢、躯干的位置和运动的能力	游泳（图 3.4G）	团身后滚（图 3.3E）	跪姿侧踢（图 3.5C）	坐姿直臂转髋（图 3.6D）	双腿伸展（图 3.2D）	侧伸展（图 3.7C）	单腿伸展（图 3.2C）

运动属性

	后表线	功能线	体侧线	螺旋线	前深线	手臂线	前表线
7.同时带动大面积神经肌筋膜系统的全身性运动	肩桥（图 3.4F）	俯卧单腿后踢（图 3.4B）	侧伸展（图 3.7C）	开瓶器（图 3.6A）	托颈卷上（图 3.2G、H）	俯卧撑（图 3.7D）	螃蟹式（图 3.3H）
8.全身的连续性——将躯干连接到四肢，将四肢连接到躯干；将深层结构连接到表层结构，将表层结构连接到深层结构	游泳（图 3.4G）	仰撑抬腿（图 3.7B）	侧卧踢腿（图 3.5A、B）	坐姿直臂转髋（图 3.6D）	仰卧剪刀式（图 3.4D）	侧伸展（图 3.7C）	双腿伸展（图 3.2D）
9.运动的启动——将近端结构连接到远端结构，将远端结构连接到近端结构	弓形摇摆（图 3.4H）	游泳（图 3.4G）	侧卧踢腿（图 3.5A、B）	开瓶器（图 3.6A）	分腿滚动（图 3.3B）	回力棒（图 3.3F）	海豹式（图 3.3G）
10.流畅的运动序列	天鹅潜水（图 3.4A）	俯撑抬腿–前撑（图 3.7A）	跪姿侧踢（图 3.5C）	锯式（图 3.6B）	折刀（图 3.3C）	游泳（图 3.4G）	团身后滚（图 3.3E）
11.小角度变化的多向运动	仰卧蹬自行车（图 3.4E）	单腿画圈（双向）（图 3.6E~H）	坐姿直臂转髋（图 3.6D）	开瓶器（图 3.6A）	坐姿直臂转髋（图 3.6D）	坐姿直臂转髋（ 3.6D）	单腿画圈（双向）（图 3.6E~H）
12.力/负荷的传递——通过神经肌筋膜系统分散力/负荷的运动	弓形摇摆（图 3.4H）	弓形摇摆（图 3.4H）	侧卧踢腿（图 3.5A、B）	坐姿直臂转髋（图 3.6D）	海豹式（图 3.3G）	侧伸展（图 3.7C）	海豹式（图 3.3G）
	天鹅潜水（图 3.4A）	俯撑抬腿–前撑（图 3.7A）	分腿滚动（图 3.3B）	开瓶器（图 3.6A）	俯卧撑（图3.7D）	俯卧撑（图 3.7D）	螃蟹式（图 3.3H）
13.预备反向运动	俯卧双腿后踢（图 3.4C）	跪姿侧踢（图 3.5C）	侧卧踢腿（图 3.5A, B）	坐姿脊柱扭转（图 3.6C）	肩桥（图 3.4F）	坐姿脊柱扭转（图 3.6C）	仰卧蹬自行车（图 3.4E）
14.动态伸展——慢和快的节奏变化	俯卧单腿后踢（图3.4B）	侧卧踢腿（图 3.5A, B）	跪姿侧踢（图 3.5C）	锯式（图 3.6B）	锯式（图 3.6B）	跪姿侧踢（图 3.5C）	坐姿脊柱伸展（图 3.2E）

表 3.3（续）

	肌筋膜经线						
	后表线	功能线	体侧线	螺旋线	前深线	手臂线	前表线

运动效果

15.促进组织水合作用	大约2/3的筋膜组织是由水组成的，在被施加机械负荷时，无论是拉伸还是局部压迫，受力较大的区域都会挤压出大量的水。如果对筋膜组织施加外部负荷，水合作用就会更新，并改善组织的黏弹性（Schleip & Baker, 2015, p.8）
16.促进在三维神经肌筋膜系统内的滑动	胶原蛋白层之间的正常滑动可能会受堆积了各种废物的疏松结缔组织的阻碍。在罹患过度使用综合征、创伤或进行外科手术时，疏松结缔组织会无法滑动。局部温度的升高有助于筋膜滑动。当温度升高到40℃以上时，透明质酸（玻尿酸）链的三维上部结构逐步分解，可降低位于深筋膜和肌肉内部和下方的疏松结缔组织的透明质酸的黏度。可以通过按摩、运动或洗热水澡暂时提高温度。在睡眠时，身体静止可能会导致透明质酸黏度增加，引起深筋膜和肌肉僵硬（Stecco, 2015, p.60、64）
17.形成规则的带卷曲的晶格（网络）	胶原纤维的微观结构呈波浪状卷曲，像弹簧一样。当人体老化或筋膜纤维移动受限（固化）时，纤维结构会失去卷曲和弹性。以适当的负荷进行规律的筋膜纤维的锻炼能产生更年轻、具有波状纤维和更强弹力储存能力的胶原结构（Schleip & Baker, 2015, p.7）
18.促进弹性反冲	
19.刺激组织再生	全身筋膜网络的更新速度相当慢，半衰期在几个月到几年之间，而不是几天或几周。在适当运动负荷后的前3个小时内，胶原蛋白合成不仅增加，降解也增加。在运动后的36小时内，胶原蛋白降解超过胶原蛋白合成。运动后48小时，胶原蛋白合成才超过降解，净合成为正数（Schleip & Baker, 2015, p.8-9） 纤维网络是由交叉纤维构成的，具有移动性、适应性，形成一种机械协调；在健康组织受损时，纤维网络会失去机械协调。人体的修复机制无法将受损区域的纤维网络恢复到原始状态，新的替代组织质量较差，但是可以通过手法治疗尽早调动受伤区域，以增强瘢痕组织的伸缩性（Guimberteau & Armstrong, 2015, p.162）
20.提升组织弹性	根据张拉整体结构模式，神经肌筋膜系统作为一个自调节整体适应运动过程。肌筋膜经线绘制出一组结缔组织，形成外部的张拉网络拉住（包裹住）骨骼。一直主导我们思维的"孤立肌肉理论"限制了我们对这种全身性"给予"的认识，这种"给予"对弹性是非常重要的（Myers, p.46, ch.6 in Schleip & Baker, 2015）

a: 托马斯·W. 迈尔斯在著作《解剖列车：徒手和运动治疗的肌筋膜经线》（2014）中引入了术语"肌筋膜经线"。

表 3.4 约瑟夫·H. 普拉提垫上运动计划指南——客户资料

客户的诊断和相关情况： 女，15岁，竞技游泳选手，右髋前侧疼痛，胸腰结合处疼痛，肠漏综合征

短期目标	长期目标
1.提高自由泳打腿的对称性	1.参加高中水球队比赛
2.提高个人混合泳的速度	2.改善上背姿势，参加乐队歌唱表演
3.提高对躯干的控制以支持她的声乐表演	3.增加在运动自行车上的多变强度的间歇训练以减重
4.提高在乐队表演时穿着高跟鞋的能力	4.参加冲浪比赛

1.确定影响筋膜功能的因素	
遗传	由于她在贝顿九分量表上有5个以上的过度活动关节，因此其有活动过度的遗传倾向（Schleip et al., 2012）
相关疾病	儿科医生诊断其为菌群失调
用药	无处方药物
外科手术	无
•瘢痕	无
•粘连	无手术粘连，筋膜致密可能是由于游泳时划水动作不标准造成的
全身炎症	可能因菌群失调而加剧
相关的生活方式	从5岁开始练习竞技游泳
•营养和补剂	儿科医生推荐顺势疗法补充剂和生物菌群的营养支持
•吸烟	不吸烟
•饮酒	不饮酒（未成年人禁止饮酒）
•坐着的时间	在学校学习时，使用社交媒体时
低可动性	没有明显的低活动性遗传倾向
高可动性	由于她在贝顿九分评分量表上有5个以上的过度活动关节，因此其有活动过度的遗传倾向（Schleip et al., 2012）
温度和湿度偏好	身体易过热；喜欢凉爽、干燥的天气

2.增强筋膜功能的自用工具: 球、泡沫轴、木棍、手动工具

家庭练习 　　在泡沫轴上滚压大腿前部, 以提高蛙泳蹬腿时膝关节的活动范围 （MacDonald et al., 2013）

在工作室的计划

练习时长 　　每天10分钟

3.强化筋膜功能的治疗方法: 针灸、整骨疗法、物理疗法、罗尔夫按摩疗法、结构整合法等

预约时间表 　　偶尔整骨治疗

合作治疗沟通 　　游泳教练拒绝讨论交叉训练

4.活动范围

部分 　　右侧髋关节屈曲受限

全部

禁忌 　　胸腰结合部过伸

5.负重

无负重 　　对发展本体感觉不太有效

部分负重 　　对发展本体感觉有些效果

完全负重 　　对发展本体感觉比较有效

6.运动链

开链 　　游泳划水是开放链

闭链 　　当做闭合链变式训练时, 垫上练习更有效

7.最适合客户的辅助或阻力类型

自重 　　垫上自重练习

带子

弹簧

自由重量

8.最佳强度, 使收益最大化、伤害最小化 　　中等强度以辅助游泳练习

9.对既可激发神经系统又可降低风险的新事物的平衡能力 　　喜欢新的运动, 只要不加重右髋前侧的疼痛和胸腰结合处的疼痛

10.适合客户的普拉提运动选项

约瑟夫·H.普拉提垫上练习 　　家庭垫上练习计划

附加的设备 　　普拉提魔术圈

带有不稳定平面的设备:泡沫轴、小海豚、旋转盘、方形摇摆板、平衡板 　　泡沫轴

11.激活《解剖列车: 徒手和运动治疗的肌筋膜经线》中描述的所有适合客户的肌筋膜经线 　　客户可以忍受沿着所有肌筋膜经线的运动。胸腰结合处倾向过伸, 筋膜体侧线左右不对称可能影响右侧屈髋效率。筋膜螺旋线左右不对称可能影响骨盆扭转和右侧屈髋的效率

12.提高筋膜弹性反冲性能的练习

练习时长: 每天20~30分钟 　　每天20分钟

频率: 每周2~3次 　　每周2次

胶原合成的恢复时间: 2天 　　在练习之间的2~3天

13.不含弹性反冲的筋膜导向运动

练习时长: 每天30~60分钟 　　每天30分钟

频率: 每周2~6次 　　每周3次

至少每3周修订一次计划 　　每3周找教练修订一次计划

14.客户提示偏好

接触深度 　　喜欢有力的接触

外感受或内感受提示 　　喜欢外感受提示

15.客户的音乐偏好有助于专注和进行有节奏的运动 　　喜欢听流行音乐

16.与其他形式训练的互动

多变强度的间歇训练 　　游泳教练不鼓励交叉训练

有氧运动: 15~45分钟, 每周3~4次 　　每周5次游泳练习, 周末游泳训练达标

力量训练: 15~30分钟, 每周2次, 1~2天的恢复时间 　　没有单独的力量训练

身心运动: 瑜伽、太极、气功、婵柔器械上婵柔、垫上或椅子上婵柔 　　每周在工作室上一次婵柔器械课程

表 3.5　约瑟夫·H. 普拉提垫上运动计划指南——练习精选

客户的诊断或相关情况： 女，15岁，竞技游泳选手，右髋前侧疼痛，胸腰结合处疼痛，肠漏综合征

教练选择的垫上练习 参见表 3.1	筋膜导向的运动标准 运动要求： 　运动可以持续地优化运动控制和重塑胶原 　运动促进客户的张拉整体结构*意识和表现 　根据客户情况以最佳练习顺序激活适合其需求的所有肌筋膜经线	运动效果					
		促进组织水合作用	促进筋膜系统的滑动	刺激组织再生	提升组织弹性	形成规则的带有卷曲的晶格（网络）	促进弹性反冲

* "张拉整体结构会对局部的机械压力做出整体反应，产生一个与重力无关的结果。如果没有张拉整体结构模式，我们的纤维结构会在引力作用下坍塌。有了张拉整体结构模式，我们的纤维结构通过在整个网络（包括外围结构）分散负荷来吸收和分散压缩力。"（Guimberteau & Armstrong, 2015）

	内感受——筋膜内的间质神经提供内感受功能，而不是本体感觉或痛觉功能。刺激这些游离的神经末梢能给大脑提供身体状况信息，维持体内的稳定，满足生理需求。内感受信号与感觉如温暖、恶心、饥饿、疼痛、费力、沉重或轻松有关。对内部躯体的感知与情感偏好和感觉有关（Schleip & Baker, 2015）						
游泳 图3.4G	本体感觉的改善——本体感觉与位置、肌腱和肌肉感觉有关		•		•		
俯卧单腿后踢 图3.4B	运动敏感度——动觉（动态本体感觉），感知四肢、躯干的位置和运动的能力	•	•	•	•		
单腿画圈（双向） 图3.6E~H	小角度变化的多向运动	•	•	•	•		
坐姿直臂转髋 图3.6D	带动大面积神经肌筋膜系统的全身性运动	•	•	•	•		
俯卧双腿后踢 图3.4C	全身的连续性——将躯干连接到四肢，将四肢连接到躯干；将深层结构连接到表层结构，将表层结构连接到深层结构	•	•	•	•		
跪姿侧踢 图3.5C	运动的启动——将近端结构连接到远端结构，将远端结构连接到近端结构		•	•	•		
俯卧撑 图3.7D	流畅的运动序列				•		
侧伸展 图3.7C	小角度变化的多向运动	•	•	•	•		
俯撑抬腿–前撑 图3.7A	力/负荷的传递——通过神经肌筋膜系统分散力/负荷的运动		•	•	•		
天鹅潜水 图3.4A	预备反向动作			•	•		•
仰撑抬腿 图3.7B	动态伸展——慢和快的节奏变化		•	•	•		

参考资料

出版物

GALLAGHER S P, KRYZANOWSKA R, 2000. The Joseph H. Pilates archive collection. Philadelphia, PA: Trans-Atlantic Publications Inc.

GUIMBERTEAU J C, ARMSTRONG C, 2015. Architecture of human living fascia: The extracellular matrix and cells revealed through endoscopy. Edinburgh: Handspring Publishing.

MACDONALD G Z, PENNEY M D, MULLALEY M E, CUCONATO A L, DRAKE C D, BEHM D G, BUTTON D C, 2013. An acute bout of self-myofascial release increases range of motion without a subsequent decrease in muscle activation or force. J Strength Cond Res,（27）3, 812-821.

MYERS T W, 2014. Anatomy Trains®: Myofascial meridians for manual and movement therapists （3rd ed.）. Edinburgh: Churchill Livingstone.

PILATES J H, MILLER W R, 2010. Return to life through contrology. Miami, FL: Pilates Method Alliance Inc.（Reprinted from Return to life through contrology, 1945, Joseph H. Pilates.）

SCARR G, 2014. Biotensegrity: The structural basis of life. Edinburgh: Handspring Publishing.

SCHLEIP R, BAKER A. 2015. Fascia in sport and movement. Edinburgh: Handspring Publishing.

SCHLEIP R, FINDLEY T W, CHAITOW L, HUJING P A, 2012. Fascia: The tensional network of the human body. Edinburgh: Churchill Livingstone.

STECCO C, 2015. Functional atlas of the human fascial system. Edin-burgh: Churchill Livingstone.

网络课程

www.pilatesanytime.com

第四章 筋膜导向的垫上练习

表 4.1 筋膜导向的垫上运动的主要脊柱方向

筋膜导向的垫上运动顺序	图	矢状面屈曲	矢状面伸展	旋转	冠状面侧屈	旋转和屈曲	横向平移	脊柱中立位
		数量（个）						
		1	10	13	8	1	2	5
1.桥式加旋转	4.1A			●				
2.仰卧纵向旋转	4.1B、C			●				
3.俯卧纵向旋转	4.1D、E			●				
4.单腿桥式加骨盆旋转	4.2A~C			●				
5.桥式加骨盆横向平移	4.2D~H						●	
6.侧对墙面，四足式胸椎旋转	4.3A~C			●				
7.单腿平伸抵墙，四足式胸椎旋转	4.3D~F			●				
额头置于交叠的双手上								
8.俯卧，上段胸椎、颈椎横向平移	4.4A、B						●	
9.俯卧，胸椎、颈椎后伸	4.4C		●					
10.俯卧，胸椎、颈椎后伸加侧屈	4.4D		●		●			
11.俯卧，胸椎、颈椎后伸加旋转	4.4E		●	●				
双手手指相对置于头顶，像一项帽子〔sombrero thoracico（西语）；译者注：sombrero thoracico是作者在西班牙讲课时创造的，翻译成英文是thoracic hat，意为手臂和双手在头和胸椎上方看起来像一项帽子〕								
12.俯卧，胸椎、颈椎后伸	4.4F~H		●					
13.俯卧，胸椎、颈椎后伸加侧屈	4.4I		●		●			
14.俯卧，胸椎、颈椎后伸加旋转	4.4J		●	●				
15.仰卧单腿画圈，保持脊柱中立位和抵墙的脚稳定	4.5A、B							●
16.四足式，胸椎、颈椎后伸，单手抵墙，同侧腿后伸，对侧手抓脚	4.5C		●					
17.站姿，胸椎、颈椎后伸，单手抵墙，同侧腿后伸，对侧手抓脚	4.5D		●					
18.跪姿单腿屈膝画圈，双手抵墙	4.6A				●			
19.跪姿单腿直腿画圈，双手抵墙	4.6B				●			
20.站姿单腿侧踢，双手抵墙，踝关节跖屈，保持身体平衡	4.6C、D				●			
21.弹性反冲手臂弹动预备动作	4.7A~F							●
22.双脚站立，双手推离右侧墙面，落于右侧墙面	4.8A			●				
23.单脚站立，双手推离左侧墙面，落于右侧墙面	4.8B、C			●	●			
24.单脚站立，双手推离右侧墙面，落于左侧墙面	4.8D、E			●	●			
25.侧卧，双轴辅助，骨盆和胸椎反向旋转	4.9A			●				
26.四足式，双轴辅助，手臂交叉，脊柱屈曲和伸展	4.9B、C	●	●					
27.四足式，双轴辅助，胸椎旋转和侧屈	4.9D			●	●			
28.仰卧在两个泡沫轴上，膝关节处的魔术圈刺激骨盆外侧稳定肌，头后侧的魔术圈组织肩带，交替进行逐节运动的桥式和胸椎、颈椎屈曲加旋转	4.9E、F					●		
29.在两个泡沫轴上平板式，交替进行髋、膝关节屈曲和伸展	4.9G、H							●
30.俯卧，单轴辅助，脊柱伸展	4.9I		●					
31.站在泡沫轴上深蹲	4.10A							●
32.踝关节跖屈，保持身体平衡，腿夹魔术圈刺激内收肌，手持魔术圈刺激肩胛下压和外展	4.10B							●

表 4.2　筋膜导向的运动标准与筋膜导向的垫上运动范例

筋膜导向的运动标准

运动要求	张拉整体结构模式
1.运动可以持续地优化运动控制和重塑胶原 2.运动促进客户的张拉整体结构*意识和表现	*:"张拉整体结构会对局部的机械压力做出整体反应,产生一个与重力无关的结果。如果没有张拉整体结构模式,我们的纤维结构会在引力作用下坍塌。有了张拉整体结构模式,我们的纤维结构通过在整个网络(包括外围结构)分散负荷来吸收和分散压缩。"(Guimberteau & Armstrong, 2015) "张拉整体结构模式的价值不在于该模式必然会改变某一特定的治疗方法,而在于它提供了更好的观察人体机械力学的方法,这种方法来源于对功能解剖学的新认识。"(Scarr, 2014)

	普拉提原则	约瑟夫·H. 普拉提垫上运动范例	筋膜导向的普拉提垫上运动范例
3.根据客户情况以最佳练习顺序激活适合其需求的所有肌筋膜经线	全身运动	俯卧撑(图3.7D)	桥式加旋转(**图4.1A**)

运动目的

4.内感受——筋膜内的间质神经提供内感受功能,而不是本体感觉或痛觉功能。刺激这些游离的神经末梢能给大脑提供身体状况信息,维持体内的稳定,满足生理需求。内感受信号与感觉如温暖、恶心、饥饿、疼痛、费力、沉重或轻松有关。对内部躯体的感知与情感偏好和感觉有关(Schleip & Baker, 2015)	呼吸	每个人的内感受都是独一无二的	
5.本体感觉的改善——本体感觉与位置、肌腱和肌肉感觉有关	专注控制	仰撑抬腿(图3.7B)	俯卧,胸椎、颈椎后伸加侧屈,额头置于交叠的双手上(**图4.4D**)
6.运动敏感度——动觉(动态本体感觉),感知四肢、躯干的位置和运动的能力	精确	坐姿直臂转髋(图3.6D)	单腿桥式加骨盆旋转(**图4.2A~C**)

运动属性

7.同时带动大面积神经肌筋膜系统的全身性运动	全身性运动 呼吸	侧伸展(图3.7C)	站姿单腿侧踢,双手抵墙,踝关节跖屈,保持身体平衡(**图4.6C、D**)
8.全身的连续性——将躯干连接到四肢,将四肢连接到躯干;将深层结构连接到表层结构,将表层结构连接到深层结构	全身性运动	天鹅潜水(图3.4A)	单腿平伸抵墙,四足式胸椎旋转(**图4.3D~F**)
9.运动的启动——将近端结构连接到远端结构,将远端结构连接到近端结构	核心 呼吸	弓形摇摆(图3.4H)	侧对墙面,四足式胸椎旋转(**图4.3A~C**)
10.流畅的运动序列	呼吸	回力棒(图3.3F)	跪姿单腿直腿画圈,双手抵墙(**图4.6B**)
11.小角度变化的多向运动	肌肉的均衡发展(神经肌筋膜系统的完美激活)	开瓶器(图3.6A)	仰卧单腿画圈,保持脊柱中立位和抵墙的脚稳定(**图4.5A、B**)
12.力/负荷的传递——通过神经肌筋膜系统分散力/负荷的运动		分腿滚动(图3.3B) 俯撑抬腿-前撑(图3.7A)	弹性反冲手臂弹动预备动作(**图4.7A~F**)在两个泡沫轴上平板式,交替进行髋、膝关节屈曲和伸展(**图4.9G、H**)
13.预备反向运动	节奏	俯卧双腿后踢(图3.4C)	单脚站立,双手推离左侧墙面,落于右侧墙面(**图4.8B、C**)
14.动态伸展——慢和快的节奏变化	节奏	单腿画圈(双向)(图3.6E~H)	四足式,双轴辅助,胸椎旋转和侧屈(**图4.9D**)

运动效果

15.促进组织水合作用			
16.促进在三维神经肌筋膜系统内的滑动			
17.形成规则的带有卷曲的晶格(网络)			
18.促进弹性反冲			单脚站立,双手推离右侧墙面,落于左侧墙面(**图4.8D、E**)
19.刺激组织再生			
20.提升组织弹性			

表 4.3　肌筋膜经线与筋膜导向的垫上运动范例

筋膜导向的运动标准

运动要求	张拉整体结构模式						
1.运动可以持续地优化运动控制和重塑胶原 2.运动促进客户的张拉整体结构*意识和表现	*:"张拉整体结构会对局部的机械压力做出整体反应,产生一个与重力无关的结果。如果没有张拉整体结构模式,我们的纤维结构会在引力作用下坍塌。有了张拉整体结构模式,我们的纤维结构通过在整个网络(包括外围结构)分散负荷来吸收和分散压缩力。"(Guimberteau & Armstrong, 2015) "张拉整体结构模式的价值不在于该模式必然会改变某一特定的治疗方法,而在于它提供了更好的观察人体机械力学的方法,这种方法来源于对功能解剖学的新认识。"(Scarr, 2014)						

	肌筋膜经线						
	后表线	功能线	体侧线	螺旋线	前深线	手臂线	前表线
3.根据客户情况以最佳练习顺序激活适合其需求的所有肌筋膜经线	俯卧,胸椎、颈椎后伸,额头置于交叠的双手上(图4.4C)	桥式加旋转(图4.1A)	单腿平伸抵墙,四足式胸椎旋转(图4.3D~F)	仰卧纵向旋转(图4.1B、C)	俯卧纵向旋转(图4.1D、E)	俯卧,胸椎、颈椎后伸,双手手指相对置于头顶(图4.4H)	站姿,胸椎、颈椎后伸,单手抵墙,同侧腿后伸,对侧手抓脚(图4.5D)

运动目的

4.内感受——筋膜内的间质神经提供内感受功能,而不是本体感觉或痛觉功能。刺激这些游离的神经末梢能给大脑提供身体状况信息,维持体内的稳定,满足生理需求。内感受信号与感觉如温暖、恶心、饥饿、疼痛、费力、沉重或轻松有关。对内部躯体的感知与情感偏好和感觉有关(Schleip & Baker, 2015)

	后表线	功能线	体侧线	螺旋线	前深线	手臂线	前表线
5.本体感觉的改善——本体感觉与位置、肌腱和肌肉感觉有关	俯卧,胸椎、颈椎后伸加侧屈,双手手指相对置于头顶(图4.4I)	仰卧纵向旋转(图4.1B、C)	桥式加骨盆横向平移(图4.2D~H)	俯卧纵向旋转(图4.1D、E)	单腿平伸抵墙,四足式胸椎旋转(图4.3D~F)	侧对墙面,四足式胸椎旋转(图4.3A~C)	四足式,胸椎、颈椎后伸,单手抵墙,同侧腿后伸,对侧手抓脚(图4.5C) 仰卧在两个泡沫轴上,膝关节处的魔术圈刺激骨盆外侧稳定肌,头后侧的魔术圈组织肩带,交替进行逐节运动的桥式和胸椎、颈椎屈曲加旋转(图4.9E、F)
6.运动敏感度——动觉(动态本体感觉),感知四肢、躯干的位置和运动的能力	站姿,胸椎、颈椎后伸,单手抵墙,同侧腿后伸,对侧手抓脚(图4.5D)	俯卧纵向旋转(图4.1D、E)	单腿桥式加骨盆旋转(图4.2A~C)	桥式加旋转(图4.1A)	桥式加骨盆横向平移(图4.2D~H)	四足式,双轴辅助,手臂交叉,脊柱屈曲和伸展(图4.9B、C)	

运动属性

	后表线	功能线	体侧线	螺旋线	前深线	手臂线	前表线
7.同时带动大面积神经肌筋膜系统的全身性运动	俯卧,单轴辅助,脊柱伸展(图4.9I)	单腿平伸抵墙,四足式胸椎旋转(图4.3D~F)	站姿单腿侧踢,双手抵墙,踝关节跖屈,保持身体平衡(图4.6C、D)	侧对墙面,四足式胸椎旋转(图4.3A~C)	站姿,胸椎、颈椎后伸,单手抵墙,同侧腿后伸,对侧手抓脚(图4.5D)	弹性反冲手臂弹跳预备动作(图4.7A~F)	跪姿单腿屈膝画圈,双手抵墙(图4.6A)
8.全身的连续性——将躯干连接到四肢,将四肢连接到躯干;将深层结构连接到表层结构,将表层结构连接到深层结构	四足式,胸椎、颈椎后伸,单手抵墙,同侧腿后伸,对侧手抓脚(图4.5C)	站姿,胸椎、颈椎后伸,单手抵墙,同侧腿后伸,对侧手抓脚(图4.5D)	跪姿单腿屈膝画圈,双手抵墙(图4.6A)	单腿桥式加骨盆旋转(图4.2A~C)	仰卧纵向旋转(图4.1B、C)	踝关节跖屈,保持身体平衡,腿夹魔术圈刺激内收肌,手持魔术圈刺激肩胛下压和外展(图4.10B)	在两个泡沫轴上平板式,交替进行髋、膝关节屈曲和伸展(图4.9G、H)

表 4.3（续）

肌筋膜经线	后表线	功能线	体侧线	螺旋线	前深线	手臂线	前表线
9.运动的启动——将近端结构连接到远端结构，将远端结构连接到近端结构	弹性反冲手臂弹动预备动作（图4.7A~F）	俯卧，上段胸椎、颈椎横向平移，额头置于交叠的双手上（图4.4A、B）	站姿单腿侧踢，双手抵墙，踝关节跖屈，保持身体平衡（图4.6C、D）	单腿平伸抵墙，四足式胸椎旋转（图4.3D~F）	仰卧在两个泡沫轴上，膝关节处的魔术圈刺激骨盆外侧稳定肌，头后侧的魔术圈组织肩带，交替进行逐节运动的桥式和胸椎、颈椎屈曲加旋转（图4.9E、F）	单脚站立，双手推离左侧墙面，落于右侧墙面（图4.8B、C）	仰卧在两个泡沫轴上，膝关节处的魔术圈刺激骨盆外侧稳定肌，头后侧的魔术圈组织肩带，交替进行逐节运动的桥式和胸椎、颈椎屈曲加旋转（图4.9E、F）
10.流畅的运动序列	俯卧，胸椎、颈椎后伸加旋转，双手手指相对置于头顶（图4.4J）	侧卧，双轴辅助，骨盆、胸椎反向旋转（图4.9A）	侧卧，双轴辅助，骨盆和胸椎反向旋转（图4.9A）	单脚站立，双手推离右侧墙面，落于左侧墙面（图4.8D、E）	四足式，双轴辅助，手臂交叉，脊柱屈曲和伸展（图4.9B、C）	四足式，双轴辅助，手臂交叉，脊柱屈曲和伸展（图4.9B、C）	桥式加旋转（图4.1A）
11.小角度变化的多向运动	俯卧，胸椎、颈椎后伸加侧屈，双手手指相对置于头顶（图4.4I）	跪姿单腿屈膝画圈，双手抵墙（图4.6A）	单脚站立，双手推离左侧墙面，落于右侧墙面（图4.8B、C）	仰卧单腿画圈，保持脊柱中立位和抵墙的脚稳定（图4.5A、B）	仰卧单腿画圈，保持脊柱中立位和抵墙的脚稳定（图4.5A、B）	弹性反冲手臂弹动预备动作（图4.7A~F）	跪姿单腿屈膝画圈，双手抵墙（图4.6A）
12.力/负荷的传递——通过神经肌筋膜系统分散力/负荷的运动	单腿平伸抵墙，四足式胸椎旋转（图4.3D~F）	弹性反冲手臂弹动预备动作（手肘交叉，双手高举过头）（图4.7A~F）	单腿平伸抵墙，四足式胸椎旋转（图4.3D~F）	桥式加旋转（图4.1A）	四足式，胸椎、颈椎后伸，单手抵墙，同侧腿后伸，对侧手抓脚（图4.5C）	侧卧，双轴辅助，骨盆和胸椎反向旋转（图4.9A）	单腿桥式加骨盆旋转（图4.2A~C）
	站姿，胸椎、颈椎后伸，单手抵墙，同侧腿后伸，对侧手抓脚（图4.5D）	站在泡沫轴上深蹲（图4.10A）	俯卧，上段胸椎、颈椎横向平移，额头置于交叠的双手上（图4.4A、B）	单脚站立，双手推离右边墙面，落于左边墙面（图4.8D、E）	站在泡沫轴上深蹲（图4.10A）	在两个泡沫轴上平板式，交替进行髋、膝关节屈曲和伸展（图4.9G、H）	桥式加骨盆横向平移（图4.2D~H）
13.预备反向运动	四足式，双轴辅助，手臂交叉，脊柱屈曲和伸展（图4.9B、C）	仰卧单腿画圈，保持脊柱中立位和抵墙的脚稳定（图4.5A、B）	站姿单腿侧踢，双手抵墙，踝关节跖屈，保持身体平衡（图4.6C、D）	四足式，双轴辅助，胸椎旋转和侧屈（图4.9D）	双脚站立，双手推离右侧墙面，落于右侧墙面（图4.8A）	侧对墙面，四足式胸椎旋转（图4.3A~C）	跪姿单腿屈膝画圈，双手抵墙（图4.6A）
14.动态伸展——慢和快的节奏变化	弹性反冲手臂弹动预备动作（手肘交叉，双手高举过头）（图4.7A~F）	侧对墙面，四足式胸椎旋转（图4.3A~C）	侧卧，双轴辅助，骨盆、胸椎反向旋转（图4.9A）	侧对墙面，四足式胸椎旋转（图4.3A~C）	桥式加旋转（图4.1A）	双脚站立，双手推离右侧墙面，落于右侧墙面（图4.8A）	四足式，双轴辅助，手臂交叉，脊柱屈曲和伸展（图4.9B、C）

运动效果

15.促进组织水合作用	大约有2/3的筋膜组织是由水组成的，在被施加机械负荷时，无论是拉伸还是局部压迫，受力较大的区域都会挤压出大量的水。如果对筋膜组织施加外部负荷，水合作用就会更新，并改善组织的黏弹性（Schleip & Baker, 2015, p.8）
16.促进在三维神经肌筋膜系统内的滑动	胶原蛋白层之间的正常滑动可能会受堆积了各种废物的疏松结缔组织的阻碍。在罹患过度使用综合征、创伤或进行外科手术时，疏松结缔组织会无法滑动。局部温度的升高有助于筋膜滑动。当温度升高到40℃以上时，透明质酸（玻尿酸）链的三维上部结构逐步分解，可降低位于深筋膜和肌肉内部和下方的疏松结缔组织的透明质酸的黏度。可以通过按摩、运动或洗热水澡暂时提高温度。在睡眠时，身体静止可能会导致透明质酸黏度增加，引起深筋膜和肌肉僵硬（Stecco, 2015, p.60、64）

表 4.3（续）

肌筋膜经线						
后表线	功能线	体侧线	螺旋线	前深线	手臂线	前表线

17.形成规则的带有卷曲的晶格（网络）
胶原纤维的微观结构呈波浪状卷曲，像弹簧一样。当人体老化或筋膜纤维移动受限（固化）时，纤维结构会失去卷曲和弹性。以适当的负荷进行规律的筋膜纤维的锻炼能产生更年轻、具有波浪状纤维和更强弹力储存能力的胶原结构（Schleip & Baker, 2015, p.7）

18.促进弹性反冲

后表线	功能线	体侧线	螺旋线	前深线	手臂线	前表线
单脚站立，双手推离左侧墙面，落于右侧墙面（图 4.8B、C）	单脚站立，双手推离右侧墙面，落于左侧墙面（图 4.8D、E）	单脚站立，双手推离左侧墙面，落于右侧墙面（图 4.8B、C）	单脚站立，双手推离右侧墙面，落于左侧墙面（图 4.8D、E）	单脚站立，双手推离右侧墙面，落于左侧墙面（图 4.8D、E）	单脚站立，双手推离右侧墙面，落于左侧墙面（图 4.8D、E）	单脚站立，双手推离左侧墙面，落于右侧墙面（图 4.8B、C）

19.刺激组织再生
全身筋膜网络的更新速度相当慢，半衰期在几个月到几年之间，而不是几天或几周。在适当运动负荷后的前3个小时内，胶原蛋白不仅合成增加，降解也增加。在运动后的36小时内，胶原蛋白降解超过胶原蛋白合成。运动后48小时，胶原蛋白合成才超过降解，净合成为正数（Schleip & Baker, 2015, p.162）
纤维网络是由交叉纤维构成的，具有移动性、适应性，形成一种机械协调；在健康组织受损时，纤维网络会失去机械协调。人体的修复机制无法将受损区域的纤维网络恢复到原始状态，新的替代组织质量较差，但是可以通过手法治疗尽早调动受伤区域，以增强瘢痕组织的伸缩性（Guimberteau & Armstrong, 2015, p.162）

20.提升组织弹性
根据张拉整体结构模式，神经肌筋膜系统作为一个自调节整体适应运动过程。肌筋膜经线绘制出一组结缔组织，形成外部的张拉网络拉住（包裹住）骨骼。一直主导我们思维的"孤立肌肉理论"限制了我们对这种全身性"给予"的认识，这种"给予"对弹性是非常重要的（Myers, p.46, ch.6 in Schleip & Baker, 2015）

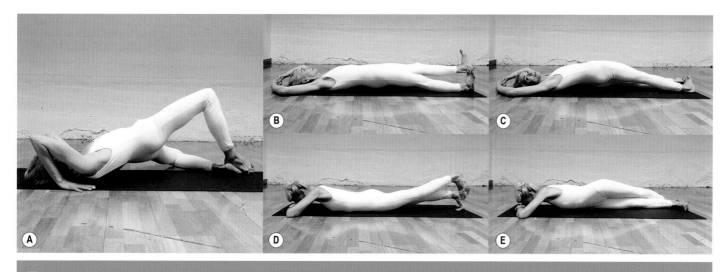

图4.1
仰卧位、俯卧位和桥式中的肌筋膜螺旋线表现为流畅的运动序列。A.桥式加旋转；B、C.仰卧纵向旋转；D、E.俯卧纵向旋转

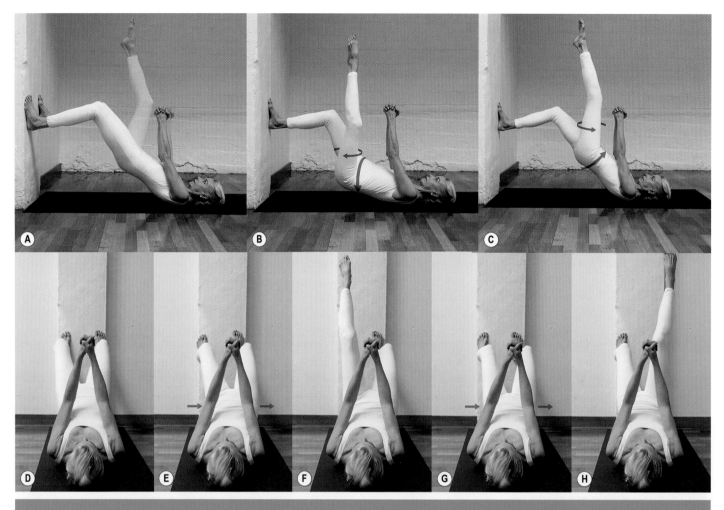

图4.2
变化的桥式可激活肌筋膜螺旋线和体侧线。只有改善本体感觉，才能使骨盆和腰椎在矢状面保持中立位。A~C.单腿桥式加骨盆旋转；D~H.桥式加骨盆横向平移

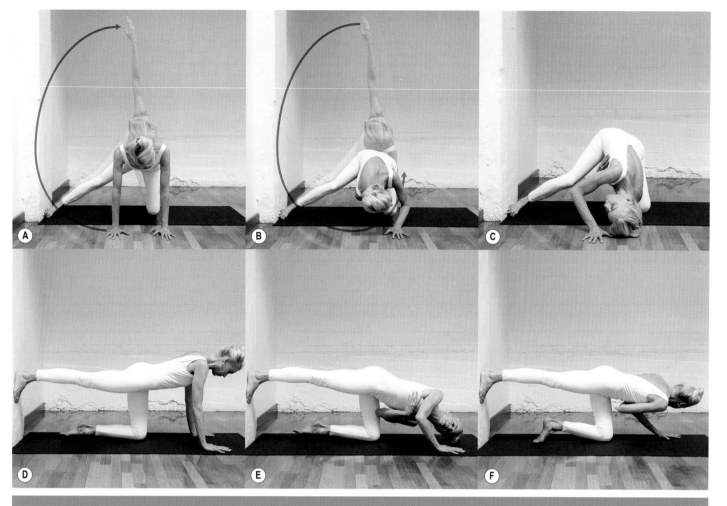

图4.3
四足式，胸椎和颈椎的旋转可激活前斜和后斜悬吊系统，以及肌筋膜体侧线和螺旋线。这些动作形成了从躯干到四肢和从四肢到躯干的有力的肌筋膜连接。A~C.侧对墙面，四足式胸椎旋转；D~F.单腿平伸抵墙，四足式胸椎旋转

图4.4

俯卧,上段胸椎和颈椎横向平移、后伸和旋转可锻炼运动敏感性。双脚压向墙面的动作可激活肌筋膜后表线并通过神经肌筋膜系统把力传递到胸椎伸展。图A~E将额头置于交叠的双手上:A.预备;B.横向平移;C.后伸;D.后伸加侧屈;E.后伸加旋转。图F~J中将双手手指相对置于头顶:F.预备;G.抬肘;H.后伸;I.后伸加侧屈;J.后伸加旋转

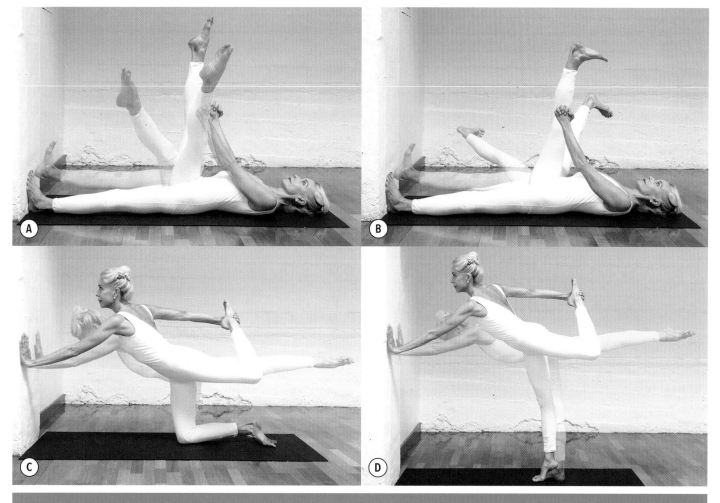

图4.5
小角度变化的多向运动体现在髋关节环转和单手抵墙的伸髋动作上。A、B.仰卧单腿画圈,保持脊柱中立位和抵墙的脚稳定;C.四足式,胸椎、颈椎后伸,单手抵墙,同侧腿后伸,对侧手抓脚;D.站姿,胸椎、颈椎后伸,单手抵墙,同侧腿后伸,对侧手抓脚

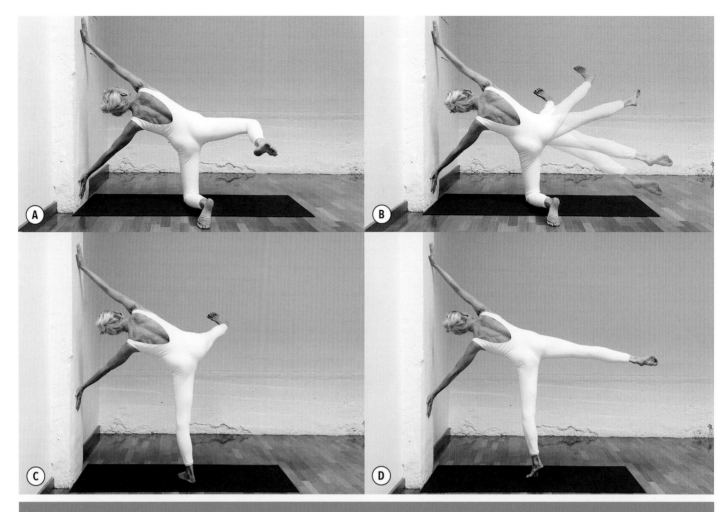

图4.6

张拉整体结构的一个特性是收缩和张拉的平衡,体现在跪姿和站姿的单腿画圈动作中。A.跪姿单腿屈膝画圈,双手抵墙;B.跪姿单腿直腿画圈,双手抵墙;C、D.站姿单腿侧踢,双手抵墙,踝关节跖屈,保持身体平衡

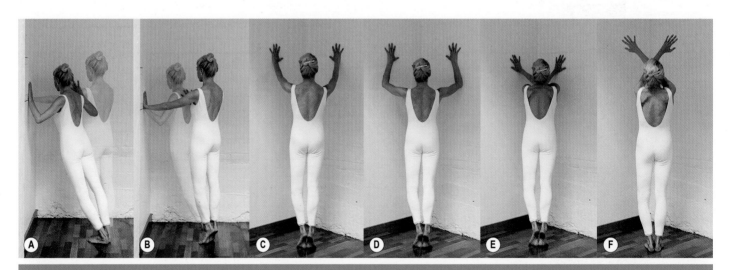

图4.7

弹性反冲手臂弹动的预备动作需要激活整个神经肌筋膜系统产生结构稳定性,以实现力/负荷的有效传递。A、B.双手抵墙与肩同高,做肘屈、肘伸动作;C、D.踝关节跖屈保持平衡,双手抵墙高于头部,做肘屈、肘伸动作;E、F.手肘交叉,双手掌心置于墙面并高于头部,推离墙面再落于墙面

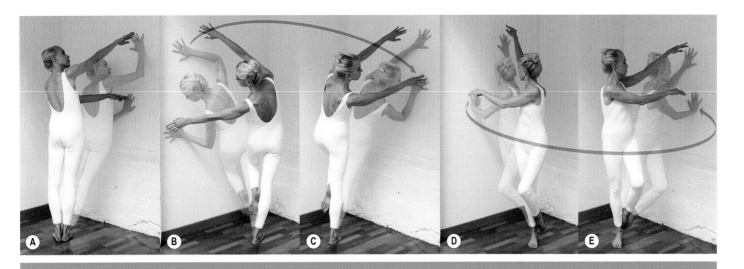

图4.8
强性反冲结合预备反向动作训练包括面向墙角和背离墙角的不同手臂弹动变化。A.双脚站立，双手推离右侧墙面，落于右侧墙面；B、C.单脚站立，双手推离左侧墙面，落于右侧墙面；D、E.单脚站立，双手推离右侧墙面，落于左侧墙面

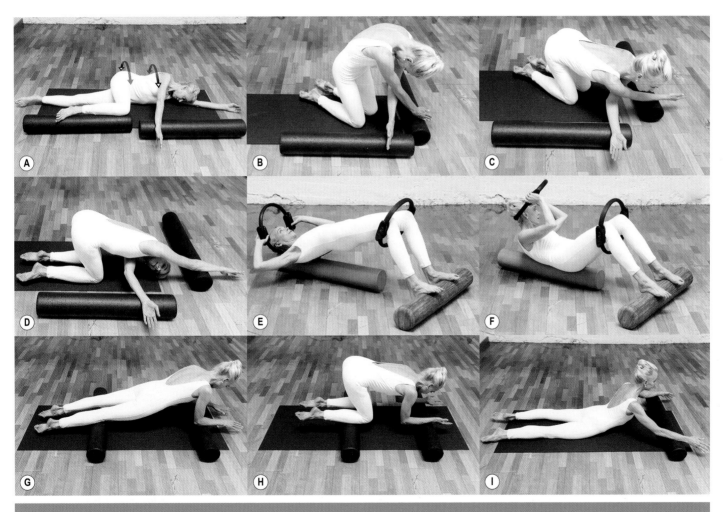

图4.9
在筋膜导向的垫上练习中，泡沫轴增强了人对肌筋膜连线的感知。魔术圈加强了人对运动启动的感知，将近端结构连接到远端结构。A.侧卧，双轴辅助，骨盆和胸椎反向旋转；B、C.四足式，双轴辅助，手臂交叉，脊柱屈曲和伸展；D.四足式，双轴辅助，胸椎旋转和侧屈；E、F.仰卧在两个泡沫轴上，膝关节处的魔术圈刺激骨盆外侧稳定肌，头后侧的魔术圈组织肩带，交替进行逐节运动的桥式和胸椎、颈椎屈曲加旋转；G、H.在两个泡沫轴上平板式，交替进行髋、膝关节屈曲和伸展；I.俯卧，单轴辅助，脊柱伸展

图4.10
利用泡沫轴和魔术圈刺激站姿平衡的运动敏感度。A.站在泡沫轴上深蹲；B.踝关节跖屈，保持身体平衡，腿夹魔术圈刺激内收肌，手持魔术圈刺激肩胛下压和外展

表 4.4 筋膜导向的垫上运动计划指南——客户资料

客户的诊断或相关情况： 男，45岁，口腔外科医生，右利手，希望改善站姿和坐姿

短期目标	长期目标
1.改善站姿，抑制"佝偻"倾向	1.参与多变强度间歇训练，控制体重
2.改善坐姿，抑制向右"瘫坐"倾向	2.和十几岁的儿子打网球
3.学会家庭普拉提垫上运动，以缓解工作压力	3.坚持日常训练计划20年，直到65岁退休
4.学会3个矫正动作，工作空闲时练习	

筋膜导向的普拉提垫上运动计划指南	客户资料（由客户或教练完成）
1.确定影响筋膜功能的因素	
遗传	未发现影响筋膜功能的遗传因素
相关疾病	高血压
用药	控制血压的药物
外科手术	左膝前交叉韧带修复
•瘢痕	左膝瘢痕未接受纠正性的手法治疗
•粘连	瘢痕粘连可导致左膝弯曲，运动幅度减小
全身炎症	自我感觉僵硬，但这种僵硬并不能归因于全身炎症
相关的生活方式	在高中和大学时一直运动，工作和成家后，只能抽空运动
•营养	无明确的营养计划
•补剂	无明确的补剂计划
•吸烟情况	不吸烟
•饮酒情况	晚餐时饮酒
•坐着的时间	每天超过8小时
低可动性	根据维京类型测试，似乎有全身低可动性（Schleip，2016）（译者注：维京类型测试是Robert Schleip在 *Fascial Fitness —How to be resilient* 一书中阐述的测试低活动性的方法）
高可动性	没有高可动性的证据
温度和湿度偏好	喜欢10~15℃、干燥的山区环境
2.增强筋膜功能的自用工具：球、泡沫轴、木棍、手动工具	客户称保持坐姿，在直径约10厘米的球上滚压了两侧坐骨5分钟后，髋关节的灵活性提高了，下背僵硬减轻
家庭练习	客户称练习了图11.2最下一排中间的小球训练后，身姿有所改善
在工作室的计划	空闲时站在球上练习或坐在球上滚压坐骨
练习时长	每小时练习5分钟
3.强化筋膜功能的治疗方法：针灸、整骨疗法、物理疗法、罗尔夫按摩疗法、结构整合法等	
预约时间表	客户偶尔接受运动按摩
合作治疗沟通	无
4.活动范围	
部分	胸廓向右侧平移及向左旋转比另一侧容易 胸椎旋转、后伸受限
全部	髋关节屈曲比髋关节伸展更容易做到
禁忌	无禁忌的运动范围
5.负重	
无负重	客户不喜欢无负重的运动
部分负重	客户喜欢部分负重训练带来的反应
完全负重	客户喜欢可以接触墙壁的全负重运动，以改善他的站姿
6.运动链	
开链	不喜欢开链运动
闭链	客户称闭链练习似乎提高了他的运动范围和力线精确度

表 4.4（续）

7.最适合客户的辅助或阻力类型	
自重	垫上自重练习
带子	
弹簧	
自由重量	
8.最佳强度，使收益最大化、伤害最小化	开始时慢速运动，逐步提高到中速
9.对既可激发神经系统又可降低风险的新事物的平衡能力	客户喜欢常规的练习，更喜欢关注力线的准确性
10. 适合客户的普拉提运动选项	
筋膜导向的垫上练习	
附加的设备	
不稳定的平面：泡沫轴、小海豚、旋转盘、方形摇摆板、平衡板	2个泡沫轴
	工作的地方有4个直径10厘米的球：2个用于双脚，2个用于两侧坐骨
11.激活《解剖列车：徒手和运动治疗的肌筋膜经线》一书中描述的所有适合客户的肌筋膜经线	强调肌筋膜经线后表线和前深线的协同激活，体侧线和螺旋线的平衡激活
12.提高筋膜弹性反冲性能的练习	工作时，练习上肢的墙面弹动动作
练习时长：每天20~30分钟	每天20分钟
频率：每周2~3次	每周 2次
胶原合成的恢复时间：2天	在练习之间的2~3天
13.不含弹性反冲的筋膜导向运动	
练习时长：每天30~60分钟	每天30分钟
频率：每周2~6次	每周3次
至少每3周修订一次计划	每3周找教练修订一次计划
14.客户提示偏好	
接触深度	喜欢有力的接触
外感受或内感受提示	喜欢外感受提示
15.客户的音乐偏好有助于专注和进行有节奏的运动	喜欢边看新闻边锻炼
16.与其他形式训练的互动	
多变强度的间歇训练	
有氧运动：15~45分钟，每周3~4次	鼓励步行上班
力量训练：15~30分钟，每周2次，1~2天的恢复时间	客户认为力量训练没有改善他的站姿和坐姿
身心运动：瑜伽、太极、气功、婵柔器械上婵柔、垫上或椅子上婵柔	每周和妻子一起上一次瑜伽课

表 4.5 筋膜导向的垫上运动计划指南——练习精选

客户的诊断或相关情况：男，45岁，口腔外科医生，右利手，希望改善站姿和坐姿		运动效果					

教练选择的垫上练习
参见图4.1~4.6
	筋膜导向的运动标准
	运动要求：
	  运动可以持续地优化运动控制和重塑胶原
	  运动促进客户的张拉整体结构*意识和表现
	  根据客户情况以最佳练习顺序激活适合其需求的所有肌筋膜经线
		促进组织水合作用	促进筋膜系统的滑动	刺激组织再生	提升组织弹性	形成规则的带有卷曲的晶格（网络）	促进弹性反冲

*："张拉整体结构会对局部的机械压力做出整体反应，产生一个与重力无关的结果。如果没有张拉整体结构模式，我们的纤维结构会在引力作用下坍塌。有了张拉整体结构模式，我们的纤维结构通过在整个网络（包括外围结构）分散负荷来吸收和分散压缩力。"（Guimberteau & Armstrong, 2015）

	内感受——筋膜内的间质神经提供内感受功能，而不是本体感觉或痛觉功能。刺激这些游离的神经末梢能够给大脑提供身体状态信息，维持体内的稳定，满足生理需求。内感受信号与感觉如温暖、恶心、饥饿、疼痛、费力、沉重或轻松有关。对内部躯体的感知与情感偏好和感觉有关（Schleip & Baker, 2015）						

表 4.5（续）

客户的诊断或相关情况：男，45岁，口腔外科医生，右利手，希望改善站姿和坐姿

教练选择的垫上练习 参见图4.1~4.6	筋膜导向的运动标准 运动要求： 运动可以持续地优化运动控制和重塑胶原 运动促进客户的张拉整体结构*意识和表现 根据客户情况以最佳练习顺序激活适合其需求的所有肌筋膜经线	运动效果					
		促进组织水合作用	促进筋膜系统的滑动	刺激组织再生	提升组织弹性	形成规则的带有卷曲的晶格（网络）	促进弹性反冲
仰卧纵向旋转 图4.1B、C	本体感觉的改善——本体感觉与位置、肌腱和肌肉感觉有关	●	●	●			
俯卧纵向旋转 图4.1D、E		●	●	●			
侧卧，双轴辅助，骨盆和胸椎反向旋转 图4.9A	运动敏感度——动觉（动态本体感觉），感知四肢、躯干的位置和运动的能力	●	●	●	●		
四足式，双轴辅助，手臂交叉，脊柱屈曲和伸展 图4.9B、C		●	●	●			
桥式加骨盆横向平移 图4.2D~H	小角度变化的多向运动		●		●		
单腿桥式加骨盆旋转 图4.2A~C			●				
单腿平伸抵墙，四足式胸椎旋转 图4.3D~F	同时带动大面积神经肌筋膜系统的全身性运动		●				
在两个泡沫轴上平板式，交替进行髋、膝关节屈曲和伸展 图4.9G、H	全身的连续性——将躯干连接到四肢，将四肢连接到躯干；将深层结构连接到表层结构，将表层结构连接到深层结构				●		
侧对墙面，四足式胸椎旋转 图4.3A~C	运动的启动——将近端结构连接到远端结构，将远端结构连接到近端结构	●	●	●	●		
双脚站立，双手推离右侧墙面，落于右侧墙面 图4.8A	流畅的运动序列				●	●	●
仰卧单腿画圈，保持脊柱中立位和抵墙的脚稳定 图4.5A、B	小角度变化的多向运动	●	●	●	●		
跪姿单腿屈膝画圈，双手抵墙 图4.6A	力/负荷的传递——通过神经肌筋膜系统分散力/负荷的运动		●		●		
弹性反冲手臂弹动预备动作 图4.7A~F	预备反向动作				●	●	
站姿单腿侧踢，双手抵墙，踝关节跖屈，保持身体平衡 图4.6C、D	动态伸展——慢和快的节奏变化			●	●	●	●

参考资料

出版物

GUIMBERTEAU J C, ARMSTRONG C, 2015. Architecture of human living fascia: The extracellular matrix and cells revealed through endoscopy. Edinburgh: Handspring Publishing.

MYERS T W, 2014. Anatomy Trains®: Myofascial meridians for manual and movement therapists（3rd ed.）. Edinburgh: Churchill Livingstone.

SCARR G, 2014. Biotensegrity: The structural basis of life. Edinburgh: Handspring Publishing.

SCHLEIP R, BAKER A（Eds.），2015. Fascia in sport and movement. Edinburgh: Handspring Publishing.

STECCO C, 2015. Functional atlas of the human fascial system. Edinburgh: Churchill Livingstone.

电子资源

Schleip, R.（2016, May 13）. Fascia and Davis's Law [Video]. Retrieved from http://www.pilatesanytime.com/workshop-view/2522/video/Pilates-Fascia-and-Davis-Law-by-Robert-Schleip-PhD

网络课程

www.pilatesanytime.com

表 5.1　约瑟夫·H. 普拉提床运动的主要脊柱方向

约瑟夫·H. 普拉提床运动 （动作名称沿袭档案图片中的名称） 经Balanced Body Inc., www.pilates.com许可使用 （图5.1~5.18以不同的筋膜导向的顺序排列）	图	空间方向	矢状面屈曲	矢状面伸展	旋转	冠状面侧屈	旋转和屈曲	平背（腰椎屈曲、胸椎伸展）
		数量（个）	36	12	2	2	2	13
足部动作								
1.双脚和膝关节	5.1	仰卧	●					
2.足弓	5.1	仰卧	●					
3.脚跟	5.1	仰卧	●					
4.脚趾	5.1	仰卧	●					
5.伸展–下拉	5.2	仰卧	●					
6.双腿后卷	5.2	仰卧	●					
7.协调	5.2	仰卧	●					
8.划船–绳套在前	5.3	坐姿	●					
9.划船–绳套在后	5.4	坐姿						●
10.屈体划船–绳套在后	5.4	坐姿	●					●
11.肱二头肌	5.3	坐姿	●					●
12.肱三头肌	5.3	坐姿	●					●
13.上推	5.4	坐姿						●
14.天鹅潜水	5.6	俯卧在长箱上		●				
15.仰泳	5.7	仰卧在长箱上	●					
16.控制–伸展	5.7	仰卧在长箱上	●					
17.蛙泳	5.6	俯卧在长箱上		●				
18.骑马 1	5.8	坐在长箱上	●					
19.骑马 2	5.8	坐在长箱上	●					
20.骑马 3	5.8	坐在长箱上	●					
21.长（直体）伸展（面朝下）	5.9	平板式,手握脚踏杆	●					●
22.向下伸展	5.5	跪姿,手握脚踏杆		●				
23.向上伸展	5.9	平板式,手握脚踏杆	●					
24.长（直体）伸展–仰撑（后撑）	5.10	平板式,面部向上,手握脚踏杆	●					●
25.腹部按摩	5.12	坐姿	●					
26.肌腱拉伸	5.10	手握脚踏杆,脚踩滑车	●					●
27.脊柱按摩	5.12	仰卧	●					
28.（头–前部1）*（译者注：指脸朝下）								

表 5.1（续）

约瑟夫·H. 普拉提床运动 （动作名称沿袭档案图片中的名称） 经Balanced Body Inc., www.pilates.com许可使用 （图5.1~5.18以不同的筋膜导向的顺序排列）			主要脊柱方向					
			矢状面屈曲	矢状面伸展	旋转	冠状面侧屈	旋转和屈曲	平背（腰椎屈曲、胸椎伸展）
			数量（个）					
	图	空间方向	36	12	2	2	2	13
29.（头–前部2, 无手臂支撑）*								
30.（头–后部）*（译者注: 指脸朝上）								
31.半圆式卷上、卷下	5.11	仰卧、桥式	●	●				
32.弓形摇摆	5.13	俯卧在长箱上		●				
33.弓形摇摆与上拉	5.13	俯卧在长箱上		●				
34.游泳	5.13	俯卧在长箱上		●				
35.后卷1	5.14	仰卧在短箱上		●				
36.后卷2	5.14	坐在短箱上	●					
37.后卷3	5.14	坐在短箱上	●					
38.长脊柱伸展	5.12	仰卧	●					
39.胸部扩张	5.13	跪姿	●					●
40.大腿拉伸	5.13	跪姿		●				●
41.扭转	5.17	脚踩脚踏杆,手放滑车上					●	
42.开瓶器	5.15	仰卧	●		●			
43.控制伸展	5.15	仰卧	●					
44.侧伸展与控制伸展	5.17	侧板支撑			●	●	●	●
45.控制伸展–上拉	5.16	跪姿						●
46.控制伸展–侧屈	5.16	跪姿				●		
47.平衡控制1	5.11	平板式, 脚踩脚踏杆, 双手各放在一个肩靠上	●	●				
48.平衡控制2	5.11	平板式, 脸朝前, 脚踩脚踏杆, 双手各放在一个肩靠上	●					
49.平衡控制3	5.11	平板式, 脸朝前, 脚踩脚踏杆, 双手各放在一个肩靠上	●					
50.平衡控制4	5.18	站立深蹲	●					●
51.俄式拉伸1	5.18	单腿站立深蹲	●					
52.俄式拉伸2	5.18	单腿站立	●					
53.虎式伸展	5.5	跪姿, 手握脚踏杆	●	●				

＊：带*号的3项练习无图片演示。

表 5.2 筋膜导向的运动标准与约瑟夫·H. 普拉提床运动范例

筋膜导向的运动标准

运动要求	张拉整体结构模式
1.运动可以持续地优化运动控制和重塑胶原 2.运动促进客户的张拉整体结构*意识和表现	*:"张拉整体结构会对局部的机械压力做出整体反应,产生一个与重力无关的结果。如果没有张拉整体结构模式,我们的纤维结构会在引力作用下坍塌。有了张拉整体结构模式,我们的纤维结构通过在整个网络(包括外围结构)分散负荷来吸收和分散压缩力。" (Guimberteau & Armstrong, 2015) "张拉整体结构模式的价值不在于该模式必然会改变某一特定的治疗方法,而在于它提供了更好的观察人体机械力学的方法,这种方法来源于对功能解剖学的新认识。"(Scarr, 2014)

	普拉提原则	约瑟夫·H. 普拉提床运动范例
3.根据客户情况以最佳练习顺序激活适合其需求的所有肌筋膜经线	全身运动	向上伸展 (图 5.9)

运动目的

	普拉提原则	约瑟夫·H. 普拉提床运动范例
4.内感受——筋膜内的间质神经提供内感受功能,而不是本体感觉或痛觉功能。刺激这些游离的神经末梢能够给大脑提供身体状况信息,维持体内的稳定,满足生理需求。内感受信号与感觉如温暖、恶心、饥饿、疼痛、费力、沉重或轻松有关。对内部躯体的感知与情感偏好和感觉有关(Schleip & Baker, 2015)	呼吸	每个人的内感受都是独一无二的
5.本体感觉的改善——本体感觉与位置、肌腱和肌肉感觉有关	专注 控制	肌腱拉伸 (图5.10)
6.运动敏感度——动觉(动态本体感觉),感知四肢、躯干的位置和运动的能力	精确	平衡控制2 (图5.11)

运动属性

	普拉提原则	约瑟夫·H. 普拉提床运动范例
7.同时带动大面积神经肌筋膜系统的全身性运动	全身性运动 呼吸	扭转 (图5.17)
8.全身的连续性——将躯干连接到四肢,将四肢连接到躯干;将深层结构连接到表层结构,将表层结构连接到深层结构	全身性运动	半圆式卷上、卷下 (图5.11)
9.运动的启动——将近端结构连接到远端结构,将远端结构连接到近端结构	核心 呼吸	平衡控制1 (图5.11)
10.流畅的运动序列	呼吸	侧伸展和控制伸展 (图 5.17)
11.小角度变化的多向运动	肌肉的均衡发展(神经肌筋膜系统的完美激活)	开瓶器 (图5.15)
12.力/负荷的传递——通过神经肌筋膜系统分散力/负荷的运动		控制伸展 (图5.15) 长(直体)伸展–仰撑(后撑)(图5.10)
13.预备反向运动	节奏	虎式伸展 (图5.5)
14.动态伸展——慢和快的节奏变化	节奏	向下伸展 (图5.5)

运动效果

15.促进组织水合作用

16.促进在三维神经肌筋膜系统内的滑动

17.形成规则的带有卷曲的晶格(网络)

18.促进弹性反冲

19.刺激组织再生

20.提升组织弹性

表 5.3　肌筋膜经线与约瑟夫·H. 普拉提床

筋膜导向的运动标准

运动要求	张拉整体结构模式						
1.运动可以持续地优化运动控制和重塑胶原 2.运动促进客户的张拉整体结构*意识和表现	*:"张拉整体结构会对局部的机械压力做出整体反应,产生一个与重力无关的结果。如果没有张拉整体结构模式,我们的纤维结构会在引力作用下坍塌。有了张拉整体结构模式,我们的纤维结构通过在整个网络(包括外围结构)分散负荷来吸收和分散压缩力。"(Guimberteau & Armstrong, 2015) "张拉整体结构模式的价值不在于该模式必然会改变某一特定的治疗方法,而在于它提供了更好的观察人体机械力学的方法,这种方法来源于对功能解剖学的新认识。"(Scarr, 2014)						

	肌筋膜经线						
	后表线	**功能线**	**体侧线**	**螺旋线**	**前深线**	**手臂线**	**前表线**
3.根据客户情况以最佳练习顺序激活适合其需求的所有肌筋膜经线	大腿拉伸 (图5.13)	平衡控制3 (图5.11)	仰泳 (图5.7)	骑马2 (图5.8)	控制伸展 (图5.15)	长(直体)伸展(图5.9)	平衡控制4 (图5.18)

运动目的

4.内感受——筋膜内的间质神经提供内感受功能,而不是本体感觉或痛觉功能。刺激这些游离的神经末梢能给大脑提供身体状况信息,维持体内的稳定,满足生理需求。内感受信号与感觉如温暖、恶心、饥饿、疼痛、费力、沉重或轻松有关。对内部躯体的感知与情感偏好和感觉有关(Schleip & Baker, 2015)

	后表线	功能线	体侧线	螺旋线	前深线	手臂线	前表线
5.本体感觉的改善——本体感觉与位置、肌腱和肌肉感觉有关	蛙泳 (图5.6)	骑马1 (图5.8)	控制伸展-上拉(图5.16)	骑马1 (图5.8)	长(直体)伸展(图5.9)	划船-绳套在后(图5.4)	脊柱按摩 (图5.12)
6.运动敏感度——动觉(动态本体感觉),感知四肢、躯干的位置和运动的能力	长(直体)伸展仰撑(后撑)(图5.10)	平衡控制3 (图5.11)	控制伸展-侧屈(图5.16)	胸部扩张 (图5.13)	骑马2、3 (图5.8)	划船-绳套在前(图5.3)	半圆式卷上、卷下(图5.11)

运动属性

	后表线	功能线	体侧线	螺旋线	前深线	手臂线	前表线
7.同时带动大面积神经肌筋膜系统的全身性运动	天鹅潜水 (图5.6)	俄式拉伸2 (图5.18)	侧伸展与控制伸展(图5.17)	扭转 (图5.17)	扭转 (图5.17)	长(直体)伸展-仰撑(后撑)(图5.10)	俄式拉伸1 (图5.18)
8.全身的连续性——将躯干连接到四肢,将四肢连接到躯干;将深层结构连接到表层结构,将表层结构连接到深层结构	弓形摇摆 (图5.13)	俄式拉伸1 (图5.18)	长脊柱伸展 (图5.12)	开瓶器 (图5.15)	后卷2 (图5.14)	肌腱拉伸 (图5.10)	游泳-仰泳 (图5.7)
9.运动的启动——将近端结构连接到远端结构,将远端结构连接到近端结构	弓形摇摆与上拉(图5.13)	平衡控制1 (图5.11)	侧伸展与控制伸展(图5.17)	胸部扩张 (图5.13)	腹部按摩 (图5.12)	平衡控制1 (图5.11)	划船-绳套在前(图5.3)
10.流畅的运动序列	后卷1 (图5.14)	俄式拉伸1、2 (图5.18)	仰泳 (图5.7)	扭转 (图5.17)	后卷3 (图5.14)	肱三头肌 (图5.3)	肱三头肌 (图5.3)
11.小角度变化的多向运动	游泳 (图5.13)	开瓶器 (图5.15)	侧伸展与控制伸展(图5.17)	开瓶器 (图5.15)	开瓶器 (图5.15)	扭转 (图5.17)	开瓶器 (图5.15)
12.力/负荷的传递——通过神经肌筋膜系统分散力/负荷的运动	上推 (图5.4)	平衡控制1 (图5.11)	长脊柱伸展 (图5.12)	骑马3 (图5.8)	双腿后卷 (图5.2)	侧伸展与控制伸展(图5.17)	足弓(足部练习)(图5.1)
	向下伸展 (图5.5)	扭转 (图5.17)	侧伸展与控制伸展(图5.17)	俄式拉伸2 (图5.18)	肌腱拉伸 (图5.10)	平衡控制3 (图5.11)	脊柱按摩 (图5.12)
13.预备反向运动	天鹅潜水 (图5.6)	游泳 (图5.13)	控制伸展-侧屈(图5.16)	骑马2 (图5.8)	双脚和膝关节(足部练习)(图5.1)	天鹅潜水 (图5.6)	虎式伸展 (图5.5)

表 5.3（续）

肌筋膜经线						
后表线	**功能线**	**体侧线**	**螺旋线**	**前深线**	**手臂线**	**前表线**
14.动态伸展——慢和快的节奏变化						
向下伸展（图 5.5）	侧伸展与控制伸展（图5.17）	侧伸展与控制伸展（图5.17）	开瓶器（图 5.15）	虎式伸展（图 5.5）	骑马3（图 5.8）	半圆式卷上、卷下（图5.11）

运动效果

15.促进组织水合作用	大约有2/3的筋膜组织是由水组成的，在被施加机械负荷时，无论是拉伸还是局部压迫，受力较大的区域都会挤压出大量的水。如果对筋膜组织施加外部负荷，水合作用就会更新，并改善组织的黏弹性（Schleip & Baker, 2015, p.8）
16.促进在三维神经肌筋膜系统内的滑动	胶原蛋白层之间的正常滑动可能会受堆积了各种废物的疏松结缔组织的阻碍。在罹患过度使用综合征、创伤或进行外科手术时，疏松结缔组织会无法滑动。局部温度的升高有助于筋膜滑动。当温度升高到40℃以上时，透明质酸（玻尿酸）链的三维上部结构逐步分解，可降低位于深筋膜和肌肉内部和下方的疏松结缔组织的透明质酸的黏度。可以通过按摩、运动或洗热水澡暂时提高温度。在睡眠时，身体静止可能会导致透明质酸黏度增加，引起深筋膜和肌肉僵硬（Stecco, 2015, p.60、64）
17.形成规则的带有卷曲的晶格（网络）	胶原纤维的微观结构呈波浪状卷曲，像弹簧一样。当人体老化或筋膜纤维移动受限（固化）时，纤维结构会失去卷曲和弹性。以适当的负荷进行规律的筋膜纤维的锻炼能产生更年轻、具有波浪状纤维和更强弹力储存能力的胶原结构（Schleip & Baker, 2015, p.7）
18.促进弹性反冲	
19.刺激组织再生	全身筋膜网络的更新速度相当慢，半衰期在几个月到几年之间，而不是几天或几周。在适当运动负荷后的前3个小时内，胶原蛋白不仅合成增加，降解也增加。在运动后的36小时内，胶原蛋白降解超过胶原蛋白合成。运动后48小时，胶原蛋白合成才超过降解，净合成为正数（Schleip & Baker, 2015, p.162） 纤维网络是由交叉纤维构成的，具有移动性、适应性，形成一种机械协调；在健康组织受损时，纤维网络会失去机械协调。人体的修复机制无法将受损区域的纤维网络恢复到原始状态，新的替代组织质量较差，但是可以通过手法治疗尽早调动受伤区域，以增强瘢痕组织的伸缩性（Guimberteau & Armstrong, 2015, p.162）
20.提升组织弹性	根据张拉整体结构模式，神经肌筋膜系统作为一个自调节整体适应运动过程。肌筋膜经线绘制出一组结缔组织，形成外部的张拉网络拉住（包裹住）骨骼。一直主导我们思维的"孤立肌肉理论"限制了我们对这种全身性"给予"的认识，这种"给予"对弹性是非常重要的（Myers, p.46, ch.6 in Schleip & Baker, 2015）

时刻牢记，你的目的并非练出发达的肌肉，而是练出灵活、柔韧的肌肉。发达的肌肉会阻碍其产生柔韧性，会干扰不发达肌肉的正常发育。只有所有的肌肉都均衡发育，才能产生肌肉的柔韧性。

约瑟夫·H.普拉提（Gallagher & Kryzanowska，2000）

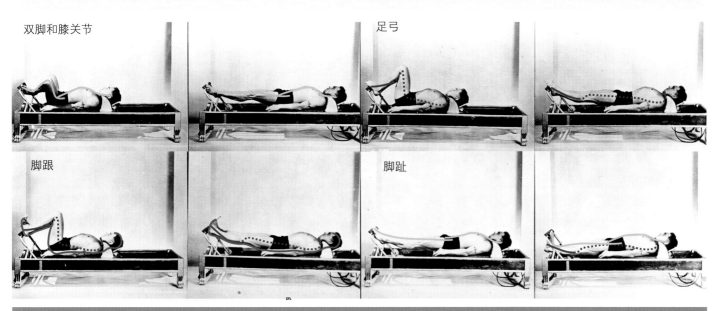

图5.1

从左上至右下（两幅图为一组）分别为双脚和膝关节、足弓、脚跟、脚趾。展现了仰卧位闭合动力链的髋关节、膝关节、踝关节与脚的连接。体现的筋膜导向的运动标准：运动的启动——将近端结构连接到远端结构，将远端结构连接到近端结构（经Balanced Body Inc., www.pilates.com许可使用）

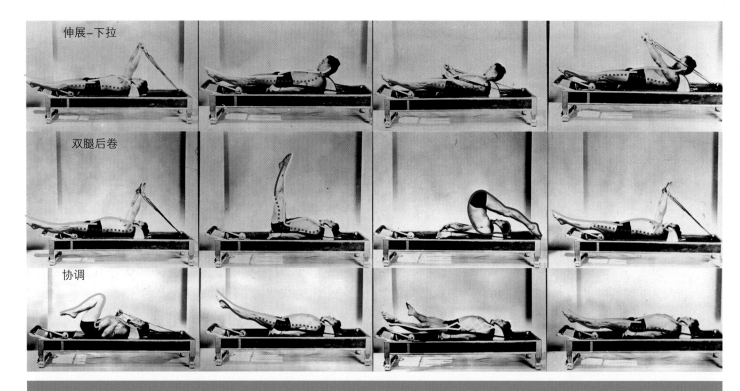

图5.2
从上至下三排分别为伸展–下拉、双腿后卷、协调。展现了仰卧位前深线的激活。体现的筋膜导向运动标准：全身的连续性——将躯干连接到四肢，将四肢连接到躯干；将深层结构连接到表层结构，将表层结构连接到深层结构（经Balanced Body Inc., www.pilates.com许可使用）

伸展–下拉

双腿后卷

协调

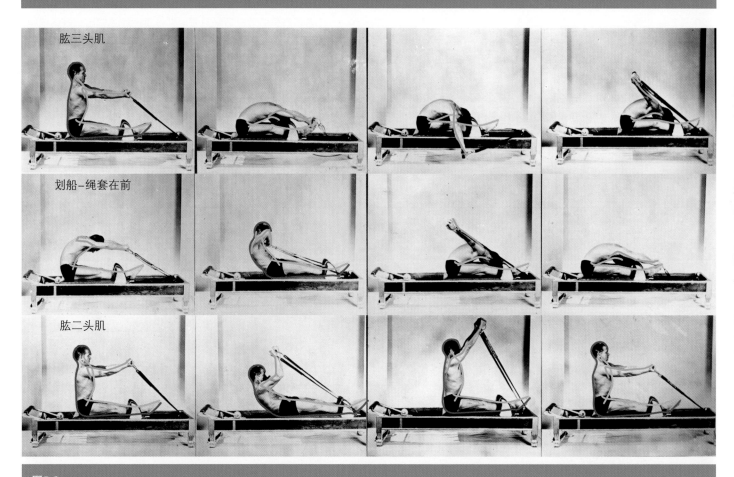

肱三头肌

划船–绳套在前

肱二头肌

图5.3
从上至下三排分别为肱三头肌、划船–绳套在前、肱二头肌。展现了坐姿躯干和手臂的连接。体现的筋膜导向的运动标准：流畅的运动序列（经Balanced Body Inc., www.pilates.com许可使用）

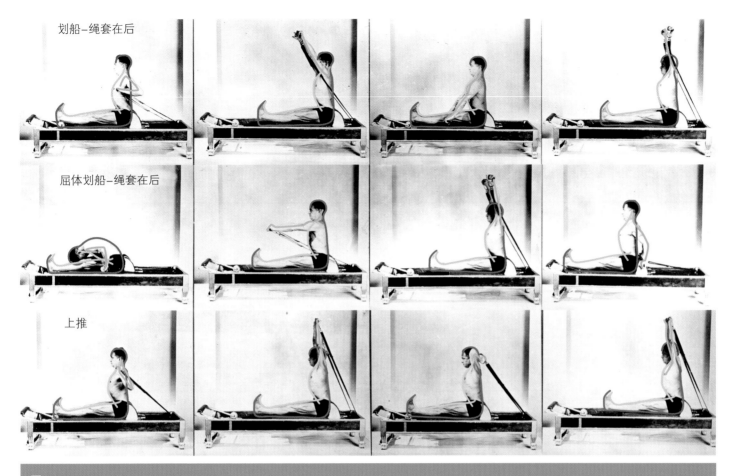

图5.4

从上至下三排分别为划船–绳套在后、屈体划船–绳套在后、上推。展现了坐姿手臂与肩带的连接。体现的筋膜导向的运动标准: 全身的连续性——将躯干连接到四肢,将四肢连接到躯干; 将深层结构连接到表层结构,将表层结构连接到深层结构(经Balanced Body Inc., www.pilates.com许可使用)

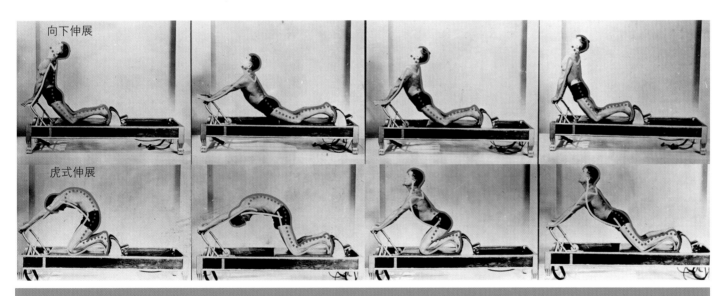

图5.5

从上至下两排分别为向下伸展、虎式伸展。展现了四足式躯干的连接。体现的筋膜导向的运动标准: 动态伸展——慢和快的节奏变化(经Balanced Body Inc., www.pilates.com许可使用)

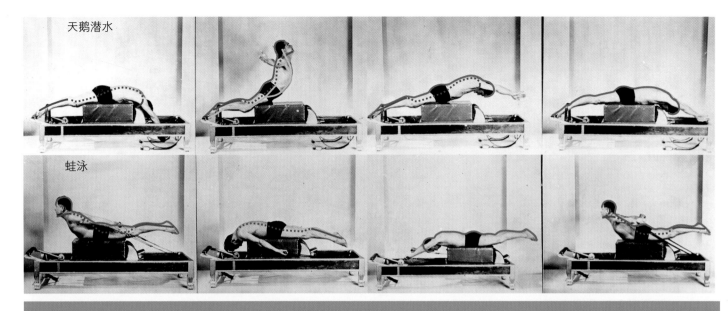

图5.6
从上至下两排分别为俯卧在长箱上，天鹅潜水、蛙泳。激活肌筋膜后表线。体现的筋膜导向的运动标准：运动敏感度——动觉（动态本体感觉），感知四肢、躯干的位置和运动的能力（经Balanced Body Inc., www.pilates.com许可使用）

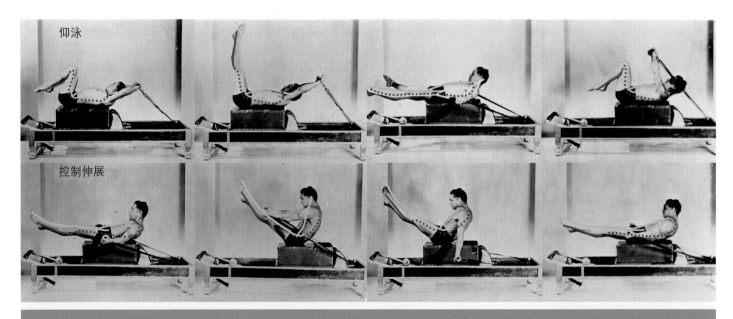

图5.7
从上至下两排分别为仰卧在长箱上，仰泳、控制伸展。激活肌筋膜前深线和前表线。体现的筋膜导向的运动标准：本体感觉的改善——本体感觉与位置、肌腱和肌肉感觉有关（经Balanced Body Inc., www.pilates.com许可使用）

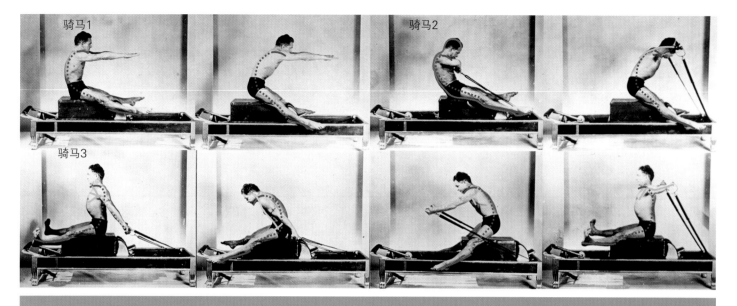

图5.8
第一排（两图为一组）：坐在长箱上，骑马1、骑马2。第二排：骑马3。通过肌筋膜手臂线传递力量和负荷，激活肌筋膜前深线。体现的筋膜导向的运动标准：力/负荷的传递——通过神经肌筋膜系统分散力/负荷的运动（经Balanced Body Inc., www.pilates.com许可使用）

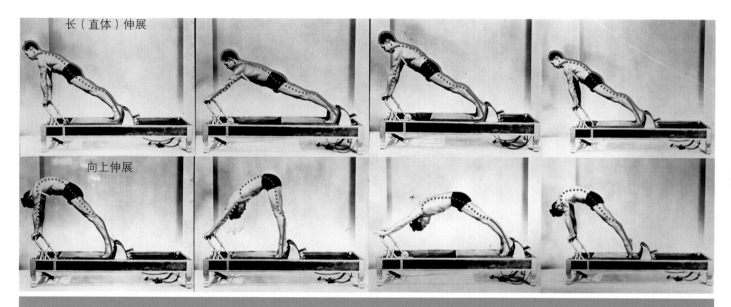

图5.9
从上至下两排分别为长（直体）伸展、向上伸展。展现了肌筋膜前深线的连接。体现的筋膜导向的运动标准：力的传递（经Balanced Body Inc., www.pilates.com许可使用）

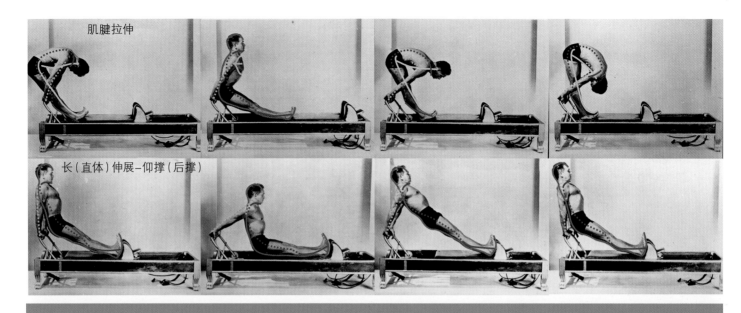

图5.10
从上至下两排分别为肌腱伸展、长（直体）伸展–仰撑（后撑）。协同激活肌筋膜前深线、前表线、后表线、手臂线。体现的筋膜导向的运动标准：全身的连续性——将躯干连接到四肢，将四肢连接到躯干；将深层结构连接到表层结构，将表层结构连接到深层结构（经Balanced Body Inc., www.pilates.com许可使用）

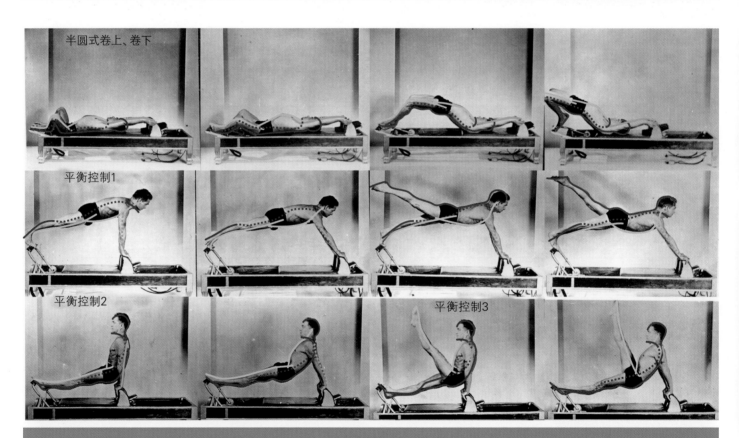

图5.11
第一排：半圆式卷上、卷下。第二排：平衡控制1。第三排（两图为一组）：平衡控制2、平衡控制3。展现了动态桥式与平板式。体现的筋膜导向的运动标准：运动的启动——将近端结构连接到远端结构，将远端结构连接到近端结构（经Balanced Body Inc., www.pilates.com许可使用）

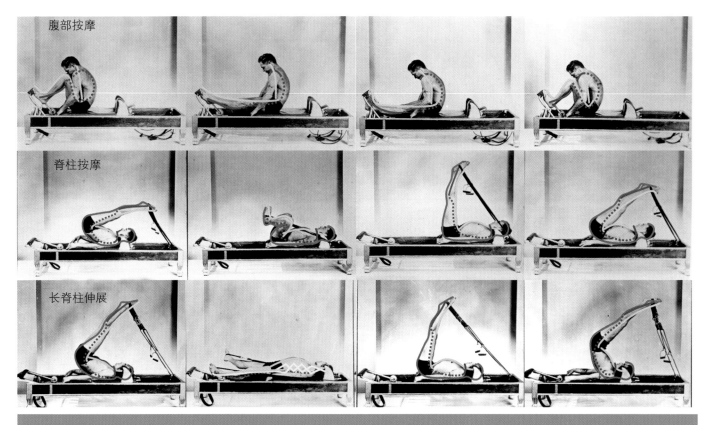

腹部按摩

脊柱按摩

长脊柱伸展

图5.12
从上至下三排分别为腹部按摩、脊柱按摩、长脊柱伸展。动态激活肌筋膜后表线。体现的筋膜导向的运动标准：动态伸展——慢和快的节奏变化（经Balanced Body Inc.，www.pilates.com许可使用）

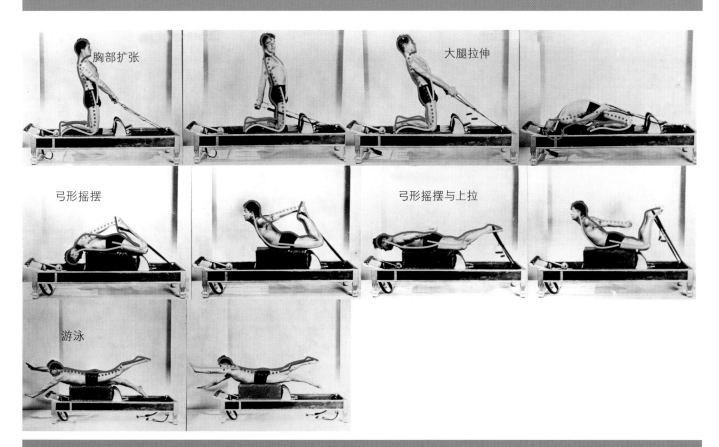

胸部扩张   大腿拉伸

弓形摇摆   弓形摇摆与上拉

游泳

图5.13
从上至下（两幅图为一组）两排分别为胸部扩张、大腿拉伸、弓形摇摆、弓形摇摆与上拉、游泳。协同激活肌筋膜前表线和后表线。体现的筋膜导向的运动标准：运动敏感度——动觉（动态本体感觉），感知四肢、躯干的位置和运动的能力（经Balanced Body Inc.，www.pilates.com许可使用）

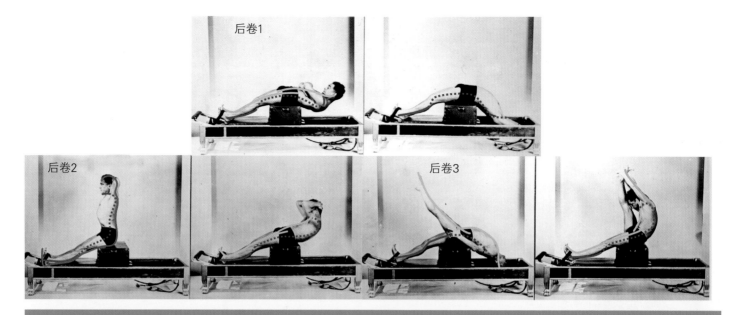

图5.14
从上至下（两幅图一组）两排均为短箱上的练习，分别为后卷1、后卷2、后卷3。协同激活肌筋膜前深线、前表线和后表线。体现的筋膜导向的运动标准：根据客户情况以最佳练习顺序激活适合其需求的所有肌筋膜经线（经Balanced Body Inc., www.pilates.com许可使用）

图5.15
上下两排分别为：开瓶器、控制伸展。体现的筋膜导向的运动标准：小角度变化的多向运动（经Balanced Body Inc., www.pilates.com许可使用）

图5.16
上下两排分别为：控制伸展–上拉、控制伸展–侧屈。展现了跪姿躯干与手臂的连接。体现的筋膜导向的运动标准：通过肌筋膜体侧线传递力/负荷（经Balanced Body Inc., www.pilates.com许可使用）

图5.17
上下两排分别为扭转、侧伸展与控制伸展。体现的筋膜导向的运动标准：侧重于体侧线与螺旋线的力/负荷的传递（经Balanced Body Inc., www.pilates.com许可使用）

图5.18

第一排：平衡控制4。第二排（两幅图为一组）：俄式拉伸1、俄式拉伸2。展现了站姿，完全负重。体现的筋膜导向的运动标准：同时带动大面积神经肌筋膜系统的全身性运动（经Balanced Body Inc., www.pilates.com许可使用）

表 5.4　约瑟夫·H.普拉提床运动计划指南——客户资料

客户的诊断或相关情况： 女，57岁，网球爱好者，右膝关节完全置换

短期目标	长期目标
1.改善右髋关节内旋	1.每周能参加2次网球竞赛
2.强化右侧骨盆稳定肌	2.进行控制左膝关节的运动训练以避免左膝关节置换手术
3.改善右单腿平衡	3.进行运动训练，以纠正可能由阑尾切除引起的腹部不对称
4.进行辅助下蹲至膝关节屈曲140°	

约瑟夫·H.普拉提床运动计划指南	客户资料（由客户或教练完成）
1.确定影响筋膜功能的因素	
遗传	无已知的影响筋膜功能的异常基因
相关疾病	哮喘
用药	缓解哮喘的药物
手术	阑尾切除术、右膝关节完全置换
•瘢痕	尚未接受任何改善瘢痕功能的手法治疗
•粘连	躯干运动不对称的部分成因可能是阑尾切除瘢痕引起的粘连
全身炎症	营养师认为食物不耐症可能引起炎症
相关的生活方式	从高中开始就热衷于网球运动
•营养	无特殊饮食
•补剂	无特殊补剂
•吸烟情况	15年前戒烟
•饮酒情况	晚餐时饮葡萄酒
•坐着的时间	她是一名市场分析师，使用立式办公桌办公，每天坐姿少于3小时
低可动性	无低可动性倾向
高可动性	无高可动性倾向
温度和湿度偏好	喜欢20~22℃、湿度50%~60%的环境

表 5.4（续）

2.增强筋膜功能的自用工具: 球、泡沫轴、木棍、手动工具	
家庭练习	客户进行图11.2最下排中间所示的球上训练, 以促进足部和脚踝的本体感觉。她使用泡沫轴锻炼:"紧急情况下 (急性) 的股四头肌自我筋膜松解 (SMR) 是一种有效的治疗方法, 可以 (在紧急情况下) 极大地增强膝关节的活动范围, 同时不会影响肌肉表现。"（MacDonald et al., 2013）
在工作室的计划	
练习时长	每天20分钟
3.强化筋膜功能的治疗方法: 针灸、整骨疗法、物理疗法、罗尔夫按摩疗法、结构整合法等	
预约时间表	客户每周理疗2次
合作治疗沟通	物理治疗师确定其技能缺陷, 可以使用约瑟夫·H.普拉提床改善
4.活动范围	
部分	右膝关节能屈曲140°
全部	右膝关节能完全伸直
禁忌	右膝关节屈曲不能超过140°
5.负重	
无负重	
部分负重	客户的右膝关节瘢痕在四足式和跪立姿势负重时非常敏感
完全负重	客户能承受完全负重, 但是她的右侧单腿平衡欠佳
6.运动链	
开链	
闭链	比较喜欢闭链运动
7.最适合的辅助或阻力类型	
自重	
带子	
弹簧	普拉提床弹簧
自由重量	
8.最佳强度, 使收益最大化、伤害最小化	客户喜欢中等强度的训练, 希望在增加强度的同时, 保持运动的精确度
9.对既可激发神经系统又可降低风险的新事物的平衡能力	客户不追求运动的新颖性, 更喜欢她已熟悉的运动序列, 每21天进行1次约瑟夫·H.普拉提床练习
10. 适合客户的普拉提运动选项	
约瑟夫·H.普拉提床	
附加的设备	普拉提床坐箱
带有不稳定的平面的设备: 泡沫轴、小海豚、旋转盘、方形摇摆板、平衡板	两个直径约10厘米的球和泡沫轴
11. 激活《解剖列车: 徒手和运动治疗的肌筋膜经线》中描述的所有适合客户的肌筋膜经线	重点是平衡肌筋膜左右体侧线
12. 提高筋膜弹性反冲性能的练习	
练习时长: 每天20~30分钟	每天20分钟（只做上半身）
频率: 每周2~3次	在教练的监督下每周训练1次
胶原合成的恢复时间: 2天	
13. 不含弹性反冲的筋膜导向运动	
练习时长: 每天30~60分钟	每天60分钟
频率: 每周2~6次	每周3次团课
至少每3周修订一次计划	每周与教练见一次面
14. 客户提示偏好	
接触深度	喜欢有力的触摸以改善本体感觉
外感受或内感受提示	喜欢外感受提示

表 5.4（续）

15.客户的音乐偏好有助于专注和进行有节奏的运动	喜欢在安静的环境下进行普拉提床练习，有助于集中注意力
16.与其他形式训练的互动	
可变强度的间歇训练	经过物理治疗师许可，客户想重新开始多变强度的间歇训练
有氧运动：15~45分钟，每周3~4次	每周4次，每次踩30分钟室内单车
力量训练：15~30分钟，每周2次，1~2天的恢复时间	无额外力量训练
身心运动：瑜伽、太极、气功、婵柔器械上婵柔、垫上或椅子上婵柔	

表 5.5　约瑟夫·H. 普拉提床运动计划指南——练习精选

客户的诊断或相关情况： 女，57岁，网球爱好者，右膝关节完全置换

教练选择的普拉提床练习 参见图5.1~5.18	筋膜导向的运动标准 运动要求： 　运动可以持续地优化运动控制和重塑胶原 　运动促进客户的张拉整体结构*意识和表现 　根据客户情况以最佳练习顺序激活适合其需求的 　所有肌筋膜经线	运动效果					
		促进组织水合作用	促进筋膜系统的滑动	刺激组织再生	提升组织弹性	形成规则的带有卷曲的晶格（网络）	促进弹性反冲
*："张拉整体结构会对局部的机械压力做出整体反应，产生一个与重力无关的结果。如果没有张拉整体结构模式，我们的纤维结构会在引力作用下坍塌。有了张拉整体结构模式，我们的纤维结构通过在整个网络（包括外围结构）分散负荷来吸收和分散压缩力。"（Guimberteau & Armstrong, 2015）							
	内感受——筋膜内的间质神经提供内感受功能，而不是本体感觉或痛觉功能。刺激这些游离的神经末梢能给大脑提供身体状况信息，维持体内的稳定，满足生理需求。内感受信号与感觉如温暖、恶心、饥饿、疼痛、费力、沉重或轻松有关。对内部躯体的感知与情感偏好和感觉有关（Schleip & Baker, 2015）						
足部练习：双足与膝关节、足弓、脚跟、脚趾 图5.1 客户腰椎中立位，进行足部练习，而不是在腰椎屈曲位进行练习 客户的右膝关节能屈曲140°	本体感觉的改善——本体感觉与位置、肌腱和肌肉感觉有关	●	●	●	●		
腹部按摩 图5.12 客户在脊柱屈曲、脊柱中立位和脊柱伸展时进行腹部按摩	运动敏感度——动觉（动态本体感觉），感知四肢、躯干的位置和运动的能力	●	●	●	●		
肱三头肌、划船–绳套在前、肱二头肌 图5.3 划船–绳套在后、屈体划船–绳套在后、上推 图5.4 客户是名网球爱好者	流畅的运动序列	●	●	●	●		
脊柱按摩 图5.12	同时带动大面积神经肌筋膜系统的全身性运动	●	●	●	●		
开瓶器 图5.15 重返网球场的长期目标证明了开放动力链的开瓶器动作的合理性。经历过膝关节置换，无法忍受闭合运动链的扭转动作	全身的连续性——将躯干连接到四肢，将四肢连接到躯干；将深层结构连接到表层结构，将表层结构连接到深层结构	●	●	●	●		

表 5.5（续）

客户的诊断或相关情况：女，57岁，网球爱好者，右膝关节完全置换	筋膜导向的运动标准 运动要求： 运动可以持续地优化运动控制和重塑胶原 运动促进客户的张拉整体结构*意识和表现 根据客户情况以最佳练习顺序激活适合其需求的所有肌筋膜经线	运动效果					
教练选择的普拉提床练习 参见图5.1~5.18		促进组织水合作用	促进筋膜系统的滑动	刺激组织再生	提升组织弹性	形成规则的带有卷曲的晶格（网络）	促进弹性反冲
骑马3 图5.8	运动的启动——将近端结构连接到远端结构，将远端结构连接到近端结构			•	•		
长脊柱伸展 图5.12	流畅的运动序列	•	•	•	•		
侧伸展 图5.17	小角度变化的多向运动			•	•		
平衡控制 4 图5.18 右膝关节能屈曲140°	力/负荷的传递——通过神经肌筋膜系统分散力/负荷的运动	•	•	•	•		
平衡控制 1 图5.11	预备反向动作				•		
虎式伸展 图5.5 右膝关节瘢痕在进行四足式负重时很敏感，需使用护膝	动态伸展——慢和快的节奏变化	•	•	•	•		

参考资料

出版物

GALLAGHER S P, KRYZANOWSKA R, 2000. The Joseph H. Pilates archive collection. Philadelphia, PA: Trans-Atlantic Publications Inc.

GUIMBERTEAU J C, ARMSTRONG C, 2015. Architecture of human living fascia: The extracellular matrix and cells revealed through endoscopy. Edinburgh: Handspring Publishing.

MACDONALD G Z, PENNEY M D, MULLALEY M E, CUCONATO A L, DRAKE C D, BEHM D G, BUTTON D C, 2013. An acute bout of self-myofascial release increases range of motion without a subsequent decrease in muscle activation or force. J Strength Cond Res, （27）3, 812-821.

MYERS T W, 2014. Anatomy Trains®: Myofascial meridians for manual and movement therapists （3rd ed.）. Edinburgh: Churchill Livingstone.

SCARR G, 2014. Biotensegrity: The structural basis of life. Edinburgh: Handspring Publishing.

SCHLEIP R, BAKER A（Eds.）, 2015. Fascia in sport and movement. Edinburgh: Handspring Publishing.

STECCO C, 2015. Functional atlas of the human fascial system. Edinburgh: Churchill Livingstone.

第六章　筋膜导向的普拉提床练习

表 6.1　筋膜导向的普拉提床练习的主要脊柱方向

筋膜导向的普拉提床练习 图6.1~6.15	图	横向平移	冠状面侧屈	旋转	矢状面脊柱中立位	矢状面伸展	矢状面屈曲
数量（个）		6	4	20	19	3	3
仰卧横向平移							
1.胸椎相对于骨盆横向平移（骨盆不动，胸部平移）	6.1A	●			●		
2.骨盆相对于胸椎横向平移（胸部不动，骨盆平移）	6.1B	●			●		
3.胸椎和骨盆交替横向平移	6.1C	●			●		
4.四足式，躯干相对于膝关节横向平移	6.1D、E	●			●		
髋关节的灵活性							
5.仰卧股骨画圈	6.2A、B				●		
6.仰卧单腿外展/内收	6.2C				●		
7.弓步站髋关节外旋/内旋加胸椎旋转	6.2D					●	
8.站姿髋内侧滑动	6.2E				●		
9.桥式加旋转	6.3A、B			●			
胸椎旋转加横向平移，双手分别放在两个肩靠上							
10.四足式	6.3C~E			●			
11.站姿	6.3F			●			
12.坐姿胸椎侧屈和旋转（美人鱼高阶）	6.4A、B		●	●			
13.一侧脚套在另一侧脚套上加脊柱按摩	6.4C、D						●
四足式髋关节屈曲							
14.强调前斜悬吊系统	6.5A				●		
15.强调肌筋膜体侧线	6.5B				●		
四足式髋关节伸展							
16.加骨盆和腰椎旋转	6.5C			●			
17.加横向平移（在摇摆普拉提床上）	6.5D	●					
18.长（直体）伸展加横向平移（在摇摆普拉提床上）	6.5E	●					
19.俯卧在长箱上，双脚踩在脚踏杆上，胸部伸展加髋、膝关节伸展	6.6A				●		
四足式髋关节伸展，单脚踩在脚踏杆上							
20.强调前斜悬吊系统	6.6B				●		
21.强调肌筋膜体侧线	6.6C				●		
22.躯干与弹簧方向成对角线	6.6D			●			

表 6.1（续）

筋膜导向的普拉提床练习 图6.1~6.15	图	主要脊柱方向					
		横向平移	冠状面侧屈	旋转	矢状面脊柱中立位	矢状面伸展	矢状面屈曲
		数量（个）					
		6	4	20	19	3	3
23.侧卧髋、膝关节屈曲和伸展	6.7A				•		
跪姿侧踢，单脚踩在脚踏杆上							
24.髋关节屈曲	6.7B		•				
25.髋关节屈曲加胸椎旋转	6.7C		•	•			
26.髋关节伸展加胸椎旋转	6.7D			•			
半圆式卷上、卷下							
27.加骨盆、腰椎和下段胸椎旋转	6.8A~D			•		•	•
28.加髋关节内旋和外旋	未显示			•		•	•
不同方向的脊柱旋转							
29.跪立在滑车对角线上，双手持魔术圈转向脚踏杆	6.9A			•			
30.站在滑车对角线上，双手持魔术圈转离脚踏杆	6.9B、C			•			
31.站在滑车对角线上，不使用魔术圈转向脚踏杆	6.9D			•			
分腿侧站，与弹簧方向成对角线							
32.站台上的脚在前，滑车上的脚在后，双膝伸展，胸椎旋转	6.10A			•			
33.滑车上的脚在前，站台上的脚在后，双膝伸展，胸椎旋转	6.10B			•			
34.站台上的脚在前，滑车上的脚在后，双膝屈曲，胸椎旋转	6.10C			•			
35.滑车上的脚在前，站台上的脚在后，双膝屈曲，胸椎旋转	6.10D			•			
36.胸椎侧屈	6.10E		•				
有辅助的站姿深蹲							
37.站在地上，与弹簧方向成对角线	6.11A				•		
38.站在地上，与弹簧方向成对角线，胸椎旋转	6.11B			•			
39.站在滑车上，与弹簧方向成对角线，胸椎、颈椎旋转	6.11C、D			•			
弹性反冲手臂弹动							
40.四足式	6.12A~D				•		
41.坐姿单臂弹动	6.13A、B				•		
42.坐姿胸椎旋转	6.13C、D			•			
弹性反冲腿部弹动							
43.四足式小腿弹动	6.14A				•		
44.侧卧单腿弹动	6.14B、D				•		
45.四足式髋关节伸展位单腿弹动	6.14C				•		
46.直腿仰卧，踝关节弹动	6.15A、C				•		
47.仰卧，一侧腿髋、膝关节屈曲、伸展的腿弹动	6.15B、E				•		
48.仰卧，单腿平行位、外旋位、内旋位弹动	6.15D				•		

表 6.2　筋膜导向的运动标准和筋膜导向的普拉提床运动范例

筋膜导向的运动标准

运动要求	张拉整体结构模式		
1.运动可以持续地优化运动控制和重塑胶原 2.运动促进客户的张拉整体结构*意识和表现	*："张拉整体结构会对局部的机械压力做出整体反应，产生一个与重力无关的结果。如果没有张拉整体结构模式，我们的纤维结构会在引力作用下坍塌。有了张拉整体结构模式，我们的纤维结构通过在整个网络（包括外围结构）分散负荷来吸收和分散压缩力。"（Guimberteau & Armstrong, 2015） "张拉整体结构模式的价值不在于该模式必然会改变某一特定的治疗方法，而在于它提供了更好的观察人体机械力学的方法，这种方法来源于对功能解剖学的新认识。"（Scarr, 2014）		

	普拉提原则	约瑟夫·H.普拉提床运动范例	筋膜导向普拉提床运动范例
3.根据客户情况以最佳练习顺序激活适合其需求的所有肌筋膜经线	全身性运动	向上伸展 （图5.9）	四足式、站姿，胸椎旋转加横向平移 （图6.3C~F）
运动目的			
4.内感受——筋膜内的间质神经提供内感受功能，而不是本体感觉或痛觉功能。刺激这些游离的神经末梢能给大脑提供身体状况信息，维持体内的稳定，满足生理需求。内感受信号与感觉如温暖、恶心、饥饿、疼痛、费力、沉重或轻松有关。对内部躯体的感知与情感偏好和感觉有关（Schleip & Baker, 2015）	呼吸	每个人的内感受都是独一无二的	
5.本体感觉的改善——本体感觉与位置、肌腱和肌肉感觉有关	专注 控制	肌腱拉伸 （图5.10）	髋关节的灵活性 （图6.2A~E）
6.运动敏感度——动觉（动态本体感觉），感知四肢、躯干的位置和运动的能力	精确	平衡控制2 （图5.11）	桥式加旋转 （图6.3A、B）
运动属性			
7.同时带动大面积神经肌筋膜系统的全身性运动	全身性运动 呼吸	扭转 （图5.17）	有辅助的站姿深蹲 （图6.11A~D）
8.全身的连续性——将躯干连接到四肢，将四肢连接到躯干；将深层结构连接到表层结构，将表层结构连接到深层结构	全身性运动	半圆式卷上、卷下 （图5.11）	四足式髋关节屈曲 （图6.5A、B）
9.运动的启动——将近端结构连接到远端结构，将远端结构连接到近端结构	核心 呼吸	平衡控制1 （图5.11）	四足式髋关节伸展，单脚踩在脚踏杆上 （图6.6B~D）
10.流畅的运动序列	呼吸	侧伸展与控制伸展 （图5.17）	不同方向的脊柱旋转 （图6.9A~D）
11.小角度变化的多向运动	肌肉的均衡发展（神经肌筋膜系统的完美激活）	开瓶器 （图5.15）	半圆式卷上、卷下 （图6.8A~D）
12.力/负荷的传递——通过神经肌筋膜系统分散力/负荷的运动		控制伸展 （图5.15） 长（直体）伸展-仰撑（后撑） （图5.10）	四足式弹性反冲小腿弹动 （图6.14A） 四足式髋关节伸展位弹性反冲单腿弹动 （图6.14C）
13.预备反向运动	节奏	虎式拉伸 （图5.5）	长（直体）伸展加横向平移（在摇摆普拉提床上） （图6.5E）
14.动态伸展——慢和快的节奏变化	节奏	向下伸展 （图5.5）	分腿侧站，与弹簧方向成对角线 （图6.10A~E）
运动效果			
15.促进组织水合作用			
16.促进在三维神经肌筋膜系统内的滑动			
17.形成规则的带有卷曲的晶格（网络）			
18.促进弹性反冲			弹性反冲手臂弹动（图6.12、6.13）
19.刺激组织再生			
20.提升组织弹性			

筋膜导向的普拉提

表 6.3　肌筋膜经线和筋膜导向的普拉提床上练习

筋膜导向的运动标准

运动要求	张拉整体结构模式
1.运动可以持续地优化运动控制和重塑胶原 2.运动促进客户的张拉整体结构*意识和表现	*:"张拉整体结构会对局部的机械压力做出整体反应,产生一个与重力无关的结果。如果没有张拉整体结构模式,我们的纤维结构会在引力作用下坍塌。有了张拉整体结构模式,我们的纤维结构通过在整个网络(包括外围结构)分散负荷来吸收和分散压缩力。"(Guimberteau & Armstrong, 2015) "张拉整体结构模式的价值不在于该模式必然会改变某一特定的治疗方法,而在于它提供了更好的观察人体机械力学的方法,这种方法来源于对功能解剖学的新认识。"(Scarr, 2014)

肌筋膜经线

	后表线	功能线	体侧线	螺旋线	前深线	手臂线	前表线
3.根据客户情况以最佳练习顺序激活适合其需求的所有肌筋膜经线	半圆式卷上、卷下,加髋关节内旋和外旋 (图6.8A~D)	髋关节灵活性,仰卧单腿外展/内收 (图6.2C)	坐姿胸椎侧屈和旋转 (图6.4A、B)	髋关节灵活性,弓步站(美人鱼高阶) (图6.2D)	四足式髋关节屈曲,强调前斜悬吊系统 (图6.5A)	坐姿胸椎侧屈和旋转(美人鱼高阶) (图6.4A、B)	四足式髋关节伸展加横向平移(在摇摆普拉提床上) (图6.5D)

运动目的

4.内感受——筋膜内的间质神经提供内感受功能,而不是本体感觉或痛觉功能。刺激这些游离的神经末梢能给大脑提供身体状况信息,维持体内的稳定,满足生理需求。内感受信号与感觉如温暖、恶心、饥饿、疼痛、费力、沉重或轻松有关。对内部躯体的感知与情感偏好和感觉有关(Schleip & Baker, 2015)

	后表线	功能线	体侧线	螺旋线	前深线	手臂线	前表线
5.本体感觉的改善——本体感觉与位置、肌腱和肌肉感觉有关	站姿,胸椎旋转加横向平移,双手分别放在肩靠上 (图6.3F)	仰卧横向平移(三种变式) (图6.1A~C)	四足式躯干相对于膝关节横向平移 (图6.1D、E)	桥式加旋转 (图6.3A、B)	长(直体)伸展加横向平移(在摇摆普拉提床上) (图6.5E)	四足式、站姿,胸椎旋转加横向平移,双手分别放在两肩靠上 (图6.3C~F)	髋关节灵活性,仰卧股骨画圈 (图6.2A、B)
6.运动敏感度——动觉(动态本体感觉),感知四肢、躯干的位置和运动的能力	四足式髋关节伸展,单脚踩在脚踏杆上,强调前斜悬吊系统 (图6.6B)	四足式,躯干相对于膝关节横向平移 (图6.1D、E)	四足式、站姿,胸椎旋转加横向平移,双手分别放在肩靠上 (图6.3C~F)	坐姿胸椎侧屈加旋转(美人鱼高阶) (图6.4A、B)	四足式弹性反冲手臂弹动 (图6.12A~D)	四足式弹性反冲手臂弹动 (图6.12A~D)	站姿髋内侧滑动 (图6.2E)

运动属性

	后表线	功能线	体侧线	螺旋线	前深线	手臂线	前表线
7.同时带动大面积神经肌筋膜系统的全身性运动	有辅助的站姿深蹲,站在滑车上,与弹簧方向成对角线,胸椎、颈椎旋转 (图6.11C、D)	站姿髋内侧滑动 (图6.2E)	跪姿侧踢,单脚踩在脚踏杆上 (图6.7B)	有辅助的站姿深蹲,站在地上,与弹簧方向成对角线,胸椎旋转 (图6.11B)	弹性反冲腿部弹动,四足式髋关节伸展位单腿弹动 (图6.14C)	半圆式卷上、卷下加骨盆、腰椎和下段胸椎旋转,加髋关节内旋和外旋 (图6.8A~D)	一侧脚套在另一侧脚套上加脊柱按摩 (图6.4C、D)
8.全身的连续性——将躯干连接到四肢,将四肢连接到躯干;将深层结构连接到表层结构,将表层结构连接到深层结构	俯卧在长箱上,双脚踩在脚踏杆上,胸部伸展加髋、膝关节伸展 (图6.6A)	半圆式卷上、卷下加髋关节内旋和外旋 (图6.8A~D)	分腿侧站,与弹簧方向成对角线,胸椎侧屈 (图6.10E)	不同方向的脊柱旋转,站在滑车对角线上,双手持魔术圈转离脚踏杆 (图6.9B、C)	弹性反冲腿部弹动,直腿仰卧,踝关节弹动 (图6.15A、C)	有辅助的站姿深蹲,站在滑车上,与弹簧方向成对角线,胸椎、颈椎旋转 (图6.11C、D)	四足式,躯干相对于膝关节横向平移 (图6.1D、E)
9.运动的启动——将近端结构连接到远端结构,将远端结构连接到近端结构	弹性反冲腿部弹动,四足式髋关节伸展位单腿弹动 (图6.14C)	仰卧横向平移(三种变式) (图6.1A~C)	弹性反冲手臂弹动,坐姿单臂弹动 (图6.13A、B)	桥式加旋转 (图6.3A、B)	髋关节灵活性,仰卧股骨画圈 (图6.2A、B)	四足式弹性反冲手臂弹动 (图6.12A~D)	弹性反冲腿部弹动,四足式小腿弹动 (图6.14A)

表 6.3（续）

肌筋膜经线						
后表线	功能线	体侧线	螺旋线	前深线	手臂线	前表线
10.流畅的运动序列 桥式加旋转（图6.3A、B）	长（直体）伸展加横向平移（在摇摆普拉提床上）（图6.5E）	跪姿、侧踢，单脚踩在脚踏杆上，髋关节伸展加胸椎旋转（图6.7D）	半圆式卷上、卷下加骨盆和腰椎旋转（图6.8A~D）	半圆式卷上、卷下加髋关节内旋和外旋（图6.8A~D）	坐姿，胸椎侧屈和旋转（美人鱼高阶）（图6.4A、B）	单脚套在对侧脚套内，脊柱按摩（图6.4C、D）
11.小角度变化的多向运动 弹性反冲腿部弹动，四足式髋关节伸展位单腿弹动（所有落地变式）（图6.14C）	四足式髋关节伸展，单脚踩在脚踏杆上（所有的变式）（图6.6B~D）	弹性反冲腿部弹动，侧卧单腿弹动（所有落地变式）（图6.14B、D）	跪姿侧踢，单脚踩在脚踏杆上，髋关节伸展加胸椎旋转（图6.7D）	弹性反冲腿部弹动，直腿仰卧，踝关节弹动（图6.15A、C）	四足式弹性反冲手臂弹动（图6.12A~D）	四足式髋关节伸展加横向平移（在摇摆普拉提床上）（图6.5D）
12.力/负荷的传递——通过神经肌筋膜系统分散力/负荷的运动 有辅助的站姿深蹲，站在地上，与弹簧方向成对角线（图6.11A）	跪姿侧踢，单脚踩在脚踏杆上（所有的变式）（图6.7B~D）	弹性反冲手臂弹动，坐姿单臂弹动（图6.13A、B）	四足式、站姿，胸椎旋转加横向平移，双手分别放在两个肩靠上（图6.3C~F）	弹性反冲腿部弹动，四足式髋关节伸展位单腿弹动（图6.14C）	不同方向的脊柱旋转，站在滑车对角线上，不使用魔术圈转向脚踏杆（图6.9D）	一侧脚套在另一侧脚套上加脊柱按摩（图6.4C、D）
四足式，弹性反冲手臂弹动（图6.12A~D）	有辅助的站姿深蹲，站在滑车上，与弹簧方向成对角线，胸椎、颈椎旋转（图6.11C、D）	站姿，胸椎旋转加横向平移，双手分别放在两个肩靠上（图 6.3F）	有辅助的站姿深蹲，站在滑车上，与弹簧方向成对角线，胸椎、颈椎旋转（图6.11C、D）	一侧脚套在另一侧脚套上加脊柱按摩（图6.4C、D）	弹性反冲手臂弹动，坐姿单臂弹动（图6.13A、B）	弹性反冲腿部弹动，四足式小腿弹动（图6.14A）
13.预备反向运动 一侧脚套在另一侧脚套上加脊柱按摩（图6.4C、D）	弹性反冲腿部弹动，四足式髋关节伸展位单腿弹动（图6.14C）	弹性反冲腿部弹动，侧卧单腿弹动（图6.14B、D）	弹性反冲手臂弹动，坐姿胸椎旋转（图6.13C、D）	弹性反冲手臂弹动，四足式（图6.12A~D）	弹性反冲手臂弹动，坐姿胸椎旋转（图6.13C、D）	弹性反冲腿部弹动，直腿仰卧，踝关节弹动（图6.15A、C）
14.动态伸展——慢和快的节奏变化 分腿侧站，与弹簧方向成对角线（图6.10A~E）	分腿侧站，与弹簧方向成对角线，胸椎旋转（图6.10A~D）	分腿侧站，与弹簧方向成对角线（图6.10A~E）	分腿侧站，与弹簧方向成对角线（图6.10A~E）	髋关节灵活性，弓步站髋关节外旋/内旋（图6.2D）	坐姿胸椎侧屈和旋转（美人鱼高阶）（图6.4A、B）	髋关节灵活性，弓步站髋关节外旋/内旋（图6.2D）

运动效果

15.促进组织水合作用	大约2/3的筋膜组织是由水组成的，在被施加机械负荷时，无论是拉伸还是局部压迫，受力较大的区域都会挤压出大量的水。如果对筋膜组织施加外部负荷，水合作用就会更新，并改善组织的黏弹性（Schleip & Baker, 2015, p.8）
16.促进在三维神经肌筋膜系统内的滑动	胶原蛋白层之间的正常滑动可能会受堆积了各种废物的疏松结缔组织的阻碍。在罹患过度使用综合征、创伤或进行外科手术时，疏松结缔组织会无法滑动。局部温度的升高有助于筋膜滑动。当温度升高到40℃以上时，透明质酸（玻尿酸）链的三维上部结构逐步分解，可降低位于深筋膜和肌肉内部和下方的疏松结缔组织的透明质酸的黏度。可以通过按摩、运动或洗热水澡暂时提高温度。在睡眠时，身体静止可能会导致透明质酸黏度增加，引起深筋膜和肌肉僵硬（Stecco, 2015, p.60、64）
17.形成规则的带有卷曲的晶格（网络）	胶原纤维的微观结构呈波浪状卷曲，像弹簧一样。当人体老化或筋膜纤维移动受限（固化）时，纤维结构会失去卷曲和弹性。以适当的负荷进行规律的筋膜纤维的锻炼能产生更年轻、具有波浪状纤维和更强弹力储存能力的胶原结构（Schleip & Baker, 2015, p.7）

表 6.3（续）

	肌筋膜经线						
	后表线	功能线	体侧线	螺旋线	前深线	手臂线	前表线
18.促进弹性反冲	弹性反冲腿部弹动，四足式小腿弹动（图6.14A）	四足式弹性反冲手臂弹动（图6.12A~D）	跪姿侧踢，单脚踩在脚踏杆上，髋关节屈曲，脚在弹跳板上弹动（图6.7B）	弹性反冲手臂弹动，坐姿胸椎旋转（图6.13C、D）	前深线弹性反冲腿部弹动，直腿仰卧，踝关节弹动（图6.15A、C）	四足式弹性反冲手臂弹动（图6.12A~D）	弹性反冲腿部弹动，四足式小腿弹动（图6.14A）

19.刺激组织再生	全身筋膜网络的更新速度相当慢，半衰期在几个月到几年之间，而不是几天或几周。在适当运动负荷后的前3个小时内，胶原蛋白不仅合成增加，降解也增加。在运动后的36小时内，胶原蛋白降解超过胶原蛋白合成。运动后48小时时，胶原蛋白合成才超过降解，净合成为正数（Schleip & Baker, 2015, p.162） 纤维网络是由交叉纤维构成的，具有移动性、适应性，形成一种机械协调；在健康组织受损时，纤维网络会失去机械协调。人体的修复机制无法将受损区域的纤维网络恢复到原始状态，新的替代组织质量较差，但是可以通过手法治疗尽早调动受伤区域，以增强瘢痕组织的伸缩性（Guimberteau & Armstrong, 2015, p.162）
20.提升组织弹性	根据张拉整体结构模式，神经肌筋膜系统作为一个自调节整体适应运动过程。肌筋膜经线绘制出一组结缔组织，形成外部的张拉网络拉住（包裹住）骨骼。一直主导我们思维的"孤立肌肉理论"限制了我们对这种全身性"给予"的认识，这种"给予"对弹性是非常重要的（Myers, p.46, ch.6 in Schleip & Baker, 2015）

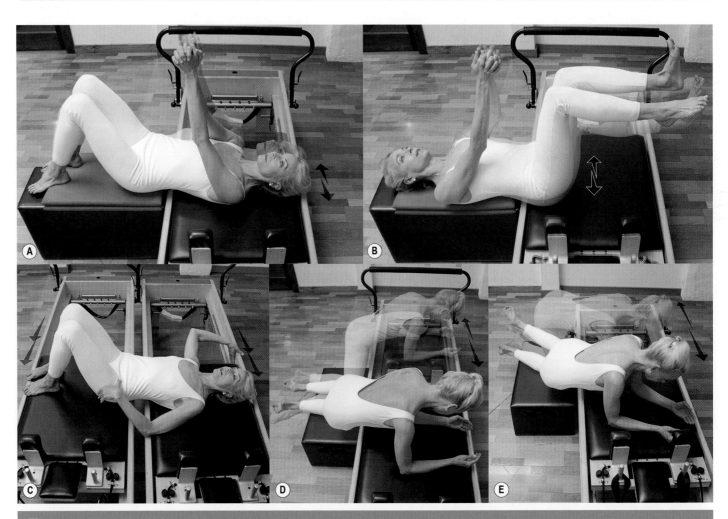

图6.1
仰卧和四足式时，胸椎和骨盆横向平移可激活前斜和后斜肌筋膜悬吊系统。A.仰卧，胸椎相对于骨盆横向平移；B.仰卧，骨盆相对于胸椎横向平移；C.仰卧，胸椎和骨盆交替横向平移；D.四足式，躯干相对于膝关节横向平移（脊柱垂直于滑车）；E.四足式，躯干相对于膝关节的横向平移（脊柱在滑车对角线上）。体现的筋膜导向的运动标准：本体感觉的改善——本体感觉与位置、肌腱和肌肉感觉有关。

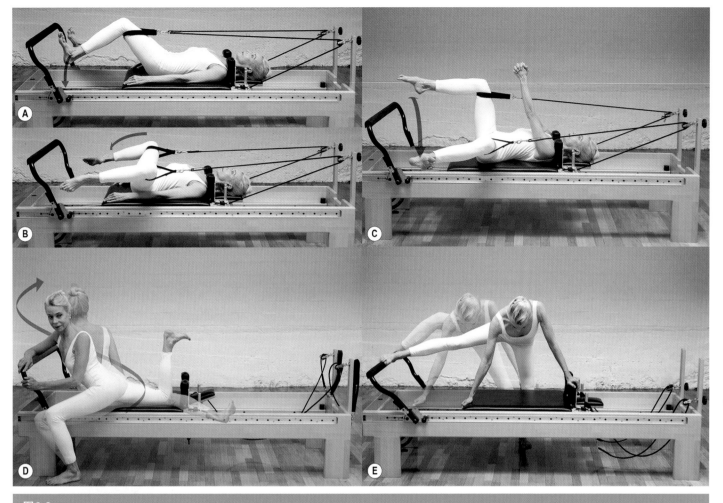

图6.2

仰卧、站姿、弓步时，髋关节灵活性促进了腿和躯干间筋膜的滑动。A、B.仰卧股骨画圈，髋关节内旋和外旋交替进行；C.仰卧单腿外展/内收；D.弓步站髋关节外旋/内旋加胸椎旋转；E.站姿髋内侧滑动。体现的筋膜导向的运动标准：运动敏感度——动觉（动态本体感觉），感知四肢、躯干的位置和运动的能力

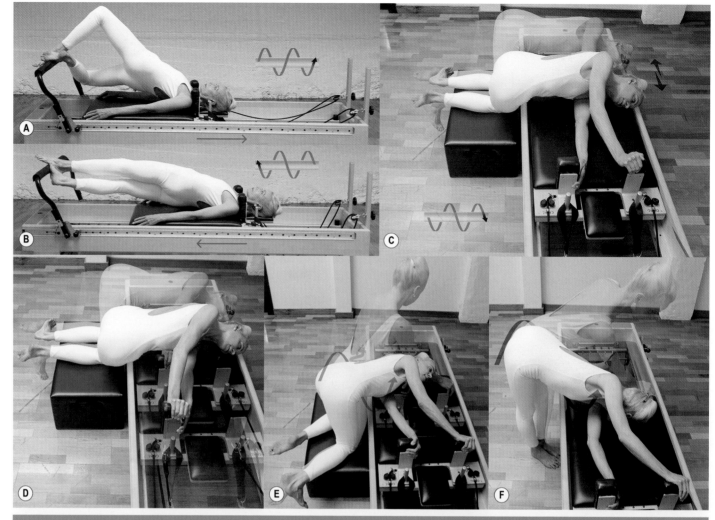

图6.3

激活肌筋膜螺旋线。A、B.桥式加旋转;C.四足式胸椎旋转加横向平移,双手分别放在两个肩靠上;D.四足式胸椎旋转加横向平移,双手放在同一个肩靠上;E.跪姿胸椎旋转,脊柱朝向脚踏杆倾斜;F.站姿胸椎旋转,双手分别放在两个肩靠上,脊柱远离脚踏杆倾斜。体现的筋膜导向的运动标准:根据客户情况以最佳练习顺序激活适合其需求的所有肌筋膜经线

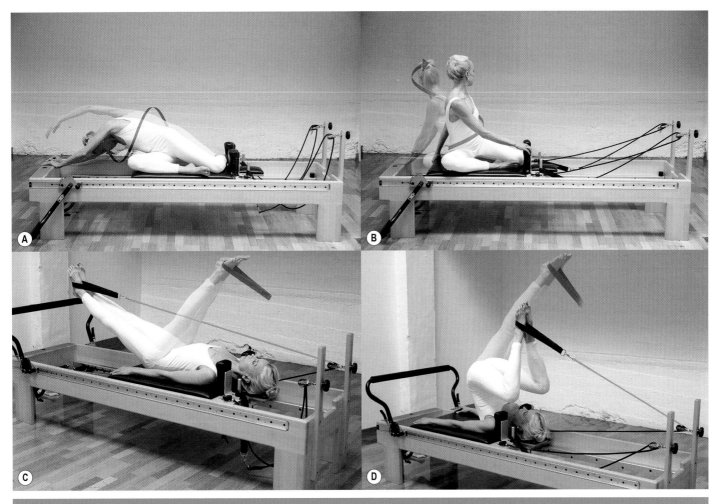

图6.4
激活肌筋膜螺旋线。A.坐姿胸椎侧屈和旋转；B.坐姿骨盆、胸椎和颈椎旋转；C.一侧脚套在另一侧脚套上加脊柱按摩，髋关节屈曲；D.一侧脚套在另一侧脚套上加脊柱按摩，脊柱、髋和膝关节屈曲。体现的筋膜导向的运动标准：全身的连续性——将躯干连接到四肢，将四肢连接到躯干；将深层结构连接到表层结构，将表层结构连接到深层结构。

筋膜导向的普拉提

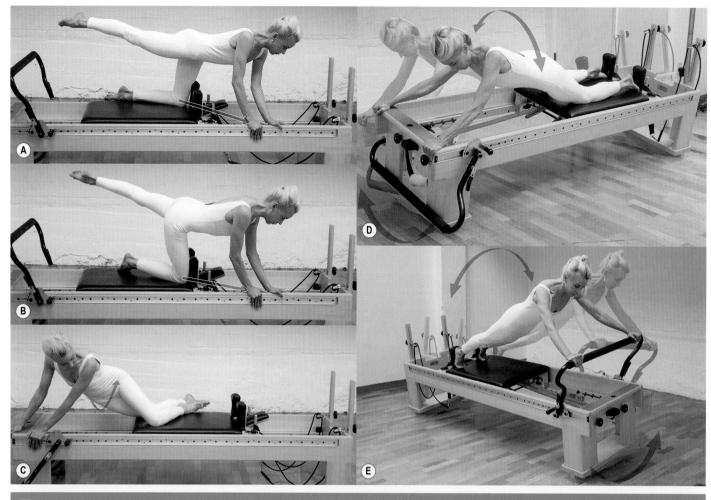

图6.5

整合四足式时肌筋膜线。A.四足式髋关节屈曲，强调前斜悬吊系统；B.四足式髋关节屈曲，强调肌筋膜体侧线；C.四足式髋关节伸展加骨盆和腰椎旋转；D.四足式髋关节伸展加横向平移（在摇摆普拉提床上）；E.长（直体）伸展加横向平移（在摇摆普拉提床上）。体现的筋膜导向的运动标准：同时带动大面积神经肌筋膜系统的全身性运动

100

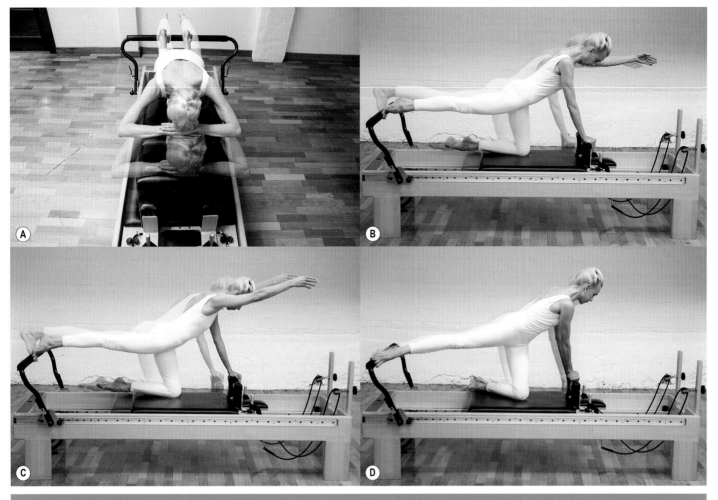

图6.6
俯卧在长箱上，髋、膝关节的伸展激活了肌筋膜后表线。A.俯卧在长箱上，双脚踩在脚踏杆上，胸部伸展加髋、膝关节伸展；B.四足式髋关节伸展，单脚踩在脚踏杆上，强调前斜悬吊系统；C.四足式髋关节伸展，单脚踩在脚踏杆上，强调肌筋膜体侧线；D.四足式髋关节伸展，单脚踩在脚踏杆上，躯干与弹簧方向成对角线。体现的筋膜导向运动的标准：运动的启动——将近端结构连接到远端结构，将远端结构连接到近端结构

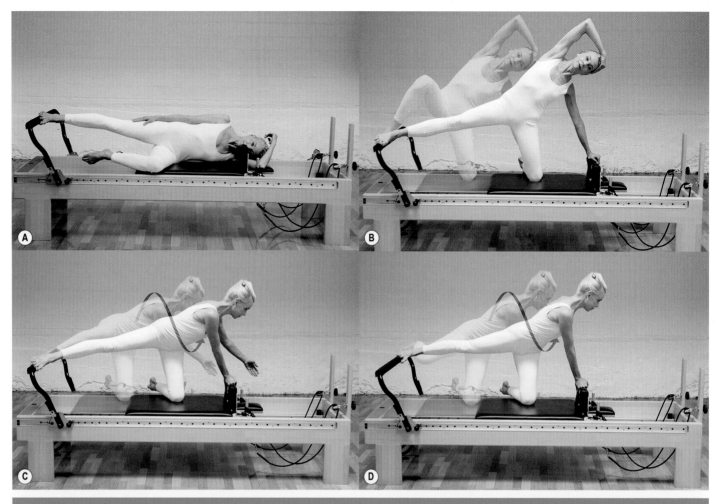

图6.7

侧卧、跪立时的髋、膝关节伸展可激活肌筋膜体侧线。A.侧卧髋、膝关节屈曲和伸展;B.跪姿侧踢,单脚踩在脚踏杆上,髋关节屈曲;C.跪姿侧踢,单脚踩在脚踏杆上,髋关节屈曲加胸椎旋转;D.跪姿侧踢,单脚踩在脚踏杆上,髋关节伸展加胸椎旋转。体现的筋膜导向的运动标准:小角度变化的多向运动

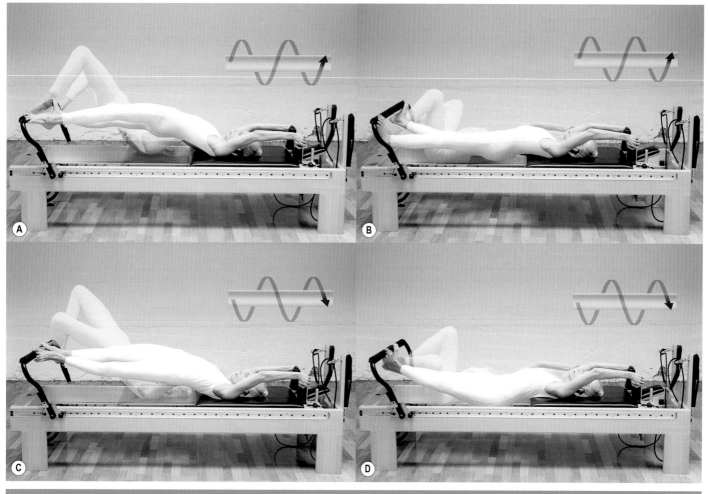

图6.8
半圆式运动加骨盆、腰椎相对于肩带的旋转在收缩和张拉之间达到平衡，是体现张拉整体结构的范例。图A~D显示了半圆式卷上、卷下加骨盆、腰椎和下段胸椎旋转的不同阶段。体现的筋膜导向的运动标准：流畅的运动序列

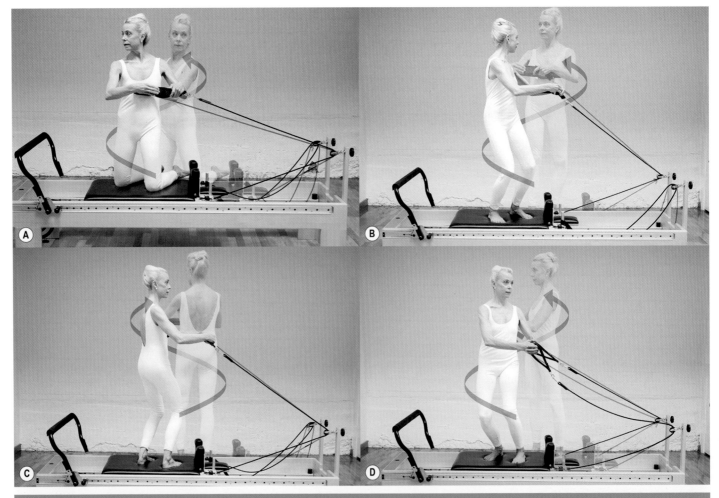

图6.9

跪立和站姿时，旋转的运动序列平衡了肌筋膜右侧和左侧螺旋线，刺激了从脚底到眼睛的整个神经肌筋膜系统。A.不同方向的脊柱旋转，跪立在滑车对角线上，双手持魔术圈转向脚踏杆；B.不同方向的脊柱旋转，站在滑车对角线上，双手持魔术圈转离脚踏杆；C.图B的后视图；D.各种脊柱旋转。站在滑车对角线上，不使用魔术圈转向脚踏杆。体现的筋膜导向的运动标准：运动的启动 —— 将近端结构连接到远端结构，将远端结构连接到近端结构

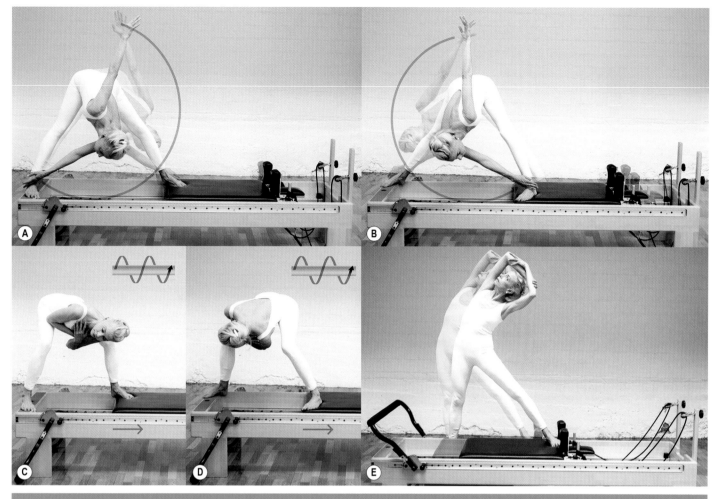

图6.10
分腿侧站，与弹簧方向成对角线。A.站台上的脚在前，滑车上的脚在后，双膝伸展，胸椎旋转；B.滑车上的脚在前，站台上的脚在后，双膝伸展，胸椎旋转；C.站台上的脚在前，滑车上的脚在后，双膝屈曲，胸椎旋转；D.滑车上的脚在前，站台上的脚在后，双膝屈曲，胸椎旋转；E.胸椎侧屈。体现的筋膜导向的运动标准：动态伸展——慢和快的节奏变化

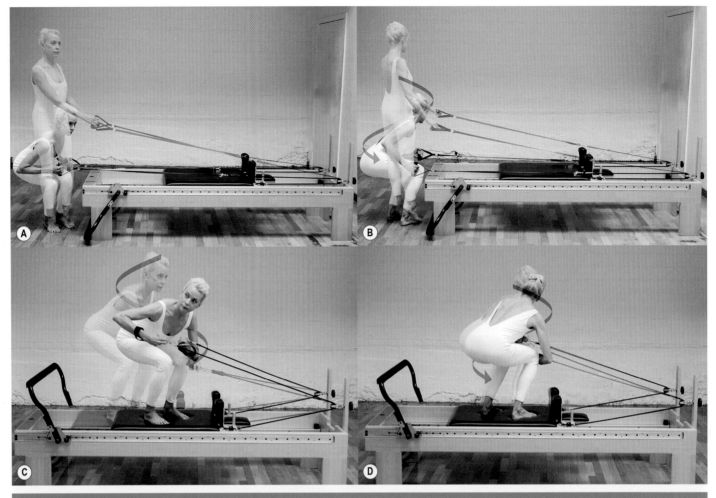

图6.11
有辅助的站姿深蹲，站在地上或普拉提床滑车上，与弹簧和滑车滑动方向成一定的角度。A.站在地上，与弹簧方向成对角线；B.站在地上，与弹簧方向成对角线，胸椎旋转；C.站在滑车上，与弹簧方向成对角线，胸椎、颈椎旋转；D.图C的后视图。体现的筋膜导向的运动标准：力/负荷的传递——通过神经肌筋膜系统分散力/负荷的运动

图6.12

四足式上半身弹性反冲可锻炼神经肌筋膜系统的弹性。手和手臂握住脚踏杆的不同位置可刺激四肢和躯干之间的各种连接。A.掌心向下，双手分开，握住脚踏杆两端；B.掌心向上，双手并拢，握住脚踏杆的中间；C.掌心向下，双手并拢，握住脚踏杆的一边；D.一个掌心向下，一个掌心向上，前臂交叉双手握住脚踏杆。体现的筋膜导向的运动标准：预备反向动作

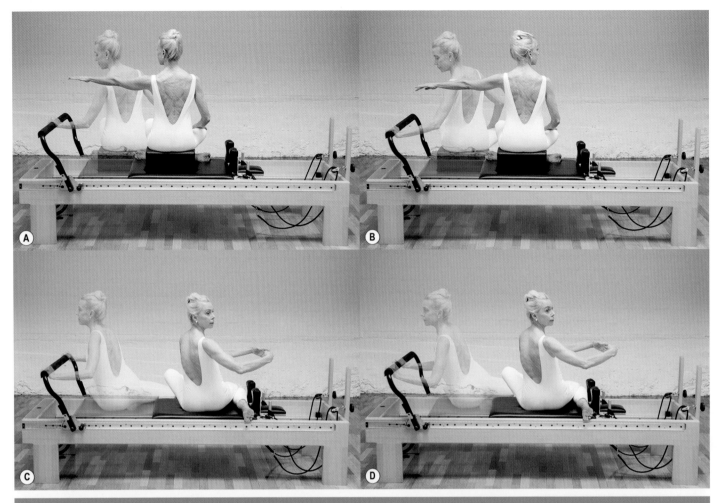

图6.13
坐姿和坐姿时胸椎旋转的上半身弹性反冲练习,有助于锻炼肌筋膜体侧线的稳定性和肌筋膜螺旋线的弹性。A.坐姿单臂弹动,手落在体侧平面(肩胛上提的平面)上;B.坐姿单臂弹动,手落在肩胛骨上提的平面后方;C.坐姿,掌心向下,双手分开落在脚踏杆上,手臂弹动加胸椎旋转;D.坐姿,双手并拢落在脚踏杆上,掌心向下,手臂弹动加胸椎旋转。体现的筋膜导向的运动标准:预备反向运动

图6.14
四足式和侧卧时弹性反冲练习可刺激下肢和躯干间不同肌筋膜的连接。A.四足式小腿弹动；B.侧卧单腿弹动；C.四足式髋关节伸展位，单腿弹动，小图显示了髋关节中立位、外旋位、内旋位时脚的落地方式；D.图B的不同落地方式——髋关节中立位、外旋位、内旋位时脚落在弹板中间；髋关节中立位、外旋位、内旋位时脚在弹板前部，髋关节中立位、外旋位、内旋位时脚落在弹板后部。体现的筋膜导向的运动标准：力/负荷的传递——通过神经肌筋膜系统分散力/负荷的运动

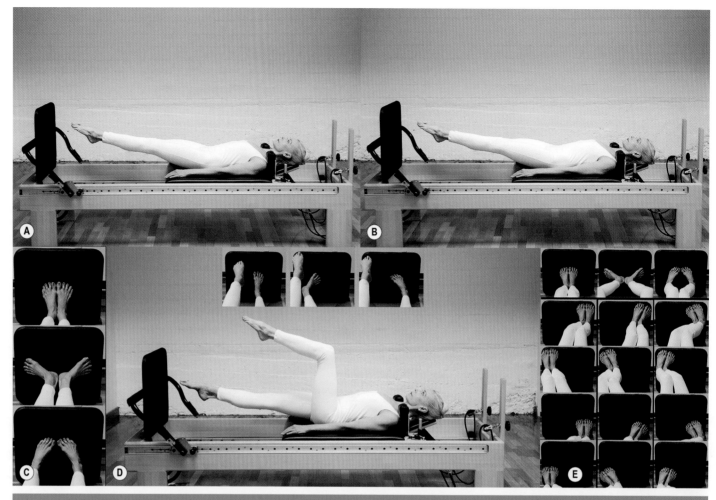

图6.15
仰卧时弹性反冲练习可刺激下肢和躯干间不同的肌筋膜连接。A.直腿仰卧，踝关节弹动；B.仰卧，一侧腿髋、膝关节屈曲、伸展的腿弹动；C.动作A的落地变式——髋关节中立位、外旋位、内旋位；D.动作A和B可以只用一条腿做弹动练习；E.动作B落地变式——髋关节中立位、外旋位、内旋位，分别落于跳板的四个角，可选方式有髋关节中立位、右髋关节外旋位、左髋关节内旋位、左髋关节内旋位、右髋关节外旋位。体现的筋膜导向的运动标准：小角度变化的多向运动

表 6.4　筋膜导向的普拉提床运动计划指南——客户资料

客户的诊断或相关情况: 女, 62岁, 15岁时左腿做过半月板切除术, 故左腿无力

短期目标	长期目标
1.用纠正动作治疗左膝疼痛 2.用纠正动作纠正步态左右不对称 3.改善左胸旋转 4.提高左肩稳定性	1.下楼梯时不再扶扶手 2.执行日常运动计划, 不需膝关节置换就可以保持膝关节功能和缓解疼痛 3.用室内健身自行车进行多变强度间歇训练 4.实施可持续的日常运动计划, 以解决胸椎灵活性、骨骼健康和竖直的体态问题

筋膜导向的普拉提床计划指南	客户资料 (由客户或教练完成)
1.确定影响筋膜功能的因素	
遗传	未发现遗传基因异常
相关疾病	骨质疏松
用药	无处方药
手术	15岁时踢足球受伤后做过左膝半月板切除术; 上唇曾被狗咬伤, 做过外科修复手术
●瘢痕	左膝瘢痕由专门治疗瘢痕的手法治疗师治疗过
●粘连	膝关节手术引起的粘连和步态代偿可能造成左膝屈曲角度减小
全身炎症	食物不耐受引起的炎症
相关的生活方式	从小就有积极的生活方式
●营养	生酮饮食 (译者注: 一种摄取高脂、低碳水化合物和适当蛋白质的饮食)
●补剂	营养师推荐的补剂
●吸烟情况	不吸烟
●饮酒情况	不饮酒
●坐着的时间	每天少于3小时
低可动性	无低可动性倾向
高可动性	显示出芭蕾舞剧《圣殿舞者》(Temper Dancer) 一般的灵活性, 但不能视为临床上的高可动性 (译者注: temper dancer type test是Robert Schliep发明的测试高可动性的方法)
温度和湿度偏好	喜欢23℃以上的温度和高湿度的环境
2.增强筋膜功能的自用工具: 球、泡沫轴、木棍、手动工具	
家庭练习	使用球和泡沫轴锻炼, 促进全身筋膜的滑动
在工作室的计划	
练习时长	每天30分钟
3.强化筋膜功能的治疗方法: 针灸、整骨疗法、物理疗法、罗尔夫按摩疗法、结构整合法等	
预约时间表	每月一次手法治疗
合作治疗沟通	手法治疗师指明运动计划中需要注意的身体区域
4.活动范围	
部分	左膝能进行部分屈曲和伸展, 左髋关节内旋功能受限, 左胸旋转功能较右胸弱
全部	
禁忌	无

表 6.4（续）

5.负重	客户可以承受从无负重到部分负重，再到完全负重的全部范围
无负重	客户不能执行无辅助的左侧单腿深蹲
部分负重	
完全负重	
6.运动链	
开链	在开链运动中左膝不稳
闭链	喜欢闭链运动
7.最适合的辅助或阻力类型	
自重	约瑟夫·H.普拉提垫上和筋膜导向的垫上练习
带子	
弹簧	普拉提床弹簧
自由重量	
8.最佳强度，使收益最大化、伤害最小化	由于客户左膝不稳，最多施加中等强度
9.对既可激发神经系统又可降低风险的新事物的平衡能力	喜欢新颖而低风险的运动
10.适合客户的普拉提运动选项	
筋膜导向的普拉提床	
附加的设备	普拉提床、摇摆普拉提床（图6.5D、E）、弹跳板
带有不稳定平面的设备：泡沫轴、小海豚柱、旋转盘、方形摇摆板、平衡板	本章的普拉提床计划中没有不稳定的平面
11.激活《解剖列车：徒手和运动治疗的肌筋膜经线》中描述的所有适合客户的肌筋膜经线	激活所有肌筋膜经线，重点是平衡左右体侧线和螺旋线
12.提高筋膜弹性反冲性能的练习	
练习时长：每天20~30分钟	每天30分钟
频率：每周2~3次	每周2次
胶原合成的恢复时间：2天	弹性反冲练习之间的间隔时间：2~3天
13.不含弹性反冲的筋膜导向运动	
练习时长：每天30~60分钟	每天60分钟
频率：每周2~6次	每周6次
至少每3周修订一次计划	根据症状每天修订计划
14.客户提示偏好	
接触深度	喜欢轻触以改善本体感觉
外感受或内感受提示	喜欢内感受提示
15.客户的音乐偏好有助于专注和进行有节奏的运动	喜欢没有人声的古典音乐，以加强专注度
16.与其他形式训练的互动	改进时间管理以添加这些必要的健身元素
多变强度的间歇训练	
有氧运动：15~45分钟，每周3~4次	
力量训练：15~30分钟，每周2次，1~2天的恢复时间	
身心运动：瑜伽、太极、气功、婵柔器械上婵柔、垫上或椅子上婵柔	每天在婵柔器械上进行婵柔练习

表 6.5 筋膜导向的普拉提床运动计划指南——练习精选

客户的诊断或相关情况： 女，62岁，15岁时左腿做过半月板切除术，故左腿无力

教练选择的普拉提床上运动 参见**图 6.1~6.15**	筋膜导向的运动标准 运动要求： 　运动可以持续地优化运动控制和重塑胶原 　运动促进客户的张拉整体结构*意识和表现 　根据客户情况以最佳练习顺序激活适合其需 　求的所有肌筋膜经线	促进组织水合作用	促进筋膜系统的滑动	刺激组织再生	提升组织弹性	形成规则的带有卷曲的晶格（网络）	促进弹性反冲
				运动效果			

*："张拉整体结构会对局部的机械压力做出整体反应，产生一个与重力无关的结果。如果没有张拉整体结构模式，我们的纤维结构会在引力作用下坍塌。有了张拉整体结构模式，我们的纤维结构通过在整个网络（包括外围结构）分散负荷来吸收和分散压缩力。"（Guimberteau & Armstrong, 2015）

练习	筋膜导向的运动标准	促进组织水合作用	促进筋膜系统的滑动	刺激组织再生	提升组织弹性	形成规则的带有卷曲的晶格（网络）	促进弹性反冲
	内感受——筋膜内的间质神经提供内感受功能，而不是本体感觉或痛觉功能。刺激这些游离的神经末梢能给大脑提供身体状况信息，维持体内的稳定，满足生理需求。内在感受信号与感觉如温暖、恶心、饥饿、疼痛、费力、沉重或轻松有关。对内部躯体的感知与情感偏好和感觉有关（Schleip & Baker, 2015）						
仰卧横向平移 图6.1A~C	本体感觉的改善——本体感觉与位置、肌腱和肌肉感觉有关	•	•		•		
四足式横向平移 图6.1D、E	运动敏感度——动觉（动态本体感觉），感知四肢、躯干的位置和运动的能力	•	•		•		
四足式胸椎旋转加横向平移，双手分别放在两个肩靠上 图6.3C~E	小角度变化的多向运动	•	•	•	•		
站姿胸椎旋转加横向平移，双手分别放在两个肩靠上 图6.3F		•	•	•	•		
桥式加旋转 图6.3A、B	同时带动大面积神经肌筋膜系统的全身性运动	•	•	•	•		
四足式髋关节伸展，单脚踩在脚踏杆上 图6.6B~D	全身的连续性——将躯干连接到四肢，将四肢连接到躯干；将深层结构连接到表层结构，将表层结构连接到深层结构	•	•	•	•		
跪姿侧踢，单脚踩在脚踏杆上 图6.7B~D	运动的启动——将近端结构连接到远端结构，将远端结构连接到近端结构	•	•	•	•		
半圆式卷上、卷下加骨盆、腰椎旋转 图6.8A~D	流畅的运动序列	•	•	•	•		
有辅助的站姿深蹲 图6.11B~D	小角度变化的多向运动	•	•	•	•		
不同方向的脊柱旋转 图6.9A~D	力/负荷的传递——通过神经肌筋膜系统分散力/负荷的运动	•	•	•	•		
四足式上半身弹性反冲练习 图6.13A~D	预备反向动作			•	•	•	•
四足式弹性反冲练习 图6.14A~D				•	•	•	•
仰卧弹性反冲练习 图6.15A~E				•	•	•	•
分腿侧站，与弹簧方向成对角线 图6.10A~D	动态伸展——慢和快的节奏变化	•	•	•	•		

参考资料

出版物

GUIMBERTEAU J C, ARMSTRONG C, 2015. Architecture of human living fascia: The extracellular matrix and cells revealed through endoscopy. Edinburgh: Handspring Publishing.

MYERS T W, 2014. Anatomy Trains®: Myofascial meridians for manual and movement therapists （3rd ed.）. Edinburgh: Churchill Livingstone.

SCARR G, 2014. Biotensegrity: The structural basis of life. Edinburgh: Handspring Publishing.

SCHLEIP R, BAKER A（Eds）, 2015. Fascia in sport and movement. Edinburgh: Handspring Publishing.

STECCO C, 2015. Functional atlas of the human fascial system. Edinburgh: Churchill Livingstone.

网络课程

www.pilatesanytime.com

第七章　筋膜导向运动视角的普拉提椅子、秋千床和梯桶练习

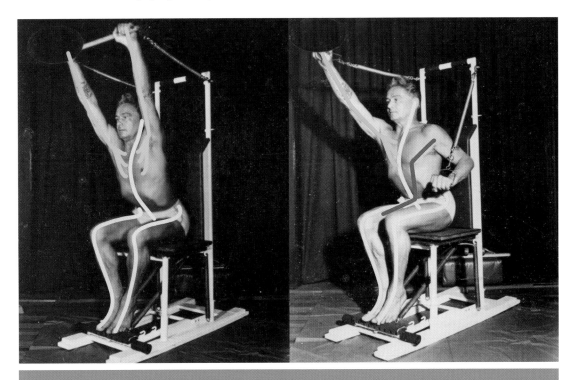

图7.1
左图: 在约瑟夫·H. 普拉提早期设计的高背椅上, 他展示了锻炼全身的变式动作"双腿V形下压"（照片大约拍摄于1945年）。这个动作强调了肌筋膜前表线、臂前经线和臂后经线的连续性。体现的筋膜导向的运动标准: 运动的启动——将近端结构连接到远端结构, 将远端结构连接到近端结构（经Balanced Body Inc., www.pilates.com许可使用）
右图: 在约瑟夫·H. 普拉提早期设计的高背椅上, 他展示了锻炼全身的变式动作"双腿平行下压"（照片大约拍摄于1945年）。这个动作强调了肌筋膜前表线、臂前经线和臂后经线的连续性。此外, 这个动作可也激活肌筋膜前功能线和后功能线的连续性。体现的筋膜导向的运动标准: 力/负荷的传递——通过神经肌筋膜系统分散力/负荷的运动（经Balanced Body Inc., www.pilates.com许可使用）

普拉提万得椅™
什么是普拉提万得椅?

它是100%坚固而舒适的椅子, 是一种独一无二的椅子。

它是一种现代构造最简洁、最科学的椅子。

它是唯一一把用来快乐地"纠正"人们糟糕的身体状况的椅子。

它是一个沉默的"艺术家""雕刻家""铸造者", 塑造和矫正人体的每一部分——正如人们所期望的那样。

它可用来矫正弓形腿、X形腿、扁平足、脊柱弯曲、塌肩和平胸。

它能在短时间内实现增肌和减脂的目的。

它可以确保身体发育对称、比例协调——这是现有的其他健身系统或设备难以做到的。

在没有教练的帮助下, 它也工作得很好。

无论是体弱还是强壮, 无论是男人还是女人, 也无论是老人还是孩子, 它都同样适用。

坐轮椅的老奶奶和运动冠军都能通过它获益。

一旦你认识到它的好处, 会立刻被它吸引, 然后使用它, 进而改善自己的体质。

它不需要通过昂贵的广告形式进行宣传——它为自己代言。

它不贵, 人人都买得起。

它是超过23年研究工作的成果, 是帮助不幸的小儿麻痹症患者的众多发明之一。

它在几个月内让人得到的好处比所有其他系统结合起来达成的都要多。

调查显示它真的非常有价值。

当你在几分钟内目睹它以独特的方式演示100个不同的练习时, 将是多么大的惊喜。（Gallagher & Kryzanowska, 2000）

约瑟夫·H. 普拉提为他的发明普拉提万得椅做的宣传。位于密苏里州圣路易斯的阿特拉斯运动器材公司（Atlas Athletic Equipment Co.）是万得椅和家用普拉床的独家制造商和经销商。

表 7.1 普拉提高背椅和万得椅练习的主要脊柱方向

《PMA普拉提认证考试学习指南》中动作的名称（©2005~2014） **高背椅和万得椅练习**	矢状面屈曲	矢状面伸展	冠状面侧屈	伸展和旋转	旋转和屈曲	平背（腰椎屈曲、胸椎伸展）
	数量（个）					
	19	5	4	1	4	22
坐姿						
1.双腿V形下压						●
2.双腿平行下压						●
3.双腿脚跟下压						●
4.单腿脚趾下压						●
5.单腿脚跟下压						●
6.洗衣（站姿）	●					
7.天鹅式–面向椅子/推胸（俯卧在椅子上）		●				
8.反向天鹅式/坐姿躯干下压（仰坐在椅子上）		●				
9.坐姿美人鱼/侧坐单手撑侧屈			●			
10.胸部扩张/坐姿肱三头肌下压（坐在地面上，面向椅子）						●
11.钢琴课–椅子在前（面向椅子，髋关节外旋下蹲）						●
12.钢琴课–椅子在后（背向椅子，髋关节外旋下蹲）						●
13.跪姿美人鱼			●			
14.骑马	●					
单臂俯卧撑						
15.一只手放在椅子上，另一只手放在脚踏上						●
16.俯卧在椅子上（脊柱与弹簧垂直）						●
17.站姿，侧对椅子	●					
18.一只手放在地面上，另一只手放在脚踏上						●
19.单臂撑扭转（坐在椅子上）				●		
20.屈体/V形悬体（坐在地面上，面向椅子）	●					
21.单腿前迈下压/俄式（蹲在椅子上）	●					
22.单腿侧向下压/侧向俄式					●	
23.单腿后退下压/起跑	●					
24.坐姿肱三头肌（坐在脚踏上，双手放在椅子上）					●	
25.猫式下压（跪在椅子上）	●					
26.自地面起始的折刀和开瓶器	●				●	
27.自地面起始的天鹅式（俯卧在地面上，面向椅子）		●				
28.平躺蛙腿下压（仰卧在地面上，髋关节外旋）						●
29.平躺单腿下压（仰卧在地面上，面向椅子，髋关节中立位）						●
30.侧卧剪刀式			●			
31.倒立双腿下压（双手撑地，双脚踩在脚踏上）	●					
32.站姿单腿单脚下压（站在椅子前）	●					
33.越过椅子洗衣（站在椅子后）	●					
34.越过椅子洗衣/单臂下压	●					
35.前弓步/面向椅子站立						●

表 7.1（续）

《PMA普拉提认证考试学习指南》中动作的名称（©2005~2014）	主要脊柱方向					
	矢状面屈曲	矢状面伸展	冠状面侧屈	伸展和旋转	旋转和屈曲	平背（腰椎屈曲、胸椎伸展）
高背椅和万得椅练习	数量（个）					
	19	5	4	1	4	22
36.侧弓步/侧立						●
37.侧身扭转（侧卧在椅子上，双手放在脚踏上）					●	
38.肌腱拉伸	●					
39.单腿肌腱拉伸	●					
40.倒V上拉（面向椅子，双手放在椅子上，双脚踩在脚踏上）	●					
41.单臂倒V上拉（面向椅子，单手放在椅子上，双脚踩在脚踏上）	●					
42.侧面倒V上拉/单腿侧伸（双手放在椅子上，单脚踩在脚踏上）	●		●			
43.脊柱前伸/坐姿手臂下压	●					
44.面向椅子蛙腿下压（双手放在椅子上，双脚踩在脚踏上）						●
45.背向椅子蛙腿下压（双手放在椅子上，双脚踩在脚踏上）						●
站姿单腿下压						
46.面向椅子						●
47.侧对椅子						●
48.交叉腿						●
49.跟腱拉伸	●					
扶手上推						
50.背向椅子		●				
51.面向椅子		●				

表 7.2　筋膜导向的运动标准与筋膜导向的普拉提高背椅和万得椅运动范例

筋膜导向的运动标准

运动要求	张拉整体结构模式	
1.运动可以持续地优化运动控制和重塑胶原 2.运动促进客户的张拉整体结构*意识和表现	*："张拉整体结构会对局部的机械压力做出整体反应，产生一个与重力无关的结果。如果没有张拉整体结构模式，我们的纤维结构会在引力作用下坍塌。有了张拉整体结构模式，我们的纤维结构通过在整个网络（包括外围结构）分散负荷来吸收和分散压缩力。"（Guimberteau & Armstrong, 2015） "张拉整体结构模式的价值不在于该模式必然会改变某一特定的治疗方法，而在于它提供了更好的观察人体机械力学的方法，这种方法来源于对功能解剖学的新认识。"（Scarr, 2014）	
	普拉提原则	**普拉提高背椅和万得椅运动范例**
3.根据客户情况以最佳练习顺序激活适合其需求的所有肌筋膜经线	全身性运动	反向天鹅式/坐姿，躯干下压（仰坐在椅子上）
运动目的		
4.内感受——筋膜内的间质神经提供内感受功能，而不是本体感觉或痛觉功能。刺激这些游离的神经末梢能给大脑提供身体状况信息，维持体内的稳定，满足生理需求。内感受信号与感觉如温暖、恶心、饥饿、疼痛、费力、沉重或轻松有关。对内部躯体的感知与情感偏好和感觉有关（Schleip & Baker, 2015）	呼吸	每个人的内感受都是独一无二的
5.本体感觉的改善——本体感觉与位置、肌腱和肌肉感觉有关	专注 控制	坐姿腿部下压
6.运动敏感度——动觉（动态本体感觉），感知四肢、躯干的位置和运动的能力	精确	钢琴课-椅子在后（背向椅子，髋关节外旋下蹲）
运动属性		
7.同时带动大面积神经肌筋膜系统的全身性运动	全身性运动 呼吸	单臂撑扭转（坐在椅子上）
8.全身的连续性——将躯干连接到四肢，将四肢连接到躯干；将深层结构连接到表层结构，将表层结构连接到深层结构	全身性运动	猫式下压（跪在椅子上）
9.运动的启动——将近端结构连接到远端结构，将远端结构连接到近端结构	核心 呼吸	屈体/V形悬体（坐在地上，面向椅子）
10.流畅的运动序列	呼吸	单腿肌腱拉伸
11.小角度变化的多向运动	肌肉的均衡发展（神经肌筋膜系统的完美激活）	自地面起始的折刀和开瓶器
12.力/负荷的传递——通过神经肌筋膜系统分散力/负荷的运动		越过椅子洗衣（站在椅子后） 面向椅子，扶手上推
13.预备反向运动	节奏	天鹅式-面向椅子/推胸（俯卧在椅子上）
14.动态伸展——慢和快的节奏变化	节奏	坐姿美人鱼/侧坐单手撑侧屈
运动效果		
15.促进组织水合作用		
16.促进在三维神经肌筋膜系统内的滑动		
17.形成规则的带有卷曲的晶格（网络）		
18.促进弹性反冲	普拉提高背椅和万得椅练习不能促进神经肌筋膜系统的弹性反冲	
19.刺激组织再生		
20.提升组织弹性		

表 7.3 肌筋膜经线与普拉提高背椅和万得椅练习

筋膜导向的运动标准

运动要求	张拉整体结构模式						
1.运动可以持续地优化运动控制和重塑胶原 2.运动促进客户的张拉整体结构*意识和表现	*: "张拉整体结构会对局部的机械压力做出整体反应,产生一个与重力无关的结果。如果没有张拉整体结构模式,我们的纤维结构会在引力作用下坍塌。有了张拉整体结构模式,我们的纤维结构通过在整个网络(包括外围结构)分散负荷来吸收和分散压缩力。"(Guimberteau & Armstrong, 2015) "张拉整体结构模式的价值不在于该模式必然会改变某一特定的治疗方法,而在于它提供了更好的观察人体机械力学的方法,这种方法来源于对功能解剖学的新认识。"(Scarr, 2014)						

	肌筋膜经线						
	后表线	功能线	体侧线	螺旋线	前深线	手臂线	前表线
3.根据客户情况以最佳练习顺序激活适合其需求的所有肌筋膜经线	自地面起始的天鹅式	单腿前迈下压/俄式	单腿侧向下压/侧向俄式	站姿单腿下压,交叉腿	肌腱拉伸	倒立双腿下压	跟腱拉伸

运动目的

4.内感受——筋膜内的间质神经提供内感受功能,而不是本体感觉或痛觉功能。刺激这些游离的神经末梢能给大脑提供身体状况信息,维持体内的稳定,满足生理需求。内感受信号与感觉如温暖、恶心、饥饿、疼痛、费力、沉重或轻松有关。对内部躯体的感知与情感偏好和感觉有关(Schleip & Baker, 2015)							
5.本体感觉的改善——本体感觉与位置、肌腱和肌肉感觉有关	天鹅式–面向椅子/推胸	单臂俯卧撑,一只手放在地面上,另一只手放在脚踏上(单脚着地)	坐姿美人鱼/侧坐单手撑侧屈	单臂撑扭转	骑马	天鹅式–面向椅子/推胸	单腿前迈下压/俄式
6.运动敏感度——动觉(动态本体感觉),感知四肢、躯干的位置和运动的能力	反向天鹅式/坐姿躯干下压	单臂俯卧撑,一只手放在椅子上,另一只手放在脚踏上(单脚着地)	跪姿美人鱼	侧身扭转	倒立双腿下压	反向天鹅式/坐姿躯干下压	前弓步/面向椅子站立

运动属性

	后表线	功能线	体侧线	螺旋线	前深线	手臂线	前表线
7.同时带动大面积神经肌筋膜系统的全身性运动	背向椅子,扶手上推	单腿肌腱拉伸	侧弓步/侧立	自地面起始的折刀和开瓶器	越过椅子洗衣	背向椅子,扶手上推	猫式下压
8.全身的连续性——将躯干连接到四肢,将四肢连接到躯干;将深层结构连接到表层结构,将表层结构连接到深层结构	面向椅子,扶手上推	侧面倒V上拉/单腿侧伸	侧面倒V上拉	单臂俯卧撑,一只手放在椅子上,另一只手放在脚踏板上	倒V上拉	面向椅子,扶手上推	钢琴课–椅子在前
9.运动的启动——将近端结构连接到远端结构,将远端结构连接到近端结构	背向椅子蛙腿下压	站姿单腿下压,交叉腿	越过椅子洗衣/单臂下压	单臂撑扭转	屈体/V形悬体(坐在地面上,面向椅子)	脊柱前伸/坐姿手臂下压	骑马
10.流畅的运动序列	钢琴课–椅子在后	侧弓步/侧立	单臂俯卧撑,站姿,侧对椅子	越过椅子洗衣/单臂下压	猫式下压	猫式下压	猫式下压
11.小角度变化的多向运动	单臂撑扭转	自地面起始的折刀和开瓶器	侧面倒V上拉/单腿侧伸	自地面起始的折刀和开瓶器	自地面起始的折刀和开瓶器	侧身扭转	自地面起始的折刀和开瓶器

表 7.3（续）

	肌筋膜经线						
	后表线	功能线	体侧线	螺旋线	前深线	手臂线	前表线
12.力/负荷的传递——通过神经肌筋膜系统分散力/负荷的运动	天鹅式–面向椅子/推胸 背向椅子,扶手上推	单臂俯卧撑,站姿,侧对椅子 越过椅子洗衣/单臂下压	侧卧剪刀式 侧面倒V上拉/单腿侧伸	侧身扭转（侧卧在椅子上,双手放在脚踏上） 单臂倒V上拉	洗衣（站姿） 单腿前迈下压/俄式	自地面起始的天鹅式 侧面倒V上拉/单腿侧伸	骑马 前弓步/面向椅子站立
13.预备反向运动	自地面起始的天鹅式	单腿肌腱拉伸	坐姿美人鱼/侧坐单手撑侧屈（向远离脚踏板的方向侧屈）	单臂撑扭转（在下压脚踏前,向远离脚踏的方向旋转）	自地面起始的折刀和开瓶器	坐姿美人鱼/坐单手撑侧屈（在下压脚踏之前,向远离脚踏的方向侧屈）	倒V上拉（在上拉前,向后倾斜远离双手）
14. 动态伸展——慢和快的节奏变化	天鹅–面向椅子/推胸	侧身扭转	跪姿,美人鱼	单臂俯卧撑,站姿,侧对椅子	脊柱前伸/坐姿,手臂下压	跪姿,美人鱼（在朝向椅子侧屈前,向远离椅子的方向侧屈）	侧身扭转

运动效果

15.促进组织水合作用	大约有2/3的筋膜组织是由水组成的,在被施加机械负荷时,无论是拉伸还是局部压迫,受力较大的区域都会挤压出大量的水。如果对筋膜组织施加外部负荷,水合作用就会更新,并改善组织的黏弹性（Schleip & Baker, 2015, p.8）
16.促进在三维神经肌筋膜系统内的滑动	胶原蛋白层之间的正常滑动可能会受堆积了各种废物的疏松结缔组织的阻碍。在罹患过度使用综合征、创伤或进行外科手术时,疏松结缔组织会无法滑动。局部温度的升高有助于筋膜滑动。当温度升高到40℃以上时,透明质酸（玻尿酸）链的三维上部结构逐步分解,可降低位于深筋膜和肌肉内部和下方的疏松结缔组织的透明质酸的黏度。可以通过按摩、运动或洗热水澡暂时提高温度。在睡眠时,身体静止可能会导致透明质酸黏度增加,引起深筋膜和肌肉僵硬（Stecco, 2015, p.60、64）
17.形成规则的带有卷曲的晶格（网络）	胶原纤维的微观结构呈波浪状卷曲,像弹簧一样。当人体老化或筋膜纤维移动受限（固化）时,纤维结构会失去卷曲和弹性。以适当的负荷进行规律的筋膜纤维的锻炼能产生更年轻、具有波浪状纤维和更强弹力储存能力的胶原结构（Schleip & Baker, 2015, p.7）
18.促进弹性反冲	普拉提高背椅和万得椅不能提供弹性反冲训练
19.刺激组织再生	全身筋膜网络的更新速度相当慢,半衰期在几个月到几年之间,而不是几天或几周。在适当运动负荷后的前3个小时内,胶原蛋白不仅合成增加,降解也增加。在运动后的36小时内,胶原蛋白降解超过胶原蛋白合成。运动后48小时,胶原蛋白合成才超过降解,净合成为正数（Schleip & Baker, 2015, p.162） 纤维网络是由交叉纤维构成的,具有移动性、适应性,形成一种机械协调;在健康组织受损时,纤维网络会失去机械协调。人体的修复机制无法将受损区域的纤维网络恢复到原始状态,新的替代组织质量较差,但是可以通过手法治疗尽早调动受伤区域,以增强瘢痕组织的伸缩性（Guimberteau & Armstrong, 2015, p.162）
20.提升组织弹性	根据张拉整体结构模式,神经肌筋膜系统作为一个自调节整体适应运动过程。肌筋膜经线绘制出一组结缔组织,形成外部的张拉网络拉住（包裹住）骨骼。一直主导我们思维的"孤立肌肉理论"限制了我们对这种全身性"给予"的认识,这种"给予"对弹性是非常重要的（Myers, p.46, ch.6 in Schleip & Baker, 2015）

图7.2
在约瑟夫·H. 普拉提早期设计的秋千床上，他展示了变式动作"呼吸"（照片大约拍摄于1945年）。在这个动作中，支撑肩带的吊索便于全身旋转和侧向弯曲，强调了螺旋线和体侧线的连续性，体现的筋膜导向的运动标准：全身的连续性——将躯干连接到四肢，将四肢连接到躯干；将深层结构连接到表层结构，将表层结构连接到深层结构（经Balanced Body Inc., www.pilates.com许可使用）

表 7.4　秋千床练习的主要脊柱方向

《PMA普拉提认证考试学习指南》中动作的名称（©2005~2014）	矢状面屈曲	矢状面伸展	冠状面侧屈	旋转	平背（腰椎屈曲、胸椎伸展）
	14	14	4	3	30
推杆（弹簧在上方）					
1.上臂					●
2.天鹅式		●			
3.坐姿推拉–面向推杆	●				
4.坐姿推拉–背向推杆	●				
5.猫式伸展（跪姿）	●				
6.V形悬体					●
7.美人鱼			●		
8.鹦鹉式					●
推杆（弹簧在下方）					
9.下肢屈伸/足部练习					●
10.仰卧卷坐	●				
11.猴子式	●				
12.塔式	●				
13.开髋（侧卧）			●		●
站在地面上，手臂套长弹簧					
14.上臂控制（面向床）					●
15.上臂控制（背向床，自踝关节以上向前倾）					●
16.手臂画圈（面向床）					●
17.拳击（背向床，自踝关节以上向前倾）					●
18.敬礼（背向床，自踝关节以上向前倾）					●
19.抱树（背向床）					●
20.扭转（背向床）				●	

表 7.4（续）

《PMA普拉提认证考试学习指南》中动作的名称（©2005~2014）	主要脊柱方向				
	矢状面屈曲	矢状面伸展	冠状面侧屈	旋转	平背（腰椎屈曲、胸椎伸、展）
数量（个）	14	14	4	3	30
21.蝴蝶式（背向床）		●	●	●	
22.胸部扩张（面向床）					●
23.反向扩胸（背向床）					●
24.弓步（背向床）					●
卷下杆					
25.卷下	●				
26.呼吸引导的躯体向下（头肩下面放垫子）		●			
27.百次	●				
28.半圆式	●				
29.天鹅式		●			
30.胸部扩张					●
31.大腿拉伸		●			
32.前卷后伸	●	●			
33.侧屈			●		
仰卧，腿套弹簧					
34.蹬自行车					●
35.行走					●
36.剪刀式					●
37.蛙式					●
38.画圈					●
侧卧，腿套弹簧					
39.画圈					●
40.蹬自行车					●
41.魔术师					●
42.飞机式					●
手臂套弹簧					
43.仰卧画圈					●
44.俯卧画圈					●
45.飞鹰式		●			
46.向后划船/圆背	●				
47.向后划船/直背					●
48.向前划船/坐高					●
49.向前划船/前屈向下	●				
50.敬礼					●
51.抱树					●
全套配置的秋千床					
52.俯面后伸悬吊		●			
53.仰面后伸悬吊		●			
54.半身悬吊（脚和脚踝套在悬挂带内）	●				
55.全身悬吊（脚和脚踝套在悬挂带内）		●			
56.雄鹰展翅	●	●			
57.猫式前后软翻/猫式软翻		●			
58.松鼠式		●		●	
59.倒置		●			

表 7.5　筋膜导向的运动标准和秋千床运动范例

筋膜导向的运动标准

运动要求	张拉整体结构模式
1.运动可以持续地优化运动控制和重塑胶原 2.运动促进客户的张拉整体结构*意识和表现	*:"张拉整体结构会对局部的机械压力做出整体反应,产生一个与重力无关的结果。如果没有张拉整体结构模式,我们的纤维结构会在引力作用下坍塌。有了张拉整体结构模式,我们的纤维结构通过在整个网络(包括外围结构)分散负荷来吸收和分散压缩力。"(Guimberteau & Armstrong, 2015) "张拉整体结构模式的价值不在于该模式必然会改变某一特定的治疗方法,而在于它提供了更好的观察人体机械力学的方法,这种方法来源于对功能解剖学的新认识。"(Scarr, 2014)
	普拉提原则	**秋千床运动范例**
3.根据客户情况以最佳练习顺序激活适合其需求的所有肌筋膜经线	全身性运动	前卷后伸

运动目的

	普拉提原则	秋千床运动范例
4.内感受——筋膜内的间质神经提供内感受功能,而不是本体感觉或痛觉功能。刺激这些游离的神经末梢能给大脑提供身体状况信息,维持体内的稳定,满足生理需求。内感受信号与感觉如温暖、恶心、饥饿、疼痛、费力、沉重或轻松有关。对内部躯体的感知与情感偏好和感觉有关(Schleip & Baker, 2015)	呼吸	每个人的内感受都是独一无二的
5.本体感觉的改善——本体感觉与位置、肌腱和肌肉感觉有关	专注 控制	大腿拉伸
6.运动敏感度——动觉(动态本体感觉),感知四肢、躯干的位置和运动的能力	精确	魔术师

运动属性

	普拉提原则	秋千床运动范例
7.同时带动大面积神经肌筋膜系统的全身性运动	全身性运动 呼吸	俯面后伸悬吊
8.全身的连续性——将躯干连接到四肢,将四肢连接到躯干;将深层结构连接到表层结构,将表层结构连接到深层结构	全身性运动	鹦鹉式
9.运动的启动——将近端结构连接到远端结构,将远端结构连接到近端结构	核心 呼吸	坐姿推拉-背向推杆
10.流畅的运动序列	呼吸	雄鹰展翅
11.小角度变化的多向运动	肌肉的均衡发展(神经肌筋膜系统的完美激活)	蝴蝶式
12.力/负荷的传递——通过神经肌筋膜系统分散力/负荷的运动		塔式 仰面后伸悬吊
13.预备反向运动	节奏	侧卧,蹬自行车
14.动态伸展——慢和快的节奏变化	节奏	美人鱼

运动效果

15.促进组织水合作用		
16.促进在三维神经肌筋膜系统内的滑动		
17.形成规则的带有卷曲的晶格(网络)		
18.促进弹性反冲	秋千床练习不能促进神经肌筋膜系统的弹性反冲	
19.刺激组织再生		
20.提升组织弹性		

表7.6 肌筋膜经线和秋千床练习

筋膜导向的运动标准

运动要求	张拉整体结构模式
1.运动可以持续地优化运动控制和重塑胶原 2.运动促进客户的张拉整体结构*意识和表现	*："张拉整体结构会对局部的机械压力做出整体反应，产生一个与重力无关的结果。如果没有张拉整体结构模式，我们的纤维结构会在引力作用下坍塌。有了张拉整体结构模式，我们的纤维结构通过在整个网络（包括外围结构）分散负荷来吸收和分散压缩力。"（Guimberteau & Armstrong, 2015） "张拉整体结构模式的价值不在于该模式必然会改变某一特定的治疗方法，而在于它提供了更好的观察人体机械力学的方法，这种方法来源于对功能解剖学的新认识。"（Scarr, 2014）

肌筋膜经线

	后表线	功能线	体侧线	螺旋线	前深线	手臂线	前表线
3.根据客户情况以最佳练习顺序激活适合其需求的所有肌筋膜经线	魔术师	卷下杆：呼吸引导的躯体向下	侧卧，腿套弹簧：蹬自行车	站在地面上，手臂套长弹簧：蝴蝶式	推杆（弹簧在上方）：V形悬体	推杆（弹簧在下方）：仰卧卷坐	卷下杆：胸部扩张

运动目的

4.内感受——筋膜内的间质神经提供内感受功能，而不是本体感觉或痛觉功能。刺激这些游离的神经末梢能给大脑提供身体状况信息，维持体内的稳定，满足生理需求。内感受信号与感觉如温暖、恶心、饥饿、疼痛、费力、沉重或轻松有关。对内部躯体的感知与情感偏好和感觉有关（Schleip & Baker, 2015）

	后表线	功能线	体侧线	螺旋线	前深线	手臂线	前表线
5.本体感觉的改善——本体感觉与位置、肌腱和肌肉感觉有关	仰卧，腿套弹簧：剪刀式	站在地面上，手臂套长弹簧：拳击	推杆（弹簧在上方）：美人鱼	手臂套弹簧：抱树	推杆（弹簧在上方）：坐姿推拉-面向推杆	推杆（弹簧在上方）：上臂	推杆（弹簧在上方）：上臂
6.运动敏感度——动觉（动态本体感觉），感知四肢、躯干的位置和运动的能力	仰卧，腿套弹簧：行走	手臂套弹簧：抱树	卷下杆：侧屈	站在地面上，手臂套长弹簧：扭转	手臂套弹簧：向前划船/前屈向下	推杆（弹簧在上方）：坐姿推拉-背向推杆	推杆（弹簧在上方）：猫式伸展

运动属性

	后表线	功能线	体侧线	螺旋线	前深线	手臂线	前表线
7.同时带动大面积神经肌筋膜系统的全身性运动	飞机式	全套配置的秋千床：雄鹰展翅	卷下杆：侧屈	完整配置的秋千床：松鼠式	卷下杆：大腿拉伸	站在地面上，手臂套长弹簧：敬礼	卷下杆：前卷后伸
8.全身的连续性——将躯干连接到四肢，将四肢连接到躯干；将深层结构连接到表层结构，将表层结构连接到深层结构	全套配置的秋千床：仰面后伸悬吊	站在地面上，手臂套长弹簧：抱树	站在地面上，手臂套长弹簧：蝴蝶式	魔术师	站在地面上，手臂套长弹簧：敬礼	全套配置的秋千床：俯面后伸悬吊	手臂套弹簧：抱树
9.运动的启动——将近端结构连接到远端结构，将远端结构连接到近端结构	手臂套弹簧：飞鹰式	站在地面上，手臂套长弹簧：弓步	卷下杆：侧屈	站在地面上，手臂套长弹簧：扭转	推杆（弹簧在下方）：仰卧卷坐	站在地面上，手臂套长弹簧：敬礼	推杆（弹簧在下方）：仰卧卷坐
10.流畅的运动序列	推杆（弹簧在上方）：天鹅式	全套配置的秋千床：猫式前后软翻	推杆（弹簧在上方）：美人鱼	站在地面上，手臂套长弹簧：蝴蝶式	推杆（弹簧在下方）：塔式	全套配置的秋千床：雄鹰展翅	推杆（弹簧在上方）：猫式伸展
11.小角度变化的多向运动	全套配置的秋千床：雄鹰展翅	站在地面上，手臂套长弹簧：蝴蝶式	侧卧，腿套弹簧：蹬自行车	站在地面上，手臂套长弹簧：扭转	站在地面上，手臂套长弹簧：抱树	站在地面上，手臂套长弹簧：蝴蝶式	站在地面上，手臂套长弹簧：拳击
12.力/负荷的传递——通过神经肌筋膜系统分散力/负荷的运动	全套配置的秋千床：俯面后伸悬吊 飞机式 全套配置的秋千床：仰面后伸悬吊	站在地面上，手臂长弹簧：弓步 全套配置的秋千床：仰面后伸悬吊	推杆（弹簧在上方）：美人鱼 卷下杆：侧屈	站在地面上，手臂套长弹簧：拳击 全套配置的秋千床：松鼠式	站在地面上，手臂套长弹簧：反向扩胸 全套配置的秋千床：猫式前后软翻	推杆（弹簧在上方）：天鹅式 全套配置的秋千床：倒置	卷下杆：前卷后伸 站在地面上，手臂套长弹簧：反向扩胸

表 7.6（续）

	肌筋膜经线						
	后表线	功能线	体侧线	螺旋线	前深线	手臂线	前表线
13.预备反向运动	推杆（弹簧在上方）：坐姿推拉–背向推杆	站在地面上，手臂套长弹簧：弓步	侧卧腿套弹簧：画圈	站在地面上，手臂套长弹簧：扭转	全套配置的秋千床：雄鹰展翅	站在地面上，手臂套长弹簧：拳击	卷下杆：半圆式
14.动态伸展——慢和快的节奏变化	仰卧，腿套弹簧：画圈	仰卧，腿套弹簧：剪刀式	推杆（弹簧在上方）：美人鱼	站在地面上，手臂套长弹簧：蝴蝶式	推杆（弹簧在上方）：坐姿推拉–面向推杆	站在地面上，手臂套长弹簧：扭转	手臂套弹簧：向前划船/前屈向下

运动效果

15.促进组织水合作用	大约有2/3的筋膜组织是由水组成的，在被施加机械负荷时，无论是拉伸还是局部压迫，受力较大的区域都会挤压出大量的水。如果对筋膜组织施加外部负荷，水合作用就会更新，并改善组织的黏弹性（Schleip & Baker，2015，p.8）
16.促进在三维神经肌筋膜系统内的滑动	胶原蛋白层之间的正常滑动可能会受堆积了各种废物的疏松结缔组织的阻碍。在罹患过度使用综合征、创伤或进行外科手术时，疏松结缔组织会无法滑动。局部温度的升高有助于筋膜滑动。当温度升高到40℃以上时，透明质酸（玻尿酸）链的三维上部结构逐步分解，可降低位于深筋膜和肌肉内部和下方的疏松结缔组织的透明质酸的黏度。可以通过按摩、运动或洗热水澡暂时提高温度。在睡眠时，身体静止可能会导致透明质酸黏度增加，引起深筋膜和肌肉僵硬（Stecco，2015，p.60、64）
17.形成规则的带有卷曲的晶格（网络）	胶原纤维的微观结构呈波浪状卷曲，像弹簧一样。当人体老化或筋膜纤维移动受限（固化）时，纤维结构会失去卷曲和弹性。以适当的负荷进行规律的筋膜纤维的锻炼能产生更年轻、具有波浪状纤维和更强弹力储存能力的胶原结构（Schleip & Baker，2015，p.7）
18.促进弹性反冲	秋千床不能提供弹性反冲训练
19.刺激组织再生	全身筋膜网络的更新速度相当慢，半衰期在几个月到几年之间，而不是几天或几周。在适当运动负荷后的前3个小时内，胶原蛋白不仅合成增加，降解也增加。在运动后的36小时内，胶原蛋白降解超过胶原蛋白合成。运动后48小时，胶原蛋白合成才超过降解，净合成为正数（Schleip & Baker，2015，p.162） 纤维网络是由交叉纤维构成的，具有移动性、适应性，形成一种机械协调；在健康组织受损时，纤维网络会失去机械协调。人体的修复机制无法将受损区域的纤维网络恢复到原始状态，新的替代组织质量较差，但是可以通过手法治疗尽早调动受伤区域，以增强瘢痕组织的伸缩性（Guimberteau & Armstrong，2015，p.162）
20.提升组织弹性	根据张拉整体结构模式，神经肌筋膜系统作为一个自调节整体适应运动过程。肌筋膜经线绘制出一组结缔组织，形成外部的张拉网络拉住（包裹住）骨骼。一直主导我们思维的"孤立肌肉理论"限制了我们对这种全身性"给予"的认识，这种"给予"对弹性是非常重要的（Myers，p.46，ch.6 in Schleip & Baker，2015）

普拉提脊柱矫正器的练习顺序

摄于1945年，约瑟夫·H.普拉提65岁

图7.3

在这些拍摄于1945年的图片中，约瑟夫·H.普拉提展示了脊柱矫正器的练习顺序。这些练习需要协同激活所有的肌筋膜经线，尤其是后表线，体现的筋膜导向的运动标准：预备反向运动，以及慢和快的节奏变化间的动态伸展（经Balanced Body Inc., www.pilates.com许可使用）

表 7.7 脊柱矫正器练习的主要脊柱方向

	主要脊柱方向				
1945年，65岁的约瑟夫·H.普拉提在照片中展示的动作 约瑟夫·H.普拉提在录像中演示的脊柱矫正练习顺序 《PMA普拉提认证考试学习指南》中动作的名称（©2005~2014）	矢状面屈曲	矢状面伸展	冠状面侧屈	旋转	平背（腰椎屈曲、胸椎伸展）
数量（个）	6	16	0	3	2
普拉提脊柱矫正器练习					
1.坐姿卷下	●				
2.后伸展		●			
3.过头伸展		●			
4.直腿后卷（并腿和分腿）	●	●			
腿部系列					
5.剪刀式		●			
6.行走		●			
7.蹬自行车		●			
8.画圈		●			
9.直升机		●			
10.低位桥式		●			
11.髋部画圈				●	●
12.平衡					●
13.开瓶器	●	●		●	
14.后拱桥式		●			
15.猴子式	●				
16.游泳		●			
图7.3中没有显示的动作					
17.卷上卷下（腿部）	●			●	
18.V形悬体	●				
19.天鹅式		●			
20.蝗虫式		●			
21.弓形摇摆		●			
22.高位桥式		●			

表 7.8　筋膜导向的运动标准和脊柱矫正器运动范例

筋膜导向的运动标准

运动要求	张拉整体结构模式
1.运动可以持续地优化运动控制和重塑胶原 2.运动促进客户的张拉整体结构*意识和表现	*:"张拉整体结构会对局部的机械压力做出整体反应,产生一个与重力无关的结果。如果没有张拉整体结构模式,我们的纤维结构会在引力作用下坍塌。有了张拉整体结构模式,我们的纤维结构通过在整个网络(包括外围结构)分散负荷来吸收和分散压缩力。"(Guimberteau & Armstrong, 2015) "张拉整体结构模式的价值不在于该模式必然会改变某一特定的治疗方法,而在于它提供了更好的观察人体机械力学的方法,这种方法来源于对功能解剖学的新认识。"(Scarr, 2014)

	普拉提原则	脊柱矫正器运动范例
3.根据客户情况以最佳练习顺序激活适合其需求的所有肌筋膜经线	全身性运动	后拱桥式

运动目的

4.内感受——筋膜内的间质神经提供内感受功能,而不是本体感觉或痛觉功能。刺激这些游离的神经末梢能给大脑提供身体状况信息,维持体内的稳定,满足生理需求。内感受信号与感觉如温暖、恶心、饥饿、疼痛、费力、沉重或轻松有关。对内部躯体的感知与情感偏好和感觉有关(Schleip & Baker, 2015)	呼吸	每个人的内感受都是独一无二的
5.本体感觉的改善——本体感觉与位置、肌腱和肌肉感觉有关	专注 控制	平衡
6.运动敏感度——动觉(动态本体感觉),感知四肢、躯干的位置和运动的能力	精确	游泳

运动属性

7.同时带动大面积神经肌筋膜系统的全身性运动	全身性运动 呼吸	V形悬体
8.全身的连续性——将躯干连接到四肢,将四肢连接到躯干;将深层结构连接到表层结构,将表层结构连接到深层结构	全身性运动	直升机
9.运动的启动——将近端结构连接到远端结构,将远端结构连接到近端结构	核心 呼吸	天鹅式
10.流畅的运动序列	呼吸	卷上卷下(腿部)
11.小角度变化的多向运动	肌肉的均衡发展(神经肌筋膜系统的完美激活)	开瓶器
12.力/负荷的传递——通过神经肌筋膜系统分散力/负荷的运动		直腿后卷(并腿和分腿) 蝗虫式
13.预备反向运动	节奏	低位桥式
14.动态伸展——慢和快的节奏变化	节奏	剪刀式

运动效果

15.促进组织水合作用		
16.促进在三维神经肌筋膜系统内的滑动		
17.形成规则的带有卷曲的晶格(网络)		
18.促进弹性反冲		脊柱矫正器练习不能促进神经肌筋膜系统的弹性反冲
19.刺激组织再生		
20.提升组织弹性		

表 7.9 符合普拉提原则和筋膜导向的运动标准的脊柱矫正器的练习顺序

脊柱矫正器的练习顺序	图	普拉提原则	筋膜导向的运动标准
1.从坐姿卷下到过头伸展	**图7.3**，第1行 图1~3	呼吸	本体感觉的改善——本体感觉与位置、肌腱和肌肉感觉有关
2.双腿伸展后卷	**图7.3**，第1行 图4	全身性运动	本体感觉的改善——本体感觉与位置、肌腱和肌肉感觉有关
3.剪刀式	**图7.3**，第2行 图3	节奏	运动敏感度——动觉（动态本体感觉），感知四肢、躯干的位置和运动的能力
4.行走	《PMA普拉提认证考试学习指南》第93页	控制	运动敏感度——动觉（动态本体感觉），感知四肢、躯干的位置和运动的能力
5.蹬自行车	**图7.3**，第2行 图4	节奏	运动敏感度——动觉（动态本体感觉），感知四肢、躯干的位置和运动的能力
6.画圈	**图7.3**，第4行 图4	精确	运动敏感度——动觉（动态本体感觉），感知四肢、躯干的位置和运动的能力
7.直升机	**图7.3**，第2行 图2	肌肉的均衡发展（神经肌筋膜系统的完美激活）	运动敏感度——动觉（动态本体感觉），感知四肢、躯干的位置和运动的能力
8.低位桥式	**图7.3**，第3行 图1	节奏	力/负荷的传递——通过神经肌筋膜系统分散力/负荷的运动
9.开瓶器	**图7.3**，第4行 图1~3	专注	同时带动大面积神经肌筋膜系统的全身性运动
10.髋部画圈	**图7.3**，第3行 图3、4	全身性运动	小角度变化的多向运动
11.游泳	**图7.3**，第5行 图4，第6行 图1~3	核心	流畅的运动序列

表 7.10 肌筋膜经线和脊柱矫正器练习

筋膜导向的运动标准

运动要求	张拉整体结构模式						
1.运动可以持续地优化运动控制和重塑胶原 2.运动促进客户的张拉整体结构*意识和表现	*："张拉整体结构会对局部的机械压力做出整体反应，产生一个与重力无关的结果。如果没有张拉整体结构模式，我们的纤维结构会在引力作用下坍塌。有了张拉整体结构模式，我们的纤维结构通过在整个网络（包括外围结构）分散负荷来吸收和分散压缩力。"（Guimberteau & Armstrong, 2015） "张拉整体结构模式的价值不在于该模式必然会改变某一特定的治疗方法，而在于它提供了更好的观察人体机械力学的方法，这种方法来源于对功能解剖学的新认识。"（Scarr, 2014）						
	肌筋膜经线						
	后表线	功能线	体侧线	螺旋线	前深线	手臂线	前表线
3.根据客户情况以最佳练习顺序激活适合其需求的所有肌筋膜经线	后拱桥式	髋部画圈	卷上卷下	游泳	平衡	弓形摇摆	低位桥式

运动目的

4.内感受——筋膜内的间质神经提供内感受功能，而不是本体感觉或痛觉功能。刺激这些游离的神经末梢能给大脑提供身体状况信息，维持体内的稳定，满足生理需求。内感受信号与感觉如温暖、恶心、饥饿、疼痛、费力、沉重或轻松有关。对内部躯体的感知与情感偏好和感觉有关（Schleip & Baker, 2015）

5.本体感觉的改善——本体感觉与位置、肌腱和肌肉的感觉有关	游泳	剪刀式	画圈	行走	坐姿卷下	后伸展	蹬自行车

表 7.10（续）

	肌筋膜经线						
	后表线	功能线	体侧线	螺旋线	前深线	手臂线	前表线
6.运动敏感度——动觉（动态本体感觉），感知四肢、躯干的位置和运动的能力	弓形摇摆	游泳	直升机	画圈	直腿后卷（并腿和分腿）	天鹅式	卷上卷下

运动属性

	后表线	功能线	体侧线	螺旋线	前深线	手臂线	前表线
7.同时带动大面积神经肌筋膜系统的全身性运动	天鹅式	天鹅式	开瓶器	开瓶器	V形悬体	蝗虫式	V形悬体
8.全身的连续性——将躯干连接到四肢，将四肢连接到躯干；将深层结构连接到表层结构，将表层结构连接到深层结构	高位桥式	游泳	天鹅式	卷上卷下	开瓶器	V形悬体	卷上卷下
9.运动的启动——将近端结构连接到远端结构，将远端结构连接到近端结构	蝗虫式	低位桥式	直升机	开瓶器	V形悬体	游泳	直腿后卷（并腿和分腿）
10. 流畅的运动序列	蹬自行车	蝗虫式	卷上卷下	卷上卷下	直腿后卷（并腿和分腿）	天鹅式	坐姿卷下
11.小角度变化的多向运动	直升机	卷上卷下	开瓶器	开瓶器	卷上卷下	游泳	蹬自行车
12.力/负荷的传递——通过神经肌筋膜系统分散力/负荷的运动	后拱桥式 蝗虫式	弓形摇摆 蝗虫式	天鹅式 开瓶器	天鹅式 画圈	髋部画圈 V形悬体	弓形摇摆 蝗虫式	坐姿卷下 直腿后卷（并腿和分腿）
13.预备反向运动	剪刀式	蹬自行车	画圈	卷上卷下	低位桥式	游泳	剪刀式
14.动态伸展——慢和快的节奏变化	画圈	后伸展	直升机	卷上卷下	过头伸展	后伸展	蹬自行车

运动效果

15.促进组织水合作用	大约2/3的筋膜组织是由水组成的，在被施加机械负荷时，无论是拉伸还是局部压迫，受力较大的区域都会挤压出大量的水。如果对筋膜组织施加外部负荷，水合作用就会更新，并改善组织的黏弹性（Schleip & Baker, 2015, p.8）
16.促进在三维神经肌筋膜系统内的滑动	胶原蛋白层之间的正常滑动可能会受堆积了各种废物的疏松结缔组织的阻碍。在罹患过度使用综合征、创伤或进行外科手术时，疏松结缔组织会无法滑动。局部温度的升高有助于筋膜滑动。当温度升高到40℃以上时，透明质酸（玻尿酸）链的三维上部结构逐步分解，可降低位于深筋膜和肌肉内部和下方的疏松结缔组织的透明质酸的黏度。可以通过按摩、运动或洗热水澡暂时提高温度。在睡眠时，身体静止可能会导致透明质酸黏度增加，引起深筋膜和肌肉僵硬（Stecco, 2015, p.60、64）
17.形成规则的带有卷曲的晶格（网络）	胶原纤维的微观结构呈波浪状卷曲，像弹簧一样。当人体老化或筋膜纤维移动受限（固化）时，纤维结构会失去卷曲和弹性。以适当的负荷进行规律的筋膜纤维的锻炼能产生更年轻、具有波浪状纤维和更强弹力储存能力的胶原结构（Schleip & Baker, 2015, p.7）
18.促进弹性反冲	脊柱矫正器不能提供弹性反冲训练
19.刺激组织再生	全身筋膜网络的更新速度相当慢，半衰期在几个月到几年之间，而不是几天或几周。在适当运动负荷后的前3个小时内，胶原蛋白不仅合成增加，降解也增加。在运动后的36小时内，胶原蛋白降解超过胶原蛋白合成。运动后48小时，胶原蛋白合成才超过降解，净合成为正数（Schleip & Baker, 2015, p.162） 纤维网络是由交叉纤维构成的，具有移动性、适应性，形成一种机械协调；在健康组织受损时，纤维网络会失去机械协调。人体的修复机制无法将受损区域的纤维网络恢复到原始状态，新的替代组织质量较差，但是可以通过手法治疗尽早调动受伤区域，以增强瘢痕组织的伸缩性（Guimberteau & Armstrong, 2015, p.162）
20.提升组织弹性	根据张拉整体结构模式，神经肌筋膜系统作为一个自调节整体适应运动过程。肌筋膜经线绘制出一组结缔组织，形成外部的张拉网络拉住（包裹住）骨骼。一直主导我们思维的"孤立肌肉理论"限制了我们对这种全身性"给予"的认识，这种"给予"对弹性是非常重要的（Myers, p.46, ch.6 in Schleip & Baker, 2015）

表 7.11 约瑟夫·H. 普拉提梯桶练习的主要脊柱方向

《PMA普拉提认证考试学习指南》中动作的名称（©2005~2014） 约瑟夫·H. 普拉提梯桶练习	主要脊柱方向				
	矢状面屈曲	矢状面伸展	冠状面侧屈	旋转	平背（腰椎屈曲、胸椎伸展）
	数量（个）				
	4	8	1	1	3
1.天鹅潜水		●			
2.游泳		●			
3.蝗虫式		●			
4.侧屈（side sit-ups）			●		
短箱系列					
5.圆背	●				
6.平背（直背）					●
7.扭转				●	
8.爬树	●				
9.骑马	●				
腿部系列					
10.剪刀式		●			
11.行走		●			
12.蹬自行车		●			
13.直升机		●			
14.手倒立					●
15.腹部弹跃					●
16.后弯到下肢前屈	●	●			

表 7.12 筋膜导向的运动标准和约瑟夫·H. 普拉提梯桶运动范例

筋膜导向的运动标准

运动要求	张拉整体结构模式
1.运动可以持续地优化运动控制和重塑胶原 2.运动促进客户的张拉整体结构*意识和表现	*："张拉整体结构会对局部的机械压力做出整体反应，产生一个与重力无关的结果。如果没有张拉整体结构模式，我们的纤维结构会在引力作用下坍塌。有了张拉整体结构模式，我们的纤维结构通过在整个网络（包括外围结构）分散负荷来吸收和分散压缩力。"（Guimberteau & Armstrong, 2015） "张拉整体结构模式的价值不在于该模式必然会改变某一特定的治疗方法，而在于它提供了更好的观察人体机械力学的方法，这种方法来源于对功能解剖学的新认识。"（Scarr, 2014）

	普拉提原则	约瑟夫·H. 普拉提梯桶运动范例
3.根据客户情况以最佳练习顺序激活适合其需求的所有肌筋膜经线	全身性运动	骑马

运动目的

4.内感受——筋膜内的间质神经提供内感受功能，而不是本体感觉或痛觉功能。刺激这些游离的神经末梢能给大脑提供身体状况信息，维持体内的稳定，满足生理需求。内感受信号与感觉如温暖、恶心、饥饿、疼痛、费力、沉重或轻松有关。对内部躯体的感知与情感偏好和感觉有关（Schleip & Baker, 2015）	呼吸	每个人的内感受都是独一无二的

表 7.12（续）

5.本体感觉的改善——本体感觉与位置、肌腱和肌肉感觉有关	专注 控制	侧屈
6. 运动敏感度——动觉（动态本体感觉），感知四肢、躯干的位置和运动的能力	精确	扭转

运动属性

7.同时带动大面积神经肌筋膜系统的全身性运动	全身性运动 呼吸	天鹅潜水
8.全身的连续性——将躯干连接到四肢，将四肢连接到躯干；将深层结构连接到表层结构，将表层结构连接到深层结构	全身性运动	蝗虫式
9.运动的启动——将近端结构连接到远端结构，将远端结构连接到近端结构	核心 呼吸	蹬自行车
10.流畅的运动序列	呼吸	爬树
11.小角度变化的多向运动	肌肉的均衡发展（神经肌筋膜系统的完美激活）	直升机
12.力/负荷的传递——通过神经肌筋膜系统分散力/负荷的运动		骑马 腹部弹跃
13.预备反向运动	节奏	剪刀式
14.动态伸展——慢和快的节奏变化	节奏	后弯到下肢前屈

运动效果

15.促进组织水合作用	
16.促进在三维神经肌筋膜系统内的滑动	
17.形成规则的带有卷曲的晶格（网络）	
18.促进弹性反冲	约瑟夫·H. 普拉提梯桶练习不能促进神经肌筋膜系统的弹性反冲
19.刺激组织再生	
20.提升组织弹性	

表 7.13　肌筋膜经线和约瑟夫·H. 普拉提梯桶练习

筋膜导向的运动标准

运动要求	张拉整体结构模式
1.运动可以持续地优化运动控制和重塑胶原 2.运动促进客户的张拉整体结构*意识和表现	*："张拉整体结构会对局部的机械压力做出整体反应，产生一个与重力无关的结果。如果没有张拉整体结构模式，我们的纤维结构会在引力作用下坍塌。有了张拉整体结构模式，我们的纤维结构通过在整个网络（包括外围结构）分散负荷来吸收和分散压缩力。"（Guimberteau & Armstrong, 2015） "张拉整体结构模式的价值不在于该模式必然会改变某一特定的治疗方法，而在于它为人体结构提供了更好的观察人体机械力学的方法，这种方法来源于对功能解剖学的新认识。"（Scarr, 2014）

	肌筋膜经线						
	后表线	功能线	体侧线	螺旋线	前深线	手臂线	前表线
3.根据客户情况以最佳练习顺序激活适合其需求的所有肌筋膜经线	游泳	腹部弹跃	侧屈	短箱系列： 扭转	骑马	短箱系列： 平背（直背）	骑马

运动目的

4.内感受——筋膜内的间质神经提供内感受功能，而不是本体感觉或痛觉功能。刺激这些游离的神经末梢能给大脑提供身体状况信息，维持体内的稳定，满足生理需求。内感受信号与感觉如温暖、恶心、饥饿、疼痛、费力、沉重或轻松有关。对内部躯体的感知与情感偏好和感觉有关（Schleip & Baker, 2015）

	后表线	功能线	体侧线	螺旋线	前深线	手臂线	前表线
5.本体感觉的改善——本体感觉与位置、肌腱和肌肉的感觉有关	后弯到下肢前屈	游泳	腿部系列：直升机	骑马	短箱系列： 圆背	天鹅潜水	短箱系列： 圆背

表 7.13（续）

	肌筋膜经线						
	后表线	功能线	体侧线	螺旋线	前深线	手臂线	前表线
6.运动敏感度——动觉（动态本体感觉），感知四肢、躯干的位置和运动的能力	天鹅潜水	短箱系列：爬树	侧屈	短箱系列：爬树	短箱系列：爬树	游泳	短箱系列：爬树
运动属性							
7.同时带动大面积神经肌筋膜系统的全身性运动	蝗虫式	短箱系列：扭转	短箱系列：扭转	骑马	后弯到下肢前屈	蝗虫式	短箱系列：扭转
8.全身的连续性——将躯干连接到四肢，将四肢连接到躯干；将深层结构连接到表层结构，将表层结构连接到深层结构	手倒立	短箱系列：平背（直背）	侧屈	短箱系列：平背（直背）	腹部弹跃	手倒立	短箱系列：爬树
9.运动的启动——将近端结构连接到远端结构，将远端结构连接到近端结构	天鹅潜水	腿部系列：剪刀式	侧屈	短箱系列：扭转	骑马	侧屈	短箱系列：圆背
10.流畅的运动序列	天鹅潜水	腿部系列：蹬自行车	腿部系列：直升机	短箱系列：爬树	短箱系列：爬树	天鹅潜水	后弯到下肢前屈
11.小角度变化的多向运动	腿部系列：直升机	腿部系列：直升机	腿部系列：直升机	短箱系列：扭转	腿部系列：直升机	游泳	短箱系列：扭转
12.力/负荷的传递——通过神经肌筋膜系统分散力/负荷的运动	短箱系列：平背　蝗虫式	腿部系列：行走　蝗虫式	侧屈　短箱系列：扭转	腿部系列：直升机	腿部系列：行走　腹部弹跃	短箱系列：扭转　蝗虫式	骑马　短箱系列：直背
13.预备反向运动	游泳	腿部系列：剪刀式	侧屈（向梯子方向侧屈）	腿部系列：直升机	腿部系列：剪刀式	骑马	蝗虫式
14.动态伸展——慢和快的节奏变化	后弯到下肢前屈	后弯到下肢前屈	侧屈	短箱系列：扭转	腿部系列：蹬自行车	天鹅潜水	后弯到下肢前屈
运动效果							

15.促进组织水合作用	大约2/3的筋膜组织是由水组成的，在被施加机械负荷时，无论是拉伸还是局部压迫，受力较大的区域都会挤压出大量的水。如果对筋膜组织施加外部负荷，水合作用就会更新，并改善组织的黏弹性（Schleip & Baker, 2015, p.8）
16.促进在三维神经肌筋膜系统内的滑动	胶原蛋白层之间的正常滑动可能会受堆积了各种废物的疏松结缔组织的阻碍。在罹患过度使用综合征、创伤或进行外科手术时，疏松结缔组织会无法滑动。局部温度的升高有助于筋膜滑动。当温度升高到40℃以上时，透明质酸（玻尿酸）链的三维上部结构逐步分解，可降低位于深筋膜和肌肉内部和下方的疏松结缔组织的透明质酸的黏度。可以通过按摩、运动或洗热水澡暂时提高温度。在睡眠时，身体静止可能会导致透明质酸黏度增加，引起深筋膜和肌肉僵硬（Stecco, 2015, p.60、64）
17.形成规则的带有卷曲的晶格（网络）	胶原纤维的微观结构呈波浪状卷曲，像弹簧一样。当人体老化或筋膜纤维移动受限（固化）时，纤维结构会失去卷曲和弹性。以适当的负荷进行规律的筋膜纤维的锻炼能产生更年轻、具有波浪状纤维和更强弹力储存能力的胶原结构（Schleip & Baker, 2015, p.7）
18.促进弹性反冲	脊柱梯桶不能提供弹性反冲训练
19.刺激组织再生	全身筋膜网络的更新速度相当慢，半衰期在几个月到几年之间，而不是几天或几周。在适当运动负荷后的前3个小时内，胶原蛋白不仅合成增加，降解也增加。在运动后的36小时内，胶原蛋白降解超过胶原蛋白合成。运动后48小时，胶原蛋白合成才超过降解，净合成为正数（Schleip & Baker, 2015, p.162） 纤维网络是由交叉纤维构成的，具有移动性、适应性，形成一种机械协调；在健康组织受损时，纤维网络会失去机械协调。人体的修复机制无法将受损区域的纤维网络恢复到原始状态，新的替代组织质量较差，但是可以通过手法治疗尽早调动受伤区域，以增强瘢痕组织的伸缩性（Guimberteau & Armstrong, 2015, p.162）
20.提升组织弹性	根据张拉整体结构模式，神经肌筋膜系统作为一个自调节整体适应运动过程。肌筋膜经线绘制出一组结缔组织，形成外部的张拉网络拉住（包裹住）骨骼。一直主导我们思维的"孤立肌肉理论"限制了我们对这种全身性"给予"的认识，这种"给予"对弹性是非常重要的（Myers, p.46, ch.6 in Schleip & Baker, 2015）

表 7.14　普拉提椅子、秋千床、脊柱矫正器和梯桶运动计划指南——客户资料

客户的诊断或相关情况： 女，36岁，糕点师，需要一个能满足工作需要的锻炼计划，可能患有足底筋膜炎

短期目标	长期目标
1. 减少胸椎后凸（驼背） 2. 增强工作中站姿耐力 3. 增强上半身力量，以在工作中搬运设备 4. 增强下半身力量和耐力	1. 制订一个日常的、可持续的、终生的、有足够多样性的运动实践计划，让她坚持练习 2. 完成普拉提教练培训的项目 3. 从职业糕点师变成职业普拉提教练 4. 拥有自己的普拉提工作室

普拉提椅子、秋千床、脊柱矫正器和梯桶运动计划指南	客户资料（由客户或教练完成）
1.确定影响筋膜功能的因素	
遗传	1型糖尿病
相关疾病	1型糖尿病
用药	胰岛素
手术	无
•瘢痕	无
•粘连	足底筋膜炎是足底筋膜的炎症，尤其在跟骨连接处。在1型糖尿病中，足底筋膜易于糖化、氧化和增厚（Stecco et al., 2016）
全身炎症	糖尿病可能引起全身炎症
相关的生活方式	惯于久坐不动
•营养	结合医学专家的营养建议
•补剂	结合医学专家推荐的补剂
•吸烟情况	大学期间吸烟
•饮酒情况	每周3杯葡萄酒
•坐着的时间	每天少于3小时
低可动性	似乎没有维京类型测试所显现出的全身性低可动性状况
高可动性（关节松弛）	虽然没有确诊，但有高可动性倾向
温度和湿度偏好	喜欢21℃以下的温度和湿度非常低的环境
2.增强筋膜功能的自用工具：球、滚轴、木棍、手动工具	下班后，客户按照图11.2最后一行中间所示的健身球训练方法进行训练，以减少脚和小腿疲劳。采用仰卧位泡沫轴练习以促进胸部伸展
家庭练习	在工作室里仅使用普拉提健身器材，在家里仅使用自用的筋膜工具
在工作室的计划	
练习时长	每天20分钟
3.强化筋膜功能的治疗方法：针灸、整骨疗法、物理疗法、罗尔夫按摩疗法、结构整合法等	
预约时间表	每周1次肩颈按摩
合作治疗沟通	无
4.活动范围	
部分	胸椎伸展受限
全部	
禁忌	足底筋膜炎易感性提示：患者应避免突然的踝关节跖屈和背屈，可能会引起组织撕裂
5.负重	
无负重	普拉提脊柱矫正器和梯桶练习
部分负重	普拉提椅子和秋千床练习
完全负重	普拉提椅子和秋千床练习（对客户适应糕点师的工作要求非常有用）

6.运动链	
开链	普拉提脊柱矫正器和梯桶练习
闭链	普拉提椅子和秋千床练习
7.最适合的辅助或阻力类型	
自重	普拉提脊柱矫正器和梯桶练习
带子	
弹簧	普拉提椅子和秋千床练习中使用弹簧增加阻力或作为辅助
自由重量	
8.最佳强度，使收益最大化、伤害最小化	建议进行中等强度的练习，避免损害到因1型糖尿病而弱化的组织
9.对既可激发神经系统又可降低风险的新事物的平衡能力	普拉提椅子、秋千床和梯桶这几种器械的叫法让客户感到既新鲜又好奇
10. 适合的普拉提运动选项	
普拉提椅子、秋千床、脊柱矫正器、梯桶	可以在开放的工作室使用到这些设备
附加的设备	无
带有不稳定的平面的设备：泡沫轴、小海豚、旋转盘、方形摇摆板、平衡板	无
11. 激活《解剖列车：徒手和运动治疗的肌筋膜经线》中描述的所有适合客户的肌筋膜经线	重点是协同激活肌筋膜前深线、后表线和手臂线
12. 提高筋膜弹性反冲性能的练习	普拉提椅子、秋千床、梯桶不能提高弹性反冲
练习时长：每天20~30分钟	
频率：每周2~3次	
胶原合成的恢复时间：2天	
13. 不含弹性反冲的筋膜导向运动	
练习时长：每天30~60分钟	每天60分钟
频率：每周2~6次	在开放的工作室练习：每周6次
至少每3周修订一次计划	每周与教练见一次面
14. 提示偏好	
接触深度	喜欢轻触
外感受或内感受提示	喜欢外感受指令
15. 客户的音乐偏好有助于专注和进行有节奏的运动	喜欢轻松的音乐
16. 与其他形式训练的互动	
多变强度的间歇训练	客户会遵照医生的建议
有氧运动：15~45分钟，每周3~4次	鼓励客户走路上班
力量训练：15~30分钟，每周2次，1~2天的恢复时间	客户目前不想进行力量训练
身心运动：瑜伽、太极、气功、婵柔器械上婵柔、垫上或椅子上婵柔	

表 7.15　约瑟夫·H. 普拉提椅子运动计划指南——练习精选

客户的诊断或相关情况：女，36岁，糕点师，需要一个能满足工作需要的锻炼计划，可能患有足底筋膜炎		运动效果					
教练选择的练习 参见**表 7.1**	筋膜导向的运动标准 运动要求： 运动可以持续地优化运动控制和重塑胶原 运动促进客户的张拉整体结构*意识和表现 根据客户情况以最佳练习顺序激活适合其需求的所有肌筋膜经线	促进组织水合作用	促进筋膜系统的滑动	刺激组织再生	提升组织弹性	形成规则的带有卷曲的晶格（网络）	促进弹性反冲

*："张拉整体结构会对局部的机械压力做出整体反应，产生一个与重力无关的结果。如果没有张拉整体结构模式，我们的纤维结构会在引力作用下坍塌。有了张拉整体结构模式，我们的纤维结构通过在整个网络（包括外围结构）分散负荷来吸收和分散压缩力。"（Guimberteau & Armstrong，2015）

	内感受——筋膜内的间质神经提供内感受功能，而不是本体感觉或痛觉功能。刺激这些游离的神经末梢能给大脑提供身体状况信息，维持体内的稳定，满足生理需求。内感受信号与感觉如温暖、恶心、饥饿、疼痛、费力、沉重或轻松有关。对内部躯体的感知与情感偏好和感觉有关（Schleip & Baker，2015）						
坐姿美人鱼/侧坐单手撑侧屈	本体感觉的改善——本体感觉与位置、肌腱和肌肉感觉有关	●	●	●	●		
坐姿，双腿V形、平行、脚跟下压	运动敏感度——动觉（动态本体感觉），感知四肢、躯干的位置和运动的能力	●	●	●	●		
坐姿，单腿脚趾、脚跟下压		●	●	●	●		
天鹅式–面向椅子/推胸（俯卧在椅子上）	同时带动大面积神经肌筋膜系统的全身性运动	●	●	●	●		
反向天鹅式/坐姿躯干下压（仰卧在椅子上）		●	●	●	●		
胸部扩张/坐姿肱三头肌下压（坐在地上面向椅子）		●	●	●	●		
单臂俯卧撑，一只手放在椅子上，另一只手放在脚踏板上	全身的连续性——将躯干连接到四肢，将四肢连接到躯干；将深层结构连接到表层结构，将表层结构连接到深层结构	●	●	●	●		
单臂俯卧撑，俯卧在椅子上（脊柱与弹簧垂直）		●	●	●			
单臂俯卧撑，站姿，侧对椅子		●	●				
单臂俯卧撑，一只手放在地面上，另一只手放在脚踏板上		●	●				
自地面起始的天鹅式（俯卧在地上，面向椅子）	运动的启动——将近端结构连接到远端结构，将远端结构连接到近端结构	●	●				
前弓步/面向椅子站立	流畅的运动序列	●	●	●	●		
侧弓步/侧站		●	●	●	●		
站姿单腿下压：面向椅子、侧对椅子、交叉腿	小角度变化的多向运动	●	●	●	●		
越过椅子洗衣（站在椅子后）	力/负荷的传递——通过神经肌筋膜系统分散力/负荷的运动	●	●	●	●		
扶手上推：背向椅子、面向椅子	预备反向运动	●	●	●	●		
跟腱拉伸	动态伸展——慢和快的节奏变化	●	●	●	●		

表 7.16 普拉提秋千床运动计划指南——练习精选

客户的诊断或相关情况： 女，36岁，糕点师，需要一个能满足工作需要的锻炼计划，可能患有足底筋膜炎

教练选择的练习 参见**表 7.4**	筋膜导向的运动标准 运动要求： 　运动可以持续地优化运动控制和重塑胶原 　运动促进客户的张拉整体结构*意识和表现 　根据客户情况以最佳练习顺序激活适合其需 　求的所有肌筋膜经线	运动效果					
		促进组织水合作用	促进筋膜系统的滑动	刺激组织再生	提升组织弹性	形成规则的带有卷曲的晶格（网络）	促进弹性反冲

*："张拉整体结构会对局部的机械压力做出整体反应，产生一个与重力无关的结果。如果没有张拉整体结构模式，我们的纤维结构会在引力作用下坍塌。有了张拉整体结构模式，我们的纤维结构通过在整个网络（包括外围结构）分散负荷来吸收和分散压缩力。"（Guimberteau & Armstrong, 2015）

练习	标准	促进组织水合作用	促进筋膜系统的滑动	刺激组织再生	提升组织弹性	形成规则的带有卷曲的晶格（网络）	促进弹性反冲
	内感受——筋膜内的间质神经提供内感受功能，而不是本体感觉或痛觉功能。刺激这些游离的神经末梢能给大脑提供身体状况信息，维持体内的稳定，满足生理需求。内感受信号与感觉如温暖、恶心、饥饿、疼痛、费力、沉重或轻松有关。对内部躯体的感知与情感偏好和感觉有关（Schleip & Baker, 2015）						
推杆（弹簧在下方）：下肢屈伸/足部练习	本体感觉的改善——本体感觉与位置、肌腱和肌肉感觉有关	●	●	●	●		
推杆（弹簧在上方）：美人鱼、上臂、天鹅式	运动敏感度——动觉（动态本体感觉），感知四肢、躯干的位置和运动的能力	●	●	●	●		
卷下杆：卷下、天鹅式、胸部扩张、大腿拉伸	同时带动大面积神经肌筋膜系统的全身性运动	●	●	●	●		
仰卧，腿套弹簧：蹬自行车、行走、剪刀式、蛙式、画圈	全身的连续性——将躯干连接到四肢，将四肢连接到躯干；将深层结构连接到表层结构，将表层结构连接到深层结构	●	●	●	●		
仰卧，腿套弹簧：画圈、蹬自行车		●	●	●	●		
魔术师 飞机式	运动的启动——将近端结构连接到远端结构，将远端结构连接到近端结构						
手臂套弹簧：仰卧画圈、俯卧画圈、飞鹰式、向后划船/圆背、向后划船/直背、向前划船/坐高、向前划船/前屈向下、敬礼、抱树	流畅的运动序列	●	●	●	●		
站在地面上，手臂套长弹簧：上臂控制（面向床）、上臂控制（背向床，自踝关节以上向前倾）、手臂画圈（面向床）、拳击（背向床，自踝关节以上向前倾）、敬礼（背向床，自踝关节以上向前倾）、抱树（背向床）、扭转（背向床）、蝴蝶式（背向床）、胸部扩张（面向床）、反向胸部扩张（背向床）、弓步（背向床）	小角度变化的多向运动	●	●	●	●		
全套配置的秋千床：雄鹰展翅	力/负荷的传递——通过神经肌筋膜系统分散力/负荷的运动	●	●	●	●		
全套配置的秋千床：仰面后伸悬吊	预备反向运动	●	●	●	●		
全套配置的秋千床：俯面后伸悬吊	动态伸展——慢和快的节奏变化	●	●	●	●		

表 7.17 普拉提脊柱矫正器运动计划指南——练习精选

客户的诊断或相关情况：女，36岁，糕点师，需要一个能满足工作需要的锻炼计划，可能患有足底筋膜炎

教练选择的练习 参见**表 7.7**	筋膜导向的运动标准 运动要求： 　运动可以持续地优化运动控制和重塑胶原 　运动促进客户的张拉整体结构*意识和表现 　根据客户情况以最佳练习顺序激活适合其 　需求的所有肌筋膜经线	运动效果					
		促进组织水合作用	促进筋膜系统的滑动	刺激组织再生	提升组织弹性	形成规则的带有卷曲的晶格（网络）	促进弹性反冲

*："张拉整体结构会对局部的机械压力做出整体反应，产生一个与重力无关的结果。如果没有张拉整体结构模式，我们的纤维结构会在引力作用下坍塌。有了张拉整体结构模式，我们的纤维结构通过在整个网络（包括外围结构）分散负荷来吸收和分散压缩力。"（Guimberteau & Armstrong，2015）

练习	筋膜导向的运动标准	水合	滑动	再生	弹性	网络	反冲
	内感受——筋膜内的间质神经提供内感受功能，而不是本体感觉或痛觉功能。刺激这些游离的神经末梢能给大脑提供身体状况信息，维持体内的稳定，满足生理需求。内感受信号与感觉如温暖、恶心、饥饿、疼痛、费力、沉重或轻松有关。对内部躯体的感知与情感偏好和感觉有关（Schleip & Baker，2015）						
坐姿卷下 （图7.3，第1行）	本体感觉的改善——本体感觉与位置、肌腱和肌肉感觉有关	●	●	●	●		
后伸展 （图7.3，第1行）	本体感觉的改善——本体感觉与位置、肌腱和肌肉感觉有关	●	●	●	●		
过头伸展 （图7.3，第1行）	本体感觉的改善——本体感觉与位置、肌腱和肌肉感觉有关	●	●	●	●		
直腿后卷（并腿和分腿） （图7.3，第1行）	本体感觉的改善——本体感觉与位置、肌腱和肌肉感觉有关	●	●	●	●		
腿部系列：剪刀式、行走、蹬自行车、画圈、直升机 （图7.3，第2行）	运动敏感度——动觉（动态本体感觉），感知四肢、躯干的位置和运动的能力	●	●	●	●		
平衡 （图7.3，第3行）	同时带动大面积神经肌筋膜系统的全身性运动						●
开瓶器 （图7.3，第4行图1~3）	同时带动大面积神经肌筋膜系统的全身性运动	●	●	●	●		
弓形摇摆	全身的连续性——将躯干连接到四肢，将四肢连接到躯干；将深层结构连接到表层结构，将表层结构连接到深层结构	●	●	●	●		
后拱桥式	运动的启动——将近端结构连接到远端结构，将远端结构连接到远端结构	●	●	●	●		
游泳 （图7.3，第5行图4，第6行图1~3）	流畅的运动序列	●	●	●	●		
髋部画圈 （图7.3，第3行图3、4）	小角度变化的多向运动	●	●	●	●		
低位桥式 （图7.3，第3行图1）	力/负荷的传递——通过神经肌筋膜系统分散力/负荷的运动	●	●	●	●		
天鹅式	预备反向运动		●		●		
蝗虫式	预备反向运动	●	●	●	●		
卷上卷下	动态伸展——慢和快的节奏变化	●	●	●	●		

表 7.18　普拉提梯桶运动计划指南——练习精选

客户的诊断或相关情况： 女，36岁，糕点师，需要一个能满足工作需要的锻炼计划，可能患有足底筋膜炎

教练选择的练习 参见**表 7.11**	筋膜导向的运动标准 运动要求： 运动可以持续地优化运动控制和重塑胶原 运动促进客户的张拉整体结构*意识和表现 根据客户情况以最佳练习顺序激活适合其 需求自己的所有肌筋膜经线	运动效果					
		促进组织水合作用	促进筋膜系统的滑动	刺激组织再生	提升组织弹性	形成规则的带有卷曲晶格（网络）	促进弹性反冲

*："张拉整体结构会对局部的机械压力做出整体反应，产生一个与重力无关的结果。如果没有张拉整体结构模式，我们的纤维结构会在引力作用下坍塌。有了张拉整体结构模式，我们的纤维结构通过在整个网络（包括外围结构）分散负荷来吸收和分散压缩力。"（Guimberteau & Armstrong, 2015）

教练选择的练习	筋膜导向的运动标准	促进组织水合作用	促进筋膜系统的滑动	刺激组织再生	提升组织弹性	形成规则的带有卷曲晶格（网络）	促进弹性反冲
	内感受——筋膜内的间质神经提供内感受功能，而不是本体感觉或痛觉功能。刺激这些游离的神经末梢能给大脑提供身体状况信息，维持体内的稳定，满足生理需求。内感受信号与感觉如温暖、恶心、饥饿、疼痛、费力、沉重或轻松有关。对内部躯体的感知与情感偏好和感觉有关（Schleip & Baker, 2015）						
骑马	本体感觉的改善——本体感觉与位置、肌腱和肌肉感觉有关				•		
天鹅潜水	运动敏感度——动觉（动态本体感觉），感知四肢、躯干的位置和运动的能力	•	•	•	•		
蝗虫式	同时带动大面积神经肌筋膜系统的全身性运动	•	•	•	•		
游泳	全身的连续性——将躯干连接到四肢，将四肢连接到躯干；将深层结构连接到表层结构，将表层结构连接到深层结构	•	•	•	•		
侧屈	运动的启动——将近端结构连接到远端结构，将远端结构连接到近端结构	•	•	•	•		
短箱系列：圆背、平背、扭转、爬树	流畅的运动序列	•	•	•	•		
腿部系列：剪刀式、行走、蹬自行车、直升机	小角度变化的多向运动	•	•	•	•		
腹部弹跃	力/负荷的传递——通过神经肌筋膜系统分散力/负荷的运动					•	
手倒立	预备反向动作	•	•	•	•		
后弯到下肢前屈	动态伸展——慢和快的节奏变化	•	•	•	•		

参考资料

出版物

GALLAGHER S P, KRYZANOWSKA R, 2000. The Joseph H. Pilates archive collection. Philadelphia, PA: Trans-Atlantic Publications Inc.

GUIMBERTEAU J C, ARMSTRONG C, 2015. Architecture of human living fascia: The extracellular matrix and cells revealed through endoscopy.Edinburgh: Handspring Publishing.

MYERS T W, 2014. Anatomy Trains®: Myofascial meridians for manual and movement therapists (3rd ed.). Edinburgh: Churchill Livingstone.

SCARR G, 2014. Biotensegrity: The structural basis of life. Edinburgh: Handspring Publishing.

SCHLEIP R, BAKER A (Eds.), 2015. Fascia in sport and movement. Edinburgh: Handspring Publishing.

STECCO C, 2015. Functional atlas of the human fascial system. Edinburgh: Churchill Livingstone.

STECCO A, STERN R, FANTONI I, DE CARO R, STECCO C, 2016. Fascial disorders: Implications for treatment. PM & R, (8) 2, 161-168.

电子资源

Schleip, R. (2016, May 13). Fascia and Davis's Law [Video]. Retrieved from http://www.pilatesanytime.com/workshop-view/2522/video/Pilates-Fascia-and-Davis-Law-by-Robert-Schleip-PhD

第八章　筋膜导向的椅子和秋千床练习

表8.1　筋膜导向的组合椅练习的主要脊柱方向

		主要脊柱方向				
		冠状面侧屈	旋转	矢状面脊柱中立位	矢状面伸展	矢状面屈曲
		数量（个）				
筋膜导向的组合椅（两个脚踏板）练习 **图8.1~8.5**	**图**	5	5	9	2	1
1.坐姿脊柱侧屈加旋转	8.1A~C	●	●			
2.俯卧脊柱旋转加后伸	8.1D、E		●		●	
3.脊柱后伸加旋转	8.2A~D		●		●	
4.坐姿，侧对脚踏，一侧踝关节跖屈/背屈	8.2E~H			●		●
5.站姿，髋关节中立位、外旋位、内旋位的踝关节跖屈/背屈 (表7.1第49项跟腱拉伸)	8.3A~D			●		
6.站姿，骨盆倾斜位，踝关节跖屈加胸椎侧屈和旋转	8.3E~H	●	●	●		
7.站在旋转盘上，两只手分别放在两个脚踏上，胸椎和颈椎旋转(表7.1第6项洗衣)	8.4A、B		●	●		
8.一只手放在旋转盘上，另一只手放在脚踏上，单腿平板支撑 (表7.1 第18项单臂俯卧撑，一只手放在地面上，另一只手放在脚踏上)	8.4C、D			●		
9.面向椅子，两只脚各踩一个脚踏，双手放在椅面上，手有7种不同的放置方式 (表7.1第40项倒V上拉)	8.5A			●		
10.侧对椅子，两只脚各踩一个脚踏，外侧脚在前，双手放在椅面上，手有7种不同的放置方式(表7.1第42项侧面倒V上拉)	8.5B	●		●		
11.侧对椅子，两只脚各踩一个脚踏，内侧脚在前，双手放在椅面上，手有7种不同的放置方式(表7.1第42项侧面倒V上拉)	8.5C	●		●		
12.面向椅子，两只脚各踩一个脚踏，双手抓住圆盘摇板两侧，变式1转向屈膝侧的腿，变式2转离屈膝侧的腿 (表7.1第42项侧面倒V上拉)	8.5D	●		●		

表8.2 筋膜导向的运动标准和筋膜导向的组合椅运动范例

筋膜导向的运动标准

运动要求	张拉整体结构模式
1.运动可以持续地优化运动控制和重塑胶原 2.运动促进客户的张拉整体结构*意识和表现	*:"张拉整体结构会对局部的机械压力做出整体反应,产生一个与重力无关的结果。如果没有张拉整体结构模式,我们的纤维结构会在引力作用下坍塌。有了张拉整体结构模式,我们的纤维结构通过在整个网络(包括外围结构)分散负荷来吸收和分散压缩力。"(Guimberteau & Armstrong, 2015) "张拉整体结构模式的价值不在于该模式必然会改变某一特定的治疗方法,而在于它人体结构提供了更好的观察人体机械力学的方法,这种方法来源于对功能解剖学的新认识。"(Scarr, 2014)

	普拉提原则	普拉提高背椅和万得椅运动范例	筋膜导向的组合椅运动范例
3.根据客户情况以最佳练习顺序激活适合其需求的所有肌筋膜经线	全身运动原则	反向天鹅式/坐姿躯干下压(仰坐在椅子上)	站在旋转盘上,两只手分别放在两个脚踏上,胸椎和颈椎旋转(图8.4A、B)

运动目的

	普拉提原则	普拉提高背椅和万得椅运动范例	筋膜导向的组合椅运动范例
4.内感受——筋膜内的间质神经提供内感受功能,而不是本体感觉或痛觉功能。刺激这些游离的神经末梢能给大脑提供身体状况信息,维持体内的稳定,满足生理需求。内感受信号与感觉如温暖、恶心、饥饿、疼痛、费力、沉重或轻松有关。对内部躯体的感知与情感偏好和感觉有关(Schleip & Baker, 2015)	呼吸	每个人的内感受都是独一无二的	
5.本体感觉的改善——本体感觉与位置、肌腱和肌肉感觉有关	专注 控制	坐姿腿部下压	站姿,髋关节中立位、外旋位、内旋位的踝关节跖屈/背屈(图8.3A~D)
6.运动敏感度——动觉(动态本体感觉),感知四肢、躯干的位置和运动的能力	精确	钢琴课–椅子在后(背向椅子,髋关节外旋下蹲)	侧对椅子,两只脚各踩一个脚踏,内侧脚在前,双手放在椅面上,手有7种不同的放置方式(图8.5C)

运动属性

	普拉提原则	普拉提高背椅和万得椅运动范例	筋膜导向的组合椅运动范例
7.同时带动大面积神经肌筋膜系统的全身性运动	全身性运动 呼吸	单臂撑扭转(坐在椅子上)	站姿,骨盆倾斜位,踝关节跖屈加胸椎侧屈和旋转(图8.3E~H)
8.全身的连续性——将躯干连接到四肢,将四肢连接到躯干;将深层结构连接到表层结构,将表层结构连接到深层结构	全身性运动	猫式下压(跪在椅子上)	侧对椅子,两只脚各踩一个脚踏,外侧脚在前,双手放在椅面上,手有7种不同的放置方式(图8.5B)
9.运动的启动——将近端结构连接到远端结构,将远端结构连接到近端结构	核心 呼吸	屈体/V形悬体(坐在地面上,面向椅子)	坐姿脊柱后伸加旋转(图8.2A~D)
10.流畅的运动序列	呼吸	单腿肌腱拉伸	坐姿脊柱侧屈加旋转(图8.1A~C)
11.小角度变化的多向运动	肌肉的均衡发展(肌筋膜系统的完美激活)	自地面起始的折刀和开瓶器	面向椅子,两只脚各踩一个脚踏,双手抓住圆盘摇板两侧,变式1转向屈膝侧的腿,变式2转离屈膝侧的腿(图8.5D)
12.力/负荷的传递——通过神经肌筋膜系统分散力/负荷的运动		越过椅子洗衣(站在椅子后) 扶手上推一面向椅子	一只手放在旋转盘上,另一只手在脚踏上单腿平板支撑(图8.4C,D) 面向椅子,两只脚各踩一个脚踏,双手放在椅面上,手有7种不同的放置位置(图8.5A)
13.预备反向运动	节奏	天鹅式–面向椅子/推胸(俯卧在椅子上)	坐姿脊柱侧屈加旋转(先远离脚踏侧屈,再朝向脚踏侧屈)(图8.1A~C)
14.动态伸展——慢和快的节奏变化	节奏	坐姿美人鱼/侧坐单手撑侧屈	脊柱后伸加旋转(图8.2A~D)

表8.2（续）

运动效果		
15.促进组织水合作用		
16.促进在三维神经肌筋膜系统内的滑动		
17.形成规则的带有卷曲的晶格（网络）		
18.促进弹性反冲	普拉提高背椅和万得椅不支持弹性反冲训练	组合椅不支持弹性反冲训练
19.刺激组织再生		
20.提升组织弹性		

表8.3 肌筋膜经线和筋膜导向的组合椅练习

筋膜导向的运动标准	
运动要求	张拉整体结构模式
1.运动可以持续地优化运动控制和重塑胶原	*："张拉整体结构会对局部的机械压力做出整体反应，产生一个与重力无关的结果。如果没有张拉整体结构模式，我们的纤维结构会在引力作用下坍塌。有了张拉整体结构模式，我们的纤维结构通过在整个网络（包括外围结构）分散负荷来吸收和分散压缩力。"（Guimberteau & Armstrong, 2015）
2.运动促进客户的张拉整体结构*意识和表现	"张拉整体结构模式的价值不在于该模式必然会改变某一特定的治疗方法，而在于它提供了更好的观察人体机械力学的方法，这种方法来源于对功能解剖学的新认识。"（Scarr, 2014）

	肌筋膜经线						
	后表线	功能线	体侧线	螺旋线	前深线	手臂线	前表线
3.根据客户情况以最佳练习顺序激活适合其需求的所有肌筋膜经线	一只手放在旋转盘上，另一只手放在脚踏上，单腿平板支撑（图8.4C、D）	面向椅子，两只脚各踩一个脚踏，双手抓住圆盘摇板两侧，变式1转向屈膝侧的腿，变式2转离屈膝侧的腿（图8.5D）	站姿，骨盆倾斜位加胸椎侧屈（图8.3G）	站姿，骨盆倾斜位，踝关节跖屈加胸椎侧屈和旋转（图8.3H）	面向椅子，两只脚各踩一个脚踏，双手抓住圆盘摇板两侧，变式1转向屈膝侧的腿，变式2转离屈膝侧的腿（图8.5D）	脊柱后伸加旋转（图8.2A、B）	坐姿，侧对脚踏，一侧踝关节跖屈/背屈（图8.2G）

运动目的							
4.内感受——筋膜内的间质神经提供内感受功能，而不是本体感觉或痛觉功能。刺激这些游离的神经末梢能给大脑提供身体状况信息，维持体内的稳定，满足生理需求。内感受信号与感觉如温暖、恶心、饥饿、疼痛、费力、沉重或轻松有关。对内部躯体的感知与情感偏好和感觉有关（Schleip & Baker, 2015）							
5.本体感觉的改善——本体感觉与位置、肌腱和肌肉感觉有关	俯卧，脊柱旋转加后伸（图8.1D、E）	一只手放在旋转盘上，另一只手放在脚踏上，单腿平板支撑（图8.4C、D）	坐姿脊柱侧屈加旋转（图8.1A）	俯卧脊柱旋转加后伸（图8.1D、E）	面向椅子，两只脚各踩一个脚踏，双手放在椅面上，手有7种不同的放置方式（图8.5A）	一只手放在旋转盘上，另一只手放在脚踏上，单腿平板支撑（图8.4C、D）	坐姿，侧对脚踏，一侧踝关节跖屈/背屈（图8.2H）
6.运动敏感度——动觉（动态本体感觉），感知四肢、躯干的位置和运动的能力	脊柱后伸加旋转（图8.2A、B）	侧对椅子，两只脚各踩一个脚踏，外侧脚在前，双手放在椅面上，手有7种不同的放置方式（图8.5B）	坐姿，侧对脚踏，一侧踝关节跖屈/背屈（图8.2E）	站在旋转盘上，两只手分别放在两个脚踏上，胸椎和颈椎旋转（图8.4A、B）	侧对椅子，两只脚各踩一个脚踏，内侧脚在前，双手放在椅面上，手有7种不同的放置方式（图8.5C）	站在旋转盘上，两只手分别放在两个脚踏上，胸椎和颈椎旋转（图8.4A、B）	面向椅子，两只脚各踩一个脚踏，双手抓住圆盘摇板两侧，变式1转向屈膝侧的腿，变式2转离屈膝侧的腿（图8.5D）

表8.3（续）

	肌筋膜经线						
	后表线	功能线	体侧线	螺旋线	前深线	手臂线	前表线
运动属性							
7.同时带动大面积神经肌筋膜系统的全身性运动	俯卧脊柱旋转加后伸（图8.1D、E）	站在旋转盘上，两只手分别放在两个脚踏上，胸椎和颈椎旋转（图8.4A,B）	侧对椅子，两只脚各踩一个脚踏，内侧脚在前，双手放在椅面上，手有7种不同的放置方式（图8.5C）	俯卧脊柱旋转加后伸（图8.1D、E）	一只手放在旋转盘上，另一只手放在脚踏上，单腿平板支撑（图8.4C、D）	面向椅子，两只脚各踩一个脚踏，双手放在椅面上，手有7种不同的放置方式（图8.5A）	站姿，髋关节中立位、外旋位、内旋位的踝关节跖屈/背屈（图8.3A）
8.全身的连续性——将躯干连接到四肢；将四肢连接到躯干；将深层结构连接到表层结构，将表层结构连接到深层结构	脊柱后伸加旋转（图8.2A、B）	面向椅子，两只脚各踩一个脚踏，双手抓住圆盘摇板两侧，变式1转向屈膝侧的腿，变式2转离屈膝侧的腿（图8.5D）	站姿，骨盆倾斜位，踝关节跖屈加胸椎侧屈和旋转（图8.3H）	站在旋转盘上，两只手分别放在两个脚踏上，胸椎和颈椎旋转（图8.4A、B）	站姿，骨盆倾斜（图8.3E）	俯卧脊柱旋转加后伸（图8.1D、E）	站姿，髋关节中立位、外旋位、内旋位的踝关节跖屈/背屈（图8.3A~D）
9.运动的启动——将近端结构连接到远端结构，将远端结构连接到近端结构	一只手放在旋转盘上，另一只手放在脚踏上，单腿平板支撑（图8.4C、D）	脊柱后伸加旋转（图8.2C、D）	坐姿脊柱侧屈（图8.1A）	脊柱后伸加旋转（图8.2C、D）	一只手放在旋转盘上，另一只手放在脚踏上，单腿平板支撑（图8.4C、D）	一只手放在旋转盘上，另一只手放在脚踏上，单腿平板支撑（图8.4C、D）	坐姿，侧对脚踏，一侧踝关节跖屈/背屈（图8.2H）
10.流畅的运动序列	俯卧脊柱旋转加后伸（图8.1D、E）	站姿，骨盆倾斜位，踝关节跖屈加胸椎旋转（图8.3F）	坐姿，脊柱侧屈加旋转（图8.1B、C）	俯卧，脊柱旋转加后伸（图8.1D、E）	脊柱后伸加旋转（图8.2A、B）	脊柱后伸加旋转（8.2A、B）	面向椅子，两只脚各踩一个脚踏，双手抓住圆盘摇板两侧，变式1转向屈膝侧的腿，变式2转离屈膝侧的腿（图8.5D）
11.小角度变化的多向运动	脊柱后伸加旋转（图8.2C、D）	面向椅子，两只脚各踩一个脚踏，双手抓住圆盘摇板两侧，转向屈膝侧的腿（图8.5D）	面向椅子，两只脚各踩一个脚踏，双手抓住圆盘摆板两侧，转向屈膝侧的腿（图8.5D）	脊柱后伸加旋转（8.2C、D）	站在旋转盘上，两只手分别放在两个脚踏上，胸椎和颈椎旋转（图8.4A、B）	站姿，骨盆倾斜位，踝关节跖屈加胸椎侧屈和旋转（交替进行手臂内旋和外旋）（8.3G、H）	坐姿，侧对脚踏，一侧踝关节跖屈/背屈(髋关节中立位和外旋位)（图8.2G）
12.力/负荷的传递——通过神经肌筋膜系统分散力/负荷的运动	脊柱后伸加旋转（图8.2A、B）	一只手放在旋转盘上，另一只手放在脚踏上，单腿平板支撑（图8.4C）	坐姿脊柱侧屈（图8.1A）	俯卧脊柱旋转加后伸（图8.1D、E）	面向椅子，两只脚各踩一个脚踏，双手放在椅面上，手有7种不同的放置方式（图8.5A）	坐姿脊柱侧屈（图8.1B）	面向椅子，两只脚各踩一个脚踏，双手抓住圆盘摇板两侧，变式1转向屈膝侧的腿，变式2转离屈膝侧的腿（图8.5D）

表8.3（续）

肌筋膜经线

	后表线	功能线	体侧线	螺旋线	前深线	手臂线	前表线
12.力/负荷的传递——通过神经肌筋膜系统分散力/负荷的运动	脊柱后伸加旋转（图 8.2C、D）	侧对椅子，两只脚各踩一个脚踏，外侧脚在前，双手放在椅面上，手有7种不同的放置方式（图8.5B）	侧对椅子，两只脚各踩一个脚踏，内侧脚在前，双手放在椅面上，手有7种不同的放置放式（图8.5C）	脊柱后伸加旋转（图8.2C、D）	站在旋转盘上，两只手分别放在两个脚踏上，胸椎和颈椎旋转（图8.4A、B）	面向椅子，每只脚各踩一个脚踏，双手抓住圆盘摇板两侧，变式1转向屈膝侧的腿，变式2转离屈膝侧的腿（图8.5D）	面向椅子，两只脚各踩一个脚踏，双手抓住圆盘摇板两侧，变式1转向屈膝侧的腿，变式2转离屈膝侧的腿（图8.5D）
13.预备反向运动	站在旋转盘上，两只手分别放在两个脚踏上，胸椎和颈椎旋转（交替进行脊柱屈曲和伸展）（图8.4 A、B）	俯卧脊柱旋转加后伸（图 8.1 D、E）	坐姿脊柱侧屈加旋转（先向远离踏板方向侧屈，再向踏板方向侧屈）（图8.1B）	站在旋转盘上，两只手分别放在两个脚踏上，胸椎和颈椎旋转（图8.4A、B）	站在旋转盘上，两只手分别放在两个脚踏上，胸椎和颈椎旋转（交替进行脊柱屈曲和伸展）（图8.4A、B）	坐姿脊柱侧屈加旋转（先向远离踏板方向侧屈，再向踏板方向侧屈）（图8.1B、C）	坐姿，侧对脚踏，一侧踝关节跖屈/背屈（交替进行脊柱屈曲和伸展）（图8.2H）
14.动态伸展——慢和快的节奏变化	脊柱后伸加旋转（图8.2C、D）	脊柱后伸加旋转（图8.2A、B）	坐姿脊柱侧屈加旋转（图8.1B、C）	坐姿脊柱侧屈加旋转（图8.1B、C）	站姿，骨盆倾斜（图8.3E）	站姿，骨盆倾斜位，踝关节跖屈加胸椎侧屈和旋转（交替进行手臂内旋和外旋）（8.3G、H）	脊柱后伸加旋转（图8.2A、B）

运动效果

15.促进组织水合作用	大约有2/3的筋膜组织是由水组成的，在被施加机械负荷时，无论是拉伸还是局部压迫，受力较大的区域都会挤压出大量的水。如果对筋膜组织施加外部负荷，水合作用就会更新，并改善组织的黏弹性（Schleip& Baker，2015，p.8）
16.促进在三维神经肌筋膜系统内的滑动	胶原蛋白层之间的正常滑动可能会受堆积了各种废物的疏松结缔组织的阻碍。在罹患过度使用综合征、创伤或进行外科手术时，疏松结缔组织会无法滑动。局部温度的升高有助于筋膜滑动。当温度升高到40℃以上时，透明质酸（玻尿酸）链的三维上部结构逐步分解，可降低位于深筋膜和肌肉内部和下方的疏松结缔组织的透明质酸的黏度。可以通过按摩、运动或洗热水澡暂时提高温度。在睡眠时，身体静止可能会导致透明质酸黏度增加，引起深筋膜和肌肉僵硬（Stecco，2015，p.60、64）
17.形成规则的带有卷曲的晶格（网络）	胶原纤维的微观结构呈波浪状卷曲，像弹簧一样。当人体老化或筋膜纤维移动受限（固化）时，纤维结构会失去卷曲和弹性。以适当的负荷进行规律的筋膜纤维的锻炼能产生更年轻、具有波浪状纤维和更强弹力储存能力的胶原结构（Schleip & Baker，2015，p.7）
18.促进弹性反冲	组合椅不能提供弹性反冲训练
19.刺激组织再生	全身筋膜网络的更新速度相当慢，半衰期在几个月到几年之间，而不是几天或几周。在适当运动负荷后的前3个小时内，胶原蛋白不仅合成增加，降解也增加。在运动后的36小时内，胶原蛋白降解超过胶原蛋白合成。运动后48小时，胶原蛋白合成才超过降解，净合成为正数（Schleip & Baker，2015，p.162） 纤维网络是由交叉纤维构成的，具有移动性、适应性，形成一种机械协调；在健康组织受损时，纤维网络会失去机械协调。人体的修复机制无法将受损区域的纤维网络恢复到原始状态，新的替代组织质量较差，但是可以通过手法治疗尽早调动受伤区域，以增强瘢痕组织的伸缩性（Guimberteau & Armstrong，2015，p.162）
20.提升组织弹性	根据张拉整体结构模式，神经肌筋膜系统作为一个自调节整体适应运动过程。肌筋膜经线绘制出一组结缔组织，形成外部的张拉网络拉住（包裹住）骨骼。一直主导我们思维的"孤立肌肉理论"限制了我们对这种全身性"给予"的认识，这种"给予"对弹性是非常重要的（Myers，p.46，ch.6 in Schleip & Baker，2015）

图 8.1

A~C.坐姿脊柱侧屈加旋转。两侧肌筋膜体侧线都被激活了。刺激从右脚小趾到右手小指的右侧体侧线。左侧体侧线从左侧坐骨到脚踏板上的左手掌根都被激活了。体现的筋膜导向的运动标准:全身连续性和力/负荷的传递

D、E.俯卧脊柱旋转加后伸,伴随交替伸髋。可激活肌筋膜前后功能线。体现的筋膜导向的运动标准: 同时带动大面积神经肌筋膜系统的全身运动

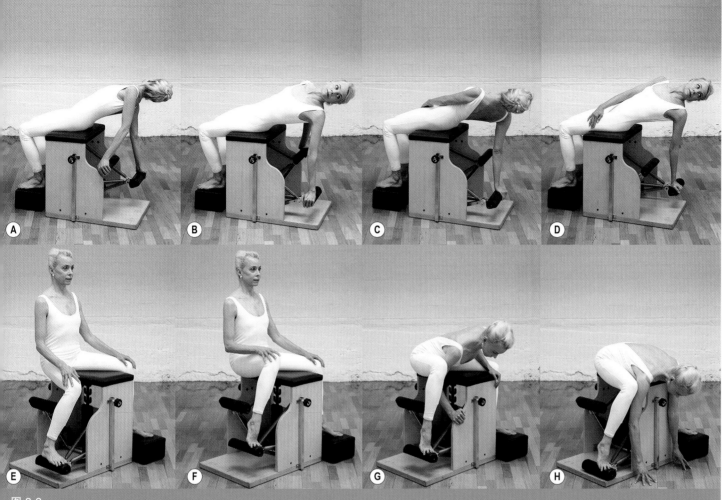

图 8.2

A、B.脊柱后伸加旋转,骨盆置于椅面上,双手各放在一个脚踏上。肌筋膜后表线和后功能线及臂后表线和臂后深线一同被激活。它们共同支持躯干的后伸和旋转。体现的筋膜导向的运动标准:小角度变化的多向运动

C、D.脊柱后伸加向右旋转(C)和向左旋转(D),骨盆置于椅面上,单手放在对侧脚踏上。激活了肌筋膜螺旋线和后表线以支持胸椎和颈椎向右旋转。体现的筋膜导向运动标准:力/负荷的传递——通过神经肌筋膜系统分散力/负荷的运动

E~H.坐姿,侧对脚踏,一侧踝关节运动。E.脊椎中立位,髋关节小范围后伸和屈曲; F.踝关节跖屈/背屈保持股骨稳定,激活了肌筋膜前深线和前表线; G.使脊柱几乎平行于地面,以利于髋内侧滑动并保持脊柱中立位,踝关节跖屈/背屈; H.脊柱屈曲加踝关节跖屈/背屈,着重于关节囊后侧区域的纤维。激活肌筋膜体侧线的下部对躯干肌筋膜的整体性是个挑战。体现的筋膜导向的运动标准: 运动敏感度——动觉(动态本体感觉),感知四肢、躯干的位置和运动的能力

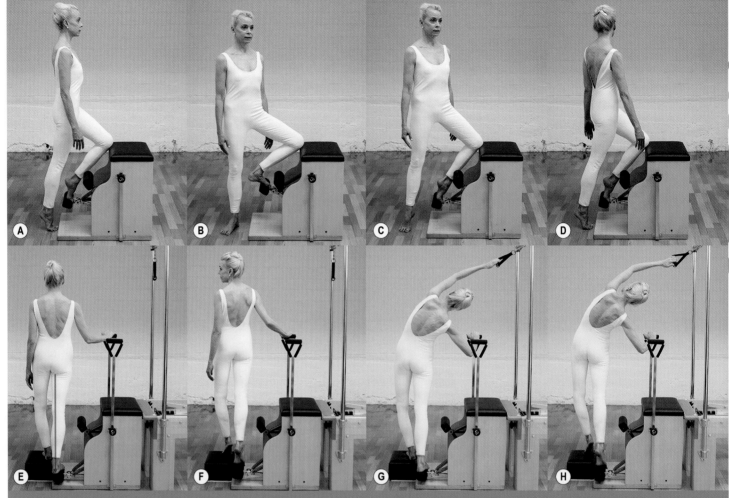

图 8.3

A~D.站在椅子前面，踝关节跖屈/背屈，保持髋关节中立位（A）、外旋位（B、C）、内旋位(D)，激活了肌筋膜前深线和所有的肌筋膜经线，以支持三个不同方向的动态平衡序列。体现的筋膜导向的运动标准:小角度变化的多向运动

E~H.站姿，侧对椅子，脊柱在不同平面移动。E.站姿，髋关节倾斜位，腰椎侧屈; F.踝关节跖屈，胸椎、颈椎旋转; G.髋关节倾斜位，腰椎、胸椎和颈椎侧屈; H.踝关节跖屈，胸椎、颈椎侧屈和旋转。这些运动挑战了所有肌筋膜的整体性，尤其是肌筋膜体侧线和螺旋线，体现的筋膜导向运动标准:力/负荷的传递——通过神经肌筋膜系统分散力/负荷的运动

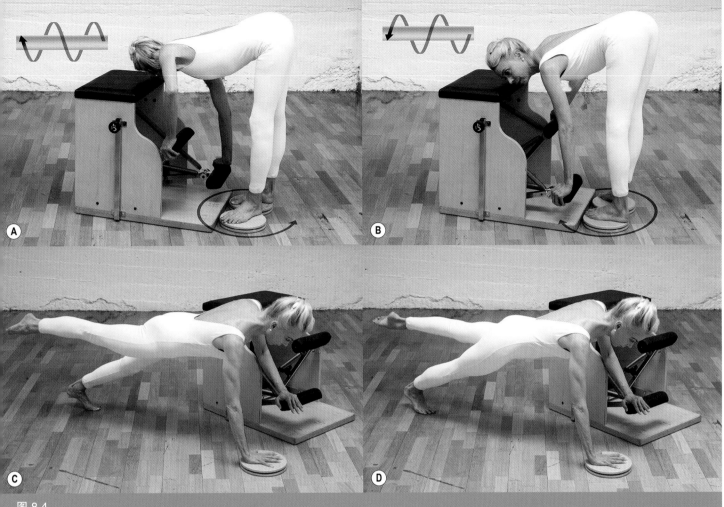

图 8.4

A、B.站在椅子前的旋转盘上,两只手分别放在两个脚踏上,胸椎和颈椎旋转,同时把腿和脚向与胸椎和颈椎相反的方向扭转。体现的筋膜导向的运动标准:流畅的运动序列

C、D.斜对椅子单臂俯卧撑。一只手放在旋转盘上,另一只手放在脚踏上,交替腿做单腿平板支撑。这个动态平衡对所有肌筋膜的整体性是个挑战。C.左手放在脚踏上,右髋后伸激活肌筋膜前功能线和后功能线;D.左手放在脚踏上,左髋后伸突出了肌筋膜体侧线和螺旋线。体现的筋膜导向的运动标准:全身的连续性——将躯干连接到四肢,将四肢连接到躯干;将深层结构连接到表层结构,将表层结构连接到深层结构

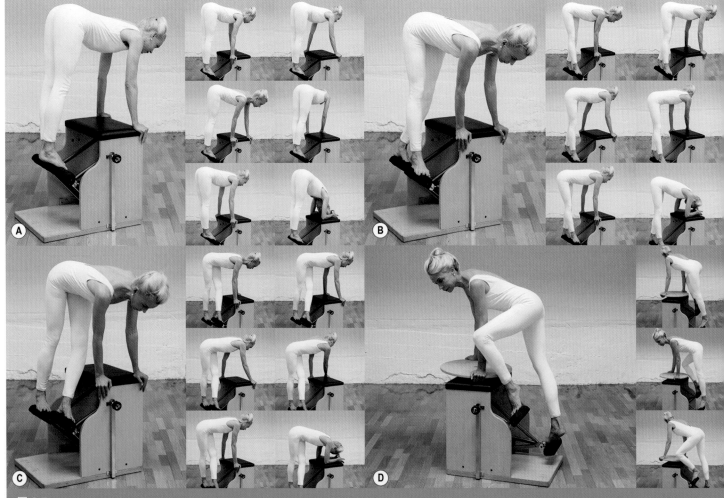

图 8.5
A~D.在椅子上不同的手位和脚位挑战了神经肌筋膜系统的整体性。这些序列都强调了前深线、前表线、功能线和手臂线。体现的筋膜导向的运动标准：运动的启动——将近端结构连接到远端结构，将远端结构连接到近端结构。A.面向椅子，两只脚各踩一个脚踏，双手放在椅面上，手有7种不同的放置方式。相对椅子的矢状面方向姿势有助于椅子两个脚踏板承重一致。7种手位通过神经肌筋膜系统时施加的向量是不同的。B.侧对椅子，两只脚各踩一个脚踏，外侧脚在前，双手放在椅面上，手有7种不同的放置方式。若左侧朝向椅子，左脚在后侧脚踏，双手向左侧移动时，躯干向左侧移动并侧屈。这个序列使肌筋膜左边侧线承重并需要左髋相对内旋。这个动作强调了连接左侧上臂和右侧大腿内侧的肌筋膜前功能线。C.侧对椅子，两只脚各踩一个脚踏，内侧脚在前，双手放在椅面上，手有7种不同的放置方式。若左侧朝向椅子，左脚在前侧脚踏，骨盆趋于向右旋转。由于骨盆向右旋转，使得连接左侧上臂和右侧大腿内侧的肌筋膜前功能线很难被启用，加大了身体向左侧屈和左髋向内旋转的难度。D.面向椅子，两只脚各踩一个脚踏，双手抓住圆盘摇板两侧，变式1转向屈膝侧的腿，变式2转离屈膝侧的腿。在相对椅子的矢状面方向，胸椎侧屈驱使圆盘摇板转向屈曲的膝关节或伸展的膝关节

表8.4 筋膜导向的秋千床练习的主要脊柱方向

筋膜导向的秋千床练习 图8.6~8.7		主要脊柱方向				
		冠状面侧屈	旋转	矢状面脊柱中立位	矢状面伸展	矢状面屈曲
				数量(个)		
	图	1	4	5	1	2
推杆(弹簧在上方)						
1.俯卧位肩胛骨运动	8.6A~C		●	●		
推杆附加手柄(弹簧在上方)						
2.从仰卧到侧卧,有辅助的躯干旋转加手臂内旋和外旋	8.6D		●	●		
3.仰卧,有辅助的脊柱屈曲加手臂内旋交叉	8.6E			●		●
4.仰卧,有辅助的脊柱伸展加手臂外旋交叉	8.6F			●	●	
5.坐在旋转盘上,肩胛下压、屈肘、手臂外旋	8.6G		●	●		
推杆附加手柄(弹簧在上方)						
6.坐姿绕环−锯式(表3.1第11项锯式)	8.7A~F	●	●			●

表8.5 筋膜导向的运动标准和筋膜导向的秋千床运动范例

筋膜导向的运动标准

运动要求	张拉整体结构模式
1.运动可以持续地优化运动控制和重塑胶原 2.运动促进客户的张拉整体结构*意识和表现	*:"张拉整体结构会对局部的机械压力会做出整体反应,产生一个与重力无关的结果。如果没有张拉整体结构模式,我们的纤维结构会在引力作用下坍塌。有了张拉整体结构模式,我们的纤维结构通过在整个网络(包括外围结构)分散负荷来吸收和分散压缩力。"(Guimberteau & Armstrong, 2015) "张拉整体结构模式的价值不在于该模式必然会改变某一特定的治疗方法,而在于它提供了更好的观察人体机械力学的方法,这种方法来源于对功能解剖学的新认识。"(Scarr, 2014)

	普拉提原则	普拉提秋千床运动范例	筋膜导向的秋千床运动范例
3.根据客户情况以最佳练习顺序激活适合其需求的所有肌筋膜经线	全身性运动	前卷后伸	俯卧位肩胛骨运动(**图 8.6A~C**)

运动目的

4.内感受——筋膜内的间质神经提供内感受功能,而不是本体感觉或痛觉功能。刺激这些游离的神经末梢能给大脑提供身体状况信息,维持体内的稳定,满足生理需求。内感受信号与感觉如温暖、恶心、饥饿、疼痛、费力、沉重或轻松有关。对内部躯体的感知与情感偏好和感觉有关(Schleip & Baker, 2015)	呼吸	每个人的内感受都是独一无二的	
5.本体感觉的改善——本体感觉与位置、肌腱和肌肉感觉有关	专注 控制	大腿拉伸	坐在旋转盘上,肩胛下压、屈肘、手臂外旋 (**图8.6G**)
6.运动敏感度——动觉(动态本体感觉),感知四肢、躯干的位置和运动的能力	精确	魔术师	从仰卧到侧卧,有辅助的躯干旋转加手臂内旋和外旋 (**图8.6D**)

运动属性

7.同时带动大面积神经肌筋膜系统的全身性运动	全身性运动 呼吸	俯面后伸悬吊	坐姿绕环-锯式(**图8.7A~F**)
8.全身的连续性——将躯干连接到四肢,将四肢连接到躯干;将深层结构连接到表层结构,将表层结构连接到深层结构	全身性运动	鹦鹉式	鹦鹉式加单侧髋部屈曲 (**图8.8D**)
9.运动的启动——将近端结构连接到远端结构,将远端结构连接到近端结构	核心 呼吸	坐姿推拉-背向推杆	仰卧,有辅助的脊柱伸展加手臂外旋交叉 (**图 8.6F**)
10.流畅的运动序列	呼吸	雄鹰展翅	桥式加伸膝 (**图8.8B**)
11.小角度变化的多向运动	肌肉的均衡发展(肌筋膜系统的完美激活)	蝴蝶式	坐在旋转盘上,肩胛下压、屈肘、手臂外旋 (**图8.6G**)
12.力/负荷的传递——通过神经肌筋膜系统分散力/负荷的运动		塔式 仰面后伸悬吊	俯卧肩胛骨运动 (**图8.6A~C**) 鹦鹉式加双腿屈曲和伸展 (**图 8.8F**)
13.预备反向运动	节奏	侧卧蹬自行车	从仰卧到侧卧,有辅助的躯干旋转加手臂内旋和外旋 (**图8.6D**)
14.动态伸展——慢和快的节奏变化	节奏	美人鱼	坐姿绕环-锯式 (**图 8.7A~F**)

运动效果

15.促进组织水合作用			
16.促进在三维神经肌筋膜系统内的滑动			
17.形成规则的带有卷曲的晶格(网络)			
18.促进弹性反冲		秋千床不支持弹性反冲训练	
19.刺激组织再生			
20.提升组织弹性			

154

表8.6　肌筋膜经线和筋膜导向的秋千床练习

筋膜导向的运动标准

运动要求	张拉整体结构模式
1.运动可以持续地优化运动控制和重塑胶原 2.运动促进客户的张拉整体结构*意识和表现	*："张拉整体结构会对于局部的机械压力做出整体反应，产生一个与重力无关的结果。如果没有张拉整体结构模式，我们的纤维结构会在引力作用下坍塌。有了张拉整体结构模式，我们的纤维结构通过在整个网络（包括外围结构）分散负荷来吸收和分散压缩力。"（Guimberteau & Armstrong, 2015） "张拉整体结构模式的价值不在于该模式必然会改变某一特定的治疗方法，而在于它提供了更好的观察人体机械力学的方法，这种方法来源于对功能解剖学的新认识。"（Scarr, 2014）

肌筋膜经线

	后表线	功能线	体侧线	螺旋线	前深线	手臂线	前表线
3.根据客户情况以最佳练习顺序激活适合其需求的所有肌筋膜经线	桥式（8.8A）	俯卧肩胛骨运动（图8.6A~C）	坐姿绕环–锯式（图8.7C）	坐在旋转盘上，肩胛下压、肘、手臂外旋（图8.6G）	鹦鹉式加双腿屈曲和伸展（图8.8F）	从仰卧到侧卧，有辅助的躯干旋转加手臂内旋和外旋（图8.6D）	矢状面大腿伸展（图8.8H）

运动目的

4.内感受——筋膜内的间质神经提供内感受功能，而不是本体感觉或痛觉功能。刺激这些游离的神经末梢能给大脑提供身体状况信息，维持体内的稳定，满足生理需求。内感受信号与感觉如温暖、恶心、饥饿、疼痛、费力、沉重或轻松有关。对内部躯体的感知与感觉偏好和感觉有关(Schleip & Baker, 2015)

	后表线	功能线	体侧线	螺旋线	前深线	手臂线	前表线
5.本体感觉的改善——本体感觉与位置、肌腱和肌肉感觉有关	鹦鹉式加单侧髋部屈曲（图8.8D）	俯卧肩胛骨运动（图8.6A~C）	坐在旋转盘上，肩胛下压、屈肘、手臂外旋（图8.6G）	坐在旋转盘上，肩胛下压、屈肘、手臂外旋（图8.6G）	仰卧，有辅助的脊柱伸展加手臂外旋交叉（图8.6F）	坐在旋转盘上，肩胛下压、屈肘、手臂外旋（图8.6G）	仰卧，有辅助的脊柱屈曲加手臂内旋交叉（图8.6E）
6.运动敏感度——动觉（动态本体感觉），感知四肢、躯干的位置和运动的能力	鹦鹉式加单腿屈曲和伸展（图8.8E）	鹦鹉式加双腿屈曲和伸展（图8.8F）	从仰卧到侧卧，有辅助的躯干旋转加手臂内旋和外旋（图8.6D）	俯卧肩胛骨运动（图8.6A~C）	桥式加伸膝（图8.8B）	仰卧，有辅助的脊柱屈曲加手臂内旋交叉；仰卧，有辅助的脊柱伸展加手臂外旋交叉（图8.6E、F）	桥式（图8.8A）

运动属性

	后表线	功能线	体侧线	螺旋线	前深线	手臂线	前表线
7.同时带动大面积神经肌筋膜系统的全身性运动	鹦鹉式加双腿屈曲和伸展（图8.8F）	桥式加伸膝（图8.8B）	坐在短箱上，美人鱼（高阶）（图8.8G）	坐姿绕环–锯式（图8.7F）	坐姿绕环–锯式（图8.7A~F）	桥式加伸膝（图8.8B）	桥式加伸膝（图8.8B）
8.全身的连续性——将躯干连接到四肢，将四肢连接到躯干；将深层结构连接到表层结构，将表层结构连接到深层结构	矢状面大腿伸展（图8.8H）	矢状面大腿伸展（图8.8H）	坐姿绕环–锯式（图8.7B）	斜对推杆的大腿伸展（图8.8I）	从仰卧到侧卧，有辅助的躯干旋转加手臂内旋和外旋（图8.6D）	坐姿绕环–锯式（图8.7A~F）	矢状面大腿伸展（图8.8H）
9.运动的启动——将近端结构连接到远端结构，将远端结构连接到近端结构	鹦鹉式加双腿屈曲和伸展(图8.8F)	俯卧肩胛骨运动（图8.6A~C）	坐在旋转盘上，肩胛下压、屈肘、手臂外旋（图8.6G）	从仰卧到侧卧，有辅助的躯干旋转加手臂内旋和外旋（图8.6D）	仰卧，有辅助的脊柱屈曲加手臂内旋交叉（图8.6E）	坐在旋转盘上，肩胛下压、屈肘、手臂外旋（图8.6G）	仰卧，有辅助的脊柱屈曲加手臂内旋交叉（图8.6E）
10.流畅的运动序列	斜对推杆的大腿伸展（图8.8I）	鹦鹉式加单腿屈曲和伸展（图8.8E）	坐姿绕环–锯式（图8.7A~F）	斜对推杆的大腿伸展（图8.8I）	坐姿绕环–锯式（图8.7A-F）	坐姿绕环–锯式（图8.7A~F）	矢状面大腿伸展（图8.8H）

表8.6（续）

肌筋膜经线

	后表线	功能线	体侧线	螺旋线	前深线	手臂线	前表线
11.小角度变化的多向运动	桥式加旋转（图8.8C）	桥式加旋转（图8.8C）	坐姿绕环-锯式（图8.7A~F）	鹦鹉式加环转（无相应配图）	坐姿绕环-锯式（图8.7A~F）	坐在旋转盘上，肩胛下压、屈肘、手臂外旋（图8.6G）	斜对推杆的大腿伸展（图8.8I）
12.力/负荷的传递——通过神经肌筋膜系统分散力/负荷的运动	桥式加伸膝（图8.8B） 鹦鹉式加双腿屈曲和伸展（图8.8F）	俯卧肩胛骨运动（图8.6A~C）	坐在旋转盘上，肩胛下压、屈肘、手臂外旋（图8.6G） 坐在短箱上，美人鱼（高阶）：双手放在推杆上，弹簧在上方（图8.8G）	桥式加旋转（图8.8C）	坐姿绕环-锯式（图8.7A~F） 桥式加伸膝（图8.8B）	坐姿绕环-锯式（图8.7B） 桥式加伸膝（图8.8B）	桥式加伸膝（图8.8B）
13.预备反向运动	鹦鹉式加单侧髋部屈曲（图8.8D）	矢状面大腿伸展（图8.8H）	鹦鹉式加单腿屈曲和伸展（图8.8E）	坐在旋转盘上，肩胛下压、屈肘、手臂外旋（图8.6G）	交替进行：仰卧，有辅助的脊柱屈曲加手臂内旋交叉；仰卧，有辅助的脊柱伸展加手臂外旋（图8.6E、F）	仰卧，有辅助的脊柱伸展加手臂外旋交叉；坐在旋转盘上，肩胛下压、屈肘、手臂外旋（图8.6F、G）	仰卧，有辅助的脊柱屈曲加手臂内旋交叉；仰卧，有辅助的脊柱伸展加手臂外旋交叉（图8.6E、F）
14.动态伸展——慢和快的节奏变化	坐姿绕环-锯式（图8.7A）	坐姿绕环-锯式（图8.7A~F）	坐姿绕环-锯式（图8.7B）	坐姿绕环-锯式（图8.7B）	桥式加旋转（图8.8C）	从仰卧到侧卧，有辅助的躯干旋转加手臂内旋和外旋（图8.6D）	桥式；桥式加伸膝（图8.8A、B）

运动效果

15.促进组织水合作用	大约有2/3的筋膜组织是由水组成的，在被施加机械负荷时，无论是拉伸还是局部压迫，受力较大的区域都会挤压出大量的水。如果对筋膜组织施加外部负荷，水合作用就会更新，并改善组织的黏弹性（Schleip & Baker, 2015, p.8）
16.促进在三维神经肌筋膜系统内的滑动	胶原蛋白层之间的正常滑动可能会受堆积了各种废物的疏松结缔组织的阻碍。在罹患过度使用综合征、创伤或进行外科手术时，疏松结缔组织会无法滑动。局部温度的升高有助于筋膜滑动。当温度升高到40℃以上时，透明质酸（玻尿酸）链的三维上部结构逐步分解，可降低位于深筋膜和肌肉内部和下方的疏松结缔组织的透明质酸的黏度。可以通过按摩、运动或洗热水澡暂时提高温度。在睡眠时，身体静止可能会导致透明质酸黏度增加，引起深筋膜和肌肉僵硬（Stecco, 2015, p.60、64）
17.形成规则的带有卷曲的晶格（网络）	胶原纤维的微观结构呈波浪状卷曲，像弹簧一样。当人体老化或筋膜纤维移动受限（固化）时，纤维结构会失去卷曲和弹性。以适当的负荷进行规律的筋膜纤维的锻炼能产生更年轻、具有波浪状纤维和更强弹力储存能力的胶原结构（Schleip & Baker, 2015, p.7）
18.促进弹性反冲	秋千床练习不能促进神经肌筋膜系统的弹性反冲
19.刺激组织再生	全身筋膜网络的更新速度相当慢，半衰期在几个月到几年之间，而不是几天或几周。在适当运动负荷后的前3个小时内，胶原蛋白不仅合成增加，降解也增加。在运动后的36小时内，胶原蛋白降解超过胶原蛋白合成。运动后48小时，胶原蛋白合成才超过降解，净合成为正数（Schleip & Baker, 2015, p.162） 纤维网络是由交叉纤维构成的，具有移动性、适应性，形成一种机械协调；在健康组织受损时，纤维网络会失去机械协调。人体的修复机制无法将受损区域的纤维网络恢复到原始状态，新的替代组织质量较差，但是可以通过手法治疗尽早调动受伤区域，以增强瘢痕组织的伸缩性（Guimberteau & Armstrong, 2015, p.162）
20.提升组织弹性	根据张拉整体结构模式，神经肌筋膜系统作为一个自调节整体适应运动过程。肌筋膜经线绘制出一组结缔组织，形成外部的张拉网络拉住（包裹住）骨骼。一直主导我们思维的"孤立肌肉理论"限制了我们对这种全身性"给予"的认识，这种"给予"对弹性是非常重要的（Myers, p.46, ch.6 in Schleip & Baker, 2015）

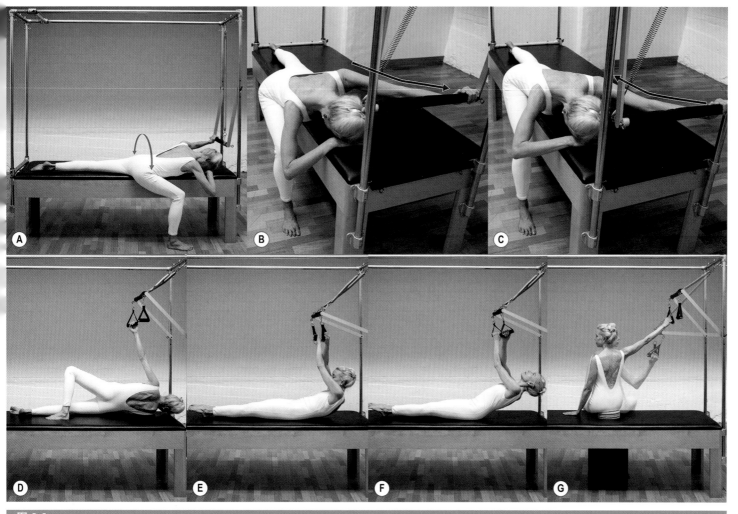

图 8.6

A~C.俯卧在秋千床上的肩胛骨运动。吸气时，右脚压向地面使骨盆旋转，然后推动横杆越过立杆，肩胛骨外展和上提。呼气时，运动链与吸气时相反。连接肌筋膜前手臂线和后手臂线的螺旋线引起了全身性运动。体现的筋膜导向的运动标准:力/负荷的传递——通过神经肌筋膜系统传递力/负荷的运动

D~G.用扣环把手柄连接到秋千床推杆的螺栓上。D.从仰卧到侧卧，有辅助的躯干旋转加手臂内旋和外旋。吸气时，左脚压向秋千床使躯干向右旋转，左肩内旋。呼气时，运动链与吸气时相反。体现的筋膜导向的运动标准: 力/负荷的传递——通过神经肌筋膜系统传递力/负荷的运动。E.仰卧，有辅助的脊柱屈曲加手臂内旋交叉。手臂内旋和旋前利于胸椎、颈椎屈曲，该动作整合了肌筋膜前深线、前表线、臂前经线。体现的筋膜导向运动标准: 根据客户情况以最佳练习顺序激活适合其需求的所有肌筋膜经线。F.仰卧，有辅助的脊柱伸展加手臂外旋交叉，手臂外旋和旋后利于胸椎、颈椎伸展。该动作整合了肌筋膜后表线、前深线、臂前经线。体现的筋膜导向的运动标准: 根据客户情况以最佳练习顺序激活适合其需求的所有肌筋膜经线。G.坐在旋转盘上，肩胛下压、屈肘、手臂外旋。每根手指依次向下拉动推杆手柄。屈肘时，把旋转盘转向拉手柄的手的一侧；伸肘时，把旋转盘转向远离拉手柄的手的一侧。这个坐姿肩胛骨运动序列整合了肌筋膜手臂线和躯干肌筋膜经线。体现的筋膜导向的运动标准: 小角度变化的多向运动

图 8.7

A~F.坐姿绕环–锯式。以坐姿进行躯干环转时,双脚压向秋千床立杆形成的脚下力量和抓在推杆上的手一起,通过脊柱屈曲、侧屈和旋转促成了向四周延伸的动作。强调了肌筋膜前深线、前表线、体侧线、螺旋线和手臂线。体现的筋膜导向的运动标准: 全身的连续性——将躯干连接到四肢,将四肢连接到躯干; 将深层结构连接到表层结构,将表层结构连接到深层结构

图 8.8

A.桥式。跖骨压向秋千床立杆形成的脚下力量和压在推杆上的手臂（臂后经线）一起稳定远端。髋部伸展的近端需要协同激活肌筋膜后表线和前深线来启动。前表线一定要拉长才能促成伸髋和屈膝。体现的筋膜导向的运动标准：运动的启动——将近端结构连接到远端结构，将远端结构连接到近端结构。

B.桥式加伸膝。这个动作可以跟在动作A后面。需要肌筋膜后表线、臂后经线、前深线以产生更多的力量。体现的筋膜导向的运动标准：同时带动大面积神经肌筋膜系统的全身性运动。

C.桥式加旋转。这个动作可以跟在动作B后面。双膝屈曲时，右侧肩胛骨向秋千床放低；伸膝时，旋正。重复这个动作到左侧。这个动作激活肌筋膜螺旋线。体现的筋膜导向的运动标准：小角度变化的多向运动

D~F.整个鹦鹉式序列可以体现运动中的张拉整体结构，收缩和张拉相互协调。D.鹦鹉式加单侧髋部屈曲。右脚底表面形成的脚下力量在跖骨头后面，抵在推杆上；手掌根部压在秋千床立杆上，在屈髋和伸髋动作间使远端固定，以便于骨盆的近端控制。当右脚放在推杆上，左手压在秋千床立杆上时，会形成一个沿着肌筋膜后功能线的斜向的力。右手压向秋千床立杆时，会形成沿着肌筋膜右侧体侧线的力量。在整个运动过程中，激活了肌筋膜后表线和前深线。体现的筋膜导向的运动标准：全身的连续性——将躯干连接到四肢，将四肢连接到躯干；将深层结构连接到表层结构，将表层结构连接到深层结构。

E.鹦鹉式加单腿屈曲和伸展。动作D可以升级到动作E，鹦鹉式的一个变式是支撑腿屈曲和伸展，同时上下推拉推杆。当推杆下降时，肌筋膜后表线一定会被激活得更多以支持桥式。前手臂线和后手臂线也一定会加大抓握秋千床立杆的手的力量，在屈膝时把肩膀和立杆间距离拉近，在伸膝时把二者距离推远。体现的筋膜导向的运动标准：流畅的运动序列。F.鹦鹉式加双腿屈曲和伸展。动作E可以升级到动作F，鹦鹉式的一个变式是双腿交替屈曲和伸展，同时上下推拉推杆。一定要强化肌筋膜后表线、前深线和手臂线的协同激活，以支撑桥式。屈膝时双手拉立杆，伸膝时推立杆。体现的筋膜导向的运动标准：力/负荷的传递——通过神经肌筋膜系统分散力/负荷的运动。

注意：图G~I的练习可以在秋千床上或附有塔架的普拉提床上进行（见图示）。

G.坐在短箱上，美人鱼（高阶）。双手放在推杆上，弹簧在上方，脚背屈钩在脚束带下方，共同形成的远端的力量强化了全身肌筋膜体侧线的激活。体现的筋膜导向的运动标准：全身的连续性——将躯干连接到四肢，将四肢连接到躯干；将深层结构连接到表层结构，将表层结构连接到深层结构。H.矢状面大腿伸展，激活了肌筋膜后表线、前深线、前表线和臂后经线。体现的筋膜导向的运动标准：动态伸展——慢和快的节奏变化。I.斜对推杆的大腿伸展，激活了肌筋膜螺旋线。体现的筋膜导向的运动标准：运动敏感度——动觉（动态本体感觉），感知四肢、躯干的位置和运动的能力

（经由Pilates Anytime, www.pilatesanytime.com许可使用）

表8.7 筋膜导向的椅子和秋千床运动计划指南——客户资料

客户的诊断或相关情况: 女, 43岁, 3个年幼孩子的母亲, 孩子都是通过剖宫产出生的

短期目标	长期目标
1.修复被剖宫产破坏的腹部的完整性,用积极的生活方式抚养分别为5、7、9岁的孩子 2.把筋膜导向的普拉提作为瑜伽练习的交叉训练项目,增加前弯的运动范围和倒置动作的上身力量 3.为速降滑雪赛进行体能训练 4.纠正使用智能手机造成的头部前伸姿势	1.维持3次剖宫产后躯干仍然有力 2.减少由于把每个孩子抱在同一侧而造成的髋部不对称 3.执行规律的纠正头部前伸姿势的运动计划 4.维持运动计划以支持骨骼健康

筋膜导向的椅子和秋千床运动计划指南	客户资料(由客户或教练完成)
1.确定影响筋膜功能的因素	
遗传	脂肪代谢困难
相关疾病	无
用药	治疗甲状腺的药物
手术	3次剖宫产均横切式式
·瘢痕	
·粘连	
全身炎症	似乎没有过全身炎症
相关的生活方式	
·营养	营养均衡,主要食用有机食品
·补剂	医生推荐的补剂
·吸烟情况	不吸烟
·饮酒情况	社交场合偶尔饮红酒
·坐着的时间	每天少于3小时
低可动性	没有低可动性的迹象
高可动性(关节松弛)	表现出一些高可动性的迹象,但不是系统性的高可动性,不符合此条诊断条件
温度和湿度偏好	喜欢凉爽、干燥的环境
2.增强筋膜功能的自用工具: 球、泡沫轴、木棍、手动工具	
家庭练习	客户在家里不用筋膜导向的工具
在工作室的计划	
练习时长	每天30分钟
3.强化筋膜功能的治疗方法: 针灸、整骨疗法、物理疗法、罗尔夫按摩疗法、结构整合法等	客户做过一套完整的罗尔夫按摩治疗,还定期做罗尔夫调整治疗
预约时间表	每月1次整骨疗法
合作治疗沟通	整骨医生建议多运动配合手法治疗
4.活动范围	客户没有受到过足以构成禁忌的伤害,但有骨盆扭转、胸椎中段过度屈曲和颈椎过度后伸的趋向
部分	
全部	
禁忌	

表8.7（续）

5.负重

　　无负重

　　部分负重　　　　　　　　　　　　　采用部分负重训练，解决腰盆力线问题

　　完全负重　　　　　　　　　　　　　着重进行全面负重以促进骨骼健康

6.运动链

　　开链　　　　　　　　　　　　　　　在开链运动中，表现出较差的运动控制

　　闭链　　　　　　　　　　　　　　　喜欢闭链运动以获得更精确的本体感觉

7.最适合的辅助或阻力类型

　　自重　　　　　　　　　　　　　　　瑜伽课

　　带子

　　弹簧　　　　　　　　　　　　　　　普拉提椅子上的弹簧带来的阻力

　　自由重量

8.最佳强度,使收益最大化、伤害最小化　　中等强度,由于3次剖宫产,客户易发生骨盆扭转

9.对既可激发神经系统又可降低风险的新事物的平衡能力　　客户更关注运动的精确性,而不是新奇性或复杂性

10.适合的普拉提运动选项

　　筋膜导向的椅子、秋千床、梯桶　　　客户在工作室使用所有这些设备

　　附加的设备

　　带有不稳定的平面的设备:泡沫轴、小海豚、旋转盘、方形摇　　客户结合使用这些不稳定的平面与普拉提椅子
摆板、平衡板

11.激活《解剖列车:徒手和运动治疗的肌筋膜经线》中描述的所有适合客户的肌筋膜经线　　客户的练习计划:激活所有肌筋膜经线,左右体侧线和左右螺旋线的平衡有助于降低骨盆扭转,激活前深线和前表线有助于矢状面中立位的力量产生和控制

12.提高筋膜弹性反冲性能的练习　　客户每周进行一次第六章描述的所有筋膜导向的普拉提床弹性反冲练习

　　练习时长:每天20~30分钟

　　频率:每周2~3次

　　胶原合成的恢复时间:2天

13.不含弹性反冲的筋膜导向运动

　　练习时长:每天30~60分钟　　　　　每天60分钟

　　频率:每周2~6次　　　　　　　　　每周2次

　　至少每3周修订一次计划　　　　　　客户计划每周修订一次

14.提示偏好

　　接触深度　　　　　　　　　　　　　中等深度

　　外感受或内感受提示　　　　　　　　客户喜欢外感受提示

15. 客户的音乐偏好有助于专注和进行有节奏的运动　　喜欢自言自语和教练的口头提示

16. 与其他形式训练的互动

　　多变强度的间歇训练　　　　　　　　客户在家里使用蹦床

　　有氧运动:15~45分钟,每周3~4次　　客户与朋友在城中徒步锻炼

　　力量训练:15~30分钟,每周2次,1~2天的恢复时间　　客户偶尔在家里使用壶铃锻炼

　　身心运动:瑜伽、太极、气功、婵柔器械上婵柔、垫上或椅子上婵柔　　每周1到2次瑜伽

表8.8　筋膜导向的椅子和秋千床运动计划指南——练习精选

客户的诊断或相关情况：女，43岁，3个年幼孩子的母亲，孩子都是通过剖宫产出生的

		椅子	秋千床	运动效果					
	筋膜导向的运动标准 运动要求： 　运动可以持续地优化运动控制和重塑胶原 　运动促进客户的张拉整体结构*意识和表现 　根据客户情况以最佳练习顺序激活适合其需求的所有肌筋膜经线			促进组织水合作用	促进肌筋膜系统的滑动	刺激组织再生	提升组织弹性	形成规则的带有卷曲的晶格（网络）	促进弹性反冲
教练选择的垫上练习 参见**图 8.1~8.8**									

*："张拉整体结构会对局部的机械压力做出整体反应，产生一个与重力无关的结果。如果没有张拉整体结构模式，我们的纤维结构会在引力作用下坍塌。有了张拉整体结构模式，我们的纤维结构通过在整个网络(包括外围结构)分散负荷来吸收和分散压缩力。"（Guimberteau & Armstrong, 2015）

练习	说明	椅子	秋千床	促进组织水合作用	促进肌筋膜系统的滑动	刺激组织再生	提升组织弹性	形成规则的带有卷曲的晶格（网络）	促进弹性反冲
	内感受——筋膜内的间质神经提供内感受功能，而不是本体感觉或痛觉功能。刺激这些游离的神经末梢能给大脑提供身体状况信息，维持体内的稳定，满足生理需求。内感受信号与感觉如温暖、恶心、饥饿、疼痛、费力、沉重或轻松有关。对内部躯体的感知与感觉偏好和感觉有关（Schleip & Baker, 2015）								
坐姿脊柱侧屈加旋转 **图 8.1A~C**	本体感觉的改善——本体感觉与位置、肌腱和肌肉感觉有关	●		●	●		●		
坐姿，侧对脚踏，一侧踝关节跖屈/背屈 **图 8.2E~H**	运动敏感度——动觉(动态本体感觉)，感知四肢、躯干的位置和运动的能力	●		●	●		●		
面向椅子，两只脚各踩一个脚踏，双手放在椅面上，手有7种不同的放置方式 **图 8.5A**	同时带动大面积神经肌筋膜系统的全身性运动	●		●	●		●		
站姿，髋关节中立位、外旋位、内旋位的踝关节跖屈/背屈 **图 8.3A~D**	全身的连续性——将躯干连接到四肢，将四肢连接到躯干；将深层结构连接到表层结构，将表层结构连接到深层结构	●		●	●		●		
侧对椅子，两只脚各踩一个脚踏，外侧脚在前，双手放在椅面上，手有7种不同的放置方式 **图8.5B**	运动的启动——将近端结构连接到远端结构，将远端结构连接到近端结构	●		●	●		●		
站姿，骨盆倾斜位踝关节跖屈加胸椎侧屈和旋转 **图8.3E~H**	流畅的运动序列	●	●	●	●	●	●		
侧对椅子，两只脚各踩一个脚踏，内侧脚在前，双手放在椅面上，手有7种不同的放置方式 **图8.5C**	小角度变化的多向运动	●		●	●	●	●		

表8.8（续）

客户的诊断或相关情况：女，43岁，3个年幼孩子的母亲，孩子都是通过剖宫产出生的

	椅子	秋千床	运动效果					
筋膜导向的运动标准 运动要求： 　　运动可以持续地优化运动控制和重塑胶原 　　运动促进客户的张拉整体结构*意识和表现 　　根据客户情况以最佳练习顺序激活适合其需求的所有肌筋膜经线			促进组织水合作用	促进膜系统的滑动	刺激组织再生	提升组织弹性	形成规则的带有卷曲的晶格（网络）	促进弹性反冲
教练选择的垫上练习 参见**图 8.1~8.8**								
面向椅子，两只脚各踩一个脚踏，双手抓住圆盘摇板两侧，变式1转向屈膝侧的腿，变式2转离屈膝侧的腿 **图8.5D** 力/负荷的传递——通过神经肌筋膜系统分散力/负荷的运动	●		●	●	●	●		
一只手放在旋转盘上，另一只手放在脚踏上，单腿平板支撑 **图8.4C、D** 力/负荷的传递——通过神经肌筋膜系统分散力/负荷的运动	●		●	●	●	●		
脊柱后伸加旋转 **图8.2A~D** 预备反向运动	●		●	●	●	●		
坐姿绕环–锯式 **图8.7A~F** 动态伸展——慢和快的节奏变化		●	●	●	●			
秋千床桥式 **图8.6A~C** 全身的连续性——将躯干连接到四肢，将四肢连接到躯干；将深层结构连接到表层结构，将表层结构连接到深层结构		●	●	●	●			
秋千床鹦鹉式 **图8.8D~F** 同时带动大面积神经肌筋膜系统的全身性运动		●	●	●	●			

参考资料

出版物

·UIMBERTEAU J C, ARMSTRONG C, 2015. Architecture of human living fascia: The extracellular matrix and cells revealed through endoscopy. Edinburgh: Handspring Publishing.

·IYERS T W, 2014. Anatomy Trains® : Myofascial meridians for manual and movement therapists (3rd ed.). Edinburgh: Churchill Livingstone.

SCARR G, 2014. Biotensegrity: The structural basis of life. Edinburgh: Handspring Publishing.

SCHLEIP R, BAKER A(Eds.), 2015. Fascia in sport and movement. Edinburgh: Handspring Publishing.

STECCO C, 2015. Functional atlas of the human fascial system. Edinburgh: Churchill Livingstone.

网络课程

www.pilatesanytime.com

第九章 约瑟夫·H. 普拉提辅助器具练习和筋膜导向的器械练习

表9.1 约瑟夫·H. 普拉提设计的辅助器具

器具	练习目的	普拉提原则	筋膜导向的运动标准
1.（纸）风车	控制呼吸–呼气	呼吸	内感受
2.手指矫正器	提升手部关节的活动度	精确	本体感觉的改善
3.豆袋（沙袋）	增强力量和控制–屈腕	控制	根据客户情况以最佳练习顺序激活适合其需求的所有肌筋膜经线
4.脚趾矫正器	提升脚趾关节的活动度和力量	专注	运动敏感度
5.足部矫正器 (图 9.1)	提升足、踝、小腿关节的活动度和力量	控制	根据客户情况以最佳练习顺序激活适合其需求的所有肌筋膜经线
6.头带 (图 10.1)	颈椎和全身的排列	肌肉的均衡发展（肌筋膜系统的完美激活）	全身的连续性——将躯干连接到四肢，将四肢连接到躯干；将深层结构连接到表层结构，将表层结构连接到深层结构
7.魔术圈 (图4.9、4.10)	增强力量和控制		力/负荷的传递
8.弹簧拉力架 (图 9.2)	增强力量和控制	全身性运动	全身的连续性——将躯干连接到四肢，将四肢连接到躯干；将深层结构连接到表层结构，将表层结构连接到深层结构

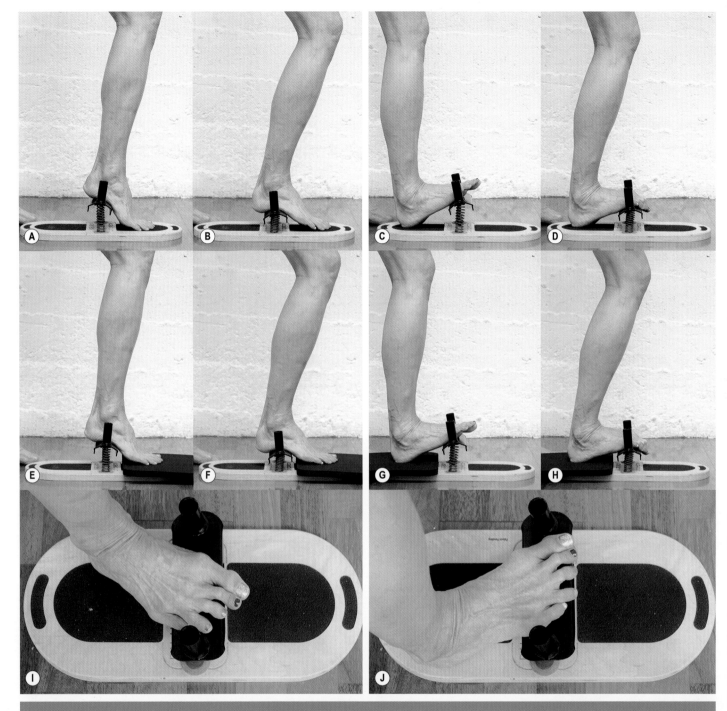

图 9.1

足部矫正器的运动序列可激活汇集到脚部的肌筋膜经线——前深线、后表线、前表线、体侧线和螺旋线。A、B.抗阻足背屈；C、D.抗阻足跖屈；E、F.抗阻足背屈，活动范围因前足下放置了垫子而变小；G、H.抗阻足跖屈，活动范围因脚跟下放置了垫子而变小；I.髋关节外旋，抗阻足跖屈；J.髋关节内旋，抗阻足跖屈。体现的筋膜导向的运动标准：运动的启动——将近端结构连接到远端结构，将远端结构连接到近端结构

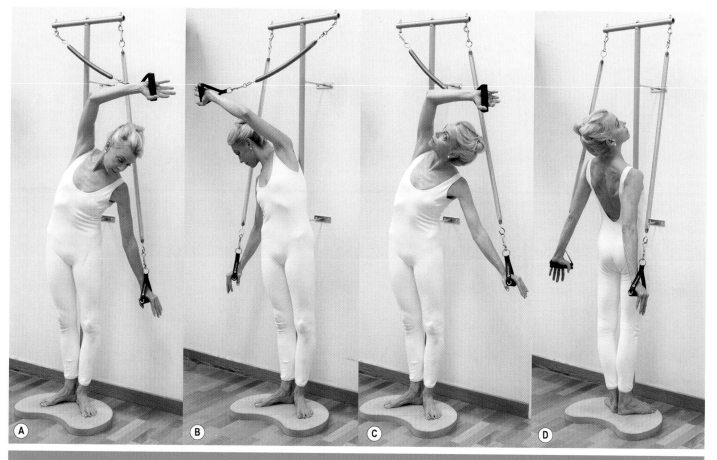

图 9.2

弹簧拉力架的运动序列可提升运动敏感度——动觉（动态本体感觉），感知四肢、躯干的位置和运动的能力。A、B.站姿，侧屈加胸椎、颈椎向前屈方向旋转；C.站姿，侧屈加胸椎、颈椎向后伸方向旋转；D.站姿，后伸加旋转。体现的筋膜导向的运动标准：小角度变化的多向运动

表9.2 筋膜导向的普拉提辅助器具练习的主要脊柱方向

筋膜导向的普拉提辅助器具练习	图	主要脊柱方向					
		横向平移	冠状面侧屈	旋转	矢状面脊柱中立位	矢状面伸展	矢状面屈曲
		数量（个）					
		0	6	10	18	8	2
足部矫正器							
1.抗阻足背屈	9.1A、B				•		
2.抗阻足跖屈	9.1C、D				•		
3.抗阻足背屈，活动范围因前足下放置了垫子而变小	9.1E、F				•		
4.抗阻足跖屈，活动范围因脚跟下放置了垫子而变小	9.1G、H				•		
5.髋关节外旋，抗阻足跖屈	9.1I				•		
6.髋关节内旋，抗阻足跖屈	9.1J				•		
弹簧拉力架							
7.站姿，侧屈加胸椎、颈椎向前屈方向旋转	9.2A、B		•	•			•
8.站姿，侧屈加胸椎、颈椎向后伸方向旋转	9.2C		•	•		•	

表9.2（续）

筋膜导向的普拉提辅助器具练习	图	主要脊柱方向					
		横向平移	冠状面侧屈	旋转	矢状面脊柱中立位	矢状面伸展	矢状面屈曲
		数量（个）					
		0	6	10	18	8	2
9.站姿，后伸加旋转	9.2D			●		●	
Arc脊柱矫正器（Pilates Arc®）							
10.俯撑抬腿–前撑，左右摇摆（**图3.7**俯撑抬腿–前撑）	9.3A				●		
11.俯撑抬腿–前撑，单腿支撑左右摇摆（**图3.7**俯撑抬腿–前撑）	9.3B				●		
12.天鹅潜水（**图3.4**天鹅潜水）	9.3C、D					●	
13.站姿，髋关节冠状面倾斜，直腿	9.3E		●				
14.站姿，重心在冠状面转移，交替进行屈膝、伸膝	9.3F				●		
15.站姿，重心在矢状面后移，胸椎旋转	9.3G			●			
16.站姿，重心在矢状面前移，胸椎旋转	9.3H			●			
仰卧在普拉提床滑车的泡沫轴上							
17.双脚放在绳套内，髋、膝关节的力线变化为平行、外旋和内旋	9.4A、B				●		
18.单臂过头伸肘，颈椎旋转	9.4C				●		
仰卧在配备本体感觉T形杆的普拉提床滑车上							
19.髋关节倾斜加腰椎侧屈	9.4D		●				
20.中立位桥式加足跖屈	9.4E				●		
21.在本体感觉T形杆上放置旋转盘，桥式加旋转	9.4F			●			
配备移动式脚踏杆的普拉提床加Arc脊柱矫正器							
22.侧卧单臂上拉	9.5A、B		●				
23.俯卧，上拉辅助脊柱伸展	9.5C					●	
24.俯卧，上拉辅助脊柱伸展和旋转	9.5D			●		●	
25.双手放在脚踏杆上，双脚抵在肩靠上，做抗阻伸髋和屈膝，并保持脊柱后伸	9.5E					●	
普拉提床/秋千架组合							
26.侧卧在Arc脊柱矫正器上，单腿推杆，单臂抗阻拉弹簧	9.6A、B		●				
27.仰卧在Arc脊柱矫正器上，双腿推杆，双臂抗阻拉弹簧	9.6C					●	
28.坐在普拉提床滑车长箱的旋转盘上，悬吊带包绕稳定胸椎下段，做有支撑的躯干旋转	9.6D			●			
29.坐在普拉提床滑车长箱的旋转盘上，悬吊带包绕稳定胸椎下段，双手握住弹簧手柄，做有支撑的躯干旋转	9.6E			●			
30.侧坐在滑车旋转盘上，通过交替进行屈肘、伸肘使滑车前后滑动	9.6F			●			
31.四足式单腿画圈，外侧脚置于弹簧绳套中	9.7A~E				●	●	●
在两个普拉提床上，头部朝向脚踏杆做四足式伸髋、屈髋							
32.前臂放在脚踏杆上	9.8A				●		
33.双手放在脚踏杆上	9.8B				●		
34.前臂交叉，双手放在脚踏杆上	9.8C、D				●		
四块滑板的核心双轨梯床							
35.矢状面交叉爬行	9.9A、B				●		
36.冠状面交叉爬行	9.9C、D				●		

表9.3 筋膜导向的运动标准和普拉提辅助器具运动范例

筋膜导向的运动标准

运动要求	张拉整体结构模式
1.运动可以持续地优化运动控制和重塑胶原 2.运动促进客户的张拉整体结构*意识和表现	*:"张拉整体结构会对局部的机械压力做出整体反应,产生一个与重力无关的结果。如果没有张拉整体结构模式,我们的纤维结构会在引力作用下坍塌。有了张拉整体结构模式,我们的纤维结构通过在整个网络(包括外围结构)分散负荷来吸收和分散压缩力。"(Guimberteau & Armstrong, 2015) "张拉整体结构模式的价值不在于该模式必然会改变某一特定的治疗方法,而在于它为人体结构提供了更好的观察人体机械力学的方法,这种方法来源于对功能解剖学的新认识。"(Scarr, 2014)

	普拉提原则	筋膜导向的普拉提辅助器具练习
3.根据客户情况以最佳练习顺序激活适合其需求的所有肌筋膜经线	全身性运动	弹簧拉力架运动序列 (图 9.2A~D)

运动目的

	普拉提原则	筋膜导向的普拉提辅助器具练习
4.内感受——筋膜内的间质神经提供内感受功能,而不是本体感觉或痛觉功能。刺激这些游离的神经末梢给大脑提供身体状况信息,维持体内的稳定,满足生理需求。内感受信号与感觉如温暖、恶心、饥饿、疼痛、费力、沉重或轻松有关。对内部躯体的感知与情感偏好和感觉有关 (Schleip & Baker, 2015)	呼吸	每个人的内感受都是独一无二的
5.本体感觉的改善——本体感觉与位置、肌腱和肌肉感觉有关	专注 控制	足部矫正器运动序列 (图 9.1A~J)
6.运动敏感度——动觉(动态本体感觉),感知四肢、躯干的位置和运动的能力	精确	仰卧在配备本体感觉T形杆的普拉提床滑车上,在本体感觉T形杆上放置旋转盘,桥式加旋转 (图 9.4F)

运动属性

	普拉提原则	筋膜导向的普拉提辅助器具练习
7.同时带动大面积神经肌筋膜系统的全身性运动	全身性运动 呼吸	在普拉提床/秋千架组合上,四足式单腿画圈,外侧脚置于弹簧绳套中 (图9.7A~E)
8.全身的连续性——将躯干连接到四肢,将四肢连接到躯干;将深层结构连接到表层结构,将表层结构连接到深层结构	全身性运动	双手放在脚踏杆上,双脚抵在肩靠上,做抗阻伸髋和屈膝,并保持脊柱后伸(图9.5E)
9.运动的启动——将近端结构连接到远端结构,将远端结构连接到近端结构	核心 呼吸	坐在普拉提床滑车长箱的旋转盘上,悬吊带包绕稳定胸椎下段,双手握住弹簧手柄,做有支撑的躯干旋转 (图 9.6E)
10.流畅的运动序列	呼吸	俯卧,上拉辅助脊柱伸展(图9.5C、D)
11.小角度变化的多向运动	肌肉的均衡发展(肌筋膜系统的完美激活)	侧坐在滑车旋转盘上,,通过交替进行屈肘、伸肘使滑车前后滑动 (图 9.6F)
12.力/负荷的传递——通过神经肌筋膜系统分散力/负荷的运动		在普拉提床/秋千架组合上,侧卧在Arc脊柱矫正器上,单腿推杆,单臂抗阻拉弹簧(图 9.6A、B) Arc脊柱矫正器,俯撑抬腿-前撑,左右摇摆(图 9.3A、B)
13.预备反向运动	节奏	在Arc脊柱矫正器上天鹅潜水(图 9.3C、D)
14.动态伸展——慢和快的节奏变化	节奏	在普拉提床/秋千架组合上,四足式单腿画圈,外侧脚置于弹簧绳套中(图9.7A~E)

运动效果

		筋膜导向的普拉提辅助器具练习
15.促进组织水合作用		
16.促进在三维神经肌筋膜系统内的滑动		
17.形成规则的带有卷曲的晶格(网络)		
18.促进弹性反冲		普拉提床弹性反冲在第六章有介绍(图 6.12~6.15)
19.刺激组织再生		
20.提升组织弹性		

169

表9.4 肌筋膜经线和筋膜导向的普拉提辅助器具练习

筋膜导向的普拉提辅助器具练习

运动要求	张拉整体结构模式						
1.运动可以持续地优化运动控制和重塑胶原 2.运动促进客户的张拉整体结构*意识和表现	*:"张拉整体结构会对局部的机械压力会做出整体反应,产生一个与重力无关的结果。如果没有张拉整体结构模式,我们的纤维结构会在引力作用下坍塌。有了张拉整体结构模式,我们的纤维结构通过整个网络(包括外围结构)分散负荷来吸收和分散压缩力。"(Guimberteau & Armstrong, 2015) "张拉整体结构模式的价值不在于该模式必然会改变某一特定的治疗方法,而在于它提供了更好的观察人体机械力学的方法,这种方法来源于对功能解剖学的新认识。"(Scarr, 2014)						

	肌筋膜经线						
	后表线	功能线	体侧线	螺旋线	前深线	手臂线	前表线
3.根据客户情况以最佳练习顺序激活适合其需求的所有肌筋膜经线	在配备移动式脚踏杆的普拉提床加Arc需求脊柱矫正器上俯卧,上拉辅助脊柱伸展(图9.5C)	在四块滑板的核心双轨梯床上,矢状面交叉爬行(图9.9A、B)	在普拉提床/秋千架组合上,侧卧在Arc辅助脊柱矫正器上,单腿推杆,单臂抗阻拉弹簧(图9.6A、B)	在足部矫正器上,髋关节外旋、内旋,抗阻足跖屈(图9.1I、J)	弹簧拉力架运动序列(图9.2A~D)	仰卧在普拉提床滑车的泡沫轴上,单臂过头伸肘,颈椎旋转(图9.4C)	在足部矫正器上,抗阻足跖屈(图9.1C、D)

运动目的							
4.内感受——筋膜内的间质神经提供内感受功能,而不是本体感觉或痛觉功能。刺激这些游离的神经末梢能给大脑提供身体状况信息,维持体内的稳定,满足生理需求。内感受信号与感觉如温暖、恶心、饥饿、疼痛、费力、沉重或轻松有关。对内部躯体的感知与情感偏好和感觉有关。(Schleip & Baker, 2015)							
5.本体感觉的改善——本体感觉与位置、肌腱和肌肉感觉有关	在普拉提床/秋千架组合上,仰卧在Arc脊柱矫正器上,双腿推杆,双臂拉弹簧(图9.6C)	在Arc脊柱矫正器上,站姿,重心在矢状面后移、前移加胸椎旋转(图9.3G、H)	在配备移动式脚踏杆的普拉提床加Arc脊柱矫正器上,侧卧单臂上拉(图9.5A、B)	在普拉提床/秋千架组合上,坐在普拉提床滑车长箱的旋转盘上,悬吊带围绕胸段,做有支撑的躯干旋转(图9.6D~E)	在两个普拉提床上,头部朝向脚踏杆做四足式伸髋、屈髋(图9.8A~D)	在配备移动式脚踏杆的普拉提床加Arc脊柱矫正器上,侧卧单臂上拉(图9.5A,B)	仰卧在普拉提床滑车的泡沫轴上,双脚放在绳套里,髋、膝关节的力线变化为平行、外旋和内旋(图9.4A、B)
6.运动敏感度——动觉(动态本体感觉),感知四肢、躯干的位置和运动的能力	在弹簧拉力架上,站姿后伸加旋转(图9.2D)	在四块滑板的核心双轨梯床上,冠状面交叉爬行(图9.9C、D)	在Arc脊柱矫正器上,站姿,重心在冠状面转移,交替屈膝、伸膝(图9.3F)	在普拉提床/秋千架组合上,坐在普拉提床滑车长箱的旋转盘上,悬吊带包绕稳定胸椎下段,双手握住弹簧手柄,做有支撑的躯干旋转(图9.6E)	在Arc脊柱矫正器上:俯撑抬腿-前撑,弓形摇摆;俯撑抬腿-前撑,单腿支撑左右摇摆(图9.3A、B)	在Arc脊柱矫正器上:俯撑抬腿-前撑,单腿支撑左右摇摆(向右摇摆,抬起左腿)(图9.3B)	在两个普拉提床上,头部朝向脚踏杆做四足式伸髋、屈髋(图9.8A~D)

运动属性							
7.同时带动大面积神经肌筋膜系统的全身性运动	在配备移动式脚踏杆的普拉提床上,双手放在脚踏杆上,双脚抵在肩靠上,做抗阻伸髋和屈膝,并保持脊柱后伸(图9.5E)	在Arc脊柱矫正器上,俯撑抬腿-前撑,单腿支撑左右摇摆(图9.3B)	在Arc脊柱矫正器上,俯撑抬腿-前撑,单腿支撑左右摇摆(向右摇摆,抬起左腿)(图9.3B)	在配备移动式脚踏杆的普拉提床加Arc脊柱矫正器上,俯卧,上拉辅助脊柱伸展和旋转(图9.5D)	在普拉提床/秋千架组合上,四足式单腿画圈,外侧脚置于弹簧绳套中(图9.7A~E)	在配备移动式脚踏杆的普拉提床上,双手放在脚踏杆上,双脚抵在肩靠上,做抗阻伸髋和屈膝,并保持脊柱后伸(图9.5E)	在四块滑板的核心双轨梯床上,矢状面交叉爬行(图9.9A、B)

表9.4（续）

	肌筋膜经线						
	后表线	功能线	体侧线	螺旋线	前深线	手臂线	前表线
8.全身的连续性——将躯干连接到四肢，将四肢连接到躯干；将深层结构连接到表层结构，将表层结构连接到深层结构	仰卧在配备本体感觉T形杆的普拉提床滑车上，中立位桥式加足跖屈（图9.4E）	在普拉提床/秋千架组合上，四足式单腿画圈，外侧脚置于弹簧绳套中（图9.7A~E）	在Arc脊柱矫正器上，站姿，重心在冠状面转移，交替屈膝、伸膝（图9.3F）	在Arc脊柱矫正器上，站姿，重心在矢状面前移，胸椎旋转（图9.3H）	仰卧在配备本体感觉T形杆的普拉提床滑车上，在本体感觉T形杆上放置旋转盘，桥式加旋转（图9.4F）	弹簧拉力架运动序列（图9.2A~D）	在Arc脊柱矫正器上，站姿，重心在矢状面前移，胸椎旋转（图9.3H）
9.运动的启动——将近端结构连接到远端结构，将远端结构连接到近端结构	在配备移动式脚踏杆的普拉提床上，双手放在脚踏杆上，双脚抵在肩靠上，做抗阻伸髋和屈膝，并保持脊柱后伸（图9.5E）	在四块滑板的核心双轨梯床上，冠状面交叉爬行（图9.9C、D）	在弹簧拉力架上，站姿，侧屈加胸椎、颈椎向前屈方向旋转（图9.2A、B）	在普拉提床/秋千架组合上，侧坐在滑车旋转盘上，通过交替进行屈肘、伸肘使滑车前后滑动（图9.6F）	仰卧在配备本体感觉T形杆的普拉提床滑车上，髋关节倾斜加腰椎侧屈（图9.4D）	在Arc脊柱矫正器上天鹅潜水（图9.3C、D）	在两个普拉提床上，头部朝向脚踏杆做四足式伸髋、屈髋，前臂放在脚踏杆上（两髋屈曲）（图9.8A）
10.流畅的运动序列	在Arc脊柱矫正器上天鹅潜水（图9.3C、D）	在Arc脊柱矫正器上，站姿，重心在矢状面后移、前移，胸椎旋转（图9.3G、H）	在普拉提床/秋千架组合上，侧卧在Arc脊柱矫正器上，单腿推杆，单臂拉弹簧（图9.6A、B）	仰卧在配备本体感觉T形杆的普拉提床滑车上，在本体感觉T形杆上放置旋转盘，桥式加旋转（图9.4F）	在四块滑板的核心双轨梯床上，矢状面交叉爬行（图9.9A、B）	在普拉提床/秋千架组合上，坐在普拉提床滑车长箱的旋转盘上，悬吊带包绕稳定胸椎下段，双手握住弹簧手柄，做有支撑的躯干旋转（图9.6E）	在四块滑板的核心双轨梯床上，矢状面交叉爬行（图9.9A、B）
11.小角度变化的多向运动	仰卧在配备本体感觉T形杆的普拉提床滑车上，在本体感觉T形杆上放置旋转盘，桥式加旋转（图9.4F）	在普拉提床/秋千架组合上，四足式单腿画圈，外侧脚置于弹簧绳套中（图9.7A~E）	在弹簧拉力架上，站姿，侧屈加胸椎、颈椎向前屈方向旋转（从左到右侧屈，呈连续的弧线）（图9.2A,B）	在弹簧拉力架上，站姿，后伸加旋转（在持续地向右、向左旋转时保持胸椎、颈椎后伸）（图9.2D）	在普拉提床/秋千架组合上，四足式单腿画圈，外侧脚置于弹簧绳套中（图9.7A~E）	在普拉提床/秋千架组合上，侧坐在滑车旋转盘上，通过交替进行屈肘、伸肘，使滑车前后滑动（图9.6F）	在普拉提床/秋千架组合上，四足式单腿画圈，外侧脚置于弹簧绳套中（图9.7A,B）

表9.4（续）

	肌筋膜经线						
	后表线	功能线	体侧线	螺旋线	前深线	手臂线	前表线
12.力/负荷的传递——通过神经肌筋膜系统分散力/负荷的运动	在配备移动式脚踏杆的普拉提床加Arc脊柱矫正器上，俯卧，上拉辅助脊柱伸展（图9.5C）	在配备移动式脚踏杆的普拉提床上，双手放在脚踏杆上，双脚抵在肩靠上，做抗阻的伸髋和屈膝，并保持脊柱后伸（图9.5E）	在普拉提床/秋千架组合上，四足式单腿画圈，外侧脚置于弹簧绳套中（图9.7C~E）	在普拉提床/秋千架组合上，侧坐在滑车旋转盘上，通过交替进行屈肘、伸肘使滑车前后滑动（图9.6F）	在Arc脊柱矫正器上，俯撑抬腿-前撑，左右摇摆（图9.3A）	在配备移动式脚踏杆的普拉提床加Arc脊柱矫正器上，俯卧，上拉辅助脊柱伸展和旋转（图9.5D）	在四块滑板的核心双轨梯床上，矢状面交叉爬行（图9.9A、B）
		在Arc脊柱矫正器上，俯撑抬腿-前撑，单腿支撑左右摇摆（手臂向支撑腿反方向摇摆）（图9.3B）	在Arc脊柱矫正器上，站姿，髋关节冠状面倾斜，直腿（图9.3E）	在Arc脊柱矫正器上，站姿，重心在矢状面前移，胸椎旋转（重心后移时向左旋转，重心前移时向右旋转）（图9.3H）	在Arc脊柱矫正器上，站姿，重心矢状面前移，胸椎旋转（图9.3H）	在Arc脊柱矫正器上，俯撑抬腿-前撑，单腿支撑左右摇摆（图9.3B）	在Arc脊柱矫正器上，俯撑抬腿-前撑，单腿支撑左右摇摆（图9.3B）
13.预备反向运动	在Arc脊柱矫正器上天鹅潜水（图9.3C、D）	在两个普拉提床上，头部朝向脚踏杆做四足式伸髋、屈髋，前臂交叉，双手放在脚踏杆上（图9.8C、D）	在弹簧拉力架上，站姿，侧屈加胸椎、颈椎向前屈方向旋转（有节奏地振动进入左侧屈并准备好右侧屈，反之亦然）（图9.2A、B）	在普拉提床/秋千架组合上，坐在普拉提床滑车长箱的旋转盘上，悬吊带包绕稳定胸椎下段，做有支撑的躯干旋转（图9.6D）	在Arc脊柱矫正器上天鹅潜水（图9.3C、D）	在Arc脊柱矫正器上天鹅潜水（图9.3C、D）	在普拉提床/秋千架组合上，四足式单腿画圈，外侧脚置于弹簧绳套中（图9.7A、B）
14.动态伸展——慢和快的节奏变化	在普拉提床/秋千架组合上，四足式单腿画圈，外侧脚置于弹簧绳套中（图9.7A、B）	弹簧拉力架运动序列（交替进行弓步，先是右腿和左臂在前，接着左腿和右臂在前）（图9.2A~D）	在弹簧拉力架上，站姿，侧屈加胸椎、颈椎向后伸方向旋转（在向左侧屈时，有节奏地振动来增加运动范围）（图9.2C）	在配备移动式脚踏杆的普拉提床加Arc脊柱矫正器上，俯卧，上拉辅助脊柱伸展和旋转（图9.5D）	在足部矫正器上，抗阻足跖屈（图9.1C、D）	在配备移动式脚踏杆的普拉提床加Arc脊柱矫正器上，侧卧，单臂上拉（图9.5A、B）	在两个普拉提床上，头部朝向脚踏杆做四足式伸髋、屈髋，双手放在脚踏杆上（图9.8B）

表9.4（续）

肌筋膜经线						
后表线	功能线	体侧线	螺旋线	前深线	手臂线	前表线

运动效果

15.促进组织水合作用	大约2/3的筋膜组织由水组成，在被施加机械负荷时，无论是拉伸还是局部压迫，受力较大的区域都会挤压出大量的水。如果对筋膜组织施加外部负荷，水合作用就会更新，并改善组织的黏弹性（Schleip & Baker, 2015, p.8）
16.促进在三维神经肌筋膜系统内的滑动	胶原蛋白层之间的正常滑移可能会受堆积了各种废物的疏松结缔组织的阻碍。在罹患过度使用综合征、创伤或进行外科手术时，疏松结缔组织会无法滑动。局部温度的升高有利于筋膜滑动。当温度升高到40℃以上时，透明质酸（玻尿酸）链的三维上部结构逐步分解，可降低位于深筋膜和肌肉内部和下方的疏松结缔组织的透明质酸的黏度。可以通过按摩、运动或洗热水澡暂时提高温度。在睡眠时，身体静止可能会导致透明质酸黏度增加，引起深筋膜和肌肉的僵硬（Stecco, 2015, p.60、64）
17.形成规则的带有卷曲的晶格（网络）	胶原纤维的微观结构呈波浪状卷曲，像弹簧一样。当人体老化或筋膜纤维移动受限（固化）时，纤维结构会失去卷曲和弹性。以适当的负荷进行规律的筋膜纤维的锻炼能产生更年轻、具有波浪状纤维和更强弹力储存能力的胶原结构（Schleip & Baker, 2015, p.7）
18.促进弹性反冲	普拉提床弹性反冲在第六章有介绍（**图6.12~6.15**）
19.刺激组织再生	全身筋膜网络的更新速度相当慢，半衰期在几个月到几年之间，而不是几天或几周。在适当运动负荷后的前3个小时内，胶原蛋白不仅合成增加，降解也增加。在运动后的36小时内，胶原蛋白降解超过胶原蛋白合成。运动后48小时，胶原蛋白合成才超过降解，净合成为正数（Schleip & Baker, 2015, p.162） 纤维网络是由交叉纤维构成的，具有移动性、适应性，形成一种机械协调；在健康组织受损时，纤维网络会失去机械协调。人体的修复机制无法将受损区域的纤维网络恢复到原始状态，新的替代组织质量较差，但是可以通过手法治疗尽早调动受伤区域，以增强瘢痕组织的伸缩性（Guimberteau & Armstrong, 2015, p.162）
20.提升组织弹性	根据张拉整体结构模式，神经肌筋膜系统作为一个自调节整体适应运动过程。肌筋膜经线绘制出一组结缔组织，形成外部的张拉网络拉住（包裹住）骨骼。一直主导我们思维的"孤立肌肉理论"限制了我们对这种全身性"给予"的认识，这种"给予"对弹性是非常重要的（Myers, p.46, ch.6 in Schleip & Baker, 2015）

图 9.3

将Arc脊柱矫正器的弧形面放置在地板上利于感知肌筋膜经线。A.俯撑抬腿–前撑，左右摇摆；B.俯撑抬腿–前撑，单腿支撑左右摇摆；C、D.天鹅潜水；E.站姿，冠状面髋关节倾斜，直腿；F.站姿，重心在冠状面转移，交替进行屈膝、伸膝；G.站姿，重心在矢状面后移，胸椎旋转；H.站姿，重心在矢状面前移，胸椎旋转。体现的筋膜导向的运动标准：力/负荷的传递——通过神经肌筋膜系统分散力/负荷的运动

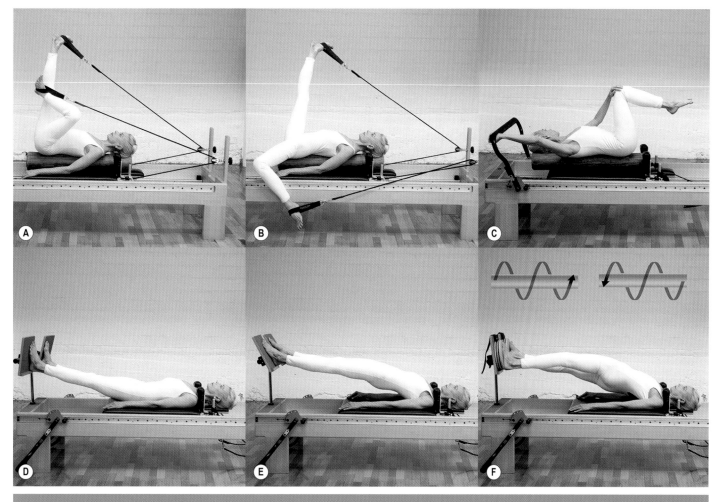

图 9.4

仰卧在普拉提床滑车的泡沫轴上的运动序列可以优化本体感觉。A、B.双脚放在绳套内，髋、膝关节的力线变化为平行、外旋和内旋——在髋、膝关节不同角度变化下腿的多向运动对躺在泡沫轴上的身体平衡形成挑战；C.单臂过头伸肘，颈椎旋转；D.髋关节倾斜加腰椎侧屈；E.中立位桥式加足跖屈；F.在本体感觉T形杆上放置旋转盘，桥式加旋转。体现的筋膜导向的运动标准：全身的连续性——将躯干连接到四肢，将四肢连接到躯干；将深层结构连接到表层结构，将表层结构连接到深层结构。注：本体感觉T形杆由运动学家让克洛德·韦斯特发明。

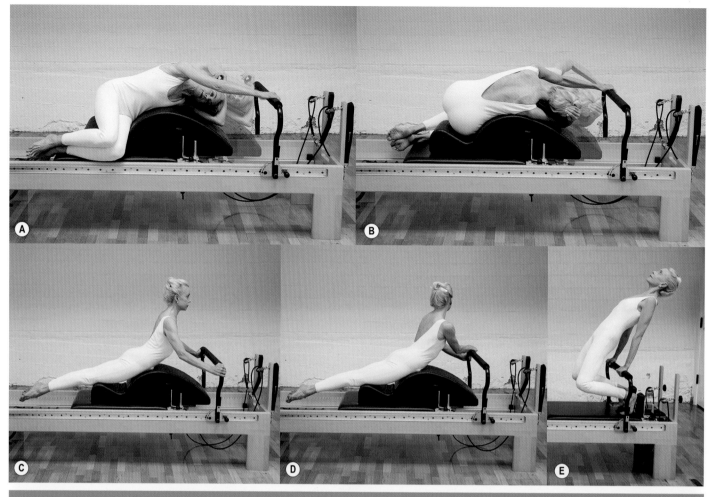

图 9.5

在配备移动式脚踏杆和Arc脊柱矫正器的普拉提床上练习时，肌筋膜臂前经线和臂后经线同所有肌筋膜经线相互发生作用。A、B.侧卧单臂上拉；
C.俯卧，上拉辅助脊柱伸展；D.俯卧，上拉辅助脊柱伸展和旋转；E.双手放在脚踏杆上，双脚抵在肩靠上，做抗阻的伸髋和屈膝，并保持脊柱后伸。体现的
筋膜导向的运动标准:运动的启动——将近端结构连接到远端结构，将远端结构连接到近端结构

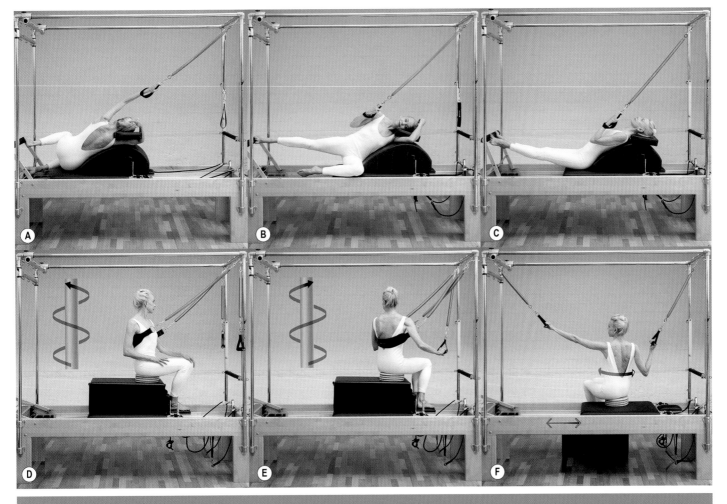

图 9.6
普拉提床/秋千架组合可以用各种向量刺激神经肌筋膜系统。A、B.侧卧在Arc脊柱矫正器上，单腿推杆，单臂抗阻拉弹簧；C.仰卧在Arc脊柱矫正器上，双腿推杆，双臂抗阻拉弹簧；D.坐在普拉提床滑车长箱的旋转盘上，悬吊带包绕稳定胸椎下段，做有支撑的躯干旋转；E.坐在普拉提床滑车长箱的旋转盘上，悬吊带包绕稳定胸椎下段，双手握住弹簧手柄，做有支撑的躯干旋转；F.侧坐在滑车旋转盘上，通过交替进行屈肘、伸肘使滑车前后滑动。体现的筋膜导向的运动标准：全身的连续性——将躯干连接到四肢，将四肢连接到躯干；将深层结构连接到表层结构，将表层结构连接到深层结构

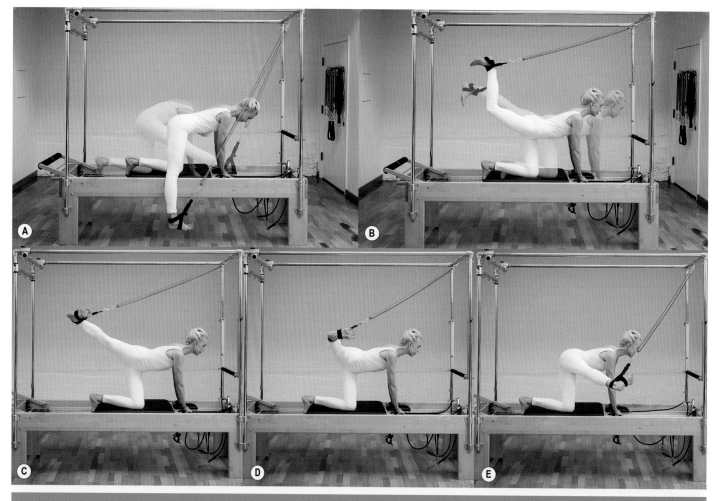

图 9.7

在普拉提床/秋千架组合上的这些运动序列激活了所有的肌筋膜经线。A~E.四足式单腿画圈，外侧脚置于弹簧绳套中。这个动作整合了肌筋膜前深线、后表线、前表线、体侧线、螺旋线、手臂线和功能线。体现的筋膜导向的运动标准：同时带动大面积神经肌筋膜系统的全身性运动

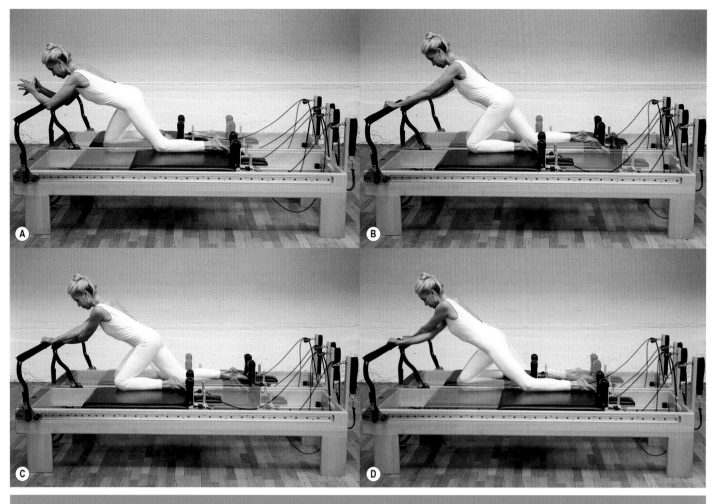

图 9.8

A~D.在两个普拉提床上身体呈四足式,头部朝向脚踏杆利于左右两侧的平衡。肌筋膜前深线为后表线和前表线的整合运动提供了支持。四个不同的手臂姿势对肌筋膜前后功能线的整合提出了挑战。A.前臂放在脚踏杆上;B.双手放在脚踏杆上;C、D.前臂交叉,双手放在脚踏杆上。体现的筋膜导向的运动标准:力/负荷的传递——通过神经肌筋膜系统分散力/负荷的运动

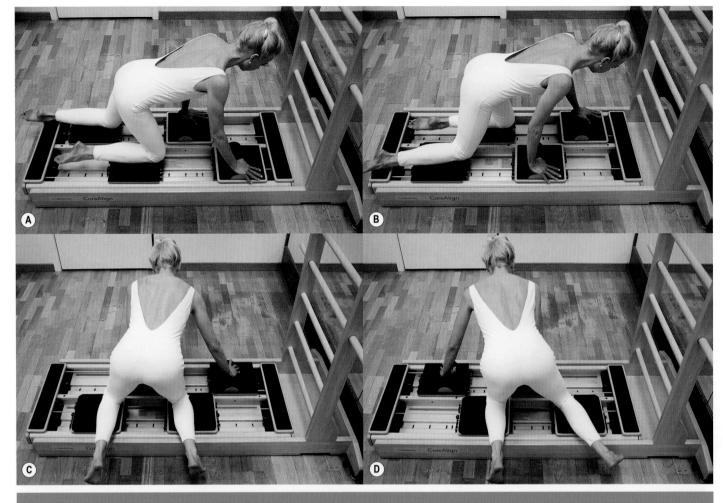

图 9.9
带有四块滑板的核心双轨梯床可以支持体现普拉提原则的筋膜导向运动序列。A、B.矢状面交叉爬行，着重进行抗阻屈髋，可平衡肌筋膜左右功能线；C、D.冠状面交叉爬行，着重进行抗阻髋内收，可平衡肌筋膜左右功能线。体现的筋膜导向的运动标准：根据客户情况以最佳练习顺序激活适合其需求的所有肌筋膜经线

表9.5 评估如何使用设备来满足筋膜导向的运动标准

筋膜导向的运动标准	普拉提床									椅子			矫正器	附加辅助		
*"张拉整体结构会对局部的机械压力做出整体反应，产生一个与重力无关的结果。如果没有张拉整体结构模式，我们的纤维结构会在引力作用下坍塌。有了张拉整体结构模式，我们的纤维结构通过在整个网络（包括外围结构）分散负荷来吸收和分散压缩力。"（Guimberteau & Armstrong, 2015）	皮带/固定滑轮	绳索/旋转滑轮	固定滑轮	可调高度滑轮	只有脚踏杆	弹跳板	有两个可调整结构的脚踏	移动式脚踏杆	没有配备塔架的普拉提床	配备塔架的普拉提床	普拉提床	普拉提床/秋千架组合	单板脚踏的普拉提椅	分离脚踏的普拉提椅	普拉提脊柱矫正器	Arc脊柱矫正器	泡沫轴	旋转盘	带四块滑板的核心双轨梯床

运动要求

1.运动可以持续地优化运动控制和重塑胶原																	
2.运动促进客户的张拉整体结构*意识和表现																	
3.根据客户情况以最佳练习顺序激活适合其需求的所有肌筋膜经线																	

运动目的

4.内感受——筋膜内的间质神经提供内感受功能，而不是本体感觉或痛觉功能。刺激这些游离的神经末梢能给大脑提供身体状况信息，维持体内的稳定，满足生理需求。内感受信号与感觉如温暖、恶心、饥饿、疼痛、费力、沉重或轻松有关。对内部躯体的感知与情感偏好和感觉有关（Schleip & Baker, 2015）																	
5.本体感觉的改善——本体感觉与位置、肌腱和肌肉感觉有关																	
6.运动敏感度——动觉（动态本体感觉），感知四肢、躯干的位置和运动的能力																	

运动属性

7.同时带动大面积神经肌筋膜系统的全身性运动																	
8.全身的连续性——将躯干连接到四肢，将四肢连接到躯干；将深层结构连接到表层结构，将表层结构连接到深层结构																	
9.运动的启动——将近端结构连接到远端结构，将远端结构连接到近端结构																	
10.流畅的运动序列																	
11.小角度变化的多向运动																	
12.力/负荷的传递——通过神经肌筋膜系统分散力/负荷的运动																	
13.预备反向运动																	
14.动态伸展——慢和快的节奏变化																	

运动效果

15.促进组织水合作用																	
16.促进在三维神经肌筋膜系统内的滑动																	
17.形成规则的带有卷曲的晶格（网络）																	
18.促进弹性反冲																	
19.刺激组织再生																	
20.提升组织弹性																	

表9.6 筋膜导向辅助器具运动计划指南——客户资料

客户的诊断或相关情况：女，45岁，3个中学生的母亲，孩子都是通过剖宫产出生的。客户曾是跑步运动员，现在依靠物理治疗、结构整合法、瑜伽和筋膜导向的普拉提来治疗骨盆扭转

短期目标	长期目标
1.在普拉提练习中加入眼部运动练习	1.处理其在儿童时期多次眼部手术导致的颈部和上胸部不对称
2.在普拉提训练计划中加入盆底肌激活运动	2.纠正骨盆扭转和因单侧抱孩子导致的髋部倾斜
3.增加骨盆中立位、脊柱中立位下的腹部力量练习（有骨盆后倾和腰椎反屈的不良姿势倾向）	3.改善3次剖宫产导致的腹肌力量薄弱的问题
4.减少头部前伸姿势问题	4.坚持运动计划，促进骨骼健康

筋膜导向辅助器具计划指南	客户资料（由客户或教练完成）
1.确定影响筋膜功能的因素	
遗传	无
相关疾病	无
用药	无
手术	3次剖宫产手术 10岁前进行过多次眼部手术
·瘢痕	
·粘连	从儿童时期就开始的颈椎侧移、侧屈和旋转可能是造成筋膜粘连的原因，这些错误的姿势是因为习惯性使用优势眼所导致的
全身炎症	此项目前无须关注
相关的生活方式	
·营养	遵循营养顾问的建议
·补剂	遵循中医医生的建议
·吸烟情况	不吸烟
·饮酒情况	在社交场合偶尔饮酒
·坐着的时间	每天少于3小时
低可动性	没有低可动性状况
高可动性	客户的活动度比一般人好些，但没有达到高可动性
温度和湿度偏好	喜欢约22℃、一般湿度的环境
2.增强筋膜功能的自用工具：球、泡沫轴、木棍、手动工具	
家庭练习	客户在家用泡沫轴改善胸椎后伸，她还使用泡沫轴缓解大腿前部僵硬感
在工作室的计划	
练习时长	每天20分钟
3.强化筋膜功能的治疗方法：针灸、整骨疗法、物理疗法、罗尔夫按摩疗法、结构整合法等	
预约时间表	每月进行结构整合法治疗 每月进行物理治疗
合作治疗沟通	
4.活动范围	
部分	由于不对称而导致横向平移、侧屈和旋转
全部	
禁忌	胸腰结合处过伸

表9.6（续）

5.负重	客户喜欢进行部分或完全负重练习
无负重	
部分负重	部分负重训练有效纠正骨盆扭转
完全负重	完全负重训练促进骨骼健康

6.运动链	
开链	
闭链	客户喜欢中等阻力的闭链运动

7.最适合的辅助或阻力类型	
自重	Vinyasa（串联体位）流瑜伽课
带子	
弹簧	在普拉提器械练习中使用弹簧，以增加阻力或提供辅助
自由重量	

8.最佳强度，使收益最大化、伤害最小化	更喜欢中等强度的训练，以专注运动控制的精确性
9.对既可激发神经系统又可降低风险的新事物的平衡能力	喜欢体现出她的不对称运动模式的新颖练习

10.适合的普拉提运动选项	
附加的器具	可以使用带塔架和无限移动脚踏杆的普拉提床
附加的设备	
带有不稳定平面的设备：泡沫轴、小海豚、旋转盘、方形摇摆板、平衡板	客户可以使用所有这些带有不稳定平面的设备

11.激活《解剖列车：徒手和运动治疗的肌筋膜经线》中描述的所有适合客户的肌筋膜经线	注意平衡肌筋膜左右体侧线和螺旋线。激活肌筋膜前深线以解决其因儿童时期的眼科手术和青壮年时的剖宫产手术而产生的不对称问题

12.提高筋膜弹性反冲性能的练习	在完善了治疗骨盆扭转的策略后，增加弹性反冲训练
每天练习时长：每天20~30分钟	
频率：每周2~3次	
胶原合成的恢复时间：2天	

13.不含弹性反冲的筋膜导向运动	
练习时长：每天30~60分钟	每天60分钟
频率：每周2~6次	每周2次
至少每3周修订一次计划	

14.提示偏好	
接触深度	喜欢有力的触觉提示
外感受或内感受提示	喜欢外感受提示

15.客户的音乐偏好有助于专注和进行有节奏的运动	喜欢没有音乐的环境，以专注于教练的口头指令

16.与其他形式训练的互动	
可变强度的间歇训练	客户在完成物理治疗课程后，将会进行可变强度的间歇训练
有氧运动：15~45分钟，每周3~4次	
力量训练：15~30分钟，每周2次，1~2天的恢复时间	
身心运动：瑜伽、太极、气功、婵柔器械上婵柔，垫上或椅子上婵柔	每周3节Vinyasa（串联体位）流瑜伽课

表9.7 筋膜导向辅助器械运动计划指南——练习精选

客户的诊断或相关情况： 女，45岁，3个中学生的母亲，孩子都是通过剖宫产出生的。客户曾是跑步运动员，现在依靠物理治疗、结构整合法、瑜伽和筋膜导向的普拉提来治疗骨盆扭转

教练选择的练习 参见图9.1~9.9	筋膜导向的运动标准 运动要求： 　运动可以持续地优化运动控制和重塑胶原 　运动促进客户的张拉整体结构*意识和表现 　根据客户情况以最佳练习顺序激活适合其需求的所有肌筋膜经线	足部矫正器	弹簧拉力架	Arc脊柱矫正器	普拉提床和泡沫轴	本体感觉T形杆	移动式脚踏杆	普拉提床/秋千架组合	旋转盘	核心双轨梯床	运动效果 促进组织水合作用	促进筋膜系统内的滑动	刺激组织再生	提升组织弹性
*："张拉整体结构会对局部的机械压力做出整体反应，产生一个与重力无关的结果。如果没有张拉整体结构模式，我们的纤维结构会在引力作用下坍塌。有了张拉整体结构模式，我们的纤维结构通过在整个网络(包括外围结构)分散负荷来吸收和分散压缩力。"(Guimberteau & Armstrong, 2015)														
	内感受——筋膜内的间质神经提供内感受功能，而不是本体感觉或痛觉功能。刺激这些游离的神经末梢能给大脑提供身体状况信息，维持体内的稳定，满足生理需求。内感受信号与感觉如温暖、恶心、饥饿、疼痛、费力、沉重或轻松有关。对内部躯体的感知与情感偏好和感觉有关(Schleip & Baker, 2015)													
足部矫正器														
抗阻足背屈，活动范围因前足下放置了垫子而变小 图 9.1E、F	本体感觉的改善——本体感觉与位置、肌腱和肌肉感觉有关	●									●	●	●	●
抗阻足跖屈，活动范围因脚跟下放置了垫子而变小 图 9.1G、H		●									●	●	●	●
髋关节外旋，抗阻足跖屈 图 9.1I		●									●	●	●	●
髋关节内旋，抗阻足跖屈 图 9.1J		●									●	●	●	●
仰卧在配备本体感觉T形杆的普拉提床滑车上														
髋关节倾斜加腰椎侧屈 图 9.4D	本体感觉的改善——本体感觉与位置、肌腱和肌肉感觉有关					●					●	●		●
中立位桥式加足跖屈 图 9.4E						●					●	●		●
在本体感觉T形杆上放置旋转盘，桥式加旋转 图 9.4F						●					●			●
普拉提床/秋千架组合														
坐在普拉提床滑车长箱的旋转盘上，悬吊带包绕稳定胸椎下段，做有支撑的躯干旋转 图 9.6D	运动敏感度——动觉(动态本体感觉)，感知四肢、躯干的位置和运动的能力。							●	●		●			●
坐在普拉提床滑车长箱的旋转盘上，悬吊带包绕稳定胸椎下段，双手握住弹簧手柄，做有支撑的躯干旋转 图 9.6E								●	●		●			●

表9.7 (续)

客户的诊断或相关情况：女，45岁，3个中学生的母亲，孩子都是通过剖宫产出生的。客户曾是跑步运动员，现在依靠物理治疗、结构整合法、瑜伽和筋膜导向的普拉提来治疗骨盆扭转

教练选择的练习 参见图9.1~9.9	筋膜导向的运动标准 运动要求： 运动可以持续地优化运动控制和重塑胶原 运动促进客户的张拉整体结构*意识和表现 根据客户情况以最佳练习顺序激活适合其需求的所有肌筋膜经线	足部矫正器	弹簧拉力架	Arc脊柱矫正器	普拉提床和泡沫轴	本体感觉T形杆	移动式脚踏杆	普拉提床/秋千架组合	旋转盘	核心双轨梯床	运动效果 促进组织水合作用	促进筋膜系统内的滑动	刺激组织再生	提升组织弹性
侧坐在滑车旋转盘上，通过交替进行屈肘、伸肘，使滑车前后滑动 图 9.6F								•	•		•	•	•	•
四板滑板的核心双轨梯度														
矢状面交叉爬行 图 9.9A、B	同时带动大面积神经肌筋膜系统的全身性运动									•	•	•	•	•
冠状面交叉爬行 图 9.9C、D										•	•	•	•	•
在两个普拉提床上，头部朝向脚踏杆做四足式伸髋、屈髋 前臂放在脚踏杆上 双手放在脚踏杆上 前臂交叉，双手放在脚踏杆上 图 9.8A~D	同时带动大面积神经肌筋膜系统的全身性运动										•	•	•	•
普拉提床/秋千架组合加Arc脊柱矫正器														
侧卧在Arc脊柱矫正器上，单腿推杆，单臂抗阻拉弹簧 图 9.6A、B	全身的连续性——将躯干连接到四肢，将四肢连接到躯干；将深层结构连接到表层结构，将表层结构连接到深层结构			•				•			•	•	•	•
仰卧在Arc脊柱矫正器上，双腿推杆，双臂抗阻拉弹簧 图 9.6C				•				•			•	•		•
配备移动式脚踏杆的普拉提床加Arc脊柱矫正器														
侧卧单臂上拉 图 9.5A、B	运动的启动——将近端结构连接到远端结构，将远端结构连接到近端结构			•			•				•	•	•	•
俯卧，上拉辅助脊柱伸展 图 9.5C				•			•				•	•		•
俯卧，上拉辅助脊柱伸展和旋转 图 9.5D				•			•				•			•
双手放在脚踏杆上，双脚抵在肩靠上，做抗阻伸髋和屈膝，并保持脊柱后伸 图 9.5E	流畅的运动序列						•				•	•	•	•
普拉提床/秋千架组合														
四足式单腿画圈，外侧脚置于弹簧绳套中 图 9.7A~E	小角度变化的多向运动							•			•	•	•	•
仰卧在普拉提床滑车的泡沫轴上 双脚放在绳套内，髋、膝关节的力线变化为平行、外旋和内旋 图 9.4A、B	力/负荷的传递——通过神经肌筋膜系统分散力/负荷的运动				•						•	•	•	•

表9.7 (续)

客户的诊断或相关情况：女，45岁，3个中学生的母亲，孩子都是通过剖宫产出生的。客户曾是跑步运动员，现在依靠物理治疗、结构整合法、瑜伽和筋膜导向的普拉提来治疗骨盆扭转

教练选择的练习 参见图9.1~9.9	筋膜导向的运动标准 运动要求： 运动可以持续地优化运动控制和重塑胶原 运动促进客户的张拉整体结构*意识和表现 根据客户情况以最佳练习顺序激活适合其需求的所有肌筋膜经线	足部矫正器	弹簧拉力架	Arc脊柱矫正器	普拉提床和泡沫轴	本体感觉T形杆	移动式脚踏杆	普拉提提床/秋千架组合	旋转盘	核心双轨梯床	运动效果			
											促进组织水合作用	促进筋膜系统内的滑动	刺激组织再生	提升组织弹性
单臂过头伸肘，颈椎旋转 图9.4C					●						●	●	●	●
Arc脊柱矫正器														
俯撑抬腿–前撑，左右摇摆 图9.3A	预备反向运动			●							●	●	●	●
俯撑抬腿–前撑，单腿支撑左右摇摆 图9.3B				●							●	●	●	●
天鹅潜水 图9.3C、D				●							●	●	●	
站姿，髋关节冠状面倾斜，直腿 图9.3E				●							●	●	●	●
站姿，重心在冠状面转移，交替进行屈膝、伸膝 图9.3F				●							●	●	●	●
站姿，重心在矢状面后移，胸椎旋转 图9.3G				●							●	●	●	●
站姿，重心在矢状面前移，胸椎旋转 图9.3H				●							●	●	●	●
弹簧拉力架														
站姿，侧屈加胸椎、颈椎向前屈方向旋转 图9.2A、B	动态伸展——慢和快的节奏变化		●								●	●	●	●
站姿，侧屈加胸椎、颈椎向后伸方向旋转 图9.2C			●								●	●	●	●
站姿，后伸加旋转 图9.2D			●								●	●	●	●

参考资料

出版物

GUIMBERTEAU J C, ARMSTRONG C, 2015. Architecture of human living fascia: The extracellular matrix and cells revealed through endoscopy. Edinburgh: Handspring Publishing.

MYERS T W, 2014. Anatomy Trains®: Myofascial meridians for manual and movement therapists (3rd ed.). Edinburgh: Churchill Livingstone.

SCARR G, 2014. Biotensegrity: The structural basis of life. Edinburgh: Handspring Publishing.

SCHLEIP R, BAKER A (Eds.), 2015. Fascia in sport and movement. Edinburgh: Handspring Publishing.

STECCO C, 2015. Functional atlas of the human fascial system. Edinburgh: Churchill Livingstone.

第二部分

专业应用

第十章　以筋膜导向的运动视角解决高科技电子设备带来的姿势问题

大自然赋予人类身体一根脊柱，但很少人意识到人体这个"房子"的脊柱可以像大自然设计的那样，长成完全正常（垂直的）、笔直的完美状态；而掌握脊椎的机制和正确训练方法的人就更少了。如果人们能够明白其中的机制，就能控制它的运动。可悲的是，人类的脊柱已经被忽视太多太久了。

约瑟夫·H. 普拉提

(Gallagher & Kryzanowska, 2000)

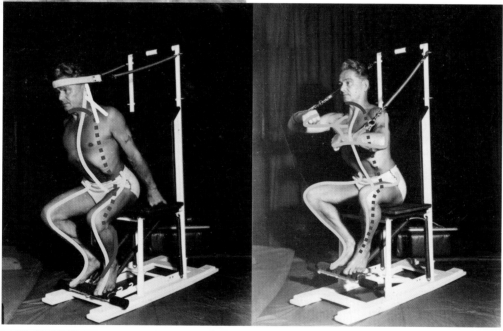

图 10.1

左上(摄于约1945年):约瑟夫·H. 普拉提站在秋千床（较早款）的一端展示屈膝、伸膝时最佳的脊柱排列。在照片中，他把上方配备弹簧的推杆维持在下颌下方，从而重点激活了整个肌筋膜前深线，尤其是上部区域。约瑟夫·H. 普拉提创造的这个练习，远远领先于电子屏幕设备给我们带来姿势问题的时代，他深知自己走在了时代的前面。这个练习需要协同激活肌筋膜前深线、后表线、前表线。体现的筋膜导向的运动标准：本体感觉的改善——本体感觉与位置、肌腱和肌肉感觉有关（经Balanced Body Inc.，www.pilates.com许可使用）

左下:约瑟夫·H. 普拉提展示高背椅上双腿平行下压的动作。他用头带对抗全身前倾的阻力。这个练习激活了肌筋膜前深线、前表线和后表线。另外，肌筋膜体侧线负责支撑颈椎，维持其稳定性。尽管使用电脑引起的不当姿势问题在20世纪40年代中期并不是一个突出的问题，但约瑟夫·H. 普拉提对正确的力线格外用心。体现的筋膜导向的运动标准:运动的启动——将近端结构连接到远端结构，将远端结构连接到近端结构（经Balanced Body Inc.，www.pilates.com许可使用）

右下:约瑟夫·H. 普拉提展示高背椅上双腿V形下压的动作，挂在椅背上的弹簧对抗他的手臂动作。因为约瑟夫·H. 普拉提是职业拳击手，他的手臂动作反映了他的拳击训练。约瑟夫·H. 普拉提会给我们这些"关注电子设备带来姿势问题"的人以启发。这个练习激活了前深线、前表线、后表线和手臂线。体现的筋膜导向的运动标准:运动敏感度——动觉（动态本体感觉），感知四肢、躯干的位置和运动的能力（经Balanced Body Inc.，www.pilates.com许可使用）

表10.1　旨在解决电子设备带来的姿势（体态）问题的筋膜导向的垫上运动序列

运动序列	图序	普拉提原则	筋膜导向的运动标准
1.桥式加旋转	4.1A	全身性运动	同时带动大面积神经肌筋膜系统的全身性运动
2.仰卧纵向旋转	4.1B、C	全身性运动	全身的连续性——将躯干连接到四肢，将四肢连接到躯干；将深层结构连接到表层结构，将表层结构连接到深层结构
3.俯卧纵向旋转	4.1D、E		
4.侧对墙面，四足式胸椎旋转	4.3A~C	核心	运动的启动——将近端结构连接到远端结构，将远端结构连接到近端结构
5.桥式加骨盆横向平移	4.2D~H	精确	运动敏感度——动觉(动态本体感觉)，感知四肢、躯干的位置和运动的能力
6.单腿桥式加骨盆旋转	4.2A~C		
额头置于交叠的双手上			
7.俯卧，上段胸椎、颈椎横向平移	4.4A、B	肌肉的均衡发展（肌筋膜系统的完美激活）	小角度变化的多向运动
8.俯卧，胸椎、颈椎后伸	4.4C		
9.俯卧，胸椎、颈椎后伸加侧屈	4.4D		
10.俯卧，胸椎、颈椎后伸加旋转	4.4E		
11.仰卧单腿画圈，保持脊柱中立位和抵墙的脚稳定	4.5A、B	节奏	预备反向运动
双手手指置于头顶上方			
12.俯卧，胸椎、颈椎后伸	4.4F~H	肌肉的均衡发展（肌筋膜系统的完美激活）	小角度变化的多向运动
13.俯卧，胸椎、颈椎后伸加侧屈	4.4I		
14.俯卧，胸椎、颈椎后伸加旋转	4.4J		
15.跪姿单腿屈膝画圈，双手抵墙	4.6A	呼吸	流畅的运动序列
16.俯卧单腿后踢	3.4B	节奏	动态伸展——慢和快的节奏变化
17.俯卧双腿后踢	3.4C	节奏	预备反向运动
18.游泳	3.4G	全身性运动	全身的连续性——将躯干连接到四肢，将四肢连接到躯干；将深层结构连接到表层结构，将表层结构连接到深层结构
19.天鹅潜水	3.4A	节奏	预备反向运动
20.肩桥	3.4F		运动的启动——将近端结构连接到远端结构，将远端结构连接到近端结构
21.仰卧剪刀式	3.4D	节奏	动态伸展——慢和快的节奏变化
22.仰卧蹬自行车	3.4E		
23.弓形摇摆	3.4H	专注	根据客户情况以最佳练习顺序激活适合其需求的所有肌筋膜经线
24.俯撑抬腿–前撑	3.7A	控制	本体感觉的改善——本体感觉与位置、肌腱和肌肉感觉有关
25.跪姿单腿直腿画圈，双手抵墙	4.6B	肌肉的均衡发展（肌筋膜系统的完美激活）	小角度变化的多向运动
26.仰撑抬腿	3.7B	全身性运动	全身的连续性——将躯干连接到四肢，将四肢连接到躯干；将深层结构连接到表层结构，将表层结构连接到深层结构

表10.2 旨在解决电子设备带来的姿势（体态）问题的筋膜导向的普拉提床运动序列

约瑟夫·H. 普拉提运动序列	图	普拉提原则	筋膜导向的运动标准
1.向下伸展	5.5	控制	本体感觉的改善——本体感觉与位置、肌腱和肌肉感觉有关
2.天鹅潜水	5.6	精确	运动敏感度——动觉(动态本体感觉)，感知四肢、躯干的位置和运动的能力
3.蛙泳	5.6	全身性运动	全身的连续性——将躯干连接到四肢，将四肢连接到躯干；将深层结构连接到表层结构，将表层结构连接到深层结构
4.半圆式卷上、卷下	5.11	全身性运动	同时带动大面积神经肌筋膜系统的全身性运动
5.胸部扩张	5.13	精确	运动敏感度——动觉(动态本体感觉)，感知四肢、躯干的位置和运动的能力
6.大腿拉伸	5.13	节奏	动态伸展——慢和快的节奏变化
7.弓形摇摆	5.13	专注	根据客户情况以最佳练习顺序激活适合其需求的所有肌筋膜经线
8.弓形摇摆与上拉	5.13	节奏	预备反向运动
9.游泳	5.13	核心	运动的启动——将近端结构连接到远端结构，将远端结构连接到近端结构
10.后卷1	5.14	全身性	全身的连续性——将躯干连接到四肢，将四肢连接到躯干；将深层结构连接到表层结构，将表层结构连接到深层结构

表10.3 旨在解决电子设备带来的姿势（体态）问题的普拉提脊柱矫正器运动序列

普拉提脊柱矫正器运动序列	图	普拉提原则	筋膜导向的运动标准
1.从坐姿卷下到过头伸展	图7.3，第1行图1~3	呼吸	流畅的运动序列
2.双腿伸展后卷	图7.3，第1行图4	全身性运动	同时带动大面积神经肌筋膜系统的全身性运动
3.剪刀式	图7.3，第2行图3	节奏	动态伸展——慢和快的节奏变化
4.行走	《PMA普拉提认证考试学习指南》第93页	控制	本体感觉的改善——本体感觉与位置、肌腱和肌肉感觉有关
5.蹬自行车	图7.3，第2行图4	节奏	预备反向运动
6.（双腿）画圈	图7.3，第4行图2	精确	运动敏感度——动觉(动态本体感觉)，感知四肢、躯干的位置和运动的能力
7.直升机	图7.3，第2行图2	肌肉的均衡发展（肌筋膜系统的完美激活）	小角度变化的多向运动
8.低位桥式	图7.3，第3行图1	节奏	预备反向运动
9.开瓶器	图7.3，第4行图1~3	专注	根据客户情况以最佳练习顺序激活适合其需求的所有肌筋膜经线
10.髋部画圈	图7.3，第3行图3、4	全身性运动	全身的连续性——将躯干连接到四肢，将四肢连接到躯干；将深层结构连接到表层结构，将表层结构连接到深层结构
11.游泳	图7.3，第5行图4，第6行图1~3	核心	运动的启动——将近端结构连接到远端结构，将远端结构连接到近端结构

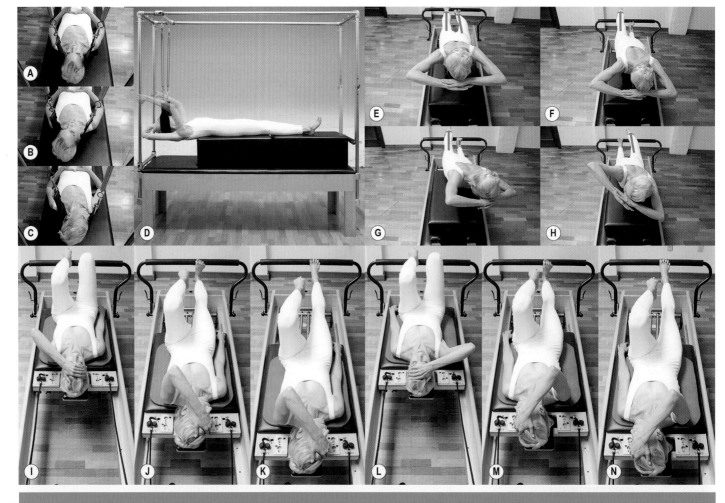

图 10.2

A~D.在配备悬吊带的秋千床上，仰卧，颈椎后滑、侧屈、横向平移和旋转。这一练习需要协同激活肌筋膜前深线、后表线，体侧线、螺旋线和手臂线，重点是这些经线的上部。体现的筋膜导向的运动标准：本体感觉的改善——本体感觉与位置、肌腱和肌肉感觉有关。E~H.俯卧在普拉提床上，足部运动加颈椎和上段胸椎后伸、横向平移、侧屈和旋转。这个练习需要协同激活肌筋膜后表线、臂后经线。体现的筋膜导向的运动标准：运动的启动——将近端结构连接到远端结构，将远端结构连接到近端结构。I~N.仰卧在普拉提床上，足部运动加颈椎旋转。这个练习需要协同激活肌筋膜上螺旋线、前深线、前表线。体现的筋膜导向的运动标准：本体感觉的改善——本体感觉与位置、肌腱和肌肉感觉有关

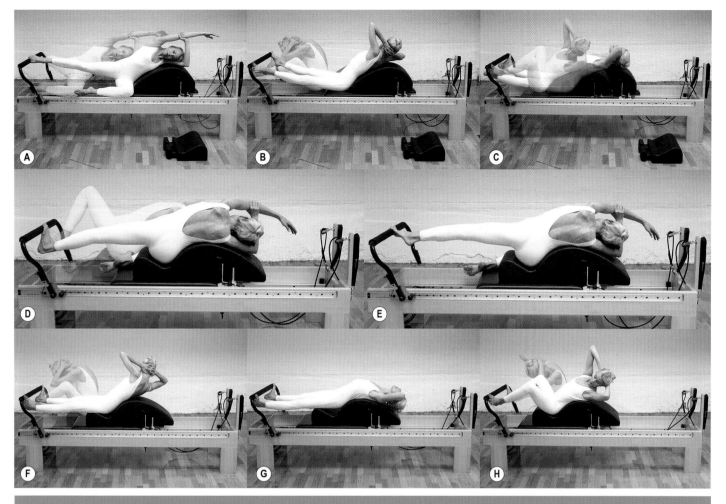

图 10.3

A.将Arc脊柱矫正器（去掉阶梯）置于滑车上，侧卧位脊柱侧屈，单腿推蹬。这个练习可激活肌筋膜体侧线。体现的筋膜导向的运动标准：全身的连续性——将躯干连接到四肢，将四肢连接到躯干；将深层结构连接到表层结构，将表层结构连接到深层结构。B、C.将Arc脊柱矫正器（去掉阶梯）置于滑车上，仰卧位脊柱环转（即动作"环游世界"），双腿推蹬。这一练习需要协同激活所有肌筋膜经线。体现的筋膜导向运动标准：小角度变化的多向运动。D、E.将Arc脊柱矫正器置于滑车上，侧卧位脊柱侧屈，单腿推蹬，踝关节跖屈、背屈。这个练习可激活肌筋膜体侧线。体现的筋膜导向的运动标准：全身的连续性——将躯干连接到四肢，将四肢连接到躯干；将深层结构连接到表层结构，将表层结构连接到深层结构。F~H.将Arc脊柱矫正器置于滑车上，仰卧位脊柱环转，双腿推蹬。这个练习需要协同激活所有的肌筋膜经线。体现的筋膜导向的运动标准：小角度变化的多向运动

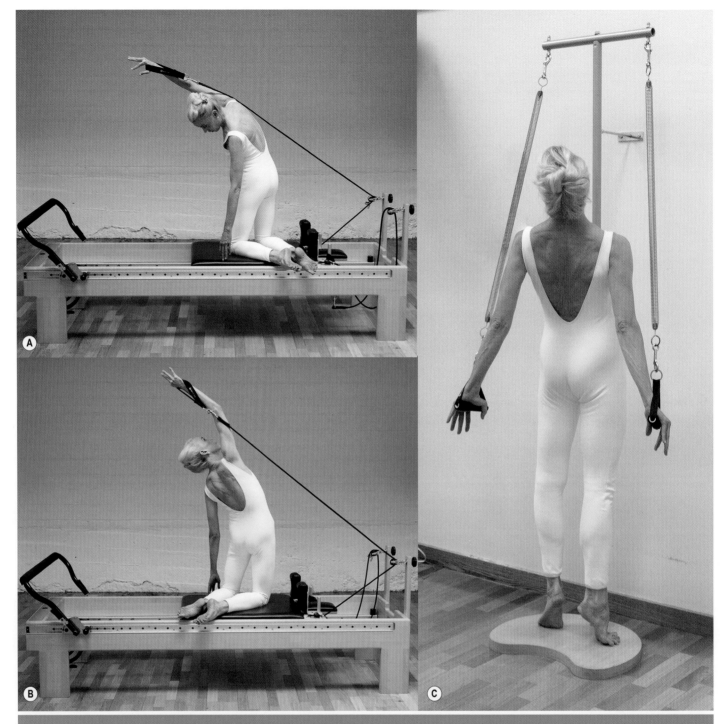

图 10.4
A.跪立在普拉提床滑车对角线上,单臂上推过头,胸椎、颈椎侧屈并向屈曲方向旋转。这个练习需要协同激活肌筋膜体侧线、螺旋线、手臂线。体现的筋膜导向的运动标准:同时带动大面积神经肌筋膜系统的全身性运动。B.跪立在普拉提床滑车对角线上,单臂上推过头,胸椎、颈椎侧屈,并朝后伸方向旋转。这个练习需要协同激活肌筋膜体侧线、螺旋线和手臂线。体现的筋膜导向的运动标准:同时带动大面积神经肌筋膜系统的全身性运动。C.站在弹簧拉力架的底座上,踝关节跖屈,胸椎、颈椎后伸加旋转。这个练习需要协同激活肌筋膜前深线、后表线、螺旋线和手臂线。体现的筋膜导向的运动标准:流畅的运动序列

表10.4　旨在解决电子屏幕设备带来的姿势（体态）问题的筋膜导向的器械运动序列

普拉提床运动序列（特别说明的除外）	图序	普拉提原则	筋膜导向的运动标准
1.仰卧，足部运动加颈椎旋转	10.2I~N	精确	运动敏感度——动觉(动态本体感觉)，感知四肢、躯干的位置和运动的能力
仰卧横向平移			
2.胸椎相对于骨盆横向平移	6.1A	控制	本体感觉的改善——本体感觉与位置、肌腱和肌肉感觉有关
3.骨盆相对于胸椎横向平移	6.1B		
髋关节的灵活性			
4.仰卧股骨画圈	6.2A、B	肌肉的均衡发展（神经肌筋膜系统的完美激活）	小角度变化的多向运动
5.仰卧单腿外展/内收	6.2C		
6.桥式加旋转	6.3A、B	全身性运动	全身的连续性——将躯干连接到四肢，将四肢连接到躯干；将深层结构连接到表层结构，将表层结构连接到深层结构
胸椎旋转加横向平移，双手分别放在两个肩靠上			
7.四足式	6.3C~E	全身性运动	同时带动大面积神经肌筋膜系统的全身性运动
8.站姿	6.3F		
9.在配备悬吊带的秋千床上，仰卧，颈椎后滑、侧屈、横向平移和旋转	10.2A~D	精确	运动敏感度——动觉(动态本体感觉)，感知四肢、躯干的位置和运动的能力
10.将Arc脊柱矫正器（去掉阶梯）置于滑车上，侧卧位脊柱侧屈，单腿推蹬	10.3A	全身性运动	全身的连续性——将躯干连接到四肢，将四肢连接到躯干；将深层结构连接到表层结构，将表层结构连接到深层结构
11.将Arc脊柱矫正器（去掉阶梯）置于滑车上，仰卧位脊柱环转，双腿推蹬	10.3B、C	精确	运动敏感度——动觉(动态本体感觉)，感知四肢、躯干的位置和运动的能力
12.将Arc脊柱矫正器置于滑车上，侧卧位脊柱侧屈，单腿推蹬	10.3D、E	全身性运动	全身的连续性——将躯干连接到四肢，将四肢连接到躯干；将深层结构连接到表层结构，将表层结构连接到深层结构
13.将Arc矫正器置于滑车上，仰卧位脊柱环转，双腿推蹬	10.3F~H	精确	运动敏感度——动觉(动态本体感觉)，感知四肢、躯干的位置和运动的能力
14.俯卧脊柱旋转加后伸	8.1D、E	核心	运动的启动——将近端结构连接到远端结构，将远端结构连接到近端结构
15.俯卧，足部运动加颈椎和上段胸椎后伸、横向平移、侧屈和旋转	10.2E~H	肌肉的均衡发展（神经肌筋膜系统的完美激活）	小角度变化的多向运动
16.跪立在普拉提床滑车对角线上，单臂上推过头，胸椎、颈椎侧屈并向屈曲方向旋转	10.4A	节奏	动态伸展——慢和快的节奏变化
17.跪立在普拉提床滑车对角线上，单臂上推过头，胸椎、颈椎侧屈，并向后伸方向旋转	10.4B		
18.脊柱后伸加旋转	8.2A~D	全身性运动	全身的连续性——将躯干连接到四肢，将四肢连接到躯干；将深层结构连接到表层结构，将表层结构连接到深层结构
不同方向的脊柱旋转			
19.跪立在滑车对角线上，双手持魔术圈转向脚踏杆	6.9A	精确	运动敏感度——动觉(动态本体感觉)，感知四肢、躯干的位置和运动的能力
20.站在滑车对角线上，双手持魔术圈转离脚踏杆	6.9B、C		
21.站在滑车对角线上，不使用魔术圈转向脚踏杆	6.9D		

表10.4（续）

有辅助的站姿深蹲

22.站在地上，与弹簧方向成对角线	6.11A	全身性运动	同时带动大面积神经肌筋膜系统的全身性运动
23.站在地上，与弹簧方向成对角线，胸椎旋转	6.11B		
24.站在滑车上，与弹簧方向成对角线，胸椎、颈椎旋转	6.11C、D		
25.站在弹簧拉力架的底座上，踝关节跖屈，胸椎、颈椎后伸加旋转	10.4C	全身性运动	全身的连续性——将躯干连接到四肢，将四肢连接到躯干；将深层结构连接到表层结构，将表层结构连接到深层结构

表10.5 旨在解决电子设备带来的姿势（体态）问题的筋膜导向的普拉提运动序列

练习的名称和激活的肌筋膜经线	描述	
仰卧，足部运动加颈椎旋转 整体激活肌筋膜螺旋线、前深线和前表线	最好移除普拉提床的肩靠 用中等阻力，以免从滑车上滑落 将跖骨和脚趾腹面放在脚踏杆上(双脚或单脚) 将一只手的掌心放在前额，小指平行略高于眉毛 呼气，伸膝加踝关节背屈，配合颈椎向手指指向的方向旋转 吸气，踝关节跖屈，维持颈椎旋转 呼气，踝关节背屈 吸气，屈膝、屈髋，配合颈椎转回中立位	 1
仰卧，胸部相对于骨盆横向平移 整体激活肌筋膜体侧线、前深线、前功能线和后功能线	将短箱放在垂直于滑车的地面上 在短箱上放一块垫子，使短箱和普拉提床滑车等高 滑车与床架之间不附着弹簧 骨盆和双脚置于短箱上 胸部、肩带和头放在滑车上 双手掌心相扣举至胸骨剑突上方，保持骨盆不动，横向平移胸椎、肩带和头 吸气，右脚压向箱子，向左平移胸椎，左手掌心压向右手掌心 呼气，回到中间位置 身体另一侧重复同样的运动	 2
仰卧，骨盆相对于胸部横向平移 整体激活肌筋膜体侧线、前深线、前功能线和后功能线	将短箱放在垂直于滑车的地面上 在短箱上放一块垫子，使短箱子和普拉提床滑车等高 滑车与床架之间不附着弹簧 骨盆置于滑车上 胸部、肩带和头位于箱子上 双手掌心相扣举至胸骨剑突上方，保持胸部不动，横向平移骨盆 吸气，右手掌心压向左手掌心，骨盆向右平移 呼气，回到中间位置 身体另一侧重复同样的运动 因脚底处于开放链，所以这是一个难度最高的变式。还有其他变式，如双脚踩在滑车上、两个股骨交叉（此处无图示）	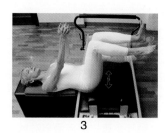 3
仰卧，骨盆和脊柱中立位，股骨画圈 整体激活肌筋膜前深线、后表线和前表线	3根红色弹簧 绳套环绕膝关节 股骨画圈时，交替进行"髋关节内旋、内收，踝关节背屈"和"髋关节外旋、外展，踝关节跖屈" 髋关节内旋和后伸时呼气，髋关节外旋和屈曲时吸气 两个方向都要画圈	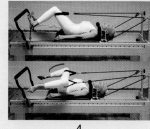 4

表10.5（续）

仰卧，骨盆和脊柱中立位加髋关节外展和内收，锻炼躯干的稳定性和髋关节的灵活性 整体激活肌筋膜前深线、体侧线、螺旋线和手臂线	3根红色弹簧 绳套环绕膝关节 右髋外展–内收后左髋外展–内收 踝关节背屈时髋关节外展 稳定的腿保持踝关节跖屈 伸肘，掌心相对，手指交叉 左髋外展时，左手压向右手，反之亦然	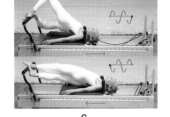 5
桥式加骨盆和腰椎旋转 整体激活肌筋膜下部螺旋线和后表线	2根红色弹簧 左脚脚跟置于脚踏杆上，与左侧坐骨对齐 右脚交叉置于左脚后 中立位桥式，朝交叉在后的脚的方向旋转 保持肩带稳定 伸膝，使滑车向后或向前滑动	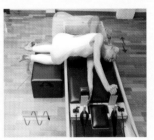 6
四足式，胸椎旋转加横向平移，两只手各放在一个肩靠上 整体激活肌筋膜上部螺旋线、体侧线和手臂线	滑车与床架之间不需要连接弹簧 跪在短箱上，左膝与滑车的弹簧边缘平齐 左脸和左肩置于滑车的角落 脊柱垂直于滑车 左手抓住离膝关节近的肩靠，右手抓住离膝关节远的肩靠 吸气，向右旋转，把滑车滑向右 呼气，向右旋转，把滑车滑向左 当右手推肩靠时，左手拉肩靠 在滑车的另一侧做练习，右肩放在滑车上，向左旋转 躯干向左旋转	 7
站姿，胸椎旋转加横向平移，两只手各放在一个肩靠上 整体激活肌筋膜上部的螺旋线、后表线和手臂线	无弹簧 滑车在床架靠脚踏杆的一端 脚跟与肩靠平齐 躯干平行于脚踏杆(图中未显示) 躯干朝向立杆 (如图所示) 躯干朝向脚踏杆 (图中未显示) 脚踏杆侧的手抓住近端的肩靠 立杆侧的手抓住远端的肩靠 保持骶骨、胸腰结合处、枕骨处的良好力线 胸椎旋转，滑车滑向立杆，回到起始位置 这是众多变式中最高级的一组练习	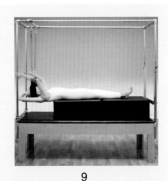 8
在配备悬吊带的秋千床上，仰卧，颈椎后滑、侧屈、横向平移和旋转 整体激活肌筋膜前深线、后表线、体侧线、螺旋线和手臂线，重点是这些经线的上部	放两个箱子在秋千床上 在横向滑动杆的两个黄色长弹簧间连接上稳定悬吊带 仰卧在两个箱子上，肩胛骨下角置于箱子边缘 将稳定悬吊带绕于头后，使脸平行于天花板，颈椎和上段胸椎呈中立位悬于空中 双手抓住秋千架的立杆 吸气，颈椎向后滑动 呼气，回到中立位 吸气，左耳向左肩倾斜 呼气，回到中立位 做另一侧动作	9

表10.5（续）

整体激活肌筋膜前深线、后表线、体侧线、螺旋线和手臂线，重点是这些经线的上部	吸气，颈椎和头向左平移 呼气，回到中立位 做另一侧动作 吸气，颈椎和头向左旋转 呼气，回到中立位 做另一侧动作 在全部颈椎和上段胸椎运动时保持胸腰结合处中立位	
将Arc脊柱矫正器（去掉阶梯）置于滑车上，侧卧位脊柱侧屈，单腿推蹬 激活肌筋膜体侧线	把Arc脊柱矫正器（去掉阶梯）放在滑车上 1根红色弹簧，1根蓝色弹簧 右脚踇趾、跖骨和脚跟放于脚踏杆上 把脚向前放在脚踏杆上形成屈髋，把脚放在脚踏杆中间形成髋中立位，把脚向后放在脚踏杆后部形成伸髋 右髋外旋，接着右髋内旋 可以在头颈下放置枕头支撑	 10
将Arc脊柱矫正器（去掉阶梯）置于滑车上，仰卧位脊柱环转（环游世界），双腿推蹬 整体激活所有的肌筋膜经线	把Arc脊柱矫正器（去掉阶梯）放在滑车上 2根红色弹簧 坐在滑车上，腰椎和下段胸椎靠在脊柱矫正器上 把双脚的跖骨放在脚踏杆的两端 双手支撑头颈 屈膝、屈髋和伸膝、伸髋配合躯干环转 吸气，辅助脊柱伸展 呼气，辅助脊柱屈曲	 11
将Arc脊柱矫正器（去掉阶梯）置于滑车上，侧卧位脊柱侧屈，单腿推蹬 激活肌筋膜体侧线	把Arc脊柱矫正器放在滑车上 1根红色弹簧，1根蓝色弹簧 右侧卧位，脊柱矫正器阶梯支撑右侧大转子 脊柱矫正器主体支撑腰椎、胸椎和肩带 用一个垫子支撑头颈 把左脚踇趾、跖骨和脚跟放在脚踏杆上 把脚向前放在脚踏杆上形成屈髋，把脚放在脚踏杆中间形成髋中立位，把脚向后放在脚踏杆后部形成伸髋 左髋外旋，接着左髋内旋	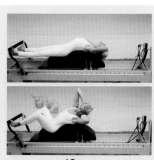 12
将Arc脊柱矫正器（去掉阶梯）置于滑车上，仰卧位脊柱环转，双腿推蹬 整体激活所有的肌筋膜经线	把Arc脊柱矫正器放在滑车上 2根红色弹簧 仰卧，脊柱矫正器阶梯支撑骨盆 脊柱矫正器主体支持上段腰椎、胸椎和肩带 双手支撑头颈 屈膝、屈髋和伸膝、伸髋配合躯干环转	13
俯卧在椅子上脊柱旋转加后伸，伴随交替伸髋 整体激活肌筋膜后表线、前深线、前表线和手臂线	俯卧在椅面上，脊柱保持中立位，双手下压脚踏，手臂垂直于地面 每个脚踏挂1根轻弹簧和1根重弹簧 根据客户的体重和力量选择弹簧阻力	 14

俯卧，足部运动加颈椎和上段胸椎后伸、横向平移、侧屈和旋转 整体激活肌筋膜后表线、臂后经线	把长箱纵向放在滑车上 1根蓝色弹簧 俯卧在长箱上，将髋关节置于箱子边缘 把趾腹和跖骨放在脚踏杆上 双肘屈曲，左手放在右手上 前额放在左手手背上 颈椎和上段胸椎横向平移时，保持髋、膝关节伸展，做踝关节跖屈和背屈 交替进行踝关节跖屈和背屈，做颈椎和上段胸椎后伸 在侧屈和旋转时，保持胸椎伸展	 15
跪立在滑车对角线上，单臂上推过头，胸椎、颈椎侧屈并向屈曲方向旋转 整体激活肌筋膜体侧线、螺旋线和手臂线	跪立在滑车上，朝向弹簧，身体右侧朝向滑轮 1根黄色弹簧或1根蓝色弹簧 右手套在绳套内 呼气，沿耳朵伸肘 吸气，侧屈 呼气，向屈曲方向旋转 吸气，回到起始位置	 16
跪立在滑车对角线上，单臂上推过头，胸椎、颈椎侧屈，并向后伸方向旋转 整体激活肌筋膜体侧线、螺旋线和手臂线	跪立在滑车对角线上，身体右侧朝向滑轮 1根黄色弹簧或1根蓝色弹簧 右手套在绳套内 呼气，沿耳朵伸肘 吸气，侧屈 呼气，向后伸方向旋转，面向天花板 吸气，回到起始位置	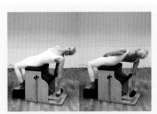 17
骨盆置于椅面上，双手分别放在两个脚踏上或单手放在一个脚踏上，脊柱后伸加旋转 整体激活肌筋膜后表线、前深线、螺旋线和手臂线	骨盆置于椅面上 双脚放在垫高的平台上 每个脚踏挂1根重弹簧或1根轻弹簧 根据客户的体重和力量选择弹簧阻力 两只手分别放在两个脚踏板上，脊柱后伸加两侧交替旋转 单手放在同侧或对侧脚踏上，后伸加旋转	 18
跪立在滑车对角线上，双手持魔术圈转向脚踏杆 整体激活肌筋膜体侧线、螺旋线和手臂线	跪立在普拉提床滑车上，面向脚踏杆 1根黄色弹簧或1根蓝色弹簧 把普拉提床绳套绕在魔术圈的一个手柄上 把魔术圈的另一个手柄抵在胸骨剑突处 吸气时，把骨盆、胸廓和肩带转向右侧，把颈部、头部和眼睛转向另一侧 呼气时，回到起始位置	 19

表10.5（续）

站在滑车对角线上，双手持魔术圈转离脚踏杆 整体激活所有的肌筋膜经线，重点是螺旋线	站在普拉提床滑车上，面向滑轮 1根黄色弹簧或1根蓝色弹簧 把普拉提床绳套从后面绕在魔术圈的一个手柄上 把魔术圈的另一个手柄抵在胸骨剑突处 吸气，骨盆、胸廓、肩带转向左边，把颈、头、眼睛转向同侧或者对侧 呼气时，回到起始位置	 20
站在滑车对角线上，不使用魔术圈，朝向脚踏杆 整体激活所有的肌筋膜经线，重点是螺旋线	站在普拉提床滑车上，面朝弹簧 1根黄色弹簧或1根蓝色弹簧 双手抓握前侧的绳套 吸气，骨盆、胸廓和肩带转向右侧，颈、头和眼睛转向同侧或对侧 呼气，回到起始位置	 21
站姿，有辅助地深蹲，站在地上，与弹簧方向成对角线 整体激活所有的肌筋膜经线	站在普拉提床尾部的地上，与弹簧方向成一定角度 1根黄色弹簧 拉长绳索，以便于用手抓握绳索手柄时身体的中轴线垂直于地面 吸气时，髋、膝和肘关节屈曲，深蹲 呼气时，髋、膝和肘关节伸展，回到站姿 吸气时，踝关节跖屈，向上抬踵，用蹞趾球和趾底（趾腹）支撑	 22
站姿，有辅助地深蹲，站在地上，与弹簧方向成对角线，胸椎旋转 整体激活所有的肌筋膜经线，重点是螺旋线	站在普拉提床尾部的地上，与弹簧成一定角度 1根黄色弹簧 拉长绳索，以便于在手抓握绳索手柄时身体的中轴线垂直于地面 吸气时，屈髋、屈膝、屈肘，深蹲 在深蹲过程中，配合胸椎向左旋转 呼气时，伸髋、伸膝、伸肘，回到站姿，胸椎回到中立位 吸气时，踝关节跖屈，向上抬踵，用蹞趾球和趾底（趾腹）支撑	 23
站姿，有辅助地深蹲，站在普拉提床滑车上，与弹簧方向成对角线，胸椎、颈椎旋转 整体激活所有的肌筋膜经线，重点是螺旋线	站在普拉提床滑车上，斜对滑轮 1根蓝色弹簧 双手抓住绳套 吸气时，屈髋、屈膝、屈肘，深蹲 在深蹲过程中，配合胸椎向右旋转 呼气时，伸髋、伸膝、伸肘，回到站姿，胸椎回到中立位	 24

表10.5（续）

站在弹簧拉力架的底座上，踝关节跖屈，胸椎、颈椎后伸加旋转 整体激活肌筋膜前深线、后表线、螺旋线和手臂线	站在底座上，面向弹簧拉力架 双手分别抓住弹簧的手柄 吸气时，肩关节后伸，同时颈椎、胸椎后伸和旋转，踝关节跖屈 呼气时，回到起始位置	 25

表10.6 针对因电子设备而引起姿势问题的筋膜导向的运动计划指南——客户资料

客户的诊断或相关情况： 女，55岁，每天坐在电脑前超过6小时，伴有头痛、颈部疼痛

短期目标	长期目标
1.降低颈后部张力	1.站立时显得更挺拔一些
2.减轻颈椎超伸	2.学习并实践一项视觉计划
3.减轻胸椎后凸（驼背）	3.每周进行2次筋膜导向的运动练习
4.工作中每小时运动一会儿进行放松	4.改用站姿书桌办公

针对因电子设备而引起姿势问题的客户的筋膜导向的运动计划指南	客户资料（由客户或教练填写）
1.确定影响筋膜功能的因素	
遗传	没有已知的导致筋膜功能障碍的遗传因素
相关疾病	淋巴瘤
用药	偶尔服用助眠药
手术	胸椎后肿瘤切除
·瘢痕	胸椎后瘢痕
·粘连	手术可能造成了筋膜粘连
全身炎症	饮食相关的炎症
相关生活方式	
·营养	意识到当减少糖的摄入时，她的运动会变得更轻松
·补剂	咨询她的医生
·吸烟情况	不吸烟
·饮酒情况	晚餐时饮红酒
·坐着的时间	每天超过6小时
低可动性	没有低可动性状况
高可动性	活动度比一般的好些，但没有达到高可动性
温度和湿度偏好	喜欢15℃左右、高湿度的环境
2.增强筋膜功能的自用工具：球、泡沫轴、木棍、手动工具	
家庭练习	在家用泡沫轴辅助胸椎伸展
在工作室的计划	
练习时长	每天15分钟
3.强化筋膜功能的治疗：针灸、整骨疗法、物理疗法、罗尔夫按摩疗法、结构整合法等	在突发状况时，求助于针灸和整骨疗法
预约时间表	
合作治疗沟通	针灸师和整骨师为运动项目提供指导
4.活动范围	
部分	
全部	
禁忌	颈部过伸似乎会加剧颈部疼痛

表10.6（续）

5.负重

无负重	喜欢仰卧位和俯卧位的垫上运动序列，做一会儿结合颈、头和眼睛的运动
部分负重	四足式胸部伸展运动
完全负重	工作中每小时的站姿练习

6.运动链

开链	
闭链	客户喜欢闭链运动

7.最适合的辅助或阻力类型

自重	结合头、颈和眼睛运动的垫上运动序列家庭计划
带子	
弹簧	普拉提床、椅子、秋千床
自由重量	

8.最佳强度,使收益最大化、伤害最小化

喜欢较大阻力的运动,但担心该类运动会加重病情

9.对既可激发神经系统又可降低风险的新事物的平衡能力

期待在训练中加入新颖的眼部练习

10.适合的普拉提运动选项

可以使用工作室中的所有设备,家中有一个普拉提床

垫子、普拉提床、椅子、秋千床、梯桶

附加的设备

不稳定的平面: 泡沫轴、小海豚、旋转盘、方形摇摆板、平衡板

11.激活《解剖列车: 徒手和运动治疗的肌筋膜经线》中描述的所有适合客户的肌筋膜经线

重点激活肌筋膜后表线,整合臂前经线和臂后经线

12.提高筋膜弹性反冲性能

一旦患者无症状,即可进行每周2次的上半身和上肢弹性反冲训练,每次20分钟

练习时长: 每天20~30分钟

频率: 每周2~3次

胶原合成的恢复时间: 2天

13.不含弹性反冲的筋膜导向运动

练习时长: 每天30~60分钟	每天60分钟
频率: 每周2~6次	每周2次
至少每3周修订一次计划	

14.提示偏好

接触深度	喜欢有力的接触
外感受或内感受提示	客户喜欢内感受提示

15.客户的音乐偏好有助于专注和进行有节奏的运动

喜欢在安静的环境下锻炼,以便集中注意力

16.与其他形式训练的互动

可变强度的间歇训练	客户希望在头痛和颈部疼痛缓解后,进行多变强度的间歇训练
有氧运动: 15~45分钟,每周3~4次	客户每天步行上班
力量训练: 15~30分钟,每周2次,1~2天的恢复时间	客户希望恢复力量训练计划
身心运动: 瑜伽、太极、气功、婵柔器械上婵柔、垫上或椅子上婵柔	每周1次器械婵柔课

表10.7 针对因电子设备而引起姿势问题的客户的筋膜导向的运动计划指南——练习精选

客户的诊断或相关情况： 女，55岁，每天坐在电脑前超过6小时，伴有头痛、颈部疼痛

教练选择的练习 参见**表10.5**	筋膜导向的运动标准 运动要求： 运动可以持续地优化运动控制和重塑胶原 运动促进客户的张拉整体结构*意识和表现 根据客户情况以最佳练习顺序激活适合其需求的所有肌筋膜经线	垫子	普拉提床	椅子	秋千床	Arc脊柱矫正器	附加设备	运动效果					
								促进组织水合作用	促进筋膜系统内的滑动	刺激组织再生	提升组织弹性	形成规则的带有卷曲的晶格（网络）	促进弹性反冲

*："张拉整体结构会对局部的机械压力做出整体反应，产生一个与重力无关的结果。如果没有张拉整体结构模式，我们的纤维结构会在引力作用下坍塌。有了张拉整体结构模式，我们的纤维结构通过在整个网络(包括外围结构)分散负荷来吸收和分散压缩力。"（Guimberteau & Armstrong, 2015）

	内感受——筋膜内的间质神经提供内感受功能，而不是本体感觉或痛觉功能。刺激这些游离的神经末梢能给大脑提供身体状况信息，维持体内的稳定，满足生理需求。内感受信号与感觉如温暖、恶心、饥饿、疼痛、费力、沉重或轻松有关。对内部躯体的感知与情感偏好和感觉有关(Schleip & Baker, 2015)												
仰卧，足部运动加颈椎旋转 **图1**（即表10.5中序号为1的图，后同）	本体感觉的改善——本体感觉与位置、肌腱和肌肉感觉有关	•									•			
仰卧，胸部相对于骨盆横向平移 **图2**	运动的启动——将近端结构连接到远端结构，将远端结构连接到近端结构	•								•	•		•	
仰卧，骨盆相对于胸部横向平移 **图3**	运动的启动——将近端结构连接到远端结构，将远端结构连接到近端结构	•								•	•		•	
仰卧，骨盆和脊柱中立位，股骨画圈 **图4**	小角度变化的多向运动	•								•	•		•	
仰卧，骨盆和脊柱中立位加髋关节外展和内收，锻炼躯干的稳定性和髋关节的灵活性 **图5**	力/负荷的传递——通过神经肌筋膜系统分散力/负荷的运动	•								•	•	•		
桥式加骨盆和腰椎旋转 **图6**	全身的连续性——将躯干连接到四肢，将四肢连接到躯干；将深层结构连接到表层结构，将表层结构连接到深层结构	•								•	•		•	
四足式胸椎旋转加横向平移，两只手各放在一个肩靠上 **图7**	本体感觉的改善——本体感觉与位置、肌腱和肌肉感觉有关	•								•	•		•	
站姿，胸椎旋转加横向平移，两只手各放在一个肩靠上 **图8**	本体感觉的改善——本体感觉与位置、肌腱和肌肉感觉有关	•								•	•	•	•	

表10.7（续）

客户的诊断或相关情况： 女，55岁，每天坐在电脑前超过6小时，伴有头痛、颈部疼痛

教练选择的练习 参见**表10.5**	筋膜导向的运动标准 运动要求： 运动可以持续地优化运动控制和重塑胶原 运动促进客户的张拉整体结构*意识和表现 根据客户情况以最佳练习顺序激活适合其需求的所有肌筋膜经线	垫子	普拉提床	椅子	秋千床	Arc脊柱矫正器	附加设备	运动效果					
								促进组织水合作用	促进筋膜系统内的滑动	刺激组织再生	提升组织弹性	形成规则的带有卷曲的晶格（网络）	促进弹性反冲
在配备悬吊带的秋千床上，仰卧，颈椎后滑、侧屈、横向平移和旋转 图9	本体感觉的改善——本体感觉与位置、肌腱和肌肉感觉有关				●			●	●		●		
将Arc脊柱矫正器（去掉阶梯）置于滑车上，侧卧位脊柱侧屈，单腿推蹬 图10	全身的连续性——将躯干连接到四肢，将四肢连接到躯干；将深层结构连接到表层结构，将表层结构连接到深层结构		●			●		●	●	●	●		
将Arc脊柱矫正器（去掉阶梯）置于滑车上，仰卧位脊柱环转，双腿推蹬 图11	小角度变化的多向运动		●			●		●	●	●	●		
将Arc脊柱矫正器（去掉阶梯）置于滑车上，侧卧位脊柱侧屈，单腿推蹬 图12	全身的连续性——将躯干连接到四肢，将四肢连接到躯干；将深层结构连接到表层结构，将表层结构连接到深层结构		●			●		●	●	●	●		
将Arc脊柱矫正器（去掉阶梯）置于滑车上，仰卧位脊柱环转，双腿推蹬 图13	小角度变化的多向运动		●			●		●	●	●	●		
俯卧在椅子上脊柱旋转加后伸，伴随交替伸髋 图14	运动敏感度——动觉(动态本体感觉)，感知四肢、躯干的位置和运动的能力 预备反向运动			●				●	●	●			
俯卧，足部运动加颈椎和上段胸椎后伸、横向平移、侧屈和旋转 图15	运动的启动——将近端结构连接到远端结构，将远端结构连接到近端结构		●					●	●		●		
跪立在滑车对角线上，单臂上推过头，胸椎、颈椎侧屈并向屈曲方向旋转 图16	同时带动大面积神经肌筋膜系统的全身性运动		●					●	●	●	●		
跪立在滑车对角线上，单臂上推过头，胸椎、颈椎侧屈，并向后伸方向旋转 图17	同时带动大面积神经肌筋膜系统的全身性运动		●					●	●	●	●		
骨盆置于椅面上，双手分别放在两个脚踏上或单手放在一个脚踏上，脊柱后伸加旋转 图18	动态伸展——慢和快的节奏变化			●				●	●	●	●		
跪立在滑车对角线上，双手持魔术圈转向脚踏杆 图19	力/负荷的传递——通过神经肌筋膜系统分散力/负荷的运动		●		●			●	●	●	●		

表10.7（续）

客户的诊断或相关情况：女，55岁，每天坐在电脑前超过6小时，伴有头痛、颈部疼痛		垫子	普拉提床	椅子	秋千床	Arc脊柱矫正器	附加设备	运动效果					
	筋膜导向的运动标准 运动要求： 运动可以持续地优化运动控制和重塑胶原 运动促进客户的张拉整体结构*意识和表现							促进组织水合作用	促进筋膜系统内的滑动	刺激组织再生	提升组织弹性	形成规则的带有卷曲的晶格（网络）	促进弹性反冲
教练选择的练习 参见**表10.5**	根据客户情况以最佳练习顺序激活适合其需求的所有肌筋膜经线												
站在滑车对角线上，双手持魔术圈转离脚踏杆 图20	全身的连续性——将躯干连接到四肢，将四肢连接到躯干；将深层结构连接到表层结构，将表层结构连接到深层结构		•				•	•	•	•	•	•	
站在滑车对角线上，无魔术圈转向脚踏杆 图21	全身的连续性——将躯干连接到四肢，将四肢连接到躯干；将深层结构连接到表层结构，将表层结构连接到深层结构		•				•	•	•	•	•	•	
站姿，有辅助地深蹲，站在地上，与弹簧方向成对角线 图22	同时带动大面积神经肌筋膜系统的全身性运动		•				•	•	•	•		•	
站姿，有辅助地深蹲，站在地上，与弹簧方向成对角线，胸椎旋转 图23	同时带动大面积神经肌筋膜系统的全身性运动		•				•	•	•	•		•	
站姿，有辅助地深蹲，站在普拉提床滑车上，与弹簧方向成对角线，胸椎、颈椎旋转 图24	同时带动大面积神经肌筋膜系统的全身性运动		•				•	•	•	•		•	
站在弹簧拉力架底座上，踝关节跖屈，胸椎、颈椎后伸加旋转 图25	流畅的运动序列						•	•	•	•		•	

参考资料

出版物

GALLAGHER S P, KRYZANOWSKA R, 2000.The Joseph H. Pilates archive collection. Philadelphia, PA: Trans-Atlantic Publications Inc.

GUIMBERTEAU J C, ARMSTRONG C, 2015. Architecture of human living fascia: The extracellular matrix and cells revealed through endoscopy. Edinburgh: Handspring Publishing.

MYERS T W, 2014. Anatomy Trains®: Myofascial meridians for manual and movement therapists (3rd ed.). Edinburgh: Churchill Livingstone.

SCHLEIP R, BAKER A（Eds.）, 2015. Fascia in sport and movement. Edinburgh: Handspring Publishing.

网络课程

www.pilatesanytime.com

第十一章　筋膜导向运动视角的老年健康

筋膜会随着年龄的增长而变化

预计到2030年，美国65岁及以上的人将达到人口总数的1/5。自20世纪初以来，美国人的平均寿命增加了至少30岁。某民意调查和市场研究机构创始人肯·迪赫特瓦尔德（Ken Dycht wald）说："我知道许多老年人即将退休，我不确定是否还有其他人像我一样认为，他们只是走在开始新生活的路上。"如今的老年人就像是新的生活阶段的开拓者，他们试图找到自己的生活之路（National Public Radio，2016）。这些老年人可能是筋膜导向运动的先驱。过去30年的研究表明，筋膜——身体最大的连通组织，是连接身体各个部分并把它们联成一体的实体性的纽带。

65岁可能是"人体老化"的开始。然而，从筋膜视角看，人体老化的过程是延续一生的。无论你处于哪个年龄段，只要进行筋膜营养补给、鼻式呼吸和筋膜导向运动，对身体都是有益的。把发展力量和提升弹性的储备能力作为一种安全边界，有助于防止手术、急性疾病和老化造成的活动减少和功能退化，进而引起功能受限的情况。

筋膜是张力性的、连续的、纤维网状结构的，从皮肤下面一直延伸到细胞核。在人的一生中，它对人体运动、静止、营养供给、疾病、创伤和外科手术都能做出反应。我们迈出的每一步，做的每一个动作都会通过这个移动的、适应性强的、分形的、碎片式的、不规则的整体网络发送出精确、不对称的力量（Guimberteau & Armstrong，2015，P.113）。熟悉的、经常练习的自如姿势，如滑旱冰或骑独轮车，可强化筋膜滑动和功能性致密化。相反，被忽视的运动模式将变得模糊并被遗忘。你还记得如何爬上你喜欢的树吗？经常练习会把网球发球模式根植于大脑皮质运动区和结缔组织。改变技术或更换教练，必定会发展新的神经环路和不同的筋膜系统，所有这些都会影响肌肉的运动时机、协作和力量。神经肌筋膜系统包含了一个专属于你的时间和空间内的运动记录。

筋膜，是人体的基本结构，是生命活动的动态地图；筋膜结构和性能随着时间的推移而改变。随着年龄的增长，筋膜的弹性降低，并可能因老化而紊乱。表层成纤维细胞和胶原的减少会引起皮肤改变，其特征性表现是皱纹的变化。人从21岁起，胶原蛋白和弹性蛋白每年减少1%~1.5%。弹性蛋白的减少是渐进的过程，在人大约30岁的时候可以测量出这个数值。胶原纤维变得缺乏组织性而更具缠绕性，组织失去其确定的形状和弹性(Chaitow，2014，P.25)，纤维的体积、数量和质量会下降。表11.1总结了影响呼吸、本体感觉和姿势控制的与年龄相关的筋膜变化。

老年人经常会出现身体功能障碍和姿态失衡。重力和由人体运动而产生的力是生命形式和功能的重要调节器。托马斯·W.迈尔斯在1986年提出了"空间医学"这一名词，用来描述个体细胞和筋膜系统的空间健康的重要性。不平衡的组织张力能影响机械传导和经由组织的力的转化。通常，即使没有外部施压，细胞外基质也受机械化学传导的张力影响。随着年龄的增长，成纤维细胞的硬度降低，影响细胞对机械刺激的

反应。莱昂·柴托认为，筋膜功能障碍可能是由于慢性发展的创伤或者突发损伤导致炎症和不充分重塑造成的。疾病或疼痛会带来活动不足，给筋膜带来负面影响。"致密化"影响组织的滑动能力，会改变本体感觉和肌肉平衡。当筋膜"承受过大机械压力，发炎或失去活动性，胶原沉积"时，就变得没有组织性，从而导致纤维化和粘连。松散结缔组织的刺激、炎症、酸化和致密化若同时发生，可导致肌筋膜疼痛，这是因为游离神经末梢被过度活化导致局部发炎、疼痛和敏化。这些变化都可以通过减小硬度、密度和黏度的手法治疗得以逆转（Chaitow，2014，P.24、25）。

衰老通常与运动中的伸缩性、反弹和弹力的降低有关，这反映在筋膜的结构中。胶原纤维微观结构中的波浪状排列称为卷曲。纤维不活跃和固化会改变纤维的结构，使纤维看起来扁平，失去卷曲和弹性。纤维的规律、有适当负荷的运动能够使胶原蛋白结构年轻化，恢复纤维波浪状的排列，表现出弹性储存能力(Schleip & Baker，2015，P.7)

筋膜会随年龄而变化可能会挑战世人优雅老去的决心，但幸运的是，除了否认生理变化或者默认生物学不可避免的固化之外，还有另一个选择。筋膜导向的老年人普拉提是一种意识运动形式，源自对约瑟夫·H.普拉提提出的原则、运动词汇和器械运动的筋膜研究的应用。约瑟夫·H.普拉提首创的这种独一无二的运动体系是革命性的。图11.1展示了一张由约瑟夫·H.普拉提创作的照片拼图，用来说明"为什么我们50岁就老了"。30年来的神经肌筋膜系统的结构和特性研究，补充并丰富了普拉提运动词汇、运动序列、提示和应用设备。表1.7详细列示的筋膜导向的运动标准是从表1.5所示的出版物中演化而来的。

练习筋膜导向的普拉提的益处

筋膜导向的普拉提利用运动解决随年龄增长而发生的生理变化问题。这种运动可以改善肺功能。用鼻子呼吸和进行特定的眼部运动有助于改善姿势。筋膜导向的普拉提可刺激本体感觉改善人体平衡和防止跌倒。神经肌筋膜系统弹性的增加，可增强抓握力和增大过头伸展的运动幅度。筋膜导向的普拉提还可以恢复筋膜特性，如筋膜的滑动、卷曲、弹性反冲和动能存储能力。

本章资源指南

本章表格突出筋膜导向的普拉提运动序列。筋膜导向的老年健康计划指南包括"客户资料"（表11.4）。该范例显示的客户概况：女，80岁，患周围神经病变，平衡困难。她的身体功能通过系列的站立平衡和行走的筋膜导向的普拉提（表11.5）得以改善。约瑟夫·H.普拉提的运动序列也有益于老年人的站立平衡和行走的本体感觉，这些练习在表11.2中与普拉提原则和相关的筋膜导向的运动标准一起表述。表11.6的"练习精选"显示了符合筋膜导向的运动标准的运动序列。

为什么我们50岁就老了

图1：正确应用
图2：不正确应用

By J.H. PiLaTes, N.Y.C.

图 11.1

"为什么我们50岁就老了？"
约瑟夫·H. 普拉提在标有"图1"的照片中演示了人体功能的正确应用。在标有"图2"的照片中演示了人体功能的错误应用（经Balanced Body Inc., www.pilates.com许可使用）

图11.1的解释说明

万能约瑟夫·H. 普拉提床运动序列将约瑟夫·H. 普拉提的运动形式与一个经验较少的客户进行了对比。这些照片表明约瑟夫·H. 普拉提培养了一个有弹性的神经肌筋膜系统。第五章在讲述约瑟夫·H. 普拉提练习序列中展示了这些照片。

图中紫色线表示肌筋膜前深线；黄色线表示前表线；蓝色线表示臂前表线、臂前深线、臂后表线和臂后深线；红色线表示后表线。顺序为从左上到右下

- "仰泳"（左上）显示了肌筋膜前深线、前表线和手臂线的整合
- "划船–绳套在后"（中上）显示了肌筋膜前表线和手臂线的整合
- "天鹅潜水"（右上）表明激活了肌筋膜后表线
- "肱三头肌"（左下）显示了肌筋膜前深线和臂后经线的整合
- "上推"（中下）显示了肌筋膜前深线和后表线的整合
- "足部运动–脚趾"（右下）显示了肌筋膜后表线和前表线的整合

在童年期，人们的好习惯和坏习惯都很容易养成。那么为什么不只专注于养成好习惯，避免养成坏习惯呢？

在人生道路上，所有人都要追寻生活本身，从出生到青年，再到中年，找出是什么扰乱和破坏了物质和精神的平衡——身体和意识的平衡，就会比较容易地认识和理解其中的原因，运用永恒的自然规律去纠正它们。

简而言之，研究你的身体，了解它的优点和缺点，改掉缺点，强化优点。结果会怎样？你肯定会变成一个身心健康的人！

约瑟夫·H. 普拉提 (Gallagher & Kryzanowska, 2000)

表11.1　与年龄相关的筋膜变化

筋膜变化

1.从21岁开始,胶原蛋白和弹性蛋白每年减少1%~1.5%

2.成纤维细胞合成较慢且效率较低

3.筋膜胶原蛋白含量减少,其主要由单向纤维构成,弹性小于致密胶原蛋白网中的多向纤维

4.弹性蛋白的流失影响器官和眼睛功能

呼吸	筋膜导向的运动实践	普拉提原则和筋膜导向的运动标准
1.呼吸系统的顺应性在20~60岁之间下降20%	鼻式呼吸促进腹式呼吸,并有助于确保膈肌的正常工作,进行规律、平静、稳定的呼吸	内感受——筋膜内的间质神经提供内感受功能,而不是本体感觉或痛觉功能。刺激这些游离的神经末梢能给大脑提供身体状况信息,维持体内的稳定,满足生理需求。内感受信号与感觉如温暖、恶心、饥饿、疼痛、费力、沉重或轻松有关。对内部躯体的感知与情感偏好和感觉有关(Schleip & Baker, 2015)
2.女性约在20岁时肺发育成熟,男性约在25岁时肺发育成熟		
3.约35岁时肺功能开始减弱	鼻式呼吸比口式呼吸多吸入10%~20%的氧气	全身的连续性——将躯干连接到四肢,将四肢连接到躯干;将深层结构连接到表层结构,将表层结构连接到深层结构
4.肺弹性下降	躯干侧屈、后伸和旋转(图9.6A~F)	刺激组织再生
5.呼吸肌弱化		预备反向运动
6.脊柱、肋骨和膈肌的躯体功能障碍会导致呼吸功能障碍	躯干后伸 (图 9.6C)	普拉提原则: 核心 运动中对肌筋膜经线的感知
7.颈椎中段功能障碍会影响膈神经,从而影响膈肌的功能	提高颈椎的活动范围(图10.4A)	运动敏感度——动觉(动态本体感觉),感知四肢、躯干的位置和运动的能力
8.膈肌运动受限会增加肺和身体其他部位的静脉和淋巴淤滞情况	躯干侧屈、旋转、后伸和屈曲(图9.2A~D)	流畅的运动序列
肋骨		普拉提原则: 呼吸
1.从40岁开始胸腔顺应性随年龄的增长而下降		促进在三维神经肌筋膜系统内的滑动
2.胸壁硬度增强	脊柱侧屈加旋转(图 8.1A~C)	提升组织弹性
3.年龄增长引起体态的逐渐改变,也会影响上呼吸道的位置	上段胸椎后伸可改善上呼吸道功能(图 12.2A、B)	小角度变化的多向运动
4.胸椎后凸加剧会导致胸腔前后径增大和膈肌穹隆顶变平,呼吸会更费力	脊柱旋转加后伸 (图 8.1D、E)	小角度变化的多向运动
眼睛		普拉提原则: 精确 运动的启动——将近端结构连接到远端结构,将远端结构连接到近端结构
1.随着年龄的增长,骨性眼眶的形状、大小和体积也发生变化,从而使眼球运动性降低,向上注视和保持静止变得困难	结合胸椎和颈椎后伸,做眼部活动性练习(图 4.4),也可坐姿练习	促进组织水合作用
2.抬头困难可能导致眼部张力变大,并难以保持直立姿势		

表11.1（续）

本体感觉和姿态控制		普拉提原则：全身性运动 同时带动大面积神经肌筋膜系统的全身性运动
1.下肢皮肤感知退化对平衡和移动能力有负面影响	对下肢做各种本体感觉刺激可以改善平衡(图11.2)	普拉提原则：专注 本体感觉的改善——本体感觉与位置、肌腱和肌肉感觉有关
2.向心峰值扭矩肌力（上肢抵抗阻力的能力）在40岁时开始下降	运动序列练习可以改善上举过头和抓握力(图8.6D~G)	普拉提原则：控制 预备反向运动
3.相比负重肌肉，不负重肌肉受年龄的影响小	直立，有辅助的部分承重序列可改善站姿的稳定性和平衡(图14.2E~I)	普拉提原则：肌肉的均衡发展（肌筋膜系统的完美激活） 形成规则的带有卷曲的晶格（网络）
4.女性在40~60岁时，站姿的中外侧稳定性下降		力/负荷的传递——通过神经肌筋膜系统分散力/负荷的运动
5.与年龄相关的肌肉的功能和结构变化是最小的，直到60至70岁	运动可以持续地优化运动控制和重塑胶原	促进弹性反冲
6.70岁后，肌肉功能和结构明显改变	运动促进客户的张拉整体结构意识和表现	普拉提原则：节奏 动态伸展——慢和快的节奏变化

表11.1的解释说明

本表总结了人们20~70岁后筋膜的变化。这些变化影响呼吸、本体感觉和姿势控制。医学博士托马斯·W.芬德利（Thomas W. Findley）认为，筋膜是心血管、呼吸、胃肠、肌肉、骨骼和神经系统的一部分。尽管筋膜的作用尚未被研究透彻，但阐明器官系统功能障碍的机制是很有必要的。

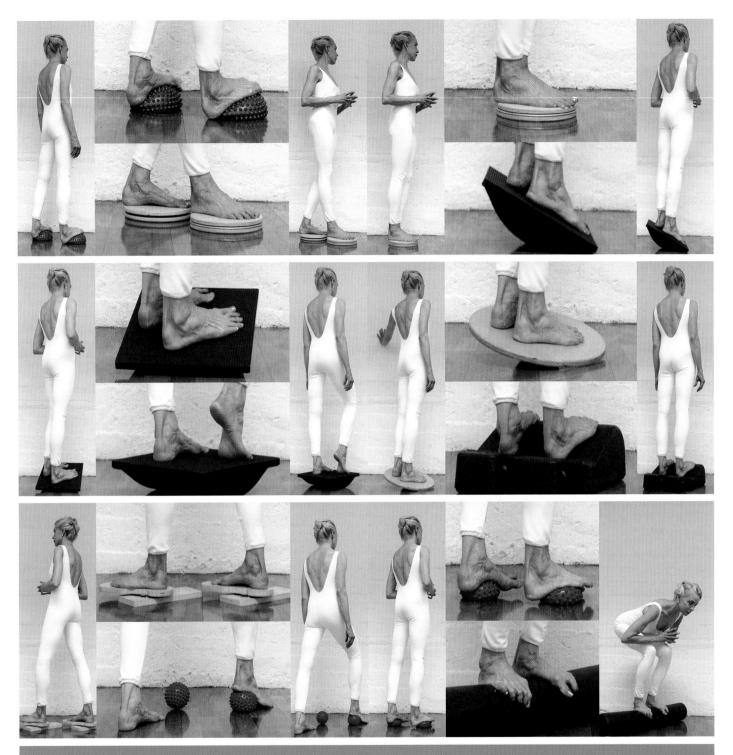

图 11.2
筋膜导向的"本体感觉足部游行"。
刺激脚和脚踝的本体感觉有助于站立平衡。《解剖列车：徒手和运动治疗的肌筋膜经线》中7个肌筋膜经线(见表11.5)中的5个,涉及脚和脚踝后表线、体侧线、螺旋线、前深线和前表线

图11.2的解释说明

整骨术的创始人、医学博士安德鲁·泰勒·斯蒂尔认为，"毫无疑问，筋膜中存在神经"。他提出，所有的筋膜组织应该得到像对待"大脑分支机构"一样程度的尊重(Still, 1902, cited in Schleip & Baker, 2015, p.31)。解剖显示，筋膜组织中存在丰富的感觉神经(Stecco, 2015)，这种全身性、张力性网络是最大和最重要的感觉组织。

下肢皮肤感觉减弱对平衡和移动能力有负面影响，本体感觉是感觉身体各部分的姿势、位置、方向和运动的能力。它可以被定义为意识和潜意识感知关节位置和/或运动的过程"(Skoglund, 1973; Fix, 2002; cited in van der Wal, 2009, p.81)。对下肢进行各种本体感觉刺激可能会改善平衡，人体老化是终身的过程。你可以从青少年时开始练习图11.2中的精选练习并持续一生。

在本体感觉中，大脑皮质躯体运动中枢和身体体表投射是至关重要的。本体感觉的感觉神经末梢往往位于浅筋膜和深筋膜之间的筋膜剪切区。一些筋膜结构，如脚踝和腕部韧带，在力的传递中似乎不起什么作用。这些斜向分布的筋膜带看起来都位于主要关节附近，并含有高密度的本体感觉神经末梢。一些研究人员认为，这些筋膜带的主要功能可能是感觉，而不是生物力学功能，它们为中枢神经系统提供详尽的本体感觉(Schleip & Baker, 2015, p.35)。韧带和其附含的本体感觉损伤会导致本体感觉传入的不准确，使得关节运动不协调，最终发炎，激活痛觉感受器，从而产生疼痛(Stecco, 2015, p.81)。

图11.2中所示的每一个动作都可以在站姿练习前采取坐姿有支撑的练习，直到感觉可以安全地做动作，再进阶到无支撑的站姿练习，这个递进的过程为激活肌筋膜前深线和整合所有肌筋膜经线提出了挑战。深蹲和深蹲加躯干旋转可以站在这些不稳定表面上练习。

在筋膜组织中，大多数间质神经是多觉型（多功能）感受器，即它们不只对一种刺激有反应。在筋膜组织中已经发现与痛觉相关的痛觉感受神经。如果有足够多的本体感觉信息，多觉型感受器会很满足。如果本体感觉刺激不足，这些神经元就会主动降低对疼痛刺激的阈值(Schleip & Baker, 2015, p.31)图11.2所示的运动序列旨在用本体感觉信息充分刺激筋膜感受器。

筋膜内的间质神经也起着内感受作用。内感受信号与温暖、恶心、饥饿、疼痛、费力、沉重或轻松，以及适应感（归属感）和不适感（异物感）有关(Crag, 2002; cited in Schleip & Baker,

2015)。许多游离神经末梢位于内脏结缔组织中。其他内感受间质神经位于肌肉内的结缔组织肌内膜和肌束膜内。刺激这些神经末梢会为大脑提供关于身体状况的信息，以不断寻求关乎生理需求的稳态体内环境。

一些间质神经是热的感受器，运动前可以刺激这些筋膜感受器如鼓励将双脚放入装有温暖沙子的箱子中、有弹珠的热水里，或者用玛丽-何塞·布洛姆创造的"加热的智能脊柱"系统进行练习。

图11.2从左到右，从上到下所示为：

· 站在柔韧的、不光滑的半球上，前后移动中轴线，以促使踝关节背屈，同时整合肌筋膜前表线和后表线。

· 两只脚各放在一个旋转盘上，左右旋转整个身体，以促进肌筋膜左右螺旋线的平衡。

· 双脚站在一个旋转盘上，整个身体旋转360°，这个动作整合了除臂前经线和臂后经线之外的所有肌筋膜经线。

· 方形摇摆板在四个主要方向上提供了多变的站立平面，这挑战了除功能线和手臂线之外的所有肌筋膜经线的整合。

· 在单脚踝关节跖屈时，维持方形摇摆板和骨盆水平可暴露肌筋膜的右侧和左侧后表线的不平衡。

· 站在圆盘摇板上，双膝伸展。引导摇板边缘在地面顺滑地画圆，同时保持骨盆水平而稳定。始终保持摇板边缘有一个点与地面接触。这有助于控制踝关节的活动性。

· 双脚站在Arc脊柱矫正器的阶梯上或斜板上，从髋关节处前后移动重心。这比站立在柔韧的半球上需要更多的肌筋膜后表线的滑动。

· 功能脚印训练器（Functional Footprints®）是由运动学家让-克洛德·韦斯特和物理治疗硕士凯蒂·凯利（katie kelly）发明的。它需要在三个运动平面上精确排列，这优化了所有肌筋膜经线的协调整合。

· 站在柔韧的、不光滑的球上，挑战全身多种自由度的控制。

· 站在泡沫轴上和蹲在泡沫轴上挑战肌筋膜体侧线和螺旋线，有助于脚、踝、膝、髋、骨盆和脊柱的精确排列。

表11.2、11.4、11.5和11.6的解释说明

筋膜导向的老年健康运动计划指南（表11.4）中的客户资料是一个范例。你需要准备一个筋膜导向的运动计划以刺激站立平衡和行走的本体感觉。表11.5根据托马斯·W. 迈尔斯在《解剖列车：徒手和运动治疗的肌筋膜经线》中创建的肌筋膜图描述了每个练习过程。这些练习被列入筋膜导向的老年健康运动计划指南——练习精选（表11.6）。该表将每项练习与筋膜导向的运动标准和效果做了匹配。约瑟夫·H. 普拉提的普拉提床和椅子练习的运动序列也可刺激利于平衡和行走的本体感觉（表11.2）。

表11.2 约瑟夫·H. 普拉提词汇中刺激本体感觉以利于站立平衡和步行的练习精选

运动序列	图	普拉提原则	筋膜导向的运动标准
1. 足部练习 双脚和膝关节 足弓 脚跟 脚趾	5.1	节奏	预备反向运动 动态伸展——慢和快的节奏变化
2. 向下伸展	5.5	控制	本体感觉的改善——本体感觉与位置、肌腱和肌肉感觉有关
3. 划船-绳套在后	5.4	肌肉的均衡发展（肌筋膜系统的完美激活）	小角度变化的多向运动
4. 胸部扩张	5.13	精确	运动敏感度——动觉（动态本体感觉），感知四肢、躯干的位置和运动的能力
5. 控制伸展-上拉	5.16	呼吸	流畅的运动序列
6. 配备手臂弹簧和卷杆的万得椅		专注 核心	运动中对肌筋膜经线的感知 运动的启动——将近端结构连接到远端结构，将远端结构连接到近端结构
7. 配备手臂弹簧的万得椅			
8. 配备手臂弹簧的万得椅			
9. 弹簧拉力架	9.2	全身性运动	同时带动大面积神经肌筋膜系统的全身性运动 全身的连续性——将躯干连接到四肢，将四肢连接到躯干；将深层结构连接到表层结构，将表层结构连接到深层结构

表11.3 体适能的组成部分——约瑟夫·H. 普拉提练习和筋膜导向的普拉提运动范例

体适能的组成部分	练习示例	约瑟夫·H. 普拉提练习	筋膜导向的普拉提
心肺耐力：心肺耐力是体适能中一个关乎健康的组成部分，是持续的身体活动中循环和呼吸系统提供能量的能力和清除供能后的疲劳产物的能力	普拉提床弹性反冲运动序列 （图6.12~6.15）		●
爆发力：爆发力是体适能中一个技术组成部分，指执行工作的速度，即每单位时间执行的工作量	椅子 单腿前迈下压/俄式（蹲在椅子上） 单腿侧向下压/侧向俄式 单腿后退下压/起跑 （表7.1，第21~23项）	●	

表11.3 （续）

敏捷性：敏捷性是体适能中一个技术组成部分，指迅速而准确地在空间转换整个身体位置的能力	普拉提床 扭转 侧伸展和控制伸展 （图 5.17）	•	
平衡：平衡是指在静止或移动时保持平衡	普拉提床 平衡控制4 俄式拉伸1 俄式拉伸2 （图 5.18）	•	
协调：协调是体适能中一个技术组成部分，指感官(如视觉、听觉)和身体一起工作，稳定而精确地运动的能力	普拉提床 仰卧，足部运动加颈椎旋转 眼睛与颈椎旋转协调运动： 1. 眼睛顺着颈椎旋转的方向运动 2. 当用手转动头部时，眼睛盯住天花板上的一点 3. 当用手转动头部时，眼睛看向头部转动的对侧方向 （图 10.2, I~N）		•
灵活性：灵活性是体适能中一个关乎健康的组成部分，指关节的活动范围	普拉提床 大腿拉伸 弓形摇摆 （图 5.13）	•	
耐力：耐力是体适能中一个关乎健康的组成部分，指在长时间内使用的外力的量	椅子 约瑟夫·H. 普拉提椅子练习的所有肌筋膜经线的变式 倒V上拉和侧面倒V上拉(表7.1，第40、42项) 面向椅子，两只脚各踩一个脚踏，双手放在椅面上，手有7种不同的放置方式 侧对椅子，两只脚各踩一个脚踏，外侧脚在前，双手放在椅面上，手有7种不同的放置方式 侧对椅子，两只脚各踩一个脚踏，内侧脚在前，双手放在椅面上，手有7种不同的放置方法 (全序列图 8.5)		•
速度：速度是指在短时间内的运动表现能力	普拉提床弹性反冲运动序列 （图 6.12~6.15）		•
肌力：体适能中一个关乎健康的组成部分，指通过一次最大量的努力可承受的阻力或力量	垫子 俯卧撑 （图 3.7D）	•	

体适能训练的适应	体适能训练的筋膜适应
特异性：身体适应运动负荷的类型和程度（量和强度）以及活动期间参与的主要能量系统。专门针对肌肉力量和爆发力的训练只能对这些体能组成部分产生适应性，但不能改善心肺健康	促进组织水合作用 促进在三维神经肌筋膜系统内的滑动 形成规则的带有卷曲的晶格（网络） 促进弹性反冲
超负荷：身体适应附加的训练刺激的类型和数量，通过逐渐增加运动负荷来提高健身效果	刺激组织再生 提升组织弹性
倒退：当训练停止时，会发生运动增益的损失。只要停止训练一两个星期，体能效果就会显著减少。几个月后很多运动增益甚至会消失	筋膜去水化 筋膜滑动丧失 筋膜规则的、有卷曲的晶格（网络）丧失

表11.4　筋膜导向的老年健康运动计划指南——客户资料

客户的诊断或相关情况： 女，80岁，患周围神经病变——腓骨肌萎缩症（一种神经疾病）

短期目标	长期目标
1.增加踝关节背屈控制和活动范围	1.保持眼睛平视，而不是只能看地面
2.提高站姿的侧向稳定性	2.保持直立姿势，减少脊柱后凸（驼背）
3.提高运动方向改变时步态的稳定性	3.在家爬三段楼梯
4.减少手部震颤	4.保持精细的运动控制，用餐具切割食物
5.增加胸椎旋转	5.在城市的人行道上遛狗

筋膜导向的老年健康运动计划指南	客户资料（由客户或教练填写）
1.确定影响筋膜功能的因素	
遗传	腓骨肌萎缩症（周围神经病变）
相关疾病	周围神经病变
用药	减少手部震颤的处方药物
手术	13岁时做过双侧足部肌腱重建术
·瘢痕	大面积的足部瘢痕 本体感觉的破坏，导致其很容易跌倒
·粘连	大片足部粘连
全身炎症	无消炎药
相关的生活方式	
·营养	无特殊饮食
·补剂	无补剂
·吸烟情况	从不吸烟
·饮酒情况	每周饮3杯红酒
·坐着的时间	每天最少6小时
低可动性	无
高可动性	远高于平均运动范围
温度和湿度偏好	喜欢高于22℃，湿度55%~75%的环境
2.增强筋膜功能的自用工具：球、泡沫轴、木棍、手动工具	
家庭练习	客户注意到在家中赤脚行走可以改善足踝本体感觉，当客户在家坐着时，用脚踩着有纹理的球滚动
在工作室的计划	
练习时长	每天15分钟
3.强化筋膜功能的治疗：针灸、整骨疗法、物理疗法、罗尔夫按摩疗法、结构整合法等	整骨治疗
预约时间表	每周2次
合作治疗沟通	普拉提老师推荐
4.活动范围	
部分	踝关节背屈——骨关节炎
全部	右髋内旋受限
禁忌	持续性的腰椎屈曲
5.负重	
无负重	可以把弹簧带绕在膝关节/肘处
部分负重	用弹簧辅助，以增加信心
完全负重	逐步进展到单腿完全负重

表11.4（续）

6.运动链	
开链	无效
闭链	偏好中等阻力的运动
7.最适合的辅助或阻力类型	
自重	
带子	
弹簧	优先用弹簧辅助/增加阻力，周围神经病变对中等弹簧阻力反应良好，可增强本体感觉
自由重量	
8.最佳强度，使收益最大化和伤害最小化	从容的步伐节奏，轻度/中等的弹簧辅助
9.对既可激发神经系统又可降低风险的新事物的平衡能力	在不稳定的表面上做平衡练习，小心地进展到脱手练习
10.适合的普拉提运动选项	
垫子、普拉提床、椅子、秋千架、梯桶	可使用所有的普拉提设备
附加的设备	小球和手持物
带有不稳定的平面的设备：泡沫轴、小海豚、旋转盘、方形摇摆板、平衡板	可使用所有带有不稳定平面的设备
11.激活《解剖列车：徒手和运动治疗的肌筋膜经线》中描述的所有适合客户的肌筋膜经线	客户由于频繁跌倒，造成肩部不稳，这影响了她的肌筋膜手臂线
12.提高筋膜弹性反冲性能的练习	手和脚不能忍受弹性反冲练习
练习时长：每天20~30分钟	
频率：每周2~3次	
胶原合成的恢复时间：2天	
13.不含弹性反冲的筋膜导向运动	
练习时长：每天30~60分钟	55分钟课程
频率：每周2~6次	每周2次
至少每3周修订一次计划	根据症状的严重程度调整计划
14.提示偏好	
接触深度	轻触
外感受或内感受提示	外感受
15.客户的音乐偏好有助于专注和进行有节奏的运动	听力受损，但专注力较好
16.与其他形式训练的互动	每周参加两次私教课程，包括室内单车和力量训练器械
可变强度的间歇训练	
有氧运动：15~45分钟，每周3~4次	
力量训练：15~30分钟，每周2次，1~2天的恢复时间	
身心运动：瑜伽、太极、气功、婵柔器械上婵柔、垫上或椅子上婵柔	

表11.5 筋膜导向的普拉提运动序列——刺激协助站立平衡和行走的本体感觉

A.名称和肌筋膜经线

坐在椅面上的圆盘摇板上,交替单腿下压

整合激活肌筋膜螺旋线和手臂线

描述

坐姿,躯干旋转

坐在椅面上的圆盘摇板或旋转盘上,

反向旋转骨盆和胸椎

头、颈、眼睛与胸椎一起旋转

双手抓握系于黄色长弹簧上的手柄

引导膝关节朝向髋关节正前方,以促进髋关节内侧和外侧的滑动

A1

坐在椅面上的圆盘摇板上,交替单腿下压

整合激活肌筋膜螺旋线和手臂线

坐姿,躯干旋转

坐在椅面上的圆盘摇板或旋转盘上,

反向旋转骨盆和胸椎

头、颈、眼睛与胸椎转动方向相反

引导膝关节朝向髋关节正前方,以促进髋关节内侧和外侧的滑动

A2

螺旋线*形成和促进了身体的螺旋和旋转运动

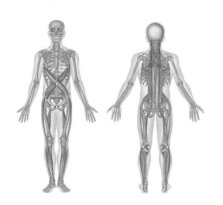

手臂线*跨越了手臂的10个关节工作,可以把物体带到我们面前,也可以推离物体,还可以进行拉、推或稳定身体的动作。手臂线与体侧线、螺旋线和功能线相连接

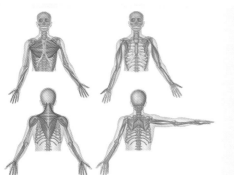

B.名称和肌筋膜经线

站姿,踝关节跖屈-背屈

整合激活肌筋膜后表线和前表线

描述

双脚站在两个有弹性、不光滑的半球上

可以用双手或单手握杆(也可以不握)

整个中轴线在矢状面上前后移动

B

表11.5（续）

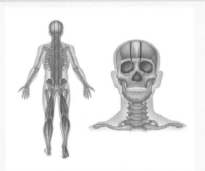

后表线* 连接从脚底到眉毛整个身体后侧表面，在站立膝伸展状态，后表线作为整合肌筋膜的不间断的连接结构发挥作用。后表线使身体产生伸展和超伸展

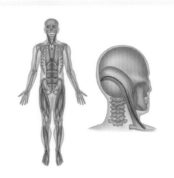

前表线*连接整个身体的前侧表面，从脚面到头骨的两侧分成两个部分——从脚趾到骨盆和从骨盆到头部。站姿伸髋时产生了整合肌筋膜的不间断连接

C.名称和肌筋膜经线	描述	
站姿，双脚踩在同一个旋转盘上 整合激活肌筋膜左右螺旋线	在横切面上移动 双手或单手握杆，亦可不握 最初，颈椎随着胸椎旋转 随着本体感觉的改善，客户可做到颈椎的旋转 方向与胸椎相反	 C1
站姿，双脚踩在同一个旋转盘上 整合激活肌筋膜左右螺旋线	狭窄的脚下支撑面对人体平衡是一种挑战 可双手握杆或单手交替握杆，亦可不握 最初，颈椎随着胸椎旋转 随着本体感觉的改善，可让客户颈椎旋转方向 与胸椎相反	 C2

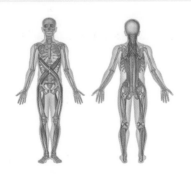

螺旋线* 创造和促进了身体的螺旋运动和旋转

表11.5（续）

D.名称和肌筋膜经线	描述	

D.名称和肌筋膜经线

站在方形摇摆板上

整合激活肌筋膜左右体侧线

描述

重心在冠状面上移动

把方形摇摆板转向对角线方向

可交替倾斜左髋和右髋，腰椎同时侧屈

可双手或单手握杆，亦可不握

双膝应伸直

坐骨对准对侧脚跟

D1

站在方形摇摆板上

整合激活肌筋膜左右体侧线

交替抬起单侧脚跟，保持方形摇摆板水平

可双手或单手握杆，亦可不握

把抬起脚跟侧的坐骨对准支撑腿的内踝

D2

体侧线* 参与形成躯干的侧屈、髋关节外展和足外翻。它在躯干的侧向运动和旋转运动中作为一个可调节的"刹车"机构发挥作用

E.名称和肌筋膜经线

站在圆盘摇摆板上

整合激活肌筋膜后表线、前表线、体侧线和螺旋线

描述

顺时针方向滚动圆盘边缘，使其接触地面

然后沿着逆时针方向转动圆盘边缘

肚脐朝向正前方，不要将骨盆向左或向右旋转

将第四个脚趾指向正前方

连接踝关节和髋关节的关节运动

可双手或单手握杆，亦可不握

E

后表线* 连接从脚底到眉毛整个身体后侧表面，在站立膝伸展状态，后表线作为整合肌筋膜的不间断的连接结构发挥作用。后表线使身体产生伸展和超伸展

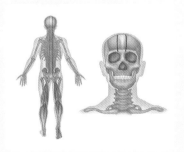

表11.5（续）

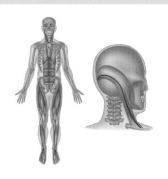

前表线*连接整个身体的前侧表面，从脚面到头骨的两侧分成两个部分——从脚趾到骨盆和骨盆到头部。站姿伸髋时产生了整合肌筋膜的不间断连接

体侧线* 参与形成躯干的侧屈、髋关节外展和足外翻。它在躯干的侧向运动和旋转运动中作为一个可调节的"刹车"机构发挥作用

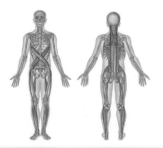

螺旋线* 创造和促成了身体的螺旋运动和旋转

F.名称和肌筋膜经线	描述
普拉提床站姿弓步，髋、膝关节屈曲和伸展 整合激活肌筋膜后表线、前深线、体侧线和前表线	右脚跖面抵靠普拉提床肩靠，右髋和右膝屈曲 左腿靠近普拉提床架直立，垂直于地面 弯曲双肘，前臂放在脚踏杆上。手臂在短杠杆上负重有助于肩带组织活动，包括激活下段胸椎伸肌和肩胛下压肌肉 呼气时，右膝、右髋伸展，对抗弹簧阻力并移动滑车（弹簧阻力可根据客户能力调节） 吸气时，左膝、左髋屈曲，使床架内滑车持续滑动，远离脚踏杆 回到起始位置  F

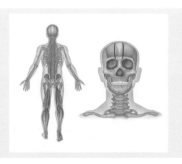

后表线* 连接从脚底到眉毛整个身体后侧表面，在站立膝伸展状态，后表线作为整合肌筋膜的不间断连接结构发挥作用。后表线使身体产生伸展和超伸展

表11.5（续）

G.名称和肌筋膜经线
在配备长弹簧和稳定悬吊带的秋千架上，做有支撑的体重侧向移动和单腿平衡

整合激活肌筋膜前功能线和后功能线

描述
重心在冠状面上移动
双膝屈曲
坐骨朝向同侧脚跟
当用右脚保持平衡时，强化左臂的激活
当用左脚保持平衡时，强化右臂的激活
骨盆和胸椎反向旋转

G

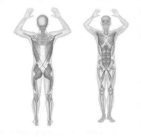

前后功能线*具有强大的姿势稳定功能（除了静止站姿）；普拉提椅、圆盘摇板和旋转盘的站姿练习可激活肌筋膜前后功能线

H.名称和肌筋膜经线
站在地上，斜对弹簧，有辅助地深蹲

整合激活所有肌筋膜经线

描述
站在普拉提床架尾端，斜对弹簧
1根黄色弹簧
拉长绳索，当手握住绳索的手柄时，中轴线垂直于地板
吸气时，髋、膝关节和肘关节屈曲，进入深蹲姿势
吸气时，踝关节跖屈，靠脚的踇趾球和脚趾腹面支撑
呼气时，髋、膝关节和肘关节伸展，返回到站姿

H

I.名称和肌筋膜经线
站在Arc脊柱矫正器（去掉阶梯）的反面上

整合激活左右肌筋膜体侧线

描述
在冠状面上移动重心
双膝伸展
强调髋部倾斜和腰部侧屈
可双手或单手握杆，亦可不握
坐骨对准对侧脚跟
由于Arc脊柱矫正器的不对称性，图中所示运动方向需要运用到的右侧骨盆稳定肌比左侧的多

I1

站在Arc脊柱矫正器（去掉阶梯）的反面上

整合激活肌筋膜螺旋线和前表线、后表线

在矢状面上移动重心，交替屈膝、伸膝
双膝伸展，交替踝关节跖屈和背屈
保持髋部水平，使腰椎向前侧腿旋转
可双手或单手握杆，亦可不握
坐骨对准对侧脚跟
由于Arc脊柱矫正器的不对称性，图中所示运动方向需要运用到的左侧骨盆稳定肌比右侧的多

I2

表11.5（续）

螺旋线、后表线、前表线和体侧线都在图E中显示

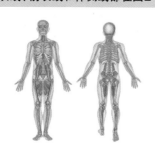

上面所有的练习都激活了**前深线***。它是身体肌筋膜的核心，是一个三维空间而不是线性的。冠状面上它位于左右体侧线之间，矢状面上它在前表线和后表线之间，被螺旋线和功能线包绕。前深线把呼吸运动和行走联系在一起

*《解剖列车：徒手和运动治疗的肌筋膜经线》中托马斯·W.迈尔斯创制了肌筋膜图。这七个肌筋膜分类为组织筋膜导向的普拉提提供了架构。

螺旋线、手臂线、后表线、前表线、体侧线、前后功能线和前深线的图片都来自《运动筋膜学》一书的第六章，经Jon Hutchings and Lotus Publishing Ltd. 许可使用。

表11.6 筋膜导向的老年健康运动计划指南——练习精选

客户的诊断或相关情况：女，80岁，患周围神经病变——腓骨肌萎缩症（一种神经疾病）

教练选择的练习 **参见表11.5**	筋膜导向的运动标准 运动要求： 运动可以持续地优化运动控制和重塑胶原 运动促进客户的张拉整体结构*意识和表现 根据客户情况以最佳练习顺序激活适合其需求的所有肌筋膜经线	垫子	普拉提床	椅子	秋千床	Arc脊柱矫正器	附加设备	运动效果					
								促进组织水合作用	促进肌筋膜系统内的滑动	刺激组织再生	提升组织弹性	形成规则的带有卷曲的晶格（网络）	促进弹性反冲

*："张拉整体结构会对局部的机械压力做出整体反应，产生一个与重力无关的结果。如果没有张拉整体结构模式，我们的纤维结构会在引力作用下坍塌。有了张拉整体结构模式，我们的纤维结构通过在整个网络(包括外围结构)分散负荷来吸收和分散压缩力。"（Guimberteau & Armstrong, 2015）

教练选择的练习	筋膜导向的运动标准	垫子	普拉提床	椅子	秋千床	Arc脊柱矫正器	附加设备	促进组织水合作用	促进肌筋膜系统内的滑动	刺激组织再生	提升组织弹性	形成规则的带有卷曲的晶格（网络）	促进弹性反冲
注意：客户说无法感知手脚的运动	内感受——筋膜内的间质神经提供内感受功能，而不是本体感觉或痛觉功能。刺激这些游离的神经末梢能够给大脑提供身体状况信息，维持体内的稳定，满足生理需求。内感受信号与感觉如温暖、恶心、饥饿、疼痛、费力、沉重或轻松有关。对内部躯体的感知与情感偏好和感觉有关(Schleip & Baker, 2015)												
坐在椅面上的圆盘摇板上，交替单腿下压 A1、A2	运动敏感度——动觉（动态本体感觉），感知四肢、躯干的位置和运动的能力			•				•	•		•		
站姿，踝关节跖屈–背屈 B	动态伸展——慢和快的节奏变化						•	•	•	•	•		
站姿，双脚各踩在一个旋转盘上 C1	流畅的运动序列						•	•	•		•		
站姿，双脚踩在同一个旋转盘上 C2	本体感觉的改善——本体感觉与位置、肌腱和肌肉感觉有关						•	•			•		
站在方形摇摆板上 D1、D2	同时带动大面积神经肌筋膜系统的全身性运动						•	•	•		•		

表11.6（续）

客户的诊断或相关情况：女，80岁，患周围神经病变——腓骨肌萎缩症（一种神经疾病）

教练选择的练习 参见表11.5	筋膜导向的运动标准 运动要求： 运动可以持续地优化运动控制和重塑胶原 运动促进客户的张拉整体结构*意识和表现 根据客户情况以最佳练习顺序激活适合其需求的所有肌筋膜经线	垫子	普拉提床	椅子	秋千床	Arc脊柱矫正器	附加设备	运动效果					
								促进组织水合作用	促进肌筋膜系统内的滑动	刺激组织再生	提升组织弹性	形成规则的带有卷曲的晶格（网络）	促进弹性反冲
站在圆盘摇板上 E	小角度变化的多向运动						•		•		•		
普拉提床站姿弓步，髋、膝关节屈曲和伸展 F	运动敏感度——动觉（动态本体感觉），感知四肢、躯干的位置和运动的能力		•					•	•	•	•		
在配备长弹簧和稳定悬吊带的秋千架上，做有支撑的体重侧向移动和单腿平衡 G	全身的连续性——将躯干连接到四肢，将四肢连接到躯干；将深层结构连接到表层结构，将表层结构连接到深层结构				•			•	•	•	•		
站在地上，斜对弹簧，有辅助地深蹲 H	力/负荷的传递——通过神经肌筋膜系统分散力/负荷的运动	•						•		•	•		
站在Arc脊柱矫正器（去掉阶梯）的反面上，在冠状面上移动重心 I1	预备反向运动					•		•	•	•	•		
站在Arc脊柱矫正器（去掉阶梯）的反面上，在矢状面上移动重心 I2	运动的启动——将近端结构连接到远端结构，将远端结构连接到近端结构					•		•	•	•	•		

参考资料

出版物

CHAITOW L, 2014.Fascial dysfunction:Manual therapy approaches. Edinburgh: Handspring Publishing.

GALLAGHER S P, KRYZANOWSKA R, 2000. The Joseph H. Pilates archive collection. Philadelphia, PA: Trans–Atlantic Publications Inc.

GUIMBERTEAU J C, ARMSTRONG C, 2015. Architecture of human living fascia: The extracellular matrix and cells revealed through endoscopy. Edinburgh: Handspring Publishing.

MYERS T W, 2014. Anatomy Trains®: Myofascial meridians for manual and movement therapists (3rd ed.). Edinburgh: Churchill Livingstone.

SCHLEIP R, BAKER A(Eds.), 2015.Fascia in sport and movement. Edinburgh: Handspring Publishing.

STECCO C, 2015. Functional atlas of the human fascial system. Edinburgh: Churchill Livingstone.

VAN DER WAL J, 2009. The architecture of the connective tissue in the musculoskeletal system An often overlooked functional parameter as to proprioception in the locomotor apparatus. Int J Ther Massage Bodywork, (2)4, 9‑23.

电子资源：

National Public Radio (February 6, 2016). Times have changed; what should we call 'old people'?, *Weekend Edition Saturday* [Radio Program]. Retrieved from http://www.npr.org/2016/02/06/465819152/times-have-changed-what-should-we-call-old-people

网络课程

www.pilatesanytime.com

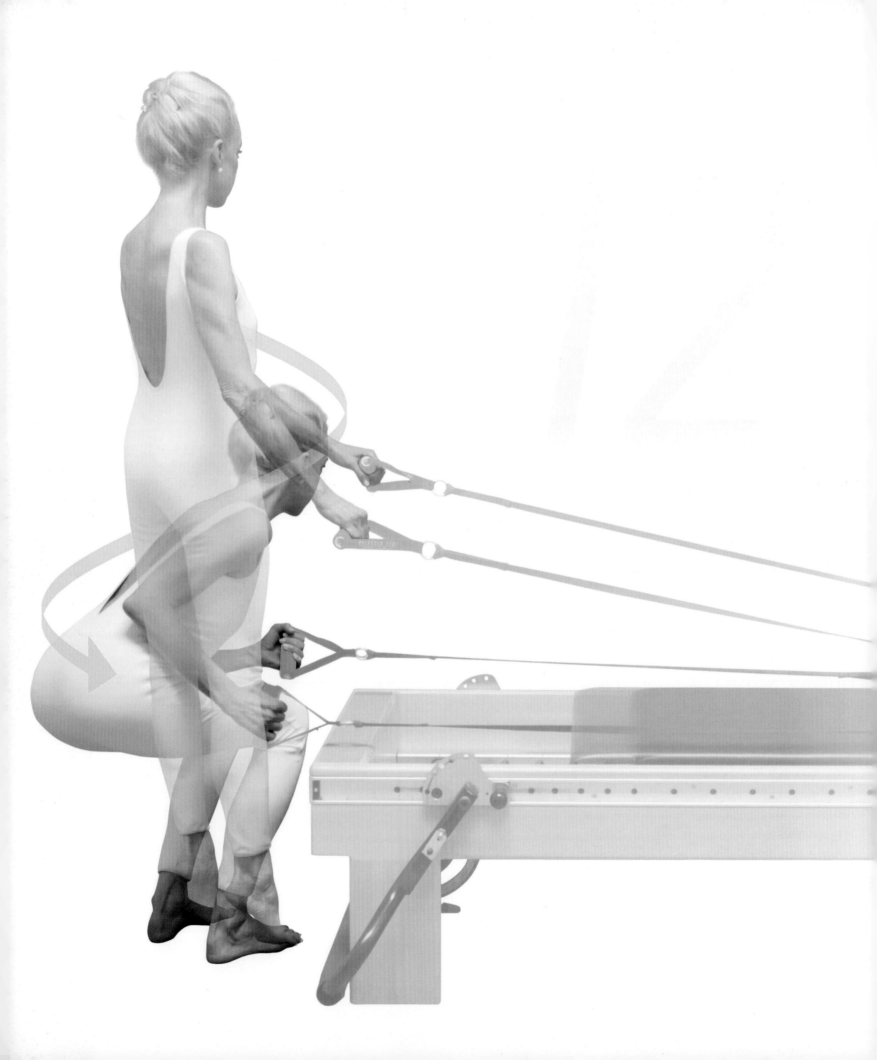

第十二章　筋膜导向运动视角的骨骼健康

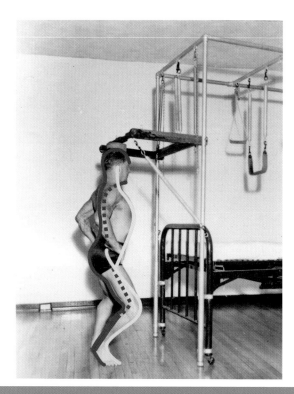

图 12.1
约瑟夫·H. 普拉提站在早期秋千床的一端演示站姿负重训练，木制推杆下接弹簧，推杆压在头顶上，头顶与推杆之间放有平衡软垫。在这张照片(约摄于1945年)中，约瑟夫·H. 普拉提展示了即使中轴负重，也要保证躯干竖直。这在当时的人们看来是正确的，但是，这个练习并不能满足提高骨密度的所有标准。用足够重的弹簧附加在推杆上以刺激骨质提高可能会压伤颅骨。这个练习同时包含了有节奏的膝关节伸展和屈曲，可激活肌筋膜前深线。体现的筋膜导向的运动标准：力/负荷的传递——通过神经肌筋膜系统分散力/负荷的运动(经Balanced Body Inc., www.pilates.com许可使用)

控制学旨在使人身体灵活，体态自然优雅，拥有一定的生活技能。控制学的影响可明确地反映在走路的方式、运动的方式和工作的方式上。练习控制学有利于提升肌肉力量与相应的耐力、执行艰巨任务的能力、进行艰苦比赛的能力，以及长距离步行、跑步或旅行的能力，且不会感到身体过分疲劳或精神紧张。

约瑟夫·H. 普拉提(Gallagher & Kryzanowska, 2000)

表12.1 促进骨骼健康的约瑟夫·H. 普拉提垫上运动序列和筋膜导向的垫上运动序列

练习	图	约瑟夫·H. 普拉提垫上运动序列	筋膜导向的垫上运动序列
1.俯卧,上段胸椎、颈椎横向平移	4.4A、B		●
2.俯卧,胸椎、颈椎后伸	4.4C		●
3.俯卧,胸椎、颈椎后伸(双手手指相对置于头顶)	4.4F~H		●
4.中立位,桥式加骨盆横向平移	4.2D~H		●
5.仰卧单腿画圈,保持脊柱中立位和抵墙的脚稳定	4.5A、B		●
6.单腿画圈 (双向)	3.6E~H	●	
7.侧卧踢腿(骨盆和脊柱中立位) 用枕头支撑头颈(没有配图),而不是用手(如图所示)	3.5A、B	●	
8.俯卧位,单轴辅助,脊柱伸展	4.9I		●
9.俯卧腿后踢	3.4B	●	
10.游泳	3.4G	●	
11.俯卧双腿后踢	3.4C	●	
12.天鹅潜水	3.4A	●	
13.弓形摇摆	3.4H	●	
14.单脚平伸抵墙,四足式胸椎旋转	4.3D~F		●
15.四足式,胸椎、颈椎后伸,单手抵墙,同侧腿后伸,对侧手抓脚	4.5C		●
16.站姿,胸椎、颈椎后伸,单手抵墙,同侧腿后伸,对侧手抓脚	4.5D		●
17.跪姿单腿侧踢(译注:和画圈共用一图,先踢后画圈),双膝屈曲,双手抵墙	4.6A		●
18.跪姿单腿侧踢(译注:和画圈共用一图,先踢后画圈),上侧腿膝伸展,双手抵墙	4.6B		●
19.站姿单腿侧踢,双手抵墙	4.6C		●
20.站姿,单腿侧踢,双手抵墙,踝关节跖屈,保持身体平衡	4.6D		●
21.站姿,墙面推起	4.7A~F		●
22.站姿,墙面手臂弹动	4.8A~F		●
23.俯撑抬腿–前撑	3.7A	●	
24.仰撑抬腿	3.7B	●	
25.俯卧撑	3.7D	●	
26.脊柱中立位,在两个泡沫轴上平板式,交替进行髋、膝关节屈曲和伸展	4.9G、H		●
27.站在泡沫轴上深蹲	4.10A		●
28.站姿,踝关节跖屈,保持身体平衡,腿夹魔术圈刺激内收肌,手持魔术圈刺激肩胛下压和外展	4.10B		●

表12.2 支持骨骼健康的约瑟夫·H. 普拉提床运动序列

练习	图	主要脊柱方向		普拉提原则	筋膜导向的运动标准
		胸、腰、颈椎中立位	矢状面伸展		
1.足部运动 双脚和膝关节 足弓 脚跟 脚趾	5.1	●		精确	运动敏感度——动觉(动态本体感觉)，感知四肢、躯干的位置和运动的能力
2.划船－绳套在后	5.4	●		呼吸	流畅的运动序列
3.上推	5.4	●			
4.向下伸展	5.5		●	控制	本体感觉的改善——本体感觉与位置、肌腱和肌肉感觉有关
5.天鹅潜水	5.6		●		同时带动大面积神经肌筋膜系统的全身性运动
6.蛙泳	5.6		●	全身性运动	全身的连续性——将躯干连接到四肢，将四肢连接到躯干；将深层结构连接到表层结构，将表层结构连接到深层结构
7.长（直体）伸展	5.9	●			运动的启动——将近端结构连接到远端结构，将远端结构连接到近端结构
8.平衡控制1	5.11	●			
9.胸部扩张	5.13	●		肌肉的均衡发展（肌筋膜系统的完美激活）	小角度变化的多向运动
10.大腿拉伸	5.13		●		
11.弓形摇摆	5.13		●		预备反向运动
12.弓形摇摆与上拉	5.13		●	节奏	动态伸展——慢和快的节奏变化
13.游泳	5.13		●		
14.侧伸展与控制伸展	5.17	●		专注	内感受
15.平衡控制4	5.18	●			

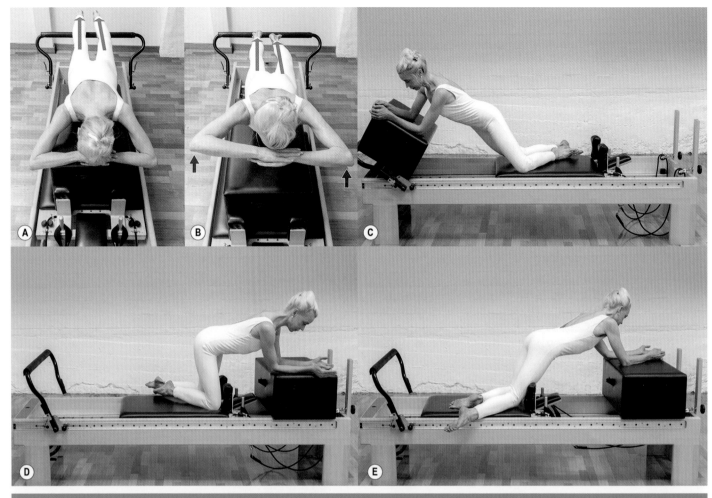

图 12.2

A、B.俯卧在普拉提床长箱上,胸椎、颈椎后伸,同时配合踝关节跖屈和背屈等足部运动。体现的筋膜导向的运动标准:运动的启动——将近端结构连接到远端结构,将远端结构连接到近端结构。C.四足式,在普拉提床上髋伸展,始终保持骨盆、腰椎、胸椎和颈椎中立位。任何弹簧都有助于髋屈曲,因此对于肌筋膜前深线而言,难度最高的的练习是不使用弹簧。这个练习需要协同激活肌筋膜前深线和后表线。躯干与滑车的移动方向成对角线能激活肌筋膜前后功能线。体现的筋膜导向的运动标准: 运动敏感度——动觉(动态本体感觉),感知四肢、躯干的位置和运动的能力。D、E.四足式,抗阻髋屈曲,保持骨盆、腰椎、胸椎和颈椎中立位。躯干与滑车的运动方向成对角线能激活肌筋膜前后功能线。体现的筋膜导向的运动标准: 力/负荷的传递——通过神经肌筋膜系统分散力/负荷的运动

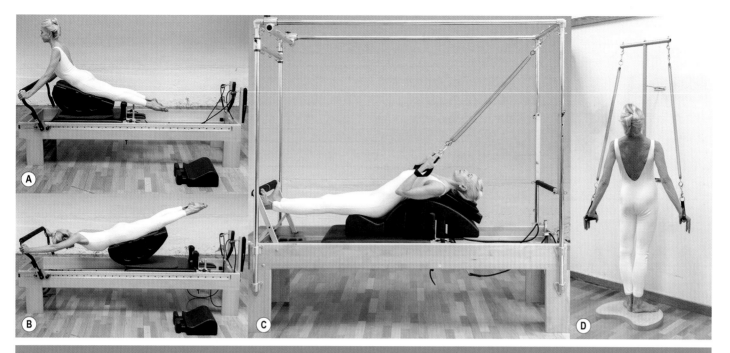

图 12.3

A、B.将Arc脊柱矫正器（去掉阶梯）的凸面放在滑车上，用作天鹅潜水的平台。这个练习需要协同激活肌筋膜后表线、前深线、手臂线、前后功能线。体现的筋膜导向的运动标准：预备的反向运动。C.仰卧，将躯干置于普拉提床滑车上的Arc脊柱矫正器上，脊柱后伸。在进行普拉提床足部训练时，Arc脊柱矫正器协助腰椎、胸椎和颈椎的伸展。双手握住塔架上的黄色长弹簧，可强化胸部的伸展。这个练习需要协同激活肌筋膜后表线、前深线、手臂线。体现的筋膜导向的运动标准：全身的连续性——将躯干连接到四肢，将四肢连接到躯干，将深层结构连接到表层结构，将表层结构连接到深层结构。D.站姿，面对弹簧拉力架，胸椎和颈椎后伸。这个练习需要协同激活肌筋膜后表线、前深线和手臂线。体现的筋膜导向的运动标准：动态伸展——慢和快的节奏变化

表12.3 支持骨骼健康的筋膜导向的器械运动序列

名称和肌筋膜经线	描述
在配备塔架的普拉提床或普拉提床/秋千架组合器械上，进行开链弹跳	骨盆和脊柱中立位 在普拉提床的滑车上挂1根红色弹簧 在塔架上挂2根紫色长弹簧，绳套绕在腘窝处 在塔架上挂2个带手柄的黄色长弹簧
整合激活所有肌筋膜经线	7种有节奏的配合模式分别为(图13.3): • 髋、膝关节屈曲时配合肘伸展(图13.3A)；肘向滑车方向拉时，髋、膝关节伸展 (图13.3B)；交替进行这两个姿势数次 • 只练习左腿和左臂，右侧休息(图13.3C) • 只练习右腿和右臂，左侧休息 • 有节奏地左右侧交替进行 • 左肘向滑车方向拉，右髋、右膝关节伸展 (图13.3D)；只在右侧有节奏地重复 • 右肘向滑车方向拉，左髋、左膝关节伸展；只在左侧有节奏地重复 • 有节奏地交叉爬行

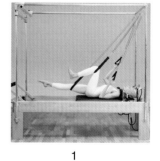

1

231

表12.3（续）

俯卧在普拉提床上进行足部运动，结合颈椎、上段胸椎的横向平移、伸展、侧屈和旋转 整合激活肌筋膜后表线和后手臂线	将长箱纵向放置在滑车上 一根蓝色弹簧 俯卧在长箱上，将髋关节置于箱子边缘 脚趾腹面和跖骨放在脚踏杆上 双肘屈曲，左手放在右手上 前额放在左手手背上 在颈椎和上段胸椎横向平移时，保持髋、膝关节伸展，进行踝关节跖屈和背屈 交替进行踝关节跖屈和背屈，同时进行颈椎和上段胸椎后伸 在侧屈和旋转时，保持胸椎伸展	 2
在普拉提床上保持骨盆、腰椎、胸椎和颈椎中立位，四足式髋关节伸展 整合激活肌筋膜前深线和后表线	将脚踏杆调低，以支撑箱子 从1根红色弹簧到1根蓝色弹簧再到1根黄色弹簧最后到没有弹簧逐渐过渡 双膝、小腿和双脚放在普拉提床滑车上 双肘、前臂和双手放在箱子上 髋关节伸展和屈曲时，保持骨盆和脊柱中立位	 3
普拉提床站姿弓步，髋、膝关节屈曲和伸展 整合激活肌筋膜后表线、前深线、体侧线和前表线	右髋、右膝屈曲，右足底表面抵在普拉提床的肩靠上 左腿靠近床架站立，垂直于地面 前臂置于脚踏杆上，弯曲双肘。手臂短杠杆上的负重有助于肩胛带组织，包括激活下段胸椎伸肌和肩胛骨下压肌肉 呼气时，右膝、右髋伸展，对抗弹簧阻力并移动滑车（弹簧阻力可根据客户能力调节） 吸气时，左膝、左髋屈曲，使床架内滑车持续滑动，远离脚踏杆 回到起始位置	 4
侧卧在Arc脊柱矫正器（去掉阶梯）上，单腿推蹬，上侧手肘屈曲，对抗塔架上的长弹簧 激活肌筋膜体侧线	把Arc脊柱矫正器（去掉阶梯）放到配备塔架的普拉提床或普拉提床/秋千架组合器械的滑车上 普拉提床配1根红色的弹簧、1根蓝色的弹簧 塔架框上配1根黄色或紫色长弹簧 右脚踇趾、跖骨和脚跟放在脚踏杆上 脚向前放在脚踏杆前部可形成屈髋，脚放在脚踏杆中间可形成髋中立位，脚放在脚踏杆后部可形成伸髋 先做右髋外旋，接着做右髋内旋 髋、膝关节伸展时，肘关节屈曲 髋、膝关节屈曲时，肘关节伸展 可以用枕头支撑头颈	 5
仰卧在普拉提床滑车上的Arc脊柱矫正器（去掉阶梯）上，脊柱后伸，双手拉住塔架上黄色长弹簧 整合激活肌筋膜后表线、前深线和手臂线	把Arc脊柱矫正器（去掉阶梯）放在普拉提床或普拉提床/秋千架组合器械上的滑车上（译注：图片只是示意图，练习时要去掉阶梯） 普拉提床上配2根红色弹簧 塔架框上配2根黄色或紫色长弹簧 颈椎下面放一个头垫，以支撑颈椎后伸 脚趾腹面和跖骨放在脚踏杆上 双手拉住塔架上的黄色或紫色长弹簧，强化胸椎伸展 膝关节伸展时，肘关节屈曲 膝关节屈曲时，肘关节伸展	 6

表12.3（续）

坐姿，侧对脚踏，髋关节外旋位，单腿下压，踝关节跖屈/背屈 整合激活肌筋膜前深线、前表线、后表线和体侧线	坐姿，髋、膝关节屈曲，部分伸展 髋关节外旋，脚趾腹面和跖骨置于脚踏上 踝关节跖屈和背屈时，保持膝关节与髋关节等高 右脚在脚踏上时，右侧坐骨位于椅子顶部边缘	 7A
坐姿，侧对脚踏，髋关节中立位，单腿下压，踝关节背屈 整合激活肌筋膜前深线、前表线、后表线和体侧线	坐姿，髋、膝关节屈曲，部分伸展 脚与脚踏边缘对齐 踝关节跖屈和背屈时，保持膝关节与髋关节等高 右脚在脚踏上时，右侧坐骨位于椅子顶部边缘	 7B
坐姿，侧对脚踏，髋关节中立位，单腿下压，踝关节跖屈/背屈 整合激活肌筋膜前深线、前表线、后表线和体侧线	坐姿，髋、膝关节屈曲，部分伸展 髋关节中立位，脚趾腹面和跖骨置于脚踏上 在踝关节跖屈和背屈时，保持膝关节与髋关节等高 右脚在脚踏上时，右侧坐骨位于椅子顶部边缘	 7C
腰椎、胸椎、颈椎保持中立位，椅子上的肌筋膜前功能线的变式练习 整合激活肌筋膜前深线、前表线、功能线和手臂线	双手置于椅面上的不同位置对所有肌筋膜经线的整合是一个挑战 体现的筋膜导向的运动标准：运动的启动——将近端结构连接到远端结构，将远端结构连接到近端结构	

8

表12.3（续）

站姿，在椅子上进行踝关节跖屈、背屈，手握住椅子把手（译注：右图中的椅子没有把手，只是示意图） 整合激活肌筋膜前深线、前表线、后表线、体侧线和螺旋线	在整个踝关节运动范围内，保持髋、膝关节的稳定 • 髋关节中立位 • 髋关节外旋（如图） • 髋关节内旋 手握住椅子把手 注意：髋关节内旋、内收、屈曲禁忌用于做过后路髋关节置换术的患者	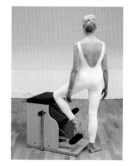 9
单侧髋关节屈曲的鹦鹉式 整合激活肌筋膜前深线、前表线和后表线	右脚跖骨底（脚底表面）压向秋千架推杆形成的力与掌根压向秋千架立杆的力一起作用，使远端在交替进行髋关节屈曲和伸展时处于稳定状态，以利于近端的骨盆控制 当右脚压在推杆上时，左手压向秋千架立杆便形成了沿着肌筋膜后功能线的斜向的力 同时右手压向秋千架立杆形成通过肌筋膜右侧体侧线的力 （照片经Pilates Anytime，www.pilatesanytime.com许可使用）	 10
矢状面大腿拉伸 整合激活肌筋膜后表线、前深线、前表线和后手臂线	塔架和推杆用1根蓝色弹簧连接 滑车与床架间挂1根黄色弹簧或1根蓝色弹簧 膝关节、胫骨和脚置于普拉提床滑车上 大腿前侧压靠在肩靠上 肘关节屈曲和伸展时，保持腰椎、胸椎和颈椎伸展（照片经Pilates Anytime，www.pilatesanytime.com许可使用）	 11
站姿，髋关节外展/内收加躯干旋转 整合激活所有肌筋膜经线，着重于体侧线	站姿，身体左侧朝向滑轮 躯干侧面与弹簧平行 双膝屈曲 保持躯干竖直 进阶做髋关节外展加躯干向左旋转，就像用右耳去听左膝的声音一样 髋关节内收时躯干转回到垂直位置 髋关节外展时，躯干向右旋转，就像用左耳去听右膝的声音一样 髋关节内收时，躯干转回到垂直位置 身体右侧朝向滑轮，重复上述序列 一根蓝色弹簧和一根红色弹簧 （照片经Pilates Anytime，www.pilatesanytime.com许可使用）	 12A
站姿，前后分腿，髋关节外展/内收加躯干旋转 整合激活所有肌筋膜经线，着重于体侧线	重复上述序列 右脚向后踩在站台上 左脚向前踩在滑车弹簧边缘 身体右侧朝向滑轮，重复上述序列 （照片经Pilates Anytime，www.pilatesanytime.com许可转载）	 12B

表12.3（续）

有辅助地站姿深蹲,站在地上,与弹簧成对角线 整合激活所有肌筋膜经线	站在普拉提床架尾部的地上,与弹簧成对角线 1 根黄色弹簧 当双手握住绳索上的手柄时,拉长绳索使身体的中轴线垂直于地面 吸气时,髋、膝和肘关节屈曲,深蹲 呼气时,髋、膝和肘关节伸展,回到站姿 吸气时,踝关节跖屈,向上抬踵,用踇趾球和脚趾底（趾腹）支撑	 13
站在弹簧拉力架的底座上,踝关节跖屈,胸椎、颈椎后伸加旋转 整合激活肌筋膜前深线、后表线和手臂线	站在底座上,面向弹簧拉力架 双手分别抓住弹簧的手柄 吸气时,肩关节后伸,同时颈椎、胸椎后伸和旋转 呼气时,回到起始位置	 14

表12.4 支持骨骼健康的筋膜导向的普拉提床弹性反冲运动序列

名称和肌筋膜经线	描述	
四足式小腿和足部弹动 整合激活所有肌筋膜经线	配备弹跳板的普拉提床 1根蓝色弹簧 前臂放在箱子上（译注：图为进阶示意图,缺少箱子,非进阶练习时应有箱子） 进阶把双手放在肩靠上 同时小腿弹跳 交替小腿弹跳 单侧小腿弹跳 （照片经Pilates Anytime, www.pilatesanytime.com许可使用）	 1
侧卧弹动 重点是肌筋膜体侧线	配备弹跳板的普拉提床 1根蓝色弹簧 侧卧在Arc脊柱矫正器上（译注：图为进阶示意图,缺少Arc脊柱矫正器,非进阶练习时应有Arc脊柱矫正器） 进阶可侧躺在滑车上 髋关节中立位 髋关节外旋 髋关节内旋 髋关节中立位 髋关节屈曲 髋关节伸展 （照片经Pilates Anytime, www.pilatesanytime.com许可使用）	 2

表12.4（续）

仰卧，双脚和脚踝弹动 重点是肌筋膜前深线	配备弹跳板的普拉提床 1根红色弹簧 膝关节保持伸展 髋关节中立位 髋关节外旋 髋关节内旋 像单腿弹动一样重复动作	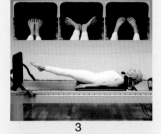 3
仰卧，髋、膝、踝关节屈曲和伸展位的弹动 重点是肌筋膜前深线	配备弹跳板的普拉提床 1根红色弹簧 髋关节中立位 髋关节外旋 髋关节内旋 像单腿弹动一样重复动作	 4A
仰卧，髋、膝和踝关节屈曲和伸展位的弹动落地变式	落于弹跳板的右上角 落于弹跳板的左上角 落于弹跳板的右下角 落于弹跳板的左下角	 4B
四足式，单侧髋关节伸展，单腿弹动 整合激活所有肌筋膜经线，重点是后表线	配备弹跳板的普拉提床 1根蓝色弹簧 前臂置于箱子上（译注：图为进阶示意图，缺少箱子，非进阶练习时应有箱子） 进阶把双手放在肩靠上 髋关节中立位 髋关节外旋 髋关节内旋	 5

四足式，手臂弹动
 	
整合激活肌筋膜手臂线、后表线和前深线
	配备脚踏杆的普拉提床
	1根黄色弹簧
	双手落杆位置的变化
	  •双手宽距
	  •双手窄距
	  •前臂交叉
	  •掌心向下，旋前
	  •掌心向上，旋后
	  •单臂
	（照片经Pilates Anytime, www.pilatesanytime.com许可使用）

		6

侧坐，单臂弹动 重点是肌筋膜手臂线和体侧线	配备脚踏杆的普拉提床 1根黄色弹簧 坐在小箱子上 单手触杆，与肩胛面位于同一平面	 7

表12.5 支持骨骼健康的筋膜导向的运动计划指南——客户资料

客户的诊断或相关情况: 女, 73岁, 患有骨质疏松症和双膝骨性关节炎

短期目标	长期目标
1.减少胸椎过度后凸	1.保持身体的灵活性、力量和耐力, 便于外出和旅行
2.减少站立时的骨盆后倾和腰椎屈曲	2.每天坚持足部和踝部家庭锻炼计划, 以促进站立平衡
3.减少上下楼梯时膝关节疼痛	3.每天坚持完全负重锻炼, 以提高骨密度
4.改善站立平衡, 特别是在冠状面上的平衡	4.通过整合眼睛和颈部运动的家庭锻炼计划来治疗颈部疼痛

支持骨骼健康的筋膜导向的运动计划指南	客户资料 (由客户或教练完成)
1.确定影响筋膜功能的因素	
遗传	无骨质疏松家族史
相关疾病	幼儿时期, 客户左肩胛区神经曾感染病毒。在儿童、青少年和青年时期骨骼发育不良, 直到50多岁时才被诊断出骨质疏松症
用药	服用了改善骨密度的处方药物, 致使颌骨坏死
手术	颌骨结构的破坏 (坏死) 需要大面积的口腔手术重建下颌
·瘢痕	右膝半月板切除术瘢痕
·粘连	口腔重建手术可能导致客户颈部活动范围减小和颈部疼痛
全身炎症	用饮食和补剂控制全身炎症
相关的生活方式	客户一直都很活跃。儿童和少年时期学习过芭蕾舞, 青年时期练习过马术, 中年以后经常进行健身活动
·营养	儿童时期、青少年时期和成年时期骨骼发育不良, 目前在采纳整合医学专家 (integrative medicine specialist) 的建议
·补剂	采纳整合医学专家的建议
·吸烟情况	不抽烟
·饮酒情况	偶尔饮红酒
·坐着的时间	每天坐着办公和开车上班不超过5小时
低可动性	非低可动性
高可动性	非高可动性, 但高于平均运动范围
温度和湿度偏好	喜欢21℃左右的低湿度环境
2.增强筋膜功能的自用工具: 球、泡沫轴、木棍、手动工具	
家庭练习	用泡沫轴做胸部伸展, 用球做脚和脚踝练习
在工作室的计划	在工作室中使用带有弹簧的大型器械
练习时长	每天30分钟
3.强化筋膜功能的治疗: 针灸、整骨疗法、物理疗法、罗尔夫按摩疗法、结构整合法等	用物理疗法治疗颈部和膝关节疼痛
预约时间表	口腔手术后, 约了整骨师
合作治疗沟通	物理治疗师提供运动指导
4.活动范围	
部分	胸椎伸展受限, 颈椎活动范围受限
全部	
禁忌	由于椎体骨密度降低, 脊柱负重屈曲、旋转和侧屈都属于禁忌动作

表12.5（续）

5.负重	
无负重	结合颈部运动和眼睛运动
部分负重	中等阻力的部分承重，以打造完全承重的排列精度
完全负重	由于要刺激骨密度，首选完全负重
6.运动链	
开链	颈部活动范围和眼部运动采用开链运动
闭链	刺激本体感觉和刺激与骨膜相延续的神经肌筋膜系统，首选闭链运动
7.最适合的辅助或阻力类型	
自重	
带子	
弹簧	弹簧在普拉提床、椅子、秋千架和梯桶等练习中，提供辅助和阻力
自由重量	在常规力量训练中，客户感到自己保持姿势的能力退化，关节疼痛加重
8.最佳强度，使收益最大化、伤害最小化	中等强度，多次重复，当能够保持排列精度时，再增加阻力
9.对既可激发神经系统又可降低风险的新事物的平衡能力	长期芭蕾舞和马术训练使客户具有出色的运动控制能力和神经系统，有能力接受新奇的运动挑战。客户喜欢新颖的和低风险的运动，以避免加重颈部和膝关节疼痛
10.适合的普拉提运动选项	可以使用工作室里的所有器械
垫子、普拉提床、椅子、秋千床、桶	
附加的设备	
带有不稳定平面的设备：泡沫轴、小海豚、旋转盘、方形摇摆板、平衡板	
11.激活《解剖列车：徒手和运动治疗的肌筋膜经线》中描述的所有适合客户的肌筋膜经线	重点激活肌筋膜后表线。为了站立平衡，一定要激活体侧线。整合激活肌筋膜后手臂线和前手臂线，以刺激神经肌筋膜与胸部的连接
12.提高筋膜弹性反冲性能的练习	普拉提床弹性反冲运动序列刺激骨骼健康
练习时长：每天20~30分钟	每天20分钟
频率：每周2~3次	每周2次
胶原合成的恢复时间：2天	
13.不含弹性反冲的筋膜导向运动	
练习时长：每天30~60分钟	每天60分钟
频率：每周2~6次	每周2次
至少每3周修订一次计划	每周修订一次计划，以应对日常生活中的压力
14.提示偏好	
接触深度	客户喜欢中等深度的接触
外感受或内感受提示	客户喜欢外感受提示和内感受提示相结合
15.音乐偏好助于专注和进行有节奏的运动	客户更喜欢专注于教练的口头提示
16.与其他形式训练的互动	
多变强度的间歇训练	客户表示有兴趣将多变强度的间歇训练纳入锻炼计划
有氧运动：15~45分钟，每周3~4次	在家附近散步
力量训练：15~30分钟，每周2次，1~2天的恢复时间	在物理治疗师的监督下，每周做1次力量训练
身心运动：瑜伽、太极、气功、婵柔器械上婵柔、垫上或椅子上婵柔	每月做2次器械婵柔

表12.6 支持骨骼健康的筋膜导向的运动计划指南——练习精选

客户的诊断或相关情况: 女, 73岁, 患有骨质疏松症和双膝骨性关节炎

							运动效果					
筋膜导向的运动标准 运动要求: 　运动可以持续地优化运动控制和重塑胶原 　运动促进客户的张拉整体结构*意识和表现 　根据客户情况以最佳练习顺序激活适合其需求的所有肌筋膜经线	垫子	普拉提床	椅子	秋千床	Arc脊柱矫正器	附加设备	促进组织水合作用	促进筋膜系统内的滑动	刺激组织再生	提升组织弹性	形成规则的带有卷曲的晶格（网络）	促进弹性反冲

教练选择的练习
参见**表12.3、12.4**

*: "张拉整体结构会对局部的机械压力做出整体反应,产生一个与重力无关的结果。如果没有张拉整体结构模式,我们的纤维结构会在引力作用下坍塌。有了张拉整体结构模式,我们的纤维结构通过在整个网络(包括外围结构)分散负荷来吸收和分散压缩力。"(Guimberteau & Armstrong, 2015)

教练选择的练习	筋膜导向的运动标准	垫子	普拉提床	椅子	秋千床	Arc脊柱矫正器	附加设备	促进组织水合作用	促进筋膜系统内的滑动	刺激组织再生	提升组织弹性	形成规则的带有卷曲的晶格（网络）	促进弹性反冲
	内感受——筋膜内的间质神经提供内感受功能,而不是本体感觉或痛觉功能。刺激这些游离的神经末梢能给大脑提供身体状况信息,维持体内的稳定,满足生理需求。内感受信号与感觉如温暖、恶心、饥饿、疼痛、费力、沉重或轻松有关。对内部躯体的感知与情感偏好和感觉有关(Schleip & Baker, 2015)												
在配备塔架的普拉提床或普拉提床/秋千架组合器械上,做开链弹跳 **表12.3-1**	流畅的运动序列 预备反向运动		●		●			●	●	●	●		
俯卧在普拉提床上进行足部运动,结合颈椎和上段胸椎的横向平移、伸展、侧屈和旋转 **表12.3-2**	运动的启动——将近端结构连接到远端结构,将远端结构连接到近端结构		●					●	●		●		
在普拉提床上保持骨盆、腰椎、胸椎和颈椎中立位,四足式髋关节伸展 **表12.3-3**	本体感觉的改善——本体感觉与位置、肌腱和肌肉感觉有关		●						●		●		
普拉提床站姿弓步,髋、膝关节屈曲和伸展 **表12.3-4**	运动敏感度——动觉(动态本体感觉),感知四肢、躯干的位置和运动的能力		●						●	●	●		
侧卧在Arc脊柱矫正器(去掉阶梯)上,单腿推蹬,上侧手肘屈曲,对抗塔架上的长弹簧 **表12.3-5**	全身的连续性——将躯干连接到四肢,将四肢连接到躯干;将深层结构连接到表层结构,将表层结构连接到深层结构		●		●	●		●	●	●	●		
仰卧在普拉提床滑车上的Arc脊柱矫正器(去掉阶梯)上,脊柱后伸,双手拉住塔架上的黄色长弹簧 **表12.3-6**	全身的连续性——将躯干连接到四肢,将四肢连接到躯干,将深层结构连接到表层结构,将表层结构连接到深层结构		●		●	●		●	●	●	●		
坐姿,侧对脚踏,髋关节外旋位,单腿下压,踝关节跖屈/背屈 **表12.3-7A**	运动的启动——将近端结构连接到远端结构,将远端结构连接到近端结构		●					●	●	●	●		
坐姿,侧对脚踏,髋关节中立位,单腿下压,踝关节背屈 **表12.3-7B**	运动的启动——将近端结构连接到远端结构,将远端结构连接到近端结构		●					●	●	●	●		

表12.6（续）

客户的诊断或相关情况: 女，73岁，患有骨质疏松症和双膝骨性关节炎

教练选择的练习 参见**表12.3、12.4**	筋膜导向的运动标准 运动要求： 运动可以持续地优化运动控制和重塑胶原 运动促进客户的张拉整体结构*意识和表现 根据客户情况以最佳练习顺序激活适合其需求的所有肌筋膜经线	垫子	普拉提床	椅子	秋千床	Arc脊柱矫正器	附加设备	运动效果					
								促进组织水合作用	促进筋膜系统内的滑动	刺激组织再生	提升组织弹性	形成规则的带有卷曲的晶格（网络）	促进弹性反冲
坐姿，侧对脚踏，髋关节中立位，单腿下压，踝关节跖屈/背屈 **表12.3-7C**	运动的启动——将近端结构连接到远端结构，将远端结构连接到近端结构			●				●	●	●	●		
腰椎、胸椎、颈椎保持中立位，椅子上的肌筋膜前功能线的变式练习 **表12.3-8**	运动的启动——将近端结构连接到远端结构，将远端结构连接到近端结构			●				●	●	●	●		
站姿，在椅子上进行踝关节跖屈、背屈，手握住椅子把手 **表12.3-9**	小角度变化的多向运动			●				●	●	●	●		
单侧髋关节屈曲的鹦鹉式 **表12.3-10**	全身的连续性——将躯干连接到四肢，将四肢连接到躯干；将深层结构连接到表层结构，将表层结构连接到深层结构	●		●				●	●	●	●		
矢状面大腿拉伸 **表12.3-11**	带动大面积神经肌筋膜系统的全身运动	●						●	●	●	●		
站姿，髋关节外展/内收加躯干旋转 **表12.3-12A**	全身的连续性——将躯干连接到四肢，将四肢连接到躯干；将深层结构连接到表层结构，将表层结构连接到深层结构	●						●	●	●	●		
站姿，前后分腿，髋关节外展/内收加躯干旋转 **表12.3-12B**		●						●	●	●	●		
站姿，有辅助地深蹲，站在地上，与弹簧成对角线 **表12.3-13**	力/负荷的传递——通过神经肌筋膜系统分散力/负荷的运动	●						●	●	●	●		
站在弹簧拉力架的底座上，踝关节跖屈，胸椎、颈椎后伸加旋转 **表12.3-14**	动态伸展——慢和快的节奏变化						●	●	●	●	●		
支持骨骼健康的筋膜导向的普拉提床弹性反冲运动序列													
四足式小腿和足部弹动 **表12.4-1**	预备反向运动 运动的启动——将近端结构连接到远端结构，将远端结构连接到近端结构 力/负荷的传递——通过神经肌筋膜系统分散力/负荷的运动	●					●	●	●	●	●	●	●
侧卧弹动 **表12.4-2**	预备反向运动 运动的启动——将近端结构连接到远端结构，将远端结构连接到近端结构 力/负荷的传递——通过神经肌筋膜系统分散力/负荷的运动	●				●	●	●	●	●	●	●	●

表12.6（续）

客户的诊断或相关情况: 女，73岁，患有骨质疏松症和双膝骨性关节炎

教练选择的练习 参见**表12.3、12.4**	筋膜导向的运动标准 运动要求: 　运动可以持续地优化运动控制和重塑胶原 　运动促进客户的张拉整体结构*意识和表现 　根据客户情况以最佳练习顺序激活适合其需求的所有肌筋膜经线	垫子	普拉提床	椅子	秋千床	Arc脊柱矫正器	附加设备	运动效果					
								促进组织水合作用	促进筋膜系统内的滑动	刺激组织再生	提升组织弹性	形成规则的带有卷曲的晶格（网络）	促进弹性反冲
仰卧，双脚和脚踝弹动 **表12.4-3**	预备反向运动 运动的启动——将近端结构连接到远端结构，将远端结构连接到近端结构 力/负荷的传递——通过神经肌筋膜系统分散力/负荷的运动		•				•	•	•	•	•	•	•
仰卧，髋、膝、踝关节屈曲和伸展位的弹动 **表12.4-4A、B**	预备反向运动 运动的启动——将近端结构连接到远端结构，将远端结构连接到近端结构 力/负荷的传递——通过神经肌筋膜系统分散力/负荷的运动		•					•	•	•	•	•	•
四足式，单侧髋关节伸展，单腿弹动 **表12.4-5**	预备反向运动 运动的启动——将近端结构连接到远端结构，将远端结构连接到近端结构 力/负荷的传递——通过神经肌筋膜系统分散力/负荷的运动		•					•	•	•	•	•	•
四足式，手臂弹动 **表12.4-6**	预备反向运动 运动的启动——将近端结构连接到远端结构，将远端结构连接到近端结构 力/负荷的传递——通过神经肌筋膜系统分散力/负荷的运动		•					•	•	•	•	•	•
侧坐，单臂弹动 **表12.4-7**	预备反向动作 运动的启动——将近端结构连接到远端结构，将远端结构连接到近端结构 力/负荷的传递——通过神经肌筋膜系统分散力/负荷的运动		•				•						•

参考书目

出版物

GALLAGHER S P, KRYZANOWSKA R, 2000. The Joseph H. Pilates archive collection. Philadelphia, PA: Trans-Atlantic Publications Inc.

GUIMBERTEAU J C, ARMSTRONG C, 2015. Architecture of human living fascia: The extracellular matrix and cells revealed through endoscopy. Edinburgh: Handspring Publishing.

MYERS T W, 2014. Anatomy Trains®: Myofascial meridians for manual and movement therapists (3rd ed.). Edinburgh: Churchill Livingstone.

SCHLEIP R, BAKER A (Eds.), 2015. Fascia in sport and movement. Edinburgh: Handspring Publishing.

网络课程

www.pilatesanytime.com

第十三章　筋膜导向运动视角的膝、髋关节表面置换和全关节置换

适用于膝、髋关节表面置换和全关节置换练习者的垫上运动序列

很多患者在进行膝关节或髋关节表面置换或全关节置换手术之后会接受作业治疗和/或物理治疗。外科医生或物理治疗师可能会将患者介绍给有资质的普拉提教练。希望在日常生活、步态和专项运动方面继续进步的练习者可以参照普拉提计划进行练习。做了髋关节或膝关节表面置换或全关节置换的练习者很可能在手术前已发展成受损的步态。患者会因关节结构磨损和组织萎缩（退化）带来的疼痛避免在受影响的部位完全承重。这可能会导致髋部单侧上抬（即倾斜）、腰椎侧屈和旋转，以及胸椎横向平移、侧屈和旋转。手术后，精心设计的垫上训练计划有助于患者恢复舒适、高效的步态并改善身体的对称性。筋膜导向的普拉提可以促进连接脚与腿、骨盆与脊柱的肌筋膜经线的整合激活。垫上运动序列可以改善胸部和腰–骨盆区域的对称旋转，还可以通过提高脚和脚踝的活动性，促进步态的有效和平衡。

膝关节表面置换和全关节置换

在日常活动中，膝关节屈曲110°就足够了。普拉提老师应遵从外科医生或物理治疗师建议的最佳运动范围。练习者在进行膝关节表面置换或全关节置换后能够实现的膝关节屈曲度受许多因素影响，会有明显的不同，这些因素包括麻醉剂、假体、手术入路、感染管理、练习者的炎性反应、瘢痕和粘连的形成，以及手法和运动疗法的康复计划

做过膝关节或髋关节表面置换或全关节置换的练习者，可能难以向下移动到地面上的垫子上和从垫子上站起来。这些练习者在垫高的垫子或秋千床上实施运动计划会更好

做过膝关节表面置换或全关节置换的练习者可能无法舒适地做跪姿动作。谨慎的做法是不做四足式练习

修改后的约瑟夫·H. 普拉提垫上练习

根据练习者的能力和舒适度调整膝关节的屈曲度。不要为了适应受限的膝关节运动范围而牺牲髋关节或腰–骨盆的排列
团身后滚(图 3.3E)
单腿伸展(图 3.2C)
十字交叉
俯卧单腿后踢(图 3.4B)
俯卧双腿后踢(图 3.4C)
侧卧蹬自行车
俯撑抬腿–前撑(图3.7A)。膝关节表面置换和全关节置换后，跪姿是禁忌动作。为了避免跪姿，可以俯卧在球上练习，骨盆和下肢由球支撑
仰撑抬腿(图3.7B)。为了避免膝关节伸展时对膝关节后方滑囊形成压力，可以采取双膝屈曲练习这一动作
跪姿侧踢(图 3.5C)。这个练习可以省略不做，因为它包含了应避免的膝关节表面置换和全膝关节置换侧的跪姿负重动作
弓形摇摆(图3.4H)。这个练习需要修改，在双脚和双手间用一根带子连接。根据练习者的能力和舒适度调整膝关节屈曲角度。不要为了适应受限的膝关节屈曲角度而牺牲髋关节或腰–盆骨的排列

髋关节表面置换和全关节置换

做过后切口髋关节表面置换术或全关节置换术的练习者一定要避免髋关节屈曲、内旋和内收动作的组合，因为这个练习方向会使关节处于脱位的风险之中。在垫上运动序列中要谨慎，在医生或物理治疗师准许之前避免下列任何一种动作：髋关节屈曲超过90°、手术侧髋关节内收超过中线、髋关节内旋

做过前切口手术的练习者只有在得到外科医生或物理治疗师准许后，才能做髋关节伸展的练习。在侧卧练习中，可以在大腿内侧间放一个软垫以避免手术侧髋关节内收。做过前切口手术的练习者只有在得到外科医生或物理治疗师准许后，才能做髋关节伸展的练习

修改后的约瑟夫·H. 普拉提垫上练习

从外科医生或物理治疗师处获取患者髋关节屈曲和伸展可接受的运动范围。安全的运动范围取决于各种因素，包括假体类型、手术入路和组织完整性
单腿伸展
单腿直腿伸展
双腿直腿伸展
十字交叉因含有髋关节屈曲和内收动作，这两个动作是后路手术的禁忌动作
单腿画圈加骨盆和腰椎旋转
双腿画圈包含髋关节内收，做过后路手术的患者禁忌做这个动作
进行下列坐姿练习时，将骨盆置于升高的平台上可以避免髋关节屈曲的角度大于90°：
　　坐姿脊柱前伸
　　坐姿脊柱侧伸
　　坐姿脊柱扭转
　　锯式
下列练习涉及超过90°的髋关节屈曲，建议修改运动范围：
　　团身后滚
　　海豹式
　　回力棒
　　开瓶器
　　折刀
　　侧卧蹬自行车——避免越过中线
侧卧位侧屈和侧屈美人鱼包括髋关节内收，可以根据练习者能接受的运动范围修改这些动作

243

坐姿和站姿足部运动

手术前，练习者为适应受损的膝关节或髋关节，脚和脚踝运动范围可能会出现异常。在关节置换成功后，必须考虑解决脚和脚踝的运动模式，以整合所有的肌筋膜经线，并支持有效的步态

做过关节置换的练习者可以从运动序列中受益，改善脚和脚踝的本体感觉、灵活性和稳定性。如果练习者双手能够触碰双脚，他们就可以独立练习右图动作。这是首选的运动方式，因为它满足几个筋膜导向的运动标准，包括本体感觉的优化，运动敏感度和全身连续性的发展。如果练习者不能舒适地触碰自己的双脚，治疗师或运动指导者可以提供帮助

为了促进脚和脚踝的本体感觉、灵活性、稳定性和力量的改善，可以在坐姿、有支撑的站姿和不需要支撑（保护）的站姿时，使用小工具进行练习 (**图11.2**)
(经由Pilates Anytime Class 998，Foot Festival，2013许可使用)

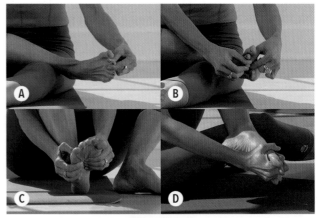

图13-垫上1

侧卧，胸椎侧屈和旋转的灵活性，强调肌筋膜螺旋线

手术前，练习者可能因膝或髋关节运动范围受损产生异常的脊柱运动。在关节置换手术成功后，必须纠正这些脊柱运动模式，以支持有效的步态。以下运动序列受到费尔德克斯（Feldenkrais）方法——通过运动提高感知（意识）课程的启发。这些运动促进高效步态所需的胸椎和骨盆的反向旋转

肩膀画圈
屈肘，手臂画弧线和画圈
伸肘，手臂画弧线和画圈
骨盆摆钟或大转子画圈
骨盆和肩膀同向和反向画圈
用泡沫轴支撑上侧小腿和上侧前臂，侧卧旋转
用一个泡沫轴做同向旋转，用两个泡沫轴做骨盆和胸椎的反向旋转（**图 4.9A和图13-垫上2**）
（经由Pilates Anytime Class2115，Mat Workout，2015许可使用）

图13-垫上2

注意：做了髋关节表面置换或全关节置换的练习者，可在大腿内侧间放一个垫子以避免患侧腿越过中线

坐在椅子上或小箱子上的普拉提垫上练习

手术前，练习者可能因膝或髋关节运动范围受损产生异常的脊柱运动。在关节置换手术成功后，必须纠正这些脊柱运动模式以支持有效的步态。下列4个坐姿练习有利于改善躯干在侧屈、旋转、前屈和旋转加屈曲组合中的灵活性

胸椎、颈椎同向脊柱扭转
脊柱侧伸
脊柱前伸
锯式

图13-垫上3

译注：本图为锯式示意图，未使用椅子或小箱子，在训练膝、髋关节置换术后练习者时，应使用这些辅助器具

仰卧中立位桥式，激活肌筋膜的右侧和左侧后表线(图4.2)

手术前，练习者可能用不对称的脊柱运动适应受损的膝或髋关节的活动范围。这可能导致脊柱和骨盆稳定肌萎缩，以及髋伸肌和侧方稳定肌萎缩。在关节置换手术成功后，一定要处理脊柱和骨盆的运动模式，以支持有效的步态

仰卧中立位桥式，右踝背屈，左踝跖屈，右踝跖屈，左踝背屈……继续进行这个交互进行的模式并保持两侧髂前上棘(anterior superior iliac spine，ASIS)平行于天花板。保持骨盆处于中立位 (图13-垫上4)

仰卧中立位桥式。骨盆向左横向平移，然后向右平移。保持膝关节稳定。膝关节对准第一和第二脚趾。

仰卧中立位桥式。向右旋转骨盆，然后向左旋转。绕着中轴旋转骨盆。左侧髂前上棘向右画弧线，右侧髂前上棘向左画弧线

仰卧中立位桥式。骨盆向左横向平移，抬起右脚，右脚放回地面。骨盆向右横向平移，抬起左脚，左脚回到地面，双手放在骨盆上重复上述动作。

仰卧中立位桥式。骨盆向左横向平移，抬起右脚，右脚放回地面。骨盆向左再多移一些，抬起左脚，左脚放回地面。重复，骨盆向右移动，双手放在骨盆上重复上述动作。(经由Pilates Anytime Class 2115，Mat Workout，2015许可使用) (经由Pilates Anytime Class 2507，Mat Workout，2016许可使用)

图13-垫上4

侧卧，约瑟夫·H. 普拉提垫上练习激活肌筋膜右侧和左侧体侧线 (图 3.5)

手术前，练习者会面临膝或髋关节运动范围的减小和疼痛的增加，通常患肢负重受限。不对称的负重导致组织萎缩（退化），包括骨盆外侧稳定肌（臀中肌和臀小肌）的肌筋膜体侧线受到不利影响。关节置换手术成功后，仰卧位约瑟夫·H. 普拉提垫上练习可以有效地激活肌筋膜体侧线

双膝屈曲
    侧卧抬腿 (图13-垫上5)
    侧卧踢腿
    侧卧单腿画圈
双膝伸展
    侧卧抬腿
    侧卧踢腿
    侧腿单腿画圈
    侧卧蹬自行车

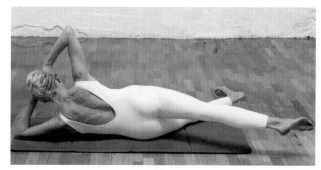

图13-垫上5

注意：做过髋关节表面置换或全髋关节置换的练习者，在侧卧练习中，在大腿内侧间放一垫子可避免患侧髋内收；做过前切口手术的练习者，只有得到外科医生或物理治疗师的许可后才能做髋关节伸展的练习

俯卧，约瑟夫·H. 普拉提垫上练习激活肌筋膜右侧和左侧后表线

手术前，练习者会面临膝或髋关节运动范围减小和疼痛的增加。这也会让他们产生低效的步态，可能包括不对称的步幅长度减小，这会影响肌筋膜后表线的组织，髋伸肌可能萎缩。髋关节置换手术成功后，俯卧的约瑟夫·H. 普拉提垫上练习可以有效激活肌筋膜后表线，刺激髋关节伸展和脊柱伸展

天鹅式(有辅助的脊柱伸展)，前臂放在泡沫轴上(图4.9I)
天鹅式(有辅助的脊柱伸展)，双手持魔术圈
天鹅式
游泳 (图3.4G)
俯卧单腿后踢 (图 3.4B)
俯卧双腿后踢 (图 3.4C 和图13-垫上6)
天鹅潜水
天鹅潜水加弓形摇摆 (图3.4A、H)

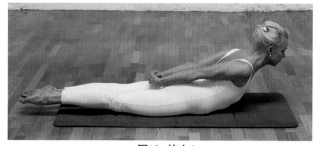

图13-垫上6

注意：做过髋关节表面置换或全髋关节置换的练习者和做过前路手术的练习者，只有得到外科医生或物理治疗师的许可才能做髋伸展的练习

仰卧，约瑟夫·H. 普拉提垫上练习激活肌筋膜右侧和左侧的前表线和前深线

单腿伸展 (图 3.2C)
双腿伸展 (图3.2D)
双膝屈曲，双手放在骨盆上，单腿画圈
双膝伸展，单腿画圈 (图13-垫上7)
单腿直腿伸展
双膝伸展，掌心相对握在胸骨上方，单腿画圈（双向）(图
3.6E~H)
十字交叉
单腿画圈，在脚画过中线时加骨盆旋转
百次 (图3.2A)
仰卧卷起 (图3.2B)
直腿后卷 (图3.3A)
坐姿直臂转髋 (图3.6D)
开瓶器 (图3.6A)
V形悬体 (图3.2F)
肩桥 (图3.4F) 是向脊柱伸展和髋关节伸展的俯卧位练习的有效
过渡动作

图13-垫上7

注意：做过髋关节表面置换或全髋关节置换的练习者，在练习开
瓶器和V形悬体动作时，要调整膝关节屈曲的角度以缩短杠杆和
减小髋前侧应力；做过前路手术的练习者，只有得到外科医生或
物理治疗师的许可才能做肩桥练习

仰卧在泡沫轴上 (图4.9E、F)

手术前，练习者会面临膝或髋关节运动范围减小、疼痛增加和本
体感觉减弱的情况，还可能产生脊柱不对称和平衡困难。在关节
置换成功后，可以通过手法治疗和在泡沫轴上运动解决脊柱不对
称的问题

抬起单腿和对侧的手臂；颈椎转离抬起的手臂
握住普拉提圈做部分（半程）或全部仰卧卷起
单腿抬起，做部分（半程）托颈卷上
中立位桥式，将普拉提圈套在略高于膝关节的大腿外侧(图13-垫
上8)
中立位桥式，踝关节跖屈和背屈
中立位桥式，横向平移，单腿上提

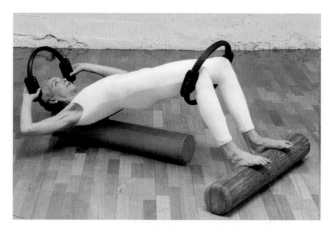

图13-垫上8

站姿，整合所有肌筋膜经线

手术前，练习者会面临膝或髋关节运动范围减小、疼痛增加和本
体感觉减弱的情况，还可能产生脊柱不对称和平衡困难。在关节
置换手术成功后，有效的运动序列可以改善本体感觉和站姿平衡

站姿，后背沿着墙面向下滑做墙蹲
站姿，脊柱和墙之间放一个泡沫轴或球，脊柱抵在泡沫轴或球上
向下做墙蹲
站姿，面向墙面，双手触墙，单脚踩在泡沫轴上
站姿，面向墙面，双脚踩在泡沫轴或方形摇摆板上(图4.10A和图
13-垫上9)
站姿，面向墙面，双手触墙，做膝关节屈曲和伸展加胸椎旋转
站姿，不接触墙面，做膝关节屈曲和伸展加胸椎旋转
站姿，单手触墙，做单腿平衡
向前走
向后走
向两侧横向走

图13-垫上9

表13.1A 适用于膝和髋关节表面置换和全关节置换的筋膜导向的器械运动序列：关节特定运动前的躯干准备

在关节进行特定运动前，先协调（组织）好躯干动作

准备做膝或髋关节表面置换或全关节置换的练习者很可能会在手术前出现步态受损。关节结构磨损和组织萎缩带来的疼痛要求患病区域避免完全负重。这可能会导致髋部单侧上抬（即倾斜），腰椎侧屈和旋转，以及胸椎横向平移、侧屈和旋转。肌筋膜经线对这些结构性变形会做出反应，在负荷集中的区域变得致密。

表13.1A的运动序列能够改善脊柱和骨盆的不对称问题。这些运动序列使躯干围绕中轴对称地组织（协调），排列好胸腰段和骶骨，以进行站立和行走。准备做下肢关节置换的练

习者会从胸腰段和骶骨在3个解剖学平面（矢状面、冠状面、水平面）的良好排列中获益。这些练习在练习者无负重或部分负重下进行，不会加剧关节疼痛。这些运动序列也适用于做完膝或髋关节表面置换或全关节置换的练习者。首先，用侧屈和横向平移来组织躯干，然后进阶到表13.1B中的躯干旋转。接下来做关节特定运动。筋膜导向的普拉提有助于整合激活连接脚与腿、骨盆与脊柱的肌筋膜经线。表13.1A至13.1I中的运动序列可改善胸部和骨盆区域的对称旋转。它们还可以通过解决脚和脚踝的灵活性来促进步态和平衡的改善。

名称和肌筋膜经线	描述	
坐姿，胸椎、腰椎侧屈 激活肌筋膜体侧线	一只手放在椅子的脚踏上，手臂与肩胛面对齐 单手下压踏板，吸气，强调右侧的延长感和胸椎向右平移 单手下压踏板，呼气，强调左侧的缩短，减少向右平移的幅度 选择适合练习者体重和舒适度的弹簧阻力	 1
仰卧，胸部相对于骨盆的横向平移 整合激活肌筋膜前深线、体侧线、功能线和手臂线	将胸部置于滑车上 将骨盆置于箱子上 将双脚置于箱子上——闭链运动 双手掌心相扣，激活前斜悬吊系统 吸气，平移胸廓远离中线 呼气，躯干回到中线 不需要弹簧	 2A
仰卧，骨盆相对于胸部的横向平移 整合激活肌筋膜前深线、体侧线、功能线和手臂线	将骨盆置于滑车上 胸部置于箱子上 将双脚置于滑车上——闭链运动 双手掌心相扣，激活前斜悬吊系统 吸气，平移骨盆远离中线 呼气，骨盆回到中线 不需要弹簧	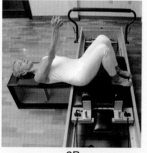 2B
坐姿，腰椎侧屈 激活肌筋膜体侧线	在普拉提床滑车近弹簧边缘放一个方形摇摆板，坐在摇摆板上 双脚放在地上 吸气，重心向右侧坐骨转移，延长右侧腰部，想象尾骨向左侧摇摆 呼气，返回到中线，将体重均匀地分布在两个坐骨上，方形摇摆板放平 向左侧重复上述动作	 3

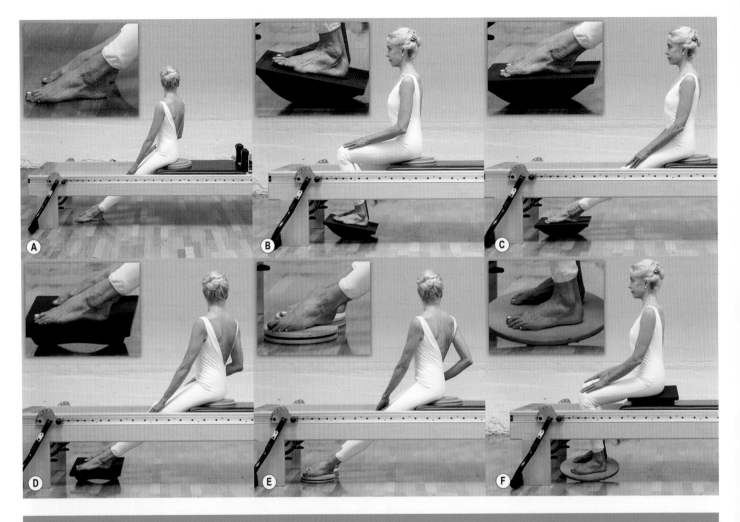

图13.1
适用于膝和髋关节表面置换和全关节置换的筋膜导向的器械运动序列：脚和脚踝的本体感觉

表13.1B　适用于膝和髋关节表面置换和全关节置换的筋膜导向的器械运动序列：脚和脚踝的本体感觉

名称和肌筋膜经线	描述
坐在普拉提床的滑车上，膝关节屈曲、伸展时的下肢排列 从没有弹簧进阶到使用1根黄色弹簧	
坐姿，双脚踩在地上，躯干旋转 （图13.1A） 整合激活肌筋膜螺旋线和前深线	在普拉提床滑车近弹簧边缘放一个旋转盘，坐在旋转盘上 双脚放在地上 吸气，躯干向右旋转；呼气，返回，身体朝向前方 枕骨、胸腰结合处与骶骨对齐 向左侧重复上述动作 髋、膝、踝和第2跖骨对齐，不要进行髋关节外展或内收 膝关节伸展和屈曲相结合 一次只做一条腿的动作
坐姿，双脚踩在沿矢状面摆放的方形摇摆板上，躯干旋转 (图13.1B) 整合激活肌筋膜前表线、后表线和前深线	坐在普拉提床滑车近弹簧边缘处 做踝关节背屈和跖屈，配合膝关节屈曲和伸展 一次只做一条腿的动作
坐姿，双脚踩在沿矢状面摆放的方形摇摆板上，躯干旋转 (图13.1C) 整合激活肌筋膜前表线、后表线和前深线	坐在普拉提床滑车近弹簧边缘处 做膝关节屈曲和伸展动作，始终保持方形摇摆板稳定 一次只做一条腿的动作
坐姿，双脚踩在沿冠状面摆放的方形摇摆板上，躯干旋转 （图13.1D） 整合激活肌筋膜体侧线、螺旋线、前深线	在普拉提床滑车近弹簧边缘处放一个旋转盘，坐在旋转盘上 吸气，躯干向右旋转，膝关节伸展；呼气，返回，身体朝向前方 向左侧重复上述动作 在膝关节屈曲、膝关节伸展、躯干旋转时保持方形摇摆板稳定 枕骨、胸腰结合处与骶骨对齐 髋、膝、踝和第2跖骨对齐，不要进行髋关节外展或内收 一次只做一条腿的动作
坐在旋转盘上，两只脚各踩一个旋转盘 （图13.1E） 整合激活肌筋膜右螺旋线、左螺旋线和前深线	在普拉提床滑车近弹簧边缘处放一个旋转盘，坐在旋转盘上 小腿、脚踝和脚向同一个方向旋转，两脚跟先右侧对准，再左侧对准 躯干旋转和小腿旋转同时进行 小腿和躯干在旋转时，做膝关节伸展和屈曲动作 不要做股骨外展或内收动作 需要髋内侧和外侧滑动 一次只做一条腿的动作
坐在方形摇摆板上，双脚踩在圆盘摇板上 （图13.1F） 整合激活肌筋膜前表线、后表线、体侧线、螺旋线和前深线	在普拉提床滑车近弹簧边缘处放一个方形摇摆板，坐在摇摆板上 保持方形摇摆板水平 用脚踝和双脚驱动圆盘摇板，使之沿着圆形边缘平稳转动 始终保持圆盘摇板边缘的一个点与地面接触 圆盘摇板运动与膝关节伸展和屈曲相结合 一次只做一条腿的动作

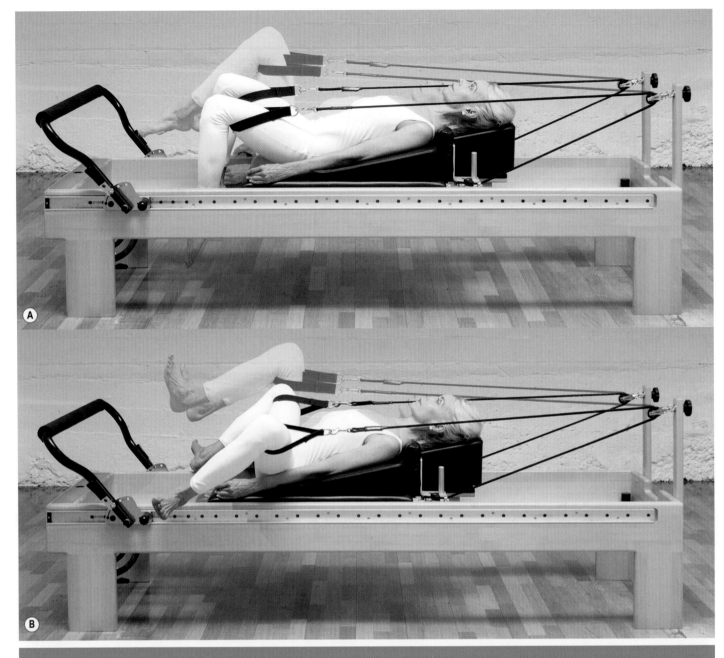

图 13.2

适用于膝和髋关节表面置换和全关节置换的筋膜导向的器械运动序列. 仰卧股骨画圈。

表13.1C 适用于膝和髋关节表面置换和全关节置换的筋膜导向的器械运动序列: 仰卧股骨画圈

名称和肌筋膜经线	描述
仰卧股骨画圈，保持骨盆和脊柱中立位，以改善腰–骨盆的稳定性和髋关节的灵活性 （图13.2A、B） 整合激活肌筋膜前深线和前斜悬吊系统	画圈时，髋关节内旋、内收加踝关节背屈与髋关节外旋、外展加踝关节跖屈交替进行 双向画圈 可以配备普拉提楔形垫，有明显胸椎后凸的练习者最好选择这种垫子 将带有绳套的绳索绕在腘窝处 3根红色弹簧

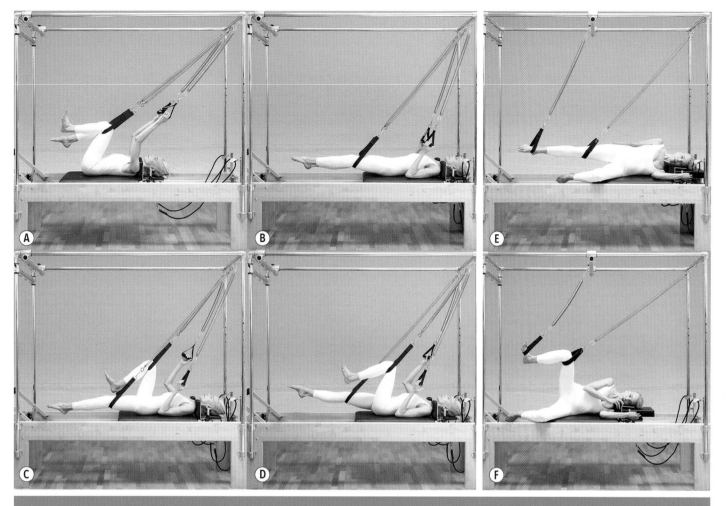

图 13.3
适用于膝和髋关节表面置换和全关节置换的筋膜导向的器械运动序列：仰卧和侧卧，开链的髋、膝关节屈曲和伸展

表13.1D　适用于膝和髋关节表面置换和全关节置换的筋膜导向的器械运动序列：仰卧和侧卧，开链的髋、膝关节屈曲和伸展

名称和肌筋膜经线	描述
在配备塔架的普拉提床或普拉提床/秋千架组合器械上开链弹跳（**图13.3A~D**） 整合激活所有肌筋膜经线	骨盆和脊柱中立位 在普拉提床滑车上挂1根红色弹簧 塔架上挂2根紫色长弹簧，绳套绕膝 塔架上挂2根带手柄的黄色长弹簧 7种有节奏的配合模式包括： • 髋、膝关节屈曲时配合肘伸展(**图13.3A**)； • 手肘向滑车方向拉时，髋、膝关节伸展 (**图13.3B**)；交替进行这两个动作数次 • 只训练左侧，右侧休息(**图13.3C**) • 有节奏地左右侧交替进行 • 左肘向滑车方向拉，右髋、右膝关节伸展 (**图13.3D**)；只在右侧有节奏地重复 • 右肘向滑车方向拉，左髋、左膝关节伸展；只在左侧有节奏地重复 • 有节奏地交叉爬行
侧卧在配备塔架的普拉提床或普拉提床/秋千架组合器械上，髋、膝关节屈曲和伸展（**图13.3E、F**） 整合激活肌筋膜前深线、体侧线和螺旋线	将挂在高框的有眼螺栓（吊环螺栓）上且带有绳套的黄色长弹簧绕于腘窝处；将挂在滑动杆的有眼螺栓上且带有绳套的黄色长弹簧绕在脚上 普拉提床滑车上挂1根黄色弹簧 交替进行髋、膝关节伸展 (**图13.3E**) 和屈曲 (**图13.3F**) 保持髋关节外旋

表13.1E 适用于膝和髋关节表面置换和全关节置换的筋膜导向的器械运动序列：侧卧，髋关节闭链旋转盘辅助环转

名称和肌筋膜经线	描述
侧卧髋关节环转 （图13.4A~H） 整合激活肌筋膜前深线、体侧线和螺旋线	在普拉提床滑车上挂1根蓝色弹簧 将旋转盘抵在脚踏板上 交替进行膝关节伸展和屈曲 ・保持髋关节中立位（图13.4A、B） ・保持髋关节外旋（图13.4C、D） ・保持髋关节内旋（图13.4E、F） 注意：做过后路髋关节置换手术的练习者禁止做这个动作 ・髋关节外旋膝关节屈曲和髋关节内旋膝关节伸展相结合 ・髋关节内旋膝关节屈曲（注意：对后路髋关节置换手术的练习者来说这是禁忌动作）和髋关节外旋膝关节伸展相结合 ・保持髋关节方向（中立位、外旋、内旋）做踝关节跖屈（*图13.4G、H*） 注意：做过后路髋关节置换手术的练习者要避免髋关节内旋

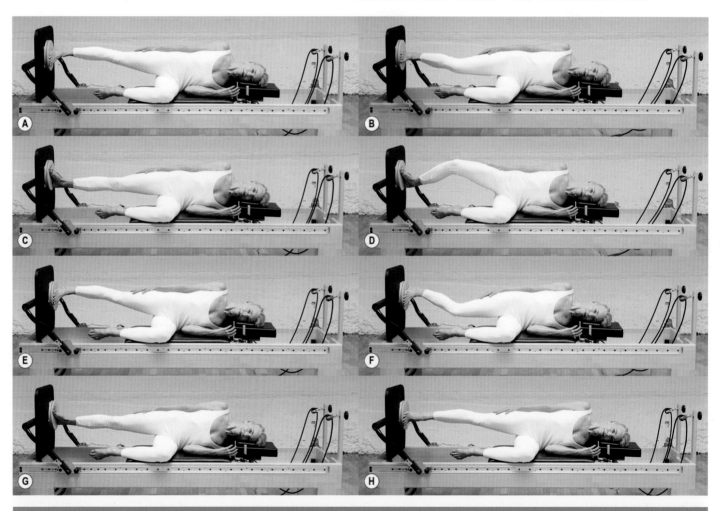

图 13.4

适用于膝和髋关节表面置换和全关节置换的筋膜导向的器械运动序列：侧卧，髋关节闭链旋转盘辅助环转

表13.1F 适用于膝和髋关节表面置换和全关节置换的筋膜导向的器械序列: 普拉提床站姿弓步

名称和肌筋膜经线	描述
普拉提床站姿弓步 (图13.5A~H) 整合激活肌筋膜前深线、前表线、后表线和体侧线	1根蓝色弹簧到1根红色弹簧 交替进行髋、膝关节屈曲与髋、膝关节伸展 支撑腿屈膝弓步 ・前臂放在脚踏杆上 (图13.5A、B) ・双手放在脚踏杆上 (图13.5C、D) ・将整个脚底抵在肩靠上,避免第1跖趾关节弯曲(图13.5E~G) ・单手放在脚踏杆上,重复动作C、D (图13.5H) ・双手脱离脚踏杆,重复动作C、D (要减小弹簧阻力)

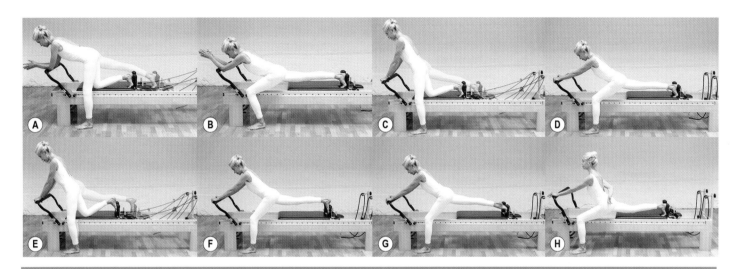

图 13.5
适用于膝和髋关节表面置换和全关节置换的筋膜导向的器械序列: 普拉提床站姿弓步; 髋和膝关节屈曲和伸展

表13.1G 适用于膝和髋关节表面置换和全关节置换的筋膜导向的器械运动序列: 四足式,髋、膝关节动态屈曲和伸展

名称和肌筋膜经线	描述
在配备塔架的普拉提床或普拉提床/秋千架组合器械上,开链四足式,髋关节伸展 (图13.6A、B) 整合所有的肌筋膜经线	将挂在高架有眼螺栓上、带绳套或魔术贴袖套的黄色长弹簧绕在腘窝处 保持骨盆和脊柱中立而稳定 保持膝关节屈曲,交替进行屈髋和伸髋动作
在配备塔架的普拉提床或普拉提床/秋千架组合器械上,开链四足式,髋关节伸展 (图13.6C~F) 整合所有的肌筋膜经线	将挂在高架有眼螺栓上、带绳套或魔术贴袖套的黄色长弹簧绕在腘窝处;将挂在滑动杆有眼螺栓上、带绳套的黄色长弹簧绕在脚上 保持骨盆和脊柱中立而稳定 保持膝关节伸展,沿矢状面运动,从屈髋到伸髋,画一个弧线

图 13.6
适用于膝和髋关节表面置换和全关节置换的筋膜导向的器械运动序列: 四足式, 髋、膝关节动态屈曲和伸展

表13.1H 适用于膝和髋关节表面置换和全关节置换的筋膜导向的器械运动序列: 普拉提椅子上的坐姿和站姿变式

名称和肌筋膜经线	描述	
坐姿, 侧对脚踏, 单腿运动 整合激活肌筋膜前深线、前表线、后表线和体侧线	坐姿, 髋关节、膝关节屈曲和部分伸展 ·脚与脚踏对齐 (如图所示) ·髋关节外旋, 脚跟放在脚踏上 ·髋关节外旋, 脚趾腹面和跖骨头放在脚踏上 在做踝关节跖屈和背屈时, 保持膝与髋同高 左脚踩在脚踏上时, 左侧坐骨置于椅面的边缘	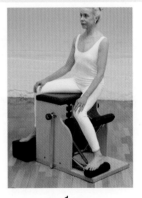 1
站姿, 脚踩在脚踏上做踝关节跖屈/背屈, 手握住椅子把手 整合激活肌筋膜前深线、前表线、后表线、体侧线和螺旋线	在整个踝关节运动范围内保持髋关节和膝关节的稳定 ·髋关节中立位 ·髋关节外旋 (左) ·髋关节内旋 (右) 手握住椅子把手 (译注: 图为示意图, 图中未显示把手) *注意: 对做过后路髋关节置换手术的练习者来说, 髋关节内旋、内收和屈曲都是禁忌动作*	 2

表13.1 I　适用于膝和髋关节表面置换和全关节置换的筋膜导向的器械运动序列：站姿，本体感觉动作的变式

名称和肌筋膜经线	描述
站姿，有支撑的重心横向平移 （图13.7A、B） 整合激活所有肌筋膜经线，重点是体侧线	将挂在滑动杆有眼螺栓上的2根紫色长弹簧与稳定悬吊带连接，再将稳定悬吊带绕在大转子处；将挂于高架有眼螺栓上的2根黄色长弹簧与稳定悬吊带连接，再将稳定悬吊带绕在肋骨下部；将配有手柄的2根黄色短弹簧挂于滑动杆中间的有眼螺栓上 将重心从右脚移动到左脚 ・保持双脚接触地面 ・单腿平衡 　・朝向塔架（图14.2G） 　・侧对塔架
站在带有不稳定平面的设备上 （图13.7C、D） 整合激活所有肌筋膜经线	站在**图13.1**所示的每一个带有不稳定平面的设备上 站在功能脚印训练器上 ・双手放在稳定的平面上 ・无手部支撑 ・用手支撑的深蹲 ・不用手支撑的深蹲

图 13.7
适用于膝和髋关节表面置换和全关节置换的筋膜导向的器械运动序列：站姿，本体感觉动作的变式。

表13.2　适用于膝和髋关节表面置换和全关节置换的筋膜导向的普拉提床运动序列

名称和肌筋膜经线	描述	
仰卧，骨盆和脊柱中立位，股骨画圈，以改善腰–骨盆的稳定性和髋关节的灵活性 整合激活肌筋膜前深线和前斜悬吊系统	在画圈时，交替进行髋关节内旋、髋关节内收、踝关节背屈和髋关节外旋、髋关节外展、踝关节跖屈 双向画圈 可以加普拉提楔形垫 将带绳套的绳索绕在腘窝处 3根红色弹簧 *注意：加上仰卧抗阻髋屈曲。将箱子纵向放在滑车上。头部朝向脚踏杆，骨盆朝向立杆，身体躺在箱子上。把长绳套（脚套）套在大腿上。手掌放在大腿后侧或头后侧，交替做部分髋关节伸展和部分髋关节屈曲。保持骨盆和脊柱中立，使用1根黄色弹簧或1根蓝色弹簧*	 1A
仰卧，骨盆和脊柱中立位，髋关节外展和内收，以改善躯干稳定性和髋关节灵活性 整合激活肌筋膜前深线、体侧线、手臂线	交替进行右髋关节外展、内收和左髋关节外展、内收 髋关节外展时做踝关节背屈动作 髋关节内收时做踝关节跖屈动作 伸肘，掌心相对，手指交叉 左髋关节外展时，把左手压向右手，反之亦然 将带有绳套的绳索绕在腘窝处 3根红色弹簧	 1B
四足式髋关节屈曲 整合激活肌筋膜前深线、前表线和前功能线	交替进行髋关节屈曲和伸展 保持骨盆和脊柱中立位 保持肩带稳定 1根黄色弹簧或1根蓝色弹簧或1根红色弹簧	 2A
四足式斜向髋关节屈曲 整合激活肌筋膜前深线、前表线和前功能线	交替进行髋关节屈曲和伸展 保持骨盆和脊柱中立位 保持肩带稳定 1根黄色弹簧或1根蓝色弹簧或1根红色弹簧	 2B
双脚踩在本体感觉T形杆上，髋关节倾斜或腰椎侧屈 **T形杆在水平轴和垂直轴上旋转，呈现出承重倾向** 本体感觉T形杆由人体运动学家让克洛德·韦斯特发明 整合激活肌筋膜前深线和体侧线	保持膝关节伸展 增加左脚内侧重量 将左侧内踝移离右肺 换身体另一边进行 保持矢状面骨盆和脊柱中立位 避免骨盆旋转 2~3根红色弹簧	 3A

表13.2（续）

名称和肌筋膜经线	描述	
双脚踩在本体感觉T形杆上，中立位桥式 T形杆对躯干和骨盆的稳定性是个挑战，对下肢的排列也是个挑战 整合激活肌筋膜后表线、前深线和体侧线	做中立位桥式时，膝关节伸展，踝关节跖屈 在膝关节屈曲和伸展时维持中立位桥式 保持双脚承重相同 踝关节跖屈时，膝关节屈曲 踝关节背屈时，膝关节伸展	 3B
桥式加骨盆和腰椎旋转 激活肌筋膜螺旋线	左脚跟放在脚踏杆上，并与左侧坐骨对齐 右脚与左脚交叉并放于左脚后 中立位桥式并绕着交叉在后侧的脚旋转 保持肩带稳定 2根红色弹簧	 4A
桥式加骨盆和腰椎旋转；膝关节伸展和屈曲 激活肌筋膜螺旋线	*注意：这个动作不适用于做过后路髋关节置换手术的练习者* 将左脚跟放在脚踏杆上，并与左侧坐骨对齐 右脚与左脚交叉并放于其后 中立位桥式并绕着交叉在后侧的脚旋转 膝关节伸展，来回滑动滑车 保持肩带稳定 2根红色弹簧	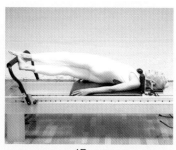 4B
站姿，髋关节外展位，单膝屈曲和伸展 整合激活肌筋膜体侧线、螺旋线、后表线和前深线 **专注于髋关节内侧和后侧的滑动**	根据练习者的情况调整脚踏杆的高度 根据练习者的情况可将手或前臂放在箱子上或者滑车上 第1跖列与脚踏杆接触 交替进行膝关节屈曲和伸展 将膝关节与第2跖骨对齐或使练习者保持最佳排列 对齐骶骨、胸腰结合处和枕部 避免腰椎侧屈 保持髋关节中立位，进行髋关节外旋和内旋 1根蓝色弹簧到1根红色弹簧	  5
站姿，膝关节屈曲，胸椎旋转；躯干平行于脚踏杆 整合激活肌筋膜螺旋线和手臂线	*注意：骨质疏松或骨量减少的练习者要避免胸椎旋转，除非医生另有建议* 将滑车置于床架脚踏杆一端 双脚分开，位于肩靠左右两边 躯干平行于脚踏杆 脚踏杆侧的手抓住近端肩靠 立杆侧的手抓住远端肩靠 将骶骨、胸腰结合处和枕部对齐 旋转胸椎，滑车滑向立杆。再回到起始位置 不使用弹簧	 6A

表13.2（续）

名称和肌筋膜经线	描述	
站姿，膝关节屈曲，胸椎旋转；躯干向立杆倾斜 整合激活肌筋膜螺旋线和手臂线	躯干向立杆倾斜，重复6A动作	 6B
站姿，膝关节屈曲，胸椎旋转；躯干向脚踏杆倾斜 整合激活肌筋膜螺旋线和手臂线	躯干向脚踏杆倾斜，重复6A动作	 6C
俯卧在长箱上，髋关节、膝关节屈曲和伸展 激活肌筋膜后表线	踝关节背屈和跖屈 双侧髋关节和膝关节的练习 脚踩到正确位置并保持不动，左右腿交替进行屈曲和伸展 进阶到单腿练习 1根蓝色弹簧	 7A
四足式，单侧髋关节、膝关节屈曲和伸展 整合激活所有肌筋膜经线，重点是后表线	在3个解剖学平面上保持骨盆和脊柱中立位 8个手臂变式： •前臂放在短箱上 •双手放在肩靠上 •右手放在肩靠上，左臂前伸 •左手放在肩靠上，右臂前伸 •双手放在右侧肩靠上，胸椎和颈椎向右旋转 •双手放在左侧肩靠上，胸椎和颈椎向左旋转 •右手放在左侧肩靠上，左臂前伸 •左手放在右侧肩靠上，右臂前伸 1根蓝色弹簧到1根红色弹簧	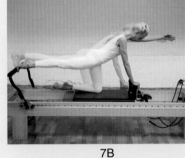 7B
跪立单腿推蹬 激活所有的肌筋膜经线，重点是螺旋线	这个动作来自于普拉提垫上动作"跪姿单腿侧踢" 开始动作是将前臂抵在肩靠的短箱上 进阶动作是下面描述的手放在肩靠上的变式 左膝置于滑车中央 左手放在肩靠后 右脚第1跖列放在脚踏杆上，右髋关节屈曲 左腿股骨垂直于滑车 左手放在肩靠上，脊柱中立位 右膝置于滑车中央，左脚放在脚踏杆上，重复这些序列 1根蓝色弹簧到1根红色弹簧	  8

表13.2（续）

名称和肌筋膜经线	描述	
站姿，髋关节外展/内收，躯干旋转 整合激活所有肌筋膜经线，重点是体侧线	站姿，左侧朝向滑轮 躯干侧面平行于弹簧方向 双膝屈曲 躯干保持竖直 接着，髋关节外展，躯干向左旋转，好像右耳在听左膝发出的声音一样 髋关节内收，躯干回到垂直位置 右侧朝向滑轮，重复上述动作 1根蓝色弹簧到1根红色弹簧	 9A
站姿，髋关节外展/内收，前后分腿站立，躯干旋转 整合激活所有肌筋膜经线，重点是体侧线	分腿站立，重复上述动作序列 右脚在前，踩在站台上 左脚在后，踩在滑车靠近弹簧的边缘位置 身体右侧朝向滑轮，重复上述动作	 9B
站姿，髋关节外展/内收，前后分腿站立，躯干旋转 整合激活所有肌筋膜经线，重点是体侧线	重复上述动作序列 右脚在后，踩在站台上 左脚在前，踩在滑车靠近弹簧的边缘位置 身体右侧朝向滑轮，重复上述动作	 9C
站姿，髋关节外展/内收，躯干斜向旋转，朝向脚踏杆 整合激活所有的肌筋膜经线，重点是体侧线	朝向脚踏杆角落，重复上述序列 右脚在后，踩在站台上 左脚在前，踩在滑车靠近弹簧的边缘位置 朝向脚踏杆的另一个角落，重复上述动作	 9D
站姿，髋关节外展/内收，躯干斜向旋转，朝向滑轮 整合激活所有肌筋膜经线，重点是体侧线	后背朝向脚踏杆的一个角落，重复上述序列 右脚在前，踩在站台上 左脚在后，踩在滑车靠近弹簧的边缘位置 后背朝向脚踏杆的另一个角落，重复上述动作	 9E

表13.2（续）

名称和肌筋膜经线	描述	
有辅助地站姿深蹲，站在地上，与弹簧方向成对角线 整合激活所有肌筋膜经线	站在普拉提床架尾部的地上，与弹簧方向成对角线 1根黄色弹簧 当双手握住绳索上的手柄时，拉长绳索使身体的中轴线垂直于地面 吸气时，髋、膝和肘关节屈曲，深蹲 呼气时，髋、膝和肘关节伸展，回到站姿 吸气时，踝关节跖屈，向上提踵，用跗趾球和脚趾底（趾腹）支撑	 10

表13.3　适用于膝关节表面置换和全关节置换的筋膜导向的运动计划指南——客户资料

客户的诊断或相关情况： 男，85岁，左侧全膝关节置换，大学时踢足球受伤后做过半月板内侧切除手术

短期目标	长期目标
1.膝关节屈曲能达到125° 2.减少左脚内旋 3.减少左踝外翻 4.强化左侧骨盆稳定肌 5.改善左膝运动轨迹	1.能持续步行20分钟，每周6次 2.保持终生的活动能力，不坐轮椅 3.控制站姿平衡，不会摔倒 4.和曾孙一起玩

适用于膝关节表面置换和全关节置换的筋膜导向的运动计划指南	客户资料（由练习者或教练完成）
1.确定影响筋膜功能的因素	
遗传	有不利的遗传因素
相关疾病	体液潴留，左踝比右踝大
用药	西乐葆（译注：一种镇痛药）
手术	
·瘢痕	左膝置换手术
·粘连	左上腹四分之一部手术
全身炎症	有
相关的生活方式	
·营养	无饮食控制
·补剂	无补剂
·吸烟情况	从不吸烟
·饮酒情况	每天一杯鸡尾酒
·坐着的时间	每天12小时
低可动性	正常范围的可动性
高可动性（关节松弛）	非高可动性
温度和湿度偏好	喜欢在水温23℃的游泳池中活动
2.增强筋膜功能的自用工具：球、泡沫轴、木棍、手动工具	
家庭练习	在直径约10 cm的小球上滚动足底
在工作室的计划	
每天练习时长	

表13.3（续）

3.强化筋膜功能的治疗方法:针灸、整骨疗法、物理疗法、罗尔夫按摩疗法、结构整合法等	偶尔采用按摩疗法
预约时间表	
合作治疗沟通	
4.活动范围	
部分	左膝屈曲125°
全部	
禁忌	无
5.负重	
无负重	由于本体感觉降低，无负重训练不是最佳选择
部分负重	因为客户平衡困难，所以偏好部分负重训练
完全负重	主要是用手辅助的完全负重训练
6.运动链	
开链	开链运动强化左踝外翻和内旋
闭链	为了使左膝有更好的运动轨迹，首选闭链运动
7.最适合练习者的辅助或阻力类型	
自重	无垫上练习
带子	
弹簧	优选弹簧辅助和抗阻
8.最佳强度，使收益最大化、伤害最小化	从慢节奏进展到中等节奏
9.对既可激发神经系统又可降低风险的新事物的平衡能力	只要是双手能抓住一个稳定的表面辅助身体平衡的新练习，客户都喜欢
10.适合的普拉提运动选项	
垫子、普拉提床、椅子、秋千床、梯桶	可以使用所有的普拉提器械
附加的设备	
带有不稳定平面的设备:泡沫轴、小海豚、旋转盘、方形摇摆板、平衡板	坐姿时在脚底使用各种带有不稳定平面的设备
11.激活《解剖列车:徒手和运动治疗的肌筋膜经线》中描述的所有适合客户的肌筋膜经线	筋膜导向的普拉提运动计划激活所有肌筋膜经线
12.提高筋膜弹性反冲性能的练习	无法忍受弹性反冲练习
练习时长:每天20~30分钟	
频率:每周2~3次	
胶原合成的恢复时间:2天	
13.不含弹性反冲的筋膜导向运动	
练习时长:每天30~60分钟	每节课60分钟
频率:每周2~6次	每周2次
至少每3周修订一次计划	
14.客户提示偏好	
接触深度	除关节处的瘢痕外，身体其他部位更喜欢有力的触摸
外感受或内感受提示	偏好外感受提示

表13.3（续）

15.客户的音乐偏好有助于专注和进行有节奏的运动	享受施特劳斯华尔兹和军歌
16.与其他形式训练的互动	
多变强度的间歇训练	
有氧运动:15~45分钟,每周3~4次	游泳15分钟,每周3次
力量训练:15~30分钟,每周2次,1~2天的恢复时间	目前没有力量训练计划
身心运动:瑜伽、太极、气功、婵柔器械上婵柔、垫上或椅子上婵柔	

适用于膝关节表面置换和全关节置换的普拉提床上运动序列

做过膝关节表面置换和全关节置换的练习者可以进行第五章中所示的所有普拉提床练习,但以下几个动作除外。

1.一些练习者跪姿承重会感到不舒服(图5.5)。

2.修改半圆式卷上、卷下以适应练习者膝关节屈曲的运动范围。修改平衡控制2以避免膝关节超伸和后关节囊损伤(图5.11)。

3.修改腹部按摩动作以适应练习者膝关节屈曲的运动范围(图5.12)。

4.一些练习者在跪姿做胸部扩张和大腿拉伸时会感到不舒服,修改弓形摇摆、弓形摇摆与上拉以适应练习者膝关节屈曲的活动范围(图5.13)。

5.一些练习者在跪姿承重时会感到不舒服,可以坐在普拉提床滑车上的箱子上练习这些序列(图5.16)。

6.避免对本体感觉、稳定性和力量有过多要求的练习(图5.18)。

表13.4 适用于膝关节表面置换和全关节置换的筋膜导向的运动计划指南——练习精选

客户的诊断或相关情况:男,85岁,左侧全膝关节置换,大学时踢足球受伤后做过半月板内侧切除手术

教练选择的练习 参见表13.1、13.2	筋膜导向的运动标准 运动要求: 运动可以持续地优化运动控制和重塑胶原 运动促进客户的张拉整体结构*意识和表现 根据客户情况以最佳练习顺序激活适合其需求的所有肌筋膜经线	垫子	普拉提床	普拉提椅子	秋千床	脊柱矫正器	辅助设备	促进组织水合作用	促进筋膜系统内的滑动	刺激组织再生	提升组织弹性	形成规则的带有卷曲的晶格(网络)	促进弹性反冲
	*:"张拉整体结构会对局部的机械压力做出整体反应,产生一个与重力无关的结果。如果没有张拉整体结构模式,我们的纤维结构会在引力作用下坍塌。有了张拉整体结构模式,我们的纤维结构通过在整个网络(包括外围结构)分散负荷来吸收和分散压缩力。"(Guimberteau & Armstrong, 2015)												
	内感受——筋膜内的间质神经提供内感受功能,而不是本体感觉或痛觉功能。刺激这些游离的神经末梢能给大脑提供身体状况信息,维持体内的稳定,满足生理需求。内感受信号与感觉如温暖、恶心、饥饿、疼痛、费力、沉重或轻松有关。对内部躯体的感知与情感偏好和感觉有关(Schleip & Baker, 2015)												
仰卧,胸部相对于骨盆横向平移,骨盆相对于胸部横向平移 表13.1A, 图2A、2B	流畅的运动序列		●					●	●		●		
坐姿,双脚踩在地上,双脚踩在沿矢状面或冠状面摆放的方形摇摆板上,双脚踩在旋转盘上,双脚踩在圆盘摇板上,做躯干旋转动作 图13.1, 表13.1B	本体感觉的改善——本体感觉与位置、肌腱和肌肉感觉有关		●					●	●		●		

表13.4 （续）

客户的诊断或相关情况:男，85岁，左侧全膝关节置换，大学时踢足球受伤后做过半月板内侧切除手术

教练选择的练习 参见表13.1、13.2	筋膜导向的运动标准 运动要求: 　运动可以持续地优化运动控制和重塑胶原 　运动促进客户的张拉整体结构*意识和表现 　根据客户情况以最佳练习顺序激活适合其需求的所有肌筋膜经线	垫子	普拉提床	普拉提椅子	秋千床	脊柱矫正器	辅助设备	运动效果					
								促进组织水合作用	促进筋膜系统内的滑动	刺激组织再生	提升组织弹性	形成规则的带有卷曲的晶格（网络）	促进弹性反冲
仰卧股骨画圈，保持骨盆和脊柱中立位，以改善腰–骨盆的稳定性和髋关节的灵活性 图13.2，表13.1C	运动敏感度——动觉(动态本体感觉)，感知四肢、躯干的位置和运动的能力		•					•	•	•	•		
双脚踩在本体感觉T形杆上，髋关节倾斜或腰椎侧屈 表13.2，图3A	全身的连续性——将躯干连接到四肢，将四肢连接到躯干；将深层结构连接到表层结构，将表层结构连接到深层结构		•					•	•	•	•		
双脚踩在本体感觉T形杆上做中立位的桥式 表13.2，图3B			•						•	•	•		
在配备塔架的普拉提床或普拉提床/秋千架组合器械上，开链弹跳 图13.3A~F，表13.1D	根据客户情况以最佳练习顺序激活适合其需求的所有肌筋膜经线		•					•	•	•	•		
侧卧，髋关节环转，无跖屈 图13.4，表13.1E	小角度变化的多向运动		•					•	•	•	•		
普拉提床站姿弓步 图13.5E、F，表13.1F	力/负荷的传递——通过神经肌筋膜系统分散力/负荷的运动		•					•	•	•	•	•	
坐姿，侧对脚踏，单腿运动	运动的启动——将近端结构连接到远端结构，将远端结构连接到近端结构							•	•	•	•		
站姿，脚踩在脚踏上做踝关节跖屈/背屈，手握住椅子把手 表13.1H							•	•	•	•	•		
坐在旋转盘上，肩胛下压、屈肘、手臂外旋 图8.6G	预备反向运动				•		•						
站姿，弹簧拉力架序列 图9.2	动态伸展——慢和快的节奏变化							•	•	•	•	•	
站姿，有支撑的重心横向平移 图13.7A、B，表13.1I	同时带动大面积神经肌筋膜系统的全身性运动						•	•	•	•	•		

表13.5 适用于髋关节表面置换和全关节置换的筋膜导向的运动计划指南——客户资料

客户的诊断或相关情况: 男,75岁,2年前做过经前路左侧全髋关节置换手术。目前,骨科医生建议他做右侧全髋关节置换手术,但客户希望避免手术治疗

短期目标	长期目标
1.增加右髋关节内旋运动范围	1.避免右侧全髋关节置换手术
2.提高单腿平衡时右髋关节外侧的稳定性	2.每年冬天进行速降滑雪运动
3.提高单腿平衡时左髋关节外侧的稳定性	3.每周参加2次艾扬格中级瑜伽课
4.改善胸椎双侧旋转的能力	4.每天2次家附近的山上步行,每次30分钟

筋膜导向的适用于髋关节表面置换和全关节置换的运动计划指南	客户资料(由客户或教练完成)
1.确定影响筋膜功能的因素	
遗传	(眼睛)黄斑变性
相关疾病	前列腺癌,放射治疗
用药	治疗高血压药物
手术	左侧全髋关节置换
·瘢痕	前路手术瘢痕
·粘连	经过罗尔夫按摩疗法治疗和锻炼,粘连已趋于最小化(可忽略不计)
全身炎症	右侧髋关节炎症
相关的生活方式	
·营养	
·补剂	氨基葡萄糖软骨素
·吸烟情况	从不吸烟
·饮酒情况	每周饮4杯红酒
·坐着的时间	已退休:每天坐着的时间不超过3小时
低可动性	非低可动性
高可动性(关节松弛)	非高可动性:良好的关节活动度
温度和湿度偏好	温度21℃,对湿度没有特别的偏好
2.增强筋膜功能的自用工具: 球、泡沫轴、木棍、手动工具	
家庭练习	垫上练习
在工作室的计划	不使用筋膜导向的工具
每天练习时长	
3.强化筋膜功能的治疗:针灸、整骨疗法、物理疗法、罗尔夫按摩疗法、结构整合法等	每月接受一次罗尔夫按摩治疗 每周一次针灸
预约时间表	
合作治疗沟通	
4.活动范围	
部分	右髋关节内旋受限
全部	没有其他受限
禁忌	要在右髋关节容许的范围运动

5.负重

无负重	没有必要
部分负重	用四足式解决结构失衡问题
完全负重	站姿，完全负重对步态训练非常重要

6.运动链

开链	价值不大
闭链	首选

7.最适合客户的辅助或阻力类型

自重	练习艾扬格瑜伽时
带子	
弹簧	练习筋膜导向的普拉提时
自由重量	

8.最佳强度，使收益最大化、伤害最小化 右髋骨性关节炎–中等阻力

9.对既可激发神经系统又可降低风险的新事物的平衡能力 有经验的运动者，喜欢新奇的运动

10.适合的普拉提运动选项

垫子、普拉提床、椅子、秋千床、梯桶	所有的普拉提器械
附加的设备	配备塔架的普拉提床
带有不稳定平面的设备：泡沫轴、小海豚、旋转盘、方形摇摆板、平衡板	方形摇摆板、圆盘摇板、旋转盘

11.激活《解剖列车：徒手和运动治疗的肌筋膜经线》中描述的所有适合客户的肌筋膜经线 激活全部经线（7条），重点是体侧线和螺旋线

12.提高筋膜弹性反冲性能的练习 由于左髋关节做过置换手术，右髋关节也可能被置换，所以要避免下肢弹跳

练习时长：每天20~30分钟	
频率：每周2~3次	每周只做两次上半身的练习
胶原合成的恢复时间：2天	

13.不含弹性反冲的筋膜导向运动

练习时长：每天30~60分钟	
频率：每周2~6次	每周2次
至少每3周修订一次计划	

14.客户提示偏好

接触深度	偏好有力的接触
外感受或内感受提示	喜欢与呼吸有关的内感受提示

15.客户的音乐偏好有利于专注和进行有节奏的运动 喜欢在安静环境下运动，只有呼吸声

16.与其他形式训练的互动

多变强度的间歇训练	
有氧运动：15~45分钟，每周3~4次	每天2次山上步行，每次30分钟
力量训练：15~30分钟，每周2次，1~2天的恢复时间	无力量训练
身心运动：瑜伽、太极、气功、婵柔器械上婵柔、垫上或椅子上婵柔	每天在家练习艾扬格瑜伽或参加艾扬格瑜伽课

表13.6　适用于髋关节表面置换和全关节置换的筋膜导向的运动计划指南——练习精选

客户的诊断或相关情况： 男，75岁，2年前做过经前路左侧全髋关节置换手术。目前，骨科医生建议他做右侧全髋关节置换手术，但是客户希望避免手术治疗

教练选择的练习 参见**表13.1、13.2**	筋膜导向的运动标准 运动要求： 　运动可以持续地优化运动控制和重塑胶原 　运动促进客户的张拉整体结构*意识和表现 　根据客户情况以最佳练习顺序激活适合其需求的所有肌筋膜经线	垫子	普拉提床	普拉提椅	秋千床	脊柱矫正器	辅助设备	运动效果					
								促进组织水合作用	促进筋膜系统内的滑动	刺激组织再生	提升组织弹性	形成规则的带有褶皱的晶格（网络）	促进弹性反冲
※："张拉整体结构会对局部的机械压力做出整体反应，产生一个与重力无关的结果。如果没有张拉整体结构模式，我们的纤维结构会在引力作用下坍塌。有了张拉整体结构模式，我们的纤维结构通过在整个网络（包括外围结构）分散负荷来吸收和分散压缩力。"（Guimberteau & Armstrong, 2015）													
	内感受——筋膜内的间质神经提供内感受功能，而不是本体感觉或痛觉功能。刺激这些游离的神经末梢能给大脑提供身体状况信息，维持体内的稳定，满足生理需求。内感受信号与感觉如温暖、恶心、饥饿、疼痛、费力、沉重或轻松有关。对内部躯体的感知与情感偏好和感觉有关(Schleip & Baker, 2015)												
仰卧，胸部相对于骨盆横向平移，骨盆相对于胸部横向平移 **表13.1A，图2A、2B**	流畅的运动序列		●						●	●			●	
坐姿，双脚踩在地上，双脚踩在沿矢状面或冠状面摆放的方形摇摆板上，双脚踩在旋转盘上，双脚踩在圆盘摇板上，做躯干旋转动作 **图13.1，表13.1B**	本体感觉的改善——本体感觉与位置、肌腱和肌肉感觉有关		●						●	●				
仰卧，保持骨盆和脊柱中立位，股骨画圈，以改善腰-骨盆的稳定性和髋关节的灵活性 **表13.2，图1A** 仰卧，骨盆和脊柱中立位，髋关节外展和内收，以改善躯干稳定性和髋关节灵活性 **表13.2，图1B**	小角度变化的多向运动		●						●	●		●	●	
四足式髋关节屈曲 **表13.2，图2A、2B**	运动的启动——将近端结构连接到远端结构，将远端结构连接到近端结构		●									●		
双脚踩在本体感觉T形杆上，髋关节倾斜或腰椎侧屈 **表13.2，图3A** 双脚踩在本体感觉T形杆上，中立位桥式 **表13.2，图3B**	运动敏感度——动觉（动态本体感觉），感知四肢、躯干的位置和运动的能力		●				●		●		●	●		

表13.6（续）

客户的诊断或相关情况：男，75岁，2年前做过经前路左侧全髋关节置换手术。目前，骨科医生建议他做右侧全髋关节置换手术，但是客户希望避免手术治疗		垫子	普拉提床	普拉提椅	秋千床	脊柱矫正器	辅助设备	运动效果					
	筋膜导向的运动标准 运动要求： 运动可以持续地优化运动控制和重塑胶原 运动促进客户的张拉整体结构*意识和表现 根据客户情况以最佳练习顺序激活适合其需求的所有肌筋膜经线							促进组织水合作用	促进筋膜系统内的滑动	刺激组织再生	提升组织弹性	形成规则的带有褶皱的晶格（网络）	促进弹性反冲
教练选择的练习 参见**表13.1、13.2**													
桥式加骨盆和腰椎旋转 **表13.2，图4A、4B**	流畅的运动序列						•	•	•	•	•		
站姿，髋关节外展位，单膝屈曲和伸展 **表13.2，图5**	本体感觉的改善——本体感觉与位置、肌腱和肌肉感觉有关						•	•	•		•		
站姿，膝关节屈曲，胸椎旋转 **表13.2，图6A、6B、6C**	预备反向运动						•	•	•	•	•		
站姿，膝关节屈曲，胸椎旋转 **表13.2，图6A、6B、6C**	动态伸展——慢和快的节奏变化												
俯卧在长箱上，髋关节、膝关节屈曲和伸展 **表13.2，图7A**	力/负荷的传递——通过神经肌筋膜系统分散力/负荷的运动						•				•		
四足式，单侧（腿）髋关节、膝关节屈曲和伸展 **表13.2，图7B**	力/负荷的传递——通过神经肌筋膜系统分散力/负荷的运动						•	•	•	•	•		
跪立单腿推蹬 **表13.2，图8**	力/负荷的传递——通过神经肌筋膜系统分散力/负荷的运动						•	•	•	•	•		
站姿，髋关节外展/内收，躯干旋转 **表13.2，图9A~9E**	全身的连续性——将躯干连接到四肢，将四肢连接到躯干；将深层结构连接到表层结构，将表层结构连接到深层结构						•	•	•	•	•		
有辅助地站姿深蹲，站在地上，与弹簧和滑车方向成对角线 **表13.2，图10**	力/负荷的传递——通过神经肌筋膜系统分散力/负荷的运动						•	•	•	•	•		

参考书目

出版物

GUIMBERTEAU J C, ARMSTRONG C, 2015. Architecture of human living fascia: The extracellular matrix and cells revealed through endoscopy. Edinburgh: Handspring Publishing.

MYERS T W, 2014. Anatomy Trains®: Myofascial meridians for manual andmovement therapists (3rd ed.). Edinburgh: Churchill Livingstone.

SCHLEIP R, Baker A(Eds.), 2015.Fascia in sport and movement. Edin–burgh: Handspring Publishing.

网络课程

www.pilatesanytime.com

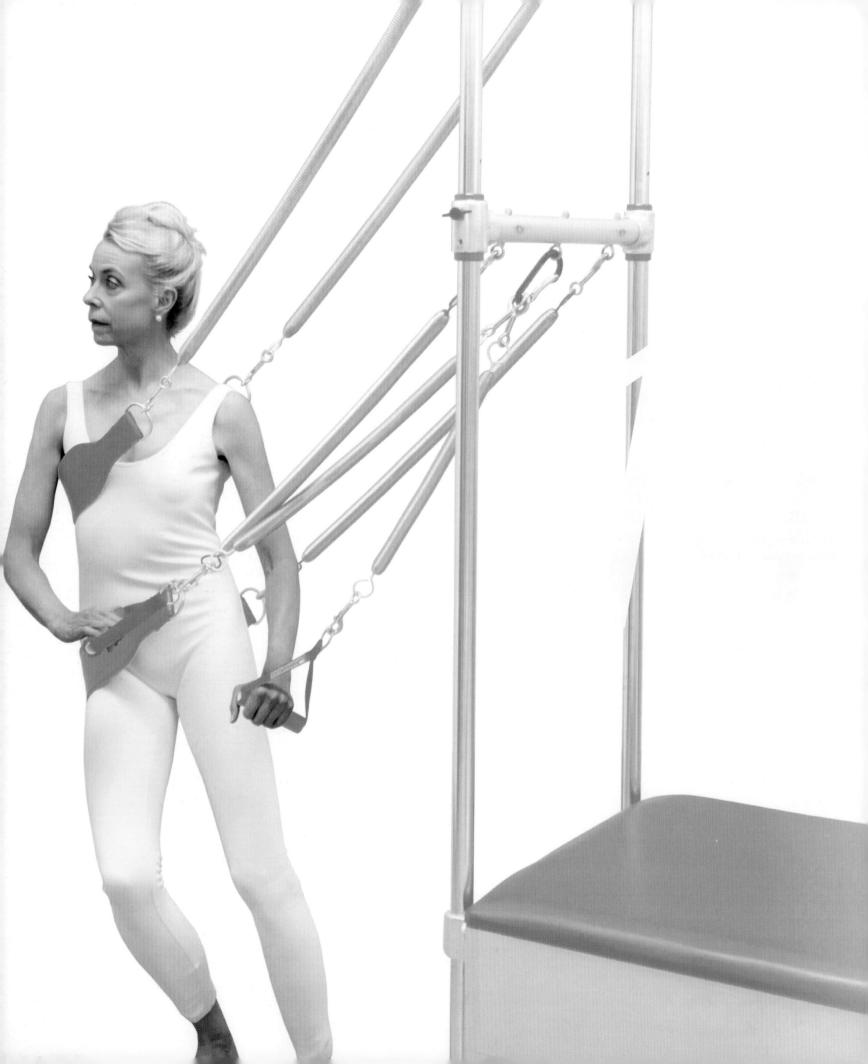

第十四章 筋膜导向运动视角的步态

控制学练习能将纯净、新鲜的血液传送到我们身体的每个肌纤维内，甚至可以传送到至关重要的毛细血管内，这些毛细血管功能在成年后通常很少能被完全激活。

无论如何，都要尽可能多地获得阳光和新鲜空气。身体通过口、鼻和肺进行呼吸，也通过肌肤的毛孔呼吸。洁净、张开的毛孔能让汗水畅通无阻地排出体内的毒素。

约瑟夫·H. 普拉提(Gallagher & Kryzanowska，2000)

表14.1 针对步态的垫上运动序列、普拉提原则和筋膜导向的运动标准

运动序列	筋膜导向的	约瑟夫·H. 普拉提的	图(参见表14.2中的图片)	普拉提原则	筋膜导向的运动标准
1.侧卧，双轴辅助，骨盆和胸推反向旋转	●		4.9A	全身性运动	同时带动大面积神经肌筋膜系统的全身性运动
2.桥式加旋转	●		4.1A	核心	运动的启动——将近端结构连接到远端结构，将远端结构连接到近端结构
3.仰卧纵向旋转	●		4.1B、C	全身性运动	全身的连续性——将躯干连接到四肢，将四肢连接到躯干；将深层结构连接到表层结构，将表层结构连接到深层结构
4.俯卧纵向旋转	●		4.1D、E	全身性运动	全身的连续性——将躯干连接到四肢，将四肢连接到躯干；将深层结构连接到表层结构，将表层结构连接到深层结构
5.桥式加骨盆横向平移	●		4.2D~H	核心	运动的启动——将近端结构连接到远端结构，将远端结构连接到近端结构
6.单腿桥式加骨盆旋转	●		4.2A~C	控制	本体感觉的改善——本体感觉与位置、肌腱和肌肉感觉有关
7.侧对墙面，四足式胸椎旋转	●		4.3A~C	肌肉的均衡发展（肌筋膜系统的完美激活）	小角度变化的多向运动
8.俯卧单腿后踢		●	3.4B	精确	运动敏感度——动觉（动态本体感觉），感知四肢、躯干的位置和运动的能力
9.单腿平伸抵墙，四足式胸椎旋转	●		4.3D~F	精确	运动敏感度——动觉（动态本体感觉），感知四肢、躯干的位置和运动的能力
10.仰卧剪刀式		●	3.4D	节奏	预备反向运动
11.仰卧蹬自行车		●	3.4E	节奏	动态伸展——慢和快的节奏变化
12.四足式，胸椎、颈椎后伸，单手抵墙，同侧腿后伸，对侧手抓脚	●		4.5C	控制	本体感觉的改善——本体感觉与位置、肌腱和肌肉感觉有关
13.站姿，胸椎、颈椎后伸，单手抵墙，同侧腿后伸，对侧手抓脚	●		4.5D	精确	运动敏感度——动觉（动态本体感觉），感知四肢、躯干的位置和运动的能力

表14.1（续）

14.跪姿侧踢	•	3.5C	节奏	预备反向运动
15.跪姿单腿屈膝画圈，双手抵墙	•	4.6A	肌肉的均衡发展（肌筋膜系统的完美激活）	小角度变化的多向运动
16.站姿单腿侧踢，双手抵墙	•	4.6C、D	呼吸	流畅的运动序列
17.侧伸展	•	3.7C	全身性运动	同时带动大面积神经肌筋膜系统的全身性运动

表14.2　针对步态的垫上运动序列和肌筋膜经线

名称和肌筋膜经线	描述	
侧卧，双轴辅助，骨盆和胸椎反向旋转 激活肌筋膜近端的螺旋线	在骨盆带、腰椎和上侧腿向前转动的同时，胸部、肩带和上侧手臂向后转动。然后，做反向的运动 胸椎向前旋转时呼气，胸椎向后旋转时吸气；也可以在骨盆向前旋转时呼气，骨盆向后旋转时吸气 在步态运动中，"肩带的反向旋转经由斜向的螺旋线而产生张力，通过阔筋膜张肌和胫骨前肌辅助髋关节屈曲和足旋后"（Earls, 2014）	 1
桥式加旋转 整合激活肌筋膜下部螺旋线和后表线	双脚脚底互相紧贴，脚趾可以交错 右脚跟滑到左脚跟上方时，右手按压地面，骨盆、腰椎、下段胸椎拱起成桥式并转向左侧 右肘和右膝反向转动时，右膝朝向天花板 吸气，桥式加旋转 呼气，回到垫上 两侧交替重复。该动作能延长肌筋膜前深线的近端 "足背屈，膝关节伸展，髋关节伸展、外展和内旋的组合是延长前深线的理想姿态，能协助几乎所有'推蹬期'的动作"（Earls, 2014）	 2
仰卧纵向旋转 整合激活肌筋膜螺旋线和前深线	将右脚跟对准右侧坐骨，将左脚跟腱放在右脚的前两个脚趾中间 手指交叉，双手举过头顶，手掌向外推 吸气，骨盆、双腿和双脚向右转的同时，头、颈和双眼向左转 呼气，回到中间位置 吸气，骨盆、双腿和双脚向左转的同时，头、颈和双眼向右转 呼气，回到中间位置 将右脚跟对准尾骨，重复上述动作 将右脚跟对准左侧坐骨，重复上述动作 整个动作过程中，尽量保持弯曲的双肘贴住垫子 这个练习能促进骨盆相对于肩带的反向旋转、足背屈，可延长肌筋膜前深线	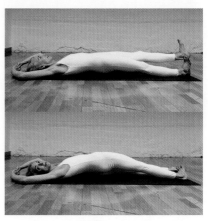 3

表14.2（续）

俯卧纵向旋转

整合激活肌筋膜螺旋线和后表线

右手掌放在左手背上
前额放在右手背上
右足背屈，对准右侧坐骨
左脚的前两个脚趾夹在右脚的跟腱上
吸气，向左转动骨盆、双腿和脚趾；呼气，面向垫子
吸气，向右转动骨盆、双腿和脚趾；呼气，面向垫子
整个动作过程中，尽量保持弯曲的双肘贴住垫子
这个练习可促进骨盆相对于肩带的反向旋转、足背
屈，也可延长肌筋膜前深线

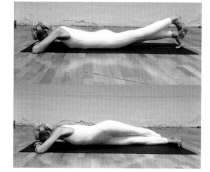

4

桥式加骨盆横向平移

整合激活肌筋膜体侧线、后表线和前深线

双脚抵墙，髋关节与膝关节屈曲90°
手指交叉，双掌紧握举在剑突正上方
呼气，中立位桥式
吸气，骨盆向右平移
骨盆向右平移时，右手推向左手，这样能激活肌筋膜
前功能线
呼气，回到中间位置
向相反方向重复上述动作
在步态运动中，"当人体中线上的重心从支撑点偏移
时，脚跟着地侧（负重腿）的髋关节内收，这一侧体
侧线负重"

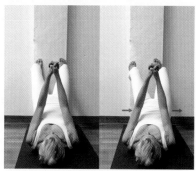

5

单腿桥式加骨盆旋转

整合激活肌筋膜后表线和下部螺旋线

双脚抵墙，髋关节与膝关节各屈曲90°
手指交叉，双掌紧握举在剑突正上方
呼气，中立位桥式
吸气，屈髋，左脚脚尖指向天花板
呼气，骨盆向左旋转，左侧髋关节外旋（图片未展
示）
吸气，骨盆向右旋转，左侧髋关节内旋，如右图所示
左脚脚尖指向天花板
想象左脚是个灯泡，正在被拧进天花板上的灯座里
这个练习能促进骨盆相对于肩带的反向旋转

6

侧对墙面，四足式胸椎旋转

整合激活肌筋膜手臂线和上部螺旋线

左膝放在垫子上
右髋关节外展，右膝伸直，右脚跟对准右髋，抵在
地板与墙面结合处
双手放在垫子上，位于双肩正下方
脊柱保持中立位，平行于右侧墙面
吸气，右手沿地面滑动，一直伸向右侧墙的方向
再吸气，胸椎和骨盆向右旋转，右手指向天花板
呼气，右臂反向画弧，胸部向左旋转
再呼气，右手穿过躯干下方向左伸展
左肘弯曲，右膝弯曲
这个练习能促进胸部旋转和髋关节内侧滑动

7

俯卧单腿后踢

整合激活肌筋膜后表线、前深线和前表线

俯卧在垫子上
屈肘与肩同宽，双手相对紧握
右膝弯曲，右踝关节跖屈
做右髋关节伸展和右踝关节背屈动作时，骨盆后倾
加腰椎屈曲，但要避免在胸腰结合处过伸

8

第十四章 筋膜导向运动视角的步态

271

表14.2（续）

单腿平伸抵墙，与髋同高，四足式胸椎旋转

整合激活所有肌筋膜经线

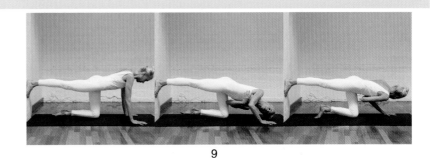

9

左膝跪在垫子上

右髋和右膝伸展

右脚抵在墙上，脚跟与右侧坐骨同高

双手放在双肩正下方，骨盆和脊柱中立位

吸气，胸部向右旋转，右肘屈曲，左手伸向右肩

呼气，右肘伸展，胸部转回到中间位置

吸气，胸部向左旋转，左肘屈曲，右手伸向左肩

呼气，左肘伸展，胸部转回到中间位置

将右侧髂前上棘对准左膝

这个练习能促进肩带相对于骨盆的反向旋转

仰卧剪刀式

整合激活肌筋膜前深线和后表线

仰卧，髋、膝关节屈曲，双脚跟与大转子呈一条直线

踝关节跖屈，将双手掌心分别放在骨盆后面的骶骨两侧

左髋关节屈曲，左膝关节伸展，直到左腿能为右脚提供足够的反向平衡力

右腿悬空离地，同时伸展右髋关节和右膝关节

左髋和右髋交替屈曲和伸展

吸气，双脚指向天花板

呼气，双腿分开，分别做髋关节屈曲和伸展

10

仰卧蹬自行车

整合激活肌筋膜前深线、前表线和后表线

仰卧，髋关节、膝关节屈曲，双脚跟与大转子呈一条直线

踝关节跖屈，将双手掌心分别放在骨盆后面的骶骨两侧

左髋关节屈曲，左膝关节伸展，直到左腿能为右脚提供足够的反向平衡力

右腿悬空离地，同时伸展右髋关节和右膝关节

左髋和右髋交替屈曲和伸展

在交替屈曲和伸展髋部的过程中，髋部伸展时，膝关节屈曲，过渡到髋部屈曲时，膝关节伸展

像在马戏团表演骑自行车一样，执行夸张的骑自行车动作

向一个方向蹬4次（自行车）

转换方向

注意: 照片中的动作并不完美; 双膝应距离地面相同高度，加大腰椎和右髋关节的伸展幅度，减小左髋的屈曲幅度

11

四足式，脊柱后伸，单手抵墙，同侧腿后伸，对侧手抓脚 整合激活所有肌筋膜经线，重点强调后表线	跪姿，面朝墙，保持脊柱中立位与地面平行 双掌抵墙，两肘伸展 呼气，右髋关节伸展 吸气，左膝屈曲，脊柱后伸，右手抓住左脚 呼气，强化腹部激活，加大脊柱和髋关节的伸展	 12
站姿，脊柱后伸，单手抵墙，同侧腿后伸，对侧手抓脚 整合激活所有肌筋膜经线，重点强调后表线	站姿，面朝墙 保持脊柱中立位与地面平行 双掌抵墙，与髋同高，与肩同宽 呼气，左髋关节伸展直到左腿平行于地面；吸气，左膝屈曲，脊柱后伸，右手抓住左脚 呼气，强化腹部激活，加大脊柱和髋关节的伸展 吸气，右踝关节跖屈，抬起右脚跟	 13
跪姿侧踢 整合激活肌筋膜体侧线、手臂线、前深线、后表线和前表线	跪立在垫子上 吸气，脊柱侧屈，左手向左膝移动 呼气，左手放在垫子上，右肘屈曲，右手放在脑后 吸气，左髋关节屈曲；呼气，左髋关节伸展	 14
跪姿单腿屈膝画圈，双手抵墙 整合激活肌筋膜体侧线、手臂线、前深线、后表线和前表线	跪姿，身体左侧朝向墙面，离墙一个手臂加一只手的距离 躯干向墙面倾斜直至左掌能接触到墙面，左手手指指向地面，右手抵在墙上，右手手指指向天花板 吸气，右膝关节屈曲，髋关节向屈曲方向环转 呼气，髋关节先朝向天花板，然后向髋关节伸展的方向环转 环转4圈以后，做反向的髋关节伸展配合呼气，髋部屈曲配合吸气，以利于躯干控制	 15
站姿单腿侧踢，双手抵墙 整合激活所有肌筋膜经线，重点强调体侧线	站姿，身体左侧朝向墙面，离墙一个手臂加一只手的距离 躯干向墙面倾斜直至左掌能接触到墙面，左手手指指向地面，右手抵在墙上，右手手指指向天花板 吸气，右髋关节屈曲 呼气，右髋关节伸展 髋关节伸展时配合呼气，髋关节屈曲时配合吸气，以利于躯干控制 左脚脚踝跖屈，抬起左脚跟，重复上述练习	 16
侧伸展 整合激活肌筋膜体侧线、手臂线和前深线	坐在垫子上，双膝朝向身体左侧屈曲 肩部外展，右手手掌放在垫子上。吸气，双膝伸展，双脚伸向左侧，左手手臂举过头顶，伸向右侧，把身体重心移向右手手掌和双脚 呼气，脊柱向身体右侧屈曲，面朝地面，左手手臂置于左腿和躯干的延长线上 吸气，脊柱向身体左侧的天花板方向屈曲	 17

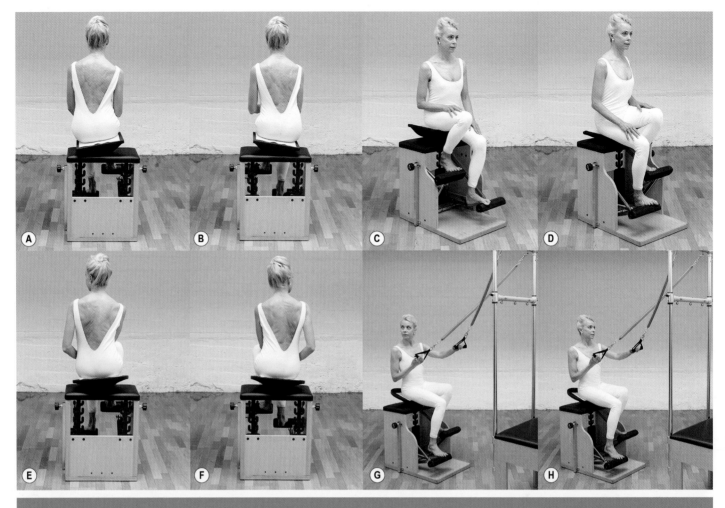

图 14.1

A~D.坐在普拉提椅子上面的方形摇摆板上,双腿交替在椅子的脚踏上做下压动作,把身体重心转移到下方脚同侧的坐骨上,坐骨重心转移的同时,腰椎侧屈。这样能激活肌筋膜体侧线、后表线、前深线和前表线。体现的筋膜导向的运动标准:运动的启动——将近端结构连接到远端结构,将远端结构连接到近端结构。注意:初次练习时要把脚跟放在椅子的脚踏上(图中未显示),熟练后再如图所示那样,将脚趾底部和跖骨头放在脚踏上。E、F.坐在普拉提椅子上面的圆盘摇板上,双腿交替在椅子的脚踏上做下压动作,把身体重心转移到下方脚同侧的坐骨上,骨盆和胸椎反向旋转,把骨盆转向远离较低腿的方向;将胸部转向较低腿的方向。双手放在较低大腿上以加强胸部旋转。这样能激活肌筋膜螺旋线、后表线、前深线和前表线。体现的筋膜导向的运动标准:运动敏感度——动觉(动态本体感觉),感知四肢、躯干的位置和运动的能力。G、H.坐在普拉提椅子上的圆盘摇板上,交叉秋千架上的两根黄色长弹簧,抓住与弹簧连接的手柄。双腿交替在椅子的脚踏上做下压动作,把身体重心转移到下方脚同侧的坐骨上,反向旋转骨盆和胸椎,把骨盆转向较高腿的方向;胸部转向较低腿的方向。右腿向下踩时,骨盆转向左侧,胸部转向右侧。右臂向后拉时,左臂向前移动,以加强胸部旋转。在图G中,头、颈和双眼向右转,以加强胸部旋转。在图H中,头、颈和双眼朝向正前方。这样能激活肌筋膜螺旋线、后表线、前深线、前表线和手臂线。体现的筋膜导向的运动标准:运动敏感度——动觉(动态本体感觉),感知四肢、躯干的位置和运动的能力

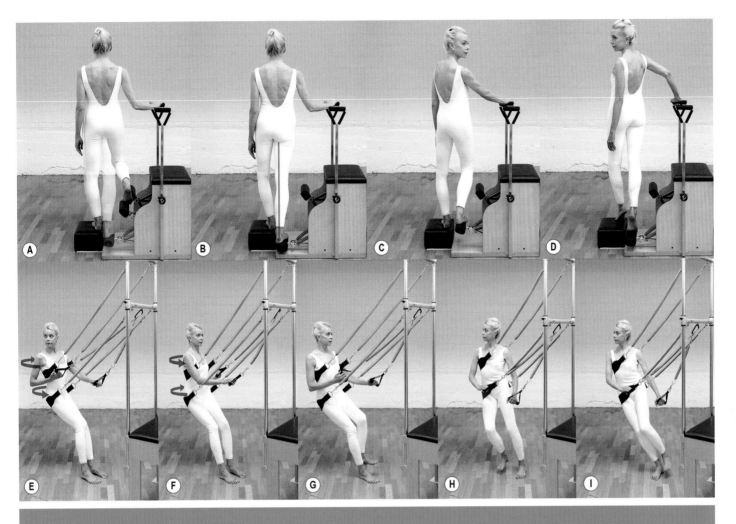

图 14.2

A~D.站姿,侧对普拉提椅子,单腿下压。左脚踩在与前侧脚踏等高的约15 cm的平台上。右腿伸髋,把后侧脚踏向下压。B.腰椎向右侧屈,右脚把后侧脚踏下压到低于左脚的位置。足背屈、膝关节伸展、髋关节伸展和髋关节外展的组合延长了肌筋膜的前深线,在步态中能辅助推蹬动作(Earls,2014)。在这个步态的预备序列中,肌筋膜的前深线、后表线和体侧线都被整合起来。体现的筋膜导向的运动标准:运动的启动——将近端结构连接到远端结构,将远端结构连接到近端结构。C.髋关节、膝关节屈曲并踝关节背屈时,躯干向后侧腿的方向扭转。在该步态预备序列中,肌筋膜前深线、螺旋线、后表线和体侧线被整合起来。体现的筋膜导向的运动标准:流畅的运动序列。D.后侧腿下压脚踏时,呈现髋关节伸展、膝关节伸展和踝关节跖屈,同时让躯干向前侧腿方向扭转。在该步态预备序列中,肌筋膜前深线、螺旋线、后表线和体侧线被整合起来。体现的筋膜导向的运动标准:预备反向运动。E~G.面向秋千床尾站立,把连在2根紫色长弹簧上的稳定悬吊带绕在大转子上。把连在2根黄色长弹簧上的稳定悬吊带绕在胸腰结合处。双手各抓住1根黄色短弹簧的连接手柄。把这6根弹簧全部连到秋千架上,挂至能提供最佳支撑的高度。E、F.骨盆和胸部反向旋转。手臂运动能强化胸部旋转。整合激活肌筋膜螺旋线、手臂线和前深线。体现的筋膜导向的运动标准:全身的连续性——将躯干连接到四肢,将四肢连接到躯干;将深层结构连接到表层结构,将表层结构连接到深层结构。G.重心横向平移,单脚支撑保持平衡,然后换另一只脚。整合激活肌筋膜体侧线、手臂线、前功能线和后功能线。体现的筋膜导向的运动标准:同时带动大面积神经肌筋膜系统的全身性运动。H、I.侧对秋千床尾站立。把连在2根紫色长弹簧上的稳定悬吊带绕在右侧大转子上。把连在2根黄色长弹簧上的稳定悬吊带绕在右胸部。双手各抓住1根黄色短弹簧的连接手柄。重心横向平移,单脚支撑保持平衡,然后换另一只脚。整合激活肌筋膜体侧线、前深线、前功能线、后功能线和手臂线。体现的筋膜导向的运动标准:同时带动大面积神经肌筋膜系统的全身性运动

表14.3　针对步态的筋膜导向的器械运动序列

名称和肌筋膜经线	描述	
仰卧,胸部相对于骨盆横向平移 整合激活肌筋膜前深线、体侧线、功能线和手臂线	将箱子放在垂直于滑车的地上 在箱子上放一块垫子,使箱子和普拉提床滑车等高 滑车与床架之间不附着弹簧 将骨盆和双脚置于箱子上 胸部、肩带和头放在滑车上 双手掌心相扣举至胸骨剑突上方,保持骨盆不动,横向平移胸椎、肩带和头 吸气,右脚压向箱子,向左平移胸椎,左手掌心压向右手掌心 呼气,回到中间位置 向另一个方向重复同样的动作	 1
仰卧,骨盆相对于胸部横向平移 整合激活肌筋膜前深线、体侧线、功能线和手臂线	将箱子放在垂直于滑车的地上 在箱子上放一块垫子,使箱子和普拉提床滑车等高 滑车与床架之间不附着弹簧 将骨盆置于滑车上 胸部、肩带和头置于箱子上 双手掌心相扣举至胸骨剑突上方,保持胸部不动,横向平移骨盆 吸气,骨盆向右平移,右手手掌压向左手手掌 呼气,回到中间位置 向另一个方向重复同样的动作 这是最高阶段的变式动作,因为双脚处于开放动力链。图中未展示的其他变式动作包括双脚踩在滑车上和双侧股骨彼此交叉	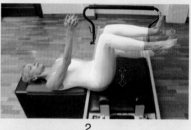 2
在配备塔架的普拉提床或普拉提床/秋千架组合器械上,开链弹跳 整合激活所有肌筋膜经线,重点强化后表线和前深线	骨盆和脊柱中立位 在普拉提床的滑车上挂1根红色弹簧 在塔架上挂2根紫色长弹簧,绳套绕在腘窝处 在塔架上挂2根带手柄的黄色长弹簧 7种有节奏的配合模式分别为(**图13.3**): • 髋、膝关节屈曲时配合肘伸展(**图13.3A**); • 手肘向滑车方向拉时,髋、膝关节伸展 (**图13.3B**);交替进行这两个动作数次 • 只训练左侧,右侧休息(**图13.3C**) • 有节奏地左右侧交替进行 • 左肘向滑车方向拉,右髋、右膝关节伸展 (**图13.3D**);只在右侧有节奏地重复 • 右肘向滑车方向拉,左髋、左膝关节伸展;只在左侧有节奏地重复 • 有节奏地交叉爬行	 3
仰卧,骨盆和脊柱中立位,股骨画圈 整合激活肌筋膜后表线、前深线、前表线和螺旋线	3根红色弹簧 绳套包绕两侧腘窝 股骨画圈时,交替进行"髋关节内旋、内收、踝关节背屈"和"髋关节外旋、外展、踝关节跖屈" 髋关节内旋和后伸时呼气,髋关节外旋和屈曲时吸气 两个方向都要画圈	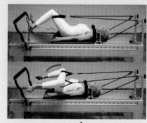 4

表14.3（续）

桥式加骨盆和腰椎旋转 激活肌筋膜螺旋线	2根红色弹簧 左脚脚跟置于脚踏杆上，与左侧坐骨对齐 右脚交叉置于左脚后 中立位桥式，朝交叉在后的脚的方向旋转 保持肩带稳定 伸膝，使滑车向后或向前滑动	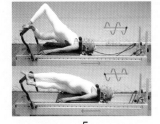 5
四足式胸椎旋转加横向平移，两只手各放在一个肩靠上 整合激活肌筋膜上部螺旋线和手臂线	滑车与床架之间不需要连接弹簧 跪在箱子上，左膝与滑车的弹簧边缘平齐 左脸和左肩置于滑车的角落 脊柱垂直于滑车 左手抓住离膝关节近的肩靠，右手抓住离膝关节远的肩靠 吸气，向右旋转，把滑车滑向右 呼气，向右旋转，把滑车滑向左 当右手推肩靠时，左手拉肩靠 在滑车的另一侧练习，右肩放在滑车上，向左旋转 躯干向左旋转	 6
站姿、弓步，髋关节外旋/内旋加胸椎旋转 整合激活肌筋膜后表线、螺旋线和前表线	1根黄色弹簧 左脚踩在脚踏杆旁，右膝屈曲抵住肩靠 右手、前臂和右肘放在脚踏杆上 左手抓住脚踏杆侧面 呼气，滑车向后滑，加大左髋屈曲 胸部向左转，右髋关节内旋 吸气，滑车向前滑 胸部向右转，右髋关节外旋	 7
站姿，在脚踏上做踝关节跖屈/背屈 整合激活肌筋膜前深线、前表线、后表线、体侧线和螺旋线	在整个踝关节运动范围内，保持髋、膝关节的稳定 · 髋关节中立位 · 髋关节外旋（左图） · 髋关节内旋（右图） · 双手抓住椅子手柄（图中未显示） *注意：做过后路髋关节置换手术的练习者不能进行髋关节内旋、内收和屈曲动作*	 8
坐姿，躯干旋转以改善平衡和步态 整合激活肌筋膜螺旋线和手臂线	坐姿，躯干旋转 坐在普拉提椅上的旋转盘上或圆盘摇板上 头、颈和双眼同胸部、骨盆做反向旋转 抓住黄色长弹簧上的手柄 双膝位于髋关节的正前方，以促进髋关节内侧和外侧的滑动	 9

表14.3（续）

站姿，侧对普拉提椅，腿部下压 整合激活肌筋膜前深线、螺旋线、后表线和体侧线	左脚站在一个与前侧脚踏等高的平台（高约15 cm）上 右髋伸展，下压后侧脚踏 后腿压下脚踏，形成髋关节伸展、膝关节伸展和踝关节跖屈时，躯干向前侧腿方向扭转 体现的筋膜导向的运动标准：预备反向运动

10

四足式，单侧髋关节、膝关节屈曲和伸展 整合激活所有肌筋膜经线，重点是后表线	在3个解剖学平面上保持骨盆和脊柱中立位 8个手臂变式： ・前臂放在短箱上 ・双手放在肩靠上 ・右手放在肩靠上，左臂前伸 ・左手放在肩靠上，右臂前伸 ・双手放在右侧肩靠上，胸椎和颈椎向右旋转 ・双手放在左侧肩靠上，胸椎和颈椎向左旋转 ・右手放在左侧肩靠上，左臂前伸 ・左手放在右侧肩靠上，右臂前伸 1根蓝色弹簧到1根红色弹簧

11

四足式单侧髋关节伸展 整合激活所有肌筋膜经线，重点是后表线	配备弹跳板的普拉提床 1根蓝色弹簧 将前臂置于箱子上（译注：图为示意图，缺少箱子，练习时应有箱子） 进阶把双手放在肩靠上 髋关节中立位 髋关节外旋 髋关节内旋 体现的筋膜导向运动标准：力/负荷的传递——通过神经肌筋膜系统分散力/负荷的运动

12

有辅助地站姿深蹲，站在地上，与弹簧方向成对角线 整合激活所有肌筋膜经线，重点是螺旋线	站在普拉提床架尾端的地上，与弹簧成一定角度 1根黄色弹簧 拉长绳索，双手抓住绳子时，身体中轴线垂直于地面 吸气时屈曲髋关节、膝关节和肘关节，下蹲 下蹲时胸部向左旋转 呼气时伸展髋关节、膝关节和肘关节，回到站姿，胸部中立 吸气时踝关节跖屈，提踵向上，用跖趾球和脚趾底（趾腹）支撑

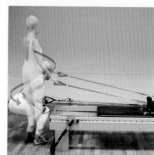
13

表14.3（续）

有辅助地站姿深蹲，站在滑车上，与弹簧方向成对角线，胸椎、颈椎旋转 整合激活所有肌筋膜经线，重点是螺旋线	站在滑车上，斜对滑轮 一根蓝色弹簧 双手抓住绳套 吸气时，屈髋、屈膝、屈肘并深蹲 在深蹲过程中，配合胸椎向右旋转 呼气时，伸髋、伸膝、伸肘，回到站姿，胸椎回到中立位	 14
站姿，面向秋千床尾，有支撑地重心转移 整合激活肌筋膜螺旋线、手臂线和前深线	面向秋千床尾站立 把连在2根紫色长弹簧上的稳定悬吊带绕至大转子的高度 把连在2根黄色长弹簧上的稳定悬吊带绕在胸腰结合处 双手各抓住1根黄色短弹簧的连接手柄。把这6根弹簧全部连到秋千架上，挂至能提供最佳支撑力的高度 骨盆和胸部反向旋转 手臂运动能强化胸部旋转	 15
站姿，侧对秋千床尾，有支撑地重心转移 整合激活肌筋膜体侧线、前深线、前功能线、后功能线和手臂线	侧对秋千床尾站立 把连在2根紫色长弹簧上的稳定悬吊带绕在右侧大转子上 把连在2根黄色长弹簧上的稳定悬吊带绕在右胸部 双手各抓住1根黄色短弹簧的连接手柄 重心横向平移，单脚支撑保持平衡，然后换另一只脚	 16

表14.4　针对步态的筋膜导向的运动计划指南——客户资料

客户的诊断或相关情况：男，66岁，患有背痛、脊柱侧弯，因左髋关节置换创伤修复手术致使左腿无力。行走超过15分钟背部和腿部开始出现疼痛，进行过腰椎椎间盘手术和颈椎椎间盘手术

短期目标	长期目标
1.改善腰椎前屈（腰曲）的支撑力	1.延长无手杖辅助行走的时间
2.改善胸椎后凸（胸曲）的支撑力	2.延长无痛行走的时间
3.改善激活左侧骨盆稳定肌	3.增强力量、灵活性和耐力，以保证在日常生活中能独立行动
4.改善左腿单腿平衡力	4.能和家人一起旅行

针对步态的筋膜导向的运动计划指南	客户资料（由客户或教练完成）
1.确定影响筋膜功能的因素	
遗传	母亲家族存在脊柱侧弯
相关疾病	没有确诊的疾病状况
用药	保密
手术	腰椎椎间盘手术
·瘢痕	颈椎椎间盘手术
·粘连	后外侧入路的左髋关节置换手术（有一次摔倒后，对左髋进行了关节置换创伤修复手术）
全身炎症	
相关的生活方式	
·营养	没有关于健康的营养计划
·补剂	没有关于健康的补剂计划
·吸烟情况	成年后一直吸烟
·饮酒情况	偶尔在社交场合饮酒
坐着的时间	每天8小时以上
低可动性	无低可动性，但未经过诊断确认
高可动性	有高可动性倾向，但未经过诊断确认
温度和湿度偏好	喜欢21℃、低湿度的环境
2.增强筋膜功能的自用工具：球、泡沫轴、木棍、手动工具	
家庭练习	无
在工作室的计划	主要用弹簧辅助和增加阻力的器械练习
每天练习时长	
3.强化筋膜功能的治疗方法：针灸、整骨疗法、物理疗法、罗尔夫按摩疗法、结构整合法等	进行髋关节置换创伤修复手术后，在医院和家中进行物理治疗。现在较喜欢筋膜导向的普拉提运动，但不追求手法治疗
预约时间表	
合作治疗沟通	
4.活动范围	
部分	缺乏能维持胸椎后凸的完整结构 缺乏能维持腰椎前凸的完整结构
全部	
禁忌	左髋关节屈曲超过90°，避免左髋关节屈曲、内收和内旋的组合动作
5.负重	因为背部疼痛和左腿疼痛，相对于完全负重，客户更喜欢部分负重。客户也喜欢有弹簧和悬吊带支撑的完全负重（**图14.2E~I**）
无负重	
部分负重	
完全负重	

表14.4（续）

6.运动链	比较喜欢闭链运动，以刺激本体感觉
开链	
闭链	
7.最适合的辅助或阻力类型	
自重	
带子	
弹簧	较喜欢弹簧辅助和抗阻
自由重量	
8.最佳强度，使效益最大化、伤害最小化	中等强度、多次数和从容的节奏
9.对既可激发神经系统又可降低风险的新事物的平衡能力	喜欢低新颖性的运动，以便专注于运动的精确度
10.适合的普拉提运动选项	可以使用工作室的所有器械
普拉提垫、普拉提床、椅子、秋千床、梯桶	
附加的设备	
带有不稳定平面的设备：泡沫轴、小海豚、旋转盘、方形摇摆板、平衡板	
11.激活《解剖列车：徒手和运动治疗的肌筋膜经线》中描述的所有适合客户的肌筋膜经线	在步态模式中，重点整合激活肌筋膜后表线、体侧线、螺旋线和前深线
12.提高筋膜弹性反冲性能的练习	弹簧辅助仰卧弹跳
练习时长：每天20~30分钟	
频率：每周2~3次	每周1~2次
胶原合成的恢复时间：2天	
13.不含弹性反冲的筋膜导向运动	
练习时长：每天30~60分钟	每天60分钟
频率：每周2~6次	每周2次
至少每3周修订一次计划	
14.客户提示偏好	
接触深度	深度触摸
外感受或内感受提示	外感受指令
15.客户的音乐偏好有助于专注和进行有节奏的运动	客户喜欢在训练的过程中听爵士乐
16.与其他形式训练的互动	
多变强度的间歇训练	客户目前对该训练不感兴趣
有氧运动：15~45分钟，每周3~4次	偶尔在家中的跑步机上运动
力量训练：15~30分钟，每周2次，1~2天的恢复时间	目前没有
身心运动：瑜伽、太极、气功、婵柔器械上婵柔、垫上或椅子上婵柔	每周一次改良的器械婵柔练习

表14.5 针对步态的筋膜导向的运动计划指南——练习精选

客户的诊断或相关情况:男,66岁,患有背痛、脊柱侧弯,因左髋关节置换创伤修复手术致使左腿无力。行走超过15分钟背部和腿部就开始疼痛,进行过腰椎椎间盘手术和颈椎椎间盘手术

教练选择的训练 参见**表14.3**	筋膜导向的运动标准 运动要求: 　运动可以持续地优化运动控制和重塑胶原 　运动促进客户的张拉整体结构*意识和表现 　根据客户情况以最佳练习顺序激活适合其需求的所有肌筋膜经线	垫上	普拉提床	普拉提椅	秋千床	Arc脊柱矫正器	辅助设备	促进组织水合作用	促进筋膜系统内的滑动	刺激组织再生	提升组织弹性	形成规则的带有卷曲的晶格（网络）	促进弹性反冲
									运动效果				

*: "张拉整体结构会对局部的机械压力做出整体反应,产生一个与重力无关的结果。如果没有张拉整体结构模式,我们的纤维结构会在引力作用下坍塌。有了张拉整体结构模式,我们的纤维结构通过在整个网络(包括外围结构)分散负荷来吸收和分散压缩力。"(Guimberteau & Armstrong, 2015)

练习	筋膜导向的运动标准	垫上	普拉提床	普拉提椅	秋千床	Arc脊柱矫正器	辅助设备	促进组织水合作用	促进筋膜系统内的滑动	刺激组织再生	提升组织弹性	形成规则的带有卷曲的晶格（网络）	促进弹性反冲
	内感受——筋膜内的间质神经提供内感受功能,而不是本体感觉或痛觉功能。刺激这些游离的神经末梢能给大脑提供身体状况信息,维持体内的稳定,满足生理需求。内感受信号与感觉如温暖、恶心、饥饿、疼痛、费力、沉重或轻松有关。对内部躯体的感知与感觉偏好和感觉有关(Schleip & Baker, 2015)												
仰卧,胸部相对于骨盆横向平移 **表14.3-1**	本体感觉的改善——本体感觉与位置、肌腱和肌肉感觉有关		•					•	•				
仰卧,骨盆相对于胸部横向平移 **表14.3-2**	本体感觉的改善——本体感觉与位置、肌腱和肌肉感觉有关		•					•	•				
在配备塔架的普拉提床或普拉提床/秋千架组合器械上,开链弹跳 **表14.3-3**	预备反向运动		•		•			•	•		•		
仰卧,骨盆和脊柱中立位,股骨画圈 **表14.3-4**	运动敏感度——动觉(动态本体感觉),感知四肢、躯干的位置和运动的能力	•						•	•	•	•		
桥式加骨盆和腰椎旋转 **表14.3-5**	动态伸展——慢和快的节奏变化	•						•	•				
将Arc脊柱矫正器(去掉阶梯)置于滑车上,侧卧位脊柱侧屈,单腿推蹬 **表10.5-10和图9.6A、B**	运动敏感度——动觉(动态本体感觉),感知四肢、躯干的位置和运动的能力	•			•	•		•	•	•	•		
四足式胸椎旋转加横向平移,两只手各放在一个肩靠上 **表14.3-6**	小角度变化的多向运动	•						•	•		•		
站姿、弓步,髋关节外旋/内旋加胸椎旋转 **表14.3-7**	同时带动大面积神经肌筋膜系统的全身性运动	•						•	•		•		

表14.5（续）

| 客户的诊断或相关情况:男,66岁,患有背痛、脊柱侧弯,因左髋关节置换创伤修复手术致使左腿无力。行走超过15分钟背部和腿部就开始疼痛,进行过腰椎椎间盘手术和颈椎椎间盘手术 | | 运动效果 | | | | | | |
筋膜导向的运动标准 运动要求: 　运动可以持续地优化运动控制和重塑胶原 　运动促进客户的张拉整体结构*意识和表现 　根据客户情况以最佳练习顺序激活适合其需求的所有肌筋膜经线 教练选择的训练 参见**表14.3**	垫上	普拉提床	普拉提椅	秋千床	Arc脊柱矫正器	辅助设备	促进组织水合作用	促进筋膜系统内的滑动	刺激组织再生	提升组织弹性	形成规则的带有卷曲的晶格(网络)	促进弹性反冲

*："张拉整体结构会对局部的机械压力做出整体反应,产生一个与重力无关的结果。如果没有张拉整体结构模式,我们的纤维结构会在引力作用下坍塌。有了张拉整体结构模式,我们的纤维结构通过在整个网络(包括外围结构)分散负荷来吸收和分散压缩力。"(Guimberteau & Armstrong, 2015)

训练	标准	垫上	普拉提床	普拉提椅	秋千床	Arc脊柱矫正器	辅助设备	促进组织水合作用	促进筋膜系统内的滑动	刺激组织再生	提升组织弹性	形成规则的带有卷曲的晶格(网络)	促进弹性反冲
四足式,单侧髋关节、膝关节屈曲和伸展 **表14.3-11**	运动敏感度——动觉(动态本体感觉),感知四肢、躯干的位置和运动的能力	•							•	•	•	•	
站姿,在脚踏上做踝关节跖屈/背屈 **表14.3-8**	运动的启动——将近端结构连接到远端结构,将远端结构连接到近端结构		•							•	•	•	
坐姿,躯干旋转以改善平衡和步态 **表14.3-9**	流畅的运动序列		•	•						•	•		
站姿,侧对普拉提椅,腿部下压 **表14.3-10**	运动的启动——将近端结构连接到远端结构,将远端结构连接到近端结构			•						•	•	•	
有辅助地站姿深蹲,与弹簧方向成对角线 **表14.3-13**	力/负荷的传递——通过神经肌筋膜系统分散力/负荷的运动	•								•	•	•	
站姿,面向秋千床尾,有支撑地重心转移 **表14.3-15**	全身的连续性——将躯干连接到四肢,将四肢连接到躯干;将深层结构连接到表层结构,将表层结构连接到深层结构				•		•						
站姿,侧对秋千床尾,有支撑地重心转移 **表14.3-16**	全身的连续性——将躯干连接到四肢,将四肢连接到躯干;将深层结构连接到表层结构,将表层结构连接到深层结构				•		•						

参考文献

出版物

EARLS J, 2014. Born to walk:Myofascial efficiency and the body in movement. Chichester: Lotus Publishing.

GALLAGHER S P, KRYZANOWSKA R, 2000. The Joseph H. Pilates archive collection.Philadelphia, PA:Trans-Atlantic Publications Inc.

GUIMBERTEAU J C, ARMSTRONG C, 2015.Architecture of human living fascia: The extracellular matrix and cells revealed through endoscopy Edinburgh: Handspring Publishing.

MYERS T W, 2014. Anatomy Trains®: Myofascial meridians for manual and movement therapists (3rd ed.). Edinburgh: Churchill Livingstone.

SCHLEIP R, BAKER A (Eds.), 2015. Fascia in sport and movement. Edinburgh: Handspring Publishing.

网络课程

www.pilatesanytime.com

词汇表

A

achilles stretch 跟腱拉伸

activity of daily living 日常生活活动

airplane 飞机式

anterior oblique sling system 前斜悬吊系统

arm circles 手臂画圈

B

back arch and bridge 后拱桥式

back arm myofascial continuity 肌筋膜臂后经线

back functional myofascial continuity 肌筋膜后功能线

back bend to forward bend 后弯到下肢前屈

back-bending 后卷

backstroke 仰泳

backward step down 单腿后退下压，单腿后迈下压

balance 平衡

balanced board 平衡板

balance controll 平衡控制

bean bag 豆袋（沙袋）

bend and stretch 下肢屈伸

bending down 前屈向下

bicycle 蹬自行车

boomerang 回力棒

breathing（with padded trapeze） 呼吸引导的躯体向下（头肩下面放垫子）（呼吸引导的躯体下放）

bridging-advanced version 桥式（高阶）

Bridge with pelvic lateral translation 桥式加骨盆横向平移

bridging with rotation 桥式加旋转

butterfly 蝴蝶式

C

Cadillac 凯迪拉克，凯迪拉克床

cat 猫式

cat walkover 猫式前后软翻，猫式软翻

chest expansion 胸部扩张

chest press 推胸

circles 画圈

circles prone 俯卧画圈

circles supine 仰卧画圈

Clara step barrel 克拉拉脊柱矫正器（阶桶）

climb a tree 爬树

Combo chair 组合椅

control balance 平衡控制

control stretch 控制伸展

control stretch：bending 控制伸展–侧屈

control stretch：lifting 控制伸展–上拉

contrology 控制学

cork-screw 开瓶器

crab 螃蟹式

D

Demi plié半蹲，得米普里埃

double kick 俯卧双腿后踢

double leg pumps-heels 双腿脚跟下压

double leg pumps-parallel 双腿平行下压

double leg pumps-toes 双腿脚趾下压

double leg pumps-V position 双腿V形下压

double leg stretch 双腿伸展

down-stretch 向下伸展

E

elastic recoil arm jumps 弹性反冲手臂弹动

elastic recoil leg jumps 弹性反冲腿部弹动

F

finge corrector 手指矫正器

flat back 平背

flying eagle 飞鹰式

food intolerance 食物不耐受

foot corrector 足部矫正器

forward lunge 前弓步

forward step down 单腿前迈下压

frog 蛙式

frog lying flat 平躺蛙腿下压

frog back 背向椅子蛙腿下压

frog front 面向椅子蛙腿下压

front arm myofascial continuity 肌筋膜臂前经线

front functional myofascial continuity 肌筋膜前功能线

front myofascial continuity 肌筋膜前表线

G

grasshopper 蝗虫式

H

handstand 手倒立

hanging down 俯面后伸悬吊

hanging full 全身悬吊

hanging half　半身悬吊

hanging up　仰面后伸悬吊

head harness　头带

helicopter　直升机

high bridge　高位桥式

hip circles　髋部画圈

hip opener　开髋

hip twist with stretch arms　坐姿直臂转髋

homeopathy　顺势疗法

horseback　骑马

hug-a-tree　抱树

hundred　百次

hypermobile　高可动性

hypermobility　运动过度（高可动性）

I

inversions　倒置

J

Jack-knife　折刀

jumping on footplate in quadruped　四足式脚踏板弹跳

K

kneeling mermaid　跪姿美人鱼

kneeling side leg circle，knee extended　跪姿单腿（侧向）画圈-直腿

kneeling side leg circle，knee flexion　跪姿单腿（侧向）画圈-屈膝

L

ladder barrel　梯桶

lateral myofascial continuity　肌筋膜体侧线

leaky gut syndrome　肠漏综合征

leg pull　仰撑抬腿

leg pull front　俯卧抬腿-前撑

lifting　上推

long-backstretch　长（直体）伸展-仰撑

long-stretch　长（直体）伸展

long spine massage-advanced version　长脊柱按摩（高阶）

long spine stretch　长脊柱伸展

low bridge　低位桥式

lunge　弓步

lyme disease　莱姆病

M

magic circle　魔术圈

magician　魔术师

mermaid　美人鱼

monkey　猴子式

myofascial meridian　肌筋膜经线

N

neck pull　托颈卷上

nine point Beighton scale　贝顿九分量表

O

one arm push-ups　单臂俯卧撑

one leg circle　单腿画圈

one leg kick　俯卧单腿后踢

one leg stretch　单腿伸展

oov　小海豚

overhead stretch　过头伸展

P

parakeet　鹦鹉式

ped-o-pull/ped-pull　弹簧拉力架

piano lesson back　钢琴课–椅子在后（背向椅子）

piano lesson front　钢琴课–椅子在前（面向椅子）

pike　屈体

Pilates Arc　Arc脊柱矫正器

Pilates Wunda chair　普拉提万得椅

pinwheel　（纸）风车

posterior oblique sling system　后斜肌筋膜悬吊系统

post-traumatic stress disorder（PTSD）　创伤后应激障碍

prone longitudinal rotation　俯卧纵向旋转

prone spine rotation and extension　俯卧脊柱旋转加后伸

pull up　倒V上拉

punching　拳击

push-through seated back　坐姿推拉–背向推杆

push-through seated front　坐姿推拉–面向推杆

push up　俯卧撑

push up with handles　扶手上推

Q

quadruped hip extension　髋关节伸展（四足式髋关节伸展）

quadruped hip flexion　髋关节屈曲（四足式髋关节屈曲）

quadruped single leg jumps in hip extension　四足式髋关节伸展位单腿弹动

quadruped thoracic rotation, side towards wall　侧对墙面，四足式胸椎旋转

quadruped thoracic rotation with foot on wall at hip level　单腿平伸抵墙，四足式胸椎旋转

R

reach　后伸展

reformer　普拉提床

resisted ankle dorsiflexion　抗阻足背屈

resisted ankle plantar flexion　抗阻足跖屈

reverse chest expansion　反式胸部扩张

reverse swan　反向天鹅式

rocker board　方形摇摆板

rocker reformer　摇摆普拉提床

rocker with open legs　分腿滚动

rocking　摇摆（左右摇摆或弓形摇摆）

rocking and pull　弓形摇摆与上拉

roll down　卷下

roll down bar 卷下杆

roll over with legs spread 直腿后卷

roll up 仰卧卷起

rolling back 团身后滚

rolling in and out 前卷后伸（脊柱矫正器），卷上卷下（秋千床）

rotator disc 旋转盘

round back 圆背

rowing back 向后划船（划船–绳索在后，划船–朝向脚踏杆）

rowing back with bending down 屈体划船–绳索在后

rowing front 向前划船（划船–绳索在前，划船–朝向立杆）

running start 起跑

Russian 俄式

Russian-stretch 俄式拉伸

S

salute 敬礼

saw 锯式

scissor 剪刀式

scissor leg side 侧卧剪刀式

seal 海豹式

seated lateral spine flexion with rotation 坐姿脊柱侧屈加旋转

seated mermaid 坐姿美人鱼

semicircles 半圆式

semicircles up and down 半圆式卷上、卷下

shoulder bridge 肩桥

side arm sit 侧坐单手撑侧屈

side arm twist 单臂撑扭转

side body twist 侧身扭转

side lunge 侧弓步

side lunge with weight shift-advanced version 侧弓步伴重心转移（高阶）

side kick 侧卧踢腿

side kick-kneeling 跪姿侧踢

side Russian 侧向俄式

side stretch 侧伸展

sideward step down 单腿侧向下压

single leg bridge with pelvic rotation 单腿桥式加骨盆旋转

single leg pump-lying flat 平躺单腿下压

single leg pumps-heels 单腿脚跟下压

sitting arm push down 坐姿手臂下压

spine massage 脊柱按摩

spine stretch 坐姿脊柱伸展

spine stretch forward 脊柱前伸

spine twist 坐姿脊柱扭转

spiral myofascial continuity 肌筋膜螺旋线

spread eagle 雄鹰展翅

squirrel 松鼠式

standing leg and foot press 站姿单腿单脚下压

standing leg pump 站姿单腿下压

standing medial hip glide 站姿髋内侧滑动

standing side leg kick 站姿单腿侧踢

standing side splits with diagonal orientation 站姿斜向分腿

step barrel 阶桶

stomach jumps 腹部弹跃

stomach massage 腹部按摩

stretch-pull 伸展–下拉

superficial back myofascial continuty 肌筋膜后表线

supine femur circles 仰卧股骨画圈

supine lateral translation 仰卧横向平移

supine leg abduction/adduction 仰卧单腿外展/内收

supine longitudinal rotation 仰卧纵向旋转

supine one leg circle 仰卧单腿画圈

swan-dive 天鹅潜水

swan-dive rotation 天鹅潜水–旋转

swan front 天鹅式–面向椅子

swimming 游泳

tiger-stretch 虎式伸展

T

teaser V形悬体，V形屈体

teaser reverse 反向V形悬体，反向V形屈体

tenson stretch 肌腱拉伸

tenson stretch one leg 单腿肌腱拉伸

the thoracolumbar fascia（TLF） 胸腰筋膜

toe corrector 脚趾矫正器

triceps press sit 坐姿肱三头肌下压

thigh stretch 大腿拉伸

torso press sit 坐姿躯干下压

tower 塔式

trapeze table 秋千床

twist 扭转

U

universal reformer 万能普拉提床，多功能普拉提床

upper arm control 上臂控制

up-stretch 向上伸展

W

walking 行走

washer woman 洗衣

washer woman over the chair 越过椅子洗衣